DIE REFORMATIONSDISKUSSIONEN IN DER HANSESTADT HAMBURG 1522-1528

ZUR STRUKTUR UND PROBLEMATIK DER RELIGIONSGESPRÄCHE

von

OTTO SCHEIB

ASCHENDORFFSCHE VERLAGSBUCHHANDLUNG
MÜNSTER WESTFALEN

REFORMATIONSGESCHICHTLICHE STUDIEN UND TEXTE

In Verbindung mit Remigius Bäumer, Theobald Freudenberger, Klaus Ganzer, Konrad Repgen und Ernst-Walter Zeeden herausgegeben von

Erwin Iserloh

HEFT 112

D 25

Mit kirchlicher Druckerlaubnis
Nr. 305/6-15/75
Münster, den 12. Juni 1975
Dr. Spital, Generalvikar

Aschendorffsche Buchdruckerei, Münster Westfalen, 1976

ISBN 3-402-03758-0

Meinem verehrten Lehrer

PROF. DR. AUGUST FRANZEN († 1972)

in Dankbarkeit gewidmet

VORWORT

Die Religionsgespräche, d. h. wissenschaftliche Diskussionen der theologischen Vorkämpfer der Konfessionen, sind noch weitgehend unerforscht, obwohl sie in der Neuzeit zeitweise die Alternative zum Konzil gebildet haben. Vor allem über ihre Rechtsstrukturen und über die Ursachen ihres dauernden Scheiterns wissen wir wenig, während die theologischen Debatten selbst schon Aufmerksamkeit gefunden haben. In der vorliegenden Studie gehe ich deswegen den Formen und der Entstehung der Strukturen und den theologischen Ursachen des Scheiterns der neuzeitlichen Religionsgespräche nach. Da die Hauptfaktoren allgemeiner Art waren, konnte ich die Probleme exemplarisch an den gut überschaubaren Hamburger Diskussionen von 1522—1528 darstellen: der Erörterung der allgemeinen Probleme folgt die Behandlung des Paradigmas, wonach die allgemeinen Konsequenzen gezogen werden. Um der Übersichtlichkeit willen habe ich die Personenanmerkungen und die wichtigsten Texte am Schluß zusammengestellt.

Das Manuskript der hier vorgelegten Arbeit wurde im Herbst 1973 abgeschlossen und dankenswerterweise von der Theol. Fakultät der Universität Freiburg i. Br. als Doktordissertation angenommen. Der zweite Teil der Studie B. Moellers über „Zwinglis Disputation“, die kurz auch die Hamburger Gespräche behandelt und unsere Ergebnisse in allen wesentlichen Punkten bestätigt, erschien erst während der Drucklegung.

Bei der Erarbeitung und Drucklegung meiner Arbeit habe ich vielfältige, wertvolle Hilfe erhalten, für die ich von ganzem Herzen danken möchte. Herr Prof. Dr. E. W. Zeeden regte mich an, mich mit den Hamburger Reformationsdiskussionen zu beschäftigen. Mein verehrter Lehrer, Herr Prof. Dr. A. Franzen († 1972), gab mir durch Bestellung zu seinem Assistenten die Gelegenheit, den Problemen mit der nötigen Gründlichkeit nachzugehen. Ohne die Unterstützung durch das Staatsarchiv der Freien und Hansestadt Hamburg, das auch den Abdruck der beigefügten Akten erlaubte, des Staatsarchivs Schleswig-Holstein und besonders der Universitätsbibliothek Freiburg i. Br. hätte ich meine Forschungen nicht durchführen können. Dankenswerterweise hat Herr Prof. Dr. W. Müller die Betreuung meiner Arbeit nach dem Tode von Herrn Prof. Franzen übernommen.

Für Inhalt und Form empfing ich wertvolle Hinweise von den Herren Prof. Dr. C. G. Fürst, Dr. H. Zapp, Dr. K. Kunze und Dozenten Dr. H. Immenkötter. Herr Detmar Huchting half mir bei der Druckgestaltung der niederdeutschen Texte. Frau Lydia Weber erstellte mit Hingabe das Manuskript, zu dessen Korrektur freundlicherweise Herr Prof. Dr. R. Bäumer und Frau M. Rosmus beitrugen. Herrn G. Wolf bin ich für das Mitlesen der Umbruchkorrektur sehr dankbar.

Die Veröffentlichung meiner Dissertation in Buchform wurde nur möglich durch namhafte Zuschüsse des H. H. Bischofsvikars von Hamburg, Weihbischof Joh. von Rudloff, des Bischöflichen Generalvikariats Osnabrück, des Erzbischöflichen Ordinariats Freiburg, der Evangelisch-lutherischen Kirche im Hamburgischen Staat, des Verbandes der römisch-katholischen Kirchengemeinden der Freien und Hansestadt Hamburg und der Gesellschaft zur Herausgabe des Corpus Catholicorum e. V. Ihrem Vorstand und dem Vorsitzenden, Prof. Dr. E. Iserloh, danke ich für die Aufnahme der Arbeit in die „Reformationsgeschichtlichen Studien und Texte" und für mancherlei Rat und Hilfe bei der Drucklegung. Dank gebührt auch dem Verlag Aschendorff für seine Mühen und für seine Geduld.

Darüber hinaus bin ich vielen für ein ermunterndes Wort und meiner lieben Mutter für ihr Verständnis und die Bereitung der nötigen Arbeitsbedingungen sehr zu Dank verpflichtet.

Meine Arbeit widme ich dem Andenken an Herrn Prof. Dr. August Franzen, der mich durch sein stetes Interesse und durch seine väterliche Fürsorge sehr gefördert hat.

Die vorliegende Untersuchung wendet sich nicht nur an Kirchen- und Rechtshistoriker. Sie versteht sich auch als einen Beitrag zur ökumenischen Forschung und Arbeit. Darum verdient die Tatsache, daß beide Hamburger Kirchen eine Studie unterstützen, die den Anfängen und Wegen ihrer Entzweiung gewidmet ist, besondere Beachtung und Würdigung.

Wolfenbüttel, den 28. August 1975 — Otto Scheib

Inhaltsverzeichnis

Anhang

Abkürzungsverzeichnis

Quellen und Literatur werden mit Schlagwort und (gegebenenfalls mit) Verfasserzunamen abgekürzt. Außerdem sind folgende Siglen verwendet:

ADB	= Allgemeine deutsche Biographie. Hrsg. von der Historischen Kommission bei der Kgl. [bayr.] Akademie der Wissenschaften, 55 Bde., 1 Registerbd. (Leipzig 1875—1912).
ARG	= Archiv für Reformationsgeschichte ([Leipzig] Gütersloh 1903 ff.).
ASKG	= Archiv für schlesische Kirchengeschichte ([Breslau] Hildesheim 1936 ff.).
Bull. Rom. Lux.	= Magnum Bullarium Romanum ... L. Cherubini I (Luxemburg 1727).
CC	= Corpus Catholicorum. Werke katholischer Schriftsteller im Zeitalter der Glaubensspaltung (Münster 1919 ff.).
CSEL	= Corpus scriptorum ecclesiasticorum latinorum editum consilio et impensis Academiae Vindobonensis Litterarum Caesareae (Wien 1866 ff.).
DDC	= Dictionnaire de Droit canonique ... 7 Bde. (Paris 1935—1957).
DThC	= Dictionnaire de Théologie catholique (Paris 1930 ff.).
HGBll	= Hansische Geschichtsblätter (Leipzig 1871 ff.).
HGH	= Hamburgische Geschichts- und Heimatblätter (Hamburg 1926 ff.).
HRG	= Handwörterbuch zur deutschen Rechtsgeschichte. Hrsg. von A. Erler und E. Kaufmann. Mitbegründet von W. Stammler (Berlin 1971 ff.).
HUB	= Hamburgisches Urkundenbuch (Hamburg 1852 ff.).
KLK	= Katholisches Leben und Kämpfen (ab Heft 23/24 Kirchenreform) im Zeitalter der Glaubensspaltung. Vereinsschrift der Gesellschaft zur Herausgabe des Corpus Catholicorum (Münster 1927 ff.).
LThK^{1}	= Lexikon für Theologie und Kirche, 1. Auflage, hrsg. von M. Buchberger, 10 Bde. (Freiburg 1930—1938).
LThK^{2}	= Lexikon für Theologie und Kirche, 2. Auflage, hrsg. von J. Höfer und K. Rahner, 10 Bde., 1 Registerband (Freiburg 1957—1965).
Luther, WA	= Martin Luther, Werke. Kritische Gesamtausgabe (Weimar 1883 ff.).

Luther, WA Br.	=	Martin Luther, Werke. Kritische Gesamtausgabe, Briefwechsel, 14 Bde. (Weimar 1930—1970).
Luther, opp. lat. var. arg.	=	Dr. Martin Luthers sämtliche Werke, Opera latina varii argumenti ad reformationis historiam imprimis pertinentiam, 7 Bde. (Erlangen—Frankfurt 1865—1883).
MGH	=	Monumenta Germaniae Historica inde ab anno Christi quingentesimo usque ad annum millesimum et quingentesimum. Auspiciis Societatis Aperiendis Fontibus rerum germanicarum Medii aevi, Indices (Hannover—Berlin 1826 ff.).
MVHG	=	Mitteilungen des Vereins für Hamburgische Geschichte (Hamburg 1871 ff.).
NDB	=	Neue deutsche Biographie. Hrsg. von der Historischen Kommission bei der Bayerischen Akademie der Wissenschaften (Berlin 1953 ff.).
ÖAKR	=	Österreichisches Archiv für Kirchenrecht (Wien 1950 ff.).
PG	=	Patrologiae cursus completus, series graeca. Accurante J. P. Migne, 161 Bde. (Paris 1857—1866).
PL	=	Patrologiae cursus completus, series latina. Accurante J. P. Migne, 217 Bde., 4 Registerbde. (Paris 1878—1890).
RE	=	Paulys Real-Encyclopädie der classischen Altertumswissenschaften. Neue Bearbeitung von G. Wissowa und W. Kroll (mit K. Mittelhaus) (Stuttgart 1893 ff.).
RGG³	=	Die Religion in Geschichte und Gegenwart, 3. Auflage, 6 Bde., Register (Tübingen 1957—1965).
RST	=	Reformationsgeschichtliche Studien und Texte. Hrsg. von J. Greving etc. (Münster 1906 ff.).
RTA, JR	=	Deutsche Reichstagsakten. Hrsg. von der Historischen Kommission bei der bayer. Akademie der Wissenschaften. Jüngere Reihe: Die Reichstagsakten unter Karl V., 2. Auflage (Göttingen 1952 ff.).
SVRG	=	Schriften des Vereins für Reformationsgeschichte ([Halle, Leipzig] Gütersloh 1883 ff.).
ThGl	=	Theologie und Glaube (Paderborn 1909 ff.).
ThLZ	=	Theologische Literaturzeitung (Leipzig 1878 ff.).
ThRev	=	Theologische Revue (Münster 1902 ff.).
ThQ	=	Theologische Quartalschrift ([Tübingen] Stuttgart 1809 ff.).
WA	=	M. Luther, Werke. Kritische Gesamtausgabe (Weimar 1883 ff.).
WA Br.	=	M. Luther, Werke. Kritische Gesamtausgabe. Briefwechsel, 14 Bde. (Weimar 1930—1970).
Wetzer und Welte	=	Wetzer und Welte's Kirchenlexikon, 2. Auflage, 12 Bd., 1 Registerbd. (Freiburg 1882—1903).

Z	=	Huldreich Zwingli. Sämtliche Werke. Unter Mitwirkung des Zwingli-Vereins hrsg. von E. Egli etc. ([Berlin, Leipzig] Zürich 1905 ff.).
ZHG	=	Zeitschrift des Vereins für Hamburgische Geschichte und Altertumskunde (Hamburg 1851 ff.).
ZKG	=	Zeitschrift für Kirchengeschichte ([Gotha] Stuttgart 1876 ff.).
ZbayKG	=	Zeitschrift für bayerische Kirchengeschichte ([München] Nürnberg 1927 ff.).
ZkTh	=	Zeitschrift für katholische Theologie ([Innsbruck] Wien 1887 ff.).
ZLG	=	Zeitschrift des Vereins für lübeckische Geschichte und Altertumskunde (Lübeck 1860 ff.).
ZSavRGkan	=	Zeitschrift der Savigny-Stiftung für Rechtsgeschichte, kanonistische Abteilung (Weimar 1911 ff.).
Zwingli, Z	=	Huldreich Zwingli. Sämtliche Werke. Unter Mitwirkung des Zwingli-Vereins hrsg. von E. Egli etc. ([Berlin, Leipzig] Zürich 1905 ff.).

I. EINLEITUNG

1. Ziel und Methode der Untersuchung

Nach der Einführung der Reformation in der Hansestadt Hamburg im Jahre 1528 erschien von reformatorischer Seite ein ausführlicher Bericht über die vorausgegangenen Kämpfe unter dem Titel: „Des Stephan Kempe Warhaftiger bericht, wo der papen misse, predige und andere kerkengeprenge alhir to Hamborch geandert und de jegenwardige predige, misse und ceremonien upgekamen und angenamen, wedder de unwarhaftige und velschlike beklaginge der papeschop, dat se mit külen und speten sin averwunnen".[1] Im Mittelpunkt der chronikalisch gestalteten Schrift steht die Darstellung von zwei theologischen Diskussionen zwischen den Anhängern der alten und der neuen Lehre. Mit ihr sollte bewiesen werden, daß die kirchliche Änderung nicht mit Gewalt, sondern allein durch das Wort Gottes und aufgrund theologischer Gespräche erfolgt wäre, die die Alleinberechtigung der neuen Lehre erwiesen hätten. Während nämlich die Katholiken in beiden Diskussionen wegen der Abweichung von der Lehre der Schrift als Ketzer entlarvt worden wären, hätten die evangelischen Prediger die Schriftgemäßheit ihrer Lehre unter Beweis stellen können.

Die Hamburger Reformationsanhänger hatten damit in den Kampf um die Reformation der Elbmetropole eine Institution eingeführt, die das Ansehen besaß, neben dem kirchlichen Lehramt religiöse Streitigkeiten ebenfalls allgemeingültig entscheiden zu können: die akademische Disputation[2]. Darunter verstand man wis-

[1] J. M. Lappenberg, Hamburgische Chroniken in niedersächsischer Sprache (Hamburg 1861) 479—542; Titel ebenda 479.

[2] G. Kaufmann, Geschichte der deutschen Universitäten II (Stuttgart 1896, Nachdruck Graz 1958) 369—400, bes. 369—380; M. Grabmann, Die Geschichte der scholastischen Methode II (Freiburg 1911) 497—501, 535—561; Fr. Paulsen, Geschichte des gelehrten Unterrichts auf den deutschen Schulen und Universitäten vom Ausgang des Mittelalters bis zur Gegenwart[3] I (Leipzig 1919) 40; G. Ritter, Die Heidelberger Universität I (Heidelberg 1936) 179—192, 201—207; F. Pelster, Quaestio: LThK[1] VIII (1936) 579—580; L. Hödl, Quaestio: LThK[2] VIII (1963) 925—928. Schon Boethius hatte die Disputation als bestes Mittel zur Streitentscheidung empfohlen (PL LXIV 72 C; 1045 B).

senschaftliche Diskussionen, die nach bestimmten Regeln abliefen und an deren Ende von Fachleuten ein Urteil darüber gefällt wurde, welche der vorgetragenen Thesen richtig sei. Obwohl die Disputation sich im Rahmen des Universitätsunterrichtes entwickelt hatte und dort zur dialektischen Schulung der Studenten benutzt wurde (disputatio scholastica), so fand sie doch auch bei Diskussionen zwischen den Dozenten wie bei der Klärung von Kontroversen zwischen sonstigen Gelehrten Anwendung. Diese in feierlicher Form mit Kirchgang, akademischen Feiern und Festen begangenen „disputationes magistrales" endeten ebenfalls wieder mit einem Urteilsspruch, entweder der anwesenden oder der sonst vereinbarten Schiedsrichter, an die dann Protokolle geschickt wurden. Von den Disputationen unterschieden sich grundsätzlich die „Kolloquien" dadurch, daß hier die Richter fehlten[3]. Darum hatten sie keinen Entscheidungscharakter, und es mangelten ihnen die Rechtsfolgen, die die Zeitgenossen der Disputation ipso facto zuerkannten: daß nämlich sowohl die unterlegene Sache wie die unterlegene Person undiskutabel seien[4]. Natürlich konnte man auch das Ergebnis eines Kolloquiums einer politischen oder gerichtlichen Entscheidung zugrunde legen, wie es ja bei den Religionsgesprächen des Reiches geschah, und seine Diskussion selbst konnte nach den akademischen Regeln oder auch in freier Form verlaufen, je nachdem, wie man es vereinbart hatte.

Die Hamburger waren nicht die ersten, die die Diskussion in das Ringen um die neue Lehre einführten. An Luthers Bemühungen um eine Disputation über die Ablaßfrage hatte sich der Kampf entzündet, und 1518 hatte der Reformator vor Kardinal Cajetan am zweiten Verhandlungstage statt des geforderten Widerrufs eine Disputation verlangt, da er die Streitfrage als noch nicht entschieden ansah[5]. Obwohl Cajetan die Forderung des Reformators abgelehnt hatte[6], kam ein Jahr später in Leipzig eine Disputation

[3] Eine allgemeine Bestätigung habe ich in der Literatur bisher nicht gefunden. Einen Hinweis kann aber der Sprachgebrauch geben, da man zwischen Disputation und Kolloquium unterschied. Neben der Bezeichnung vieler damaliger Diskussionen zwischen den Religionsparteien als „colloquium" sei ein Zitat aus dem Düsseldorfer Religionsgespräch von 1527 angeführt. Dort erklärte der Franziskanerobservant Johann Heller von Korbach, der gegen Friedrich Myconius unterlegen war, am Schluß: „Allein das bitt ich: man wölle mich nit zu schanden machen und nachsagen, daß ich überwunden sei, und diese handlung für kein disputation, sondern allein für eine *underred, die weil kein richter zugegen war,* halten" (zitiert bei H. Forsthoff, Rheinische Kirchengeschichte I (Essen 1929) 159).

[4] J. Lortz, Die Reformation in Deutschland[4] I (Freiburg—Basel—Wien 1962) 65.

[5] WA Br. I 240/241. Die Protestation ist den „Acta Augustana" beigefügt: WA II 8/9. Vgl. WA Br. II 214, 216.

[6] WA Br. I 244. Vgl. WA II 8/9.

mit Eck zustande. Sie brachte die entscheidende Wende, als Luther die Lehrautorität der Hierarchie verneinte und an ihre Stelle die sich selbst auslegende Schrift setzte[7]. Trotz des römischen Urteilsspruches hielten Luther und sein Kurfürst die Forderung nach einer Disputation weiter aufrecht, auch als Luther vor dem Wormser Reichstag erschien[8]. Sein Vorgehen und die Übertragung dieses Gedankens auf die Stadt durch Zwingli[9] inaugurierten eine Fülle von „Religionsgesprächen“ aller Art. Seitdem gehörten theologische Gespräche zwischen den Vertretern der alten und neuen Lehre und später zwischen den verschiedenen rivalisierenden reformatorischen Gruppen zum Charakteristikum der Reformationsgeschichte und zum Bild der theologischen Auseinandersetzungen im konfessionellen Zeitalter, ja sie begleiten das Ringen der Konfessionen bis heute[10]. Dennoch sind wir über diese Gespräche schlecht unterrichtet. Obwohl die Reformationsanhänger auf die Religionsgespräche offenbar den größten Wert gelegt und sie in ihren Berichten oft herausgestellt haben[11], können wir heute weder über ihre Zahl und Verbreitung noch über ihre Formen und Funktionen oder über ihre Ursachen und Wirkungen Auskunft geben. Denn abgesehen von einigen bedeutenderen Gesprächen, sind sie meist unerforscht[12] und werden in den Reformationsgeschichten vielfach nur kurz geschildert. Die neue landesge-

[7] Lortz, Reformation[4] I 222/223; R. Bäumer, Luther und der Papst (Münster 1970) 50—53.

[8] W. Borth, Die Luthersache (causa Lutheri) 1517—1524 (Lübeck — Hamburg 1970) 115—118.

[9] Vgl. B. Moeller, Zwinglis Disputationen: ZSavRG kan LVI (1970) 275—324; O. Scheib, Die theologischen Diskussionen Huldrych Zwinglis: Von Konstanz nach Trient, Festgabe für August Franzen (Paderborn 1972) 395—417.

[10] C. W. Hering, Geschichte der kirchlichen Reunionsversuche bis auf unsere Zeit, 2 Bde. (Leipzig 1836, 1838); G. Menge, Versuche zur Wiedervereinigung Deutschlands im Glauben (Steyl 1921); H. Quilliet, Controverse: DThC III, 2 (Paris 1938) 1694—1748; R. Rouse — St. Ch. Neill, Geschichte der ökumenischen Bewegung 1517—1948 I (Göttingen 1957); P. Fraenkl, Einigungsbestrebungen in der Reformationszeit (Wiesbaden 1965); H. Raab, Kirchliche Reunionsbestrebungen: Handbuch der Kirchengeschichte V (Freiburg—Basel—Wien 1970) 554—570.

[11] Vgl. die zeitgenössischen „Acta“: K. Schottenloher, Bibliographie zur deutschen Geschichte im Zeitalter der Glaubensspaltung, 1517—1585, 7 Bde. (I—VI: [2]Stuttgart 1956—1958; VII: Stuttgart 1966) z. B. Nr. 41280a—41427a und etwa David Chytraeus, Chronicon Saxoniae et vicinarum aliquot gentium (Leipzig 1593); H. Hamelmann, Historia ecclesiae renati evangelii per inferiorem Saxoniam et Westphaliam 1587: Ders., Opera Genealogico-historica II (Lemgo 1711).

[12] Man vgl. die verhältnismäßig wenigen Nummern bei Schottenloher, Bibliographie: 41279—41427, 41509—41514, 63965—63973a und die „Bibliographie de la Réforme 1450—1648. Ouvrages parus de 1940 à 1955“ (Leyden 1958 ff.), die so gut wie keine einschlägigen Titel verzeichnet.

schichtliche Literatur zur Reformation übergeht die Gespräche immer wieder[13], so daß man entweder zu älteren Darstellungen oder zu lokalgeschichtlichen Arbeiten greifen muß. Selbst eine so wichtige Disputation wie die Leipziger von 1519 hat noch keine dem heutigen Stand der Wissenschaft entsprechende Bearbeitung gefunden. Darum ist es zu bedauern, daß die Arbeiten von L. von Pastor, L. Cardauns, W. Herbst, L. von Muralt, W. Köhler und anderen[14] so lange keine rechte Nachfolge gefunden hatten; erst in der letzten Zeit scheint sich darin ein gewisser Wandel anzubahnen[15].

Dieses geringe Interesse an der Erforschung der Religionsgespräche hängt wohl damit zusammen, daß man ihnen in neuerer Zeit wenig Bedeutung beigemessen hat. Auf den ersten Blick scheinen sie allerdings unwichtig zu sein, da sie fast nirgends eine allgemein akzeptierte Entscheidung oder eine Einigung herbeiführten und daher selten die ihnen zugedachte Rolle erfüllten. Es mußte aber doch die Aufmerksamkeit erwecken, daß man trotzdem von reformatorischer wie von katholischer Seite immer wieder Religionsgespräche angestrebt hat. Offenbar hängen sie mit dem

[13] Vgl. etwa H. Hermelink, Geschichte der evangelischen Kirche in Württemberg von der Reformation bis zur Gegenwart (Stuttgart—Tübingen 1949); O. Brandt, Geschichte Schleswig-Holsteins[5] (Kiel 1957) 125—132; R. Bauerreiss, Kirchengeschichte Bayerns VI (Augsburg 1965); J. Staber, Kirchengeschichte des Bistums Regensburg (Regensburg 1966); I. Höß, Das Zeitalter des Humanismus und der Reformation: Geschichte Thüringens III (Köln—Graz 1967) 20—45; K. Blaschke, Sachsen im Zeitalter der Reformation (Gütersloh 1970) bes. 103—123. Anders: Fr. Zoepfl, Das Bistum Augsburg und seine Bischöfe im Reformationsjahrhundert (München—Augsburg 1969) Register.

[14] L. von Pastor, Die kirchlichen Reunionsbestrebungen während der Regierung Karls V. (Freiburg/Brsg. 1879); L. Cardauns, Zur Geschichte der kirchlichen Unions- und Reformbestrebungen von 1538—1542 (Rom 1910); W. Herbst, Das Regensburger Religionsgespräch von 1601 (Gütersloh 1928); L. von Muralt, Die Badener Disputation 1526 (Leipzig 1926); W. Köhler, Das Marburger Religionsgespräch (Leipzig 1929). Vgl. auch die Anm. 8, 9 und 10 genannte Literatur.

[15] An neueren Arbeiten sind außer den in Anm. 9 zitierten z. B. zu nennen: G. Castellani, Politica e Religione alla Conferenza di Poissy 1561: La Civiltà Cattolica CI (1950) 261—271, 516—527; P. Fr. Wolfs, Das Groninger „Religionsgespräch" (1523) und seine Hintergründe (Nymwegen 1959); O. Scheib, Die Rolle der theologischen Diskussion bei der Einführung der Reformation in den vorpommerschen Hansestädten Stralsund und Greifswald: Wichmann-Jahrbuch XXI—XXIII (1967—1969) 17—29; D. G. Nugent, A Parisian colloquy of 1566: Renaissance Quarterly XXIII (1970) 25—36; H. Steigelmann, Die Religionsgespräche zu Baden-Baden und Emmendingen 1589 und 1590 (Karlsruhe 1970); H. Wolter, Frühreformatorische Religionsgespräche zwischen Georg von Sachsen und Philipp von Hessen: Testimonium Veritati (Frankfurt 1971) 315—333; M. Schmidt, Das Frankenthaler Religionsgespräch 1571 und die Gegenwart: Zeitschrift für Religions- und Geistesgeschichte XXV (1973) 58—64.

Entstehen der Konfessionen viel enger und wesentlicher zusammen, als es auf den ersten Blick den Anschein hat. Ebenso muß es einen tieferen Grund haben, daß sie alle, auch und gerade die „Reunionsgespräche", scheiterten. So ist es angesichts der ökumenischen Bestrebungen der Gegenwart angebracht zu erforschen, was die Religionsgespräche eigentlich waren, was sie wollten und sollten, in welchen Formen man rang, welche Funktionen ihnen zugedacht waren, welche sie wirklich ausgeübt haben und woran sie gescheitert sind. Dann erst scheint es mir möglich zu sein, ihre wirkliche Bedeutung für die Entstehung und für die Versuche der Überwindung der abendländischen Kirchenspaltung richtig einzuschätzen.

Die Forschungslage, aber auch die Zahl der schon bekannten Religionsgespräche erlaubt es nun nicht, unsere Fragen durch Zusammenfassung von Einzelanalysen zu beantworten. Auch ist es um der Übersichtlichkeit und Genauigkeit der Untersuchung willen angebracht, ein Beispiel auszuwählen und zu analysieren und anschließend den Geltungsbereich des Ergebnisses abzustecken. Als Beispiel wähle ich die Diskussionen, die in der Hansestadt Hamburg von 1522 bis 1528 unternommen wurden und dort zur Einführung der Reformation geführt haben. Sie sind anders als die in vielfältiger Verflechtung stehenden Religionsgespräche der Staaten und Fürsten oder der süddeutschen Reichsstädte besser zur Betrachtung geeignet, da Hamburg damals politisch und kirchlich faktisch unabhängig war und sich seine Innenpolitik von äußeren Einmischungen freihalten konnte. Da sich der Kampf um die Reformation in Hamburg deswegen ohne wirksame Einflußnahme von außen vollzog, sind wir in der Lage, die je wirkenden Gruppen, Kräfte und Strukturen sowie die Problematik der Vorgänge wie in einem Versuchsmodell zu beobachten.

2. *Forschungsstand und Quellenlage*

Die Hamburger Reformationsdiskussionen sind so gut wie noch nie monographisch behandelt[1] und noch nicht untersucht worden. Man stellte sie wohl im Rahmen der Darstellungen der Hamburger Reformationsgeschichte mit dar[2], bewegte sich dabei aber mehr

[1] Nur über die Diskussion von 1528 ist eine separate, aber nur populärwissenschaftliche Darstellung erschienen: N. Martens, Vorpostengefechte der Reformation in Hamburg: Das Evangelische Hamburg XXIII, 6 (Hamburg 15. 3. 1929) 82—85.

[2] Z. B. C. W. Sillem, Die Einführung der Reformation in Hamburg (Halle 1886) 24/25, 73—79, 97—110; K. Beckey, Die Einführung der Reformation in Hamburg (Hamburg 1929) 21, 72—82, 92—108.

oder minder im Banne der Berichte der reformatorischen Seite, nämlich des ausführlichen, theologisch orientierten „Warhaftigen berichtes“[3] und des Reformationsabschnittes der Gysekeschen Chronik[4]. Auf katholischer Seite überlieferte Dr. jur. Johann Moller[5], ein Bruder des Führers der katholischen Partei und selbst Teilnehmer an der Ratsdiskussion von 1527, zwei kurze Berichte über die Ereignisse seit 1527[6]. Dagegen behandeln die zeitgenössischen Chroniken[7] die Ereignisse nur kurz und durchweg vom reformatorischen Standpunkt aus. Auf ihnen beruhen weitgehend auch die Darstellungen von Johann Aepin[8], Johann Hamelmann[9] und David Chytraeus[10].

Die erste wissenschaftliche Darstellung schuf der Hamburger Kirchenhistoriker Nikolaus Staphorst 1729 im Rahmen seiner „Historia Ecclesiae Hamburgensis diplomatica“, wobei er auch die Berichte Kempes und die des Mollerschen Kodex mit abdruckte[11]. Staphorsts Arbeit und die kritische Neuausgabe der zeitgenössischen

[3] „Des Stephan Kempe Warhaftiger bericht, wo der papen misse, predige und andere kerkengeprenge alhir to Hamborch geandert und de jegenwardige predige, misse und ceremonien upgekamen und angenamen, wedder de unwarhaftige und velschlike beklaginge der papeschop, dat se mit külen und speten sin averwunnen“: Lappenberg, Chroniken 479—542; Textkritik ebenda XXVI—XXXIII (zit.: Kempe, Bericht).

[4] Bernd Gyseke's Hamburger Chronik von 810—1542: Lappenberg, Chroniken 1—192; Textkritik: XLV—XLIX. Die Hamburger Reformation ist besonders S. 50—60 behandelt. (Zit.: Gyseke, Chronik).

[5] Vgl. Personenverzeichnis Nr. 32.

[6] Johannis Moller, J. U. D., Nachrichten von der Reformation zu Hamburg: Lappenberg, Chroniken 543—567; Textkritik: XXXIV—XXXVII. (Zit.: Moller, Nachrichten A oder B).

[7] „Eyn kort vttoch der Wendeschen cronicon van etliken scheften disser lande vnde stede“: Lappenberg, Chroniken 229—299; Textkritik: XXXVIII—XLIII (zit.: Wendische Chronik); Hamburger Chronik vom Jahre 799 bis 1559: Lappenberg, Chroniken 377—478; Textkritik: LIII—LVI (zit.: Hamburger Chronik); Tratziger's Chronika der Stadt Hamburg, hrsg. von J. M. Lappenberg (Hamburg 1865); (zit.: Tratziger, Chronik). Die auf die Reformation Hamburgs bezüglichen Stellen stehen Lappenberg, Chroniken 278—280 (Wendische Chronik); 423—425 (Hamburger Chronik) und Tratziger, Chronik 262—263.

[8] Sein handschriftlicher Bericht ist vor 1553 verfaßt. Das Manuskript befindet sich im Staatsarchiv Hamburg unter Cl. VII Lit. Oc Nr. 7.

[9] H. Hamelmann, De renato evangelio in urbe imperiali Hamburga: Ders., Historia ecclesiastica renati euangelii per Inferiorem Saxoniam et Westphaliam II (o. O. 1587) 73—104.

[10] Chytraeus, Chronicon 283—285.

[11] N. Staphorst, Historia Ecclesiastica Hamburgensis diplomatica II, 1 (Hamburg 1729). Seine eigene Darstellung findet sich auf den Seiten 1—38, 127—155. Die beiden Berichte J. Mollers und der „eines unbekannten Papisten“ (Lappenberg, Chroniken XXXVII, 568—570) erschienen in Hochdeutsch zusammen mit dem Bericht Kempes 1728 in der „Sammlung einiger evangelischer und päpstlicher Geschichtsschreiber, welche die hamburgische Reformation in niederdeutscher Sprache beschreiben“ (Frankfurt-Leipzig 1728).

Berichte durch J. M. Lappenberg im Jahre 1861[12] wurden für die weitere Erforschung der Hamburger Reformationsgeschichte grundlegend. Auf ihnen beruhen nämlich alle weiteren Darstellungen, sei es im Rahmen von Stadt- oder von Reformations- und Kirchengeschichten.

Für das Bild der Hamburger Reformation und ihrer theologischen Diskussionen wurde es folgenreich, daß von katholischer Seite nur drei kleinere Berichte[13] überliefert waren. Die Ausführlichkeit des „Warhaftigen berichtes", aber auch sein konfessioneller Standpunkt bewirkten nämlich, daß viele Autoren nicht nur seine Angaben ohne nähere Begründung übernahmen, sondern ihm auch in der Wertung, ja teilweise bis in die Diktion und die Urteile folgten[14]. Dies gilt besonders von den Arbeiten evangelischer Autoren des 19. Jahrhunderts, zum Beispiel von der Darstellung O. Krabbes (1840)[15], aber auch von der sonst so wertvollen Arbeit des Hamburger Archivdirektors C. H. W. Sillem (1886)[16] und erst recht von der zum Hamburger Reformationsjubiläum von 1929 verfaßten Darstellung von K. Beckey[17]. Katholische Arbeiten dieses Zeitabschnittes[18] sind jedoch ebenfalls dem konfessionellen Denken verhaftet. Wenn sich bei ihnen zwar angesichts ihres Standpunktes und der Quellenlage eher die Kritik meldet[19], so gelangen auch sie über eine vordergründige Harmonisierung der

[12] Hamburgische Chroniken in niedersächsischer Sprache, hrsg. von J. M. Lappenberg (Hamburg 1861).

[13] Außer den beiden von J. Moller überlieferten Texten noch der „Kurze Bericht eines Papisten über die Reformation zu Hamburg (1528—1531)": Lappenberg, Chroniken, 568—570. Er enthält nichts zu unserem Thema und bleibt deswegen außer Betracht.

[14] Sillem zitiert Kempe indirekt, und Beckey gibt schon wegen seiner popularwissenschaftlichen Zielsetzung die Chroniken zum Teil in hochdeutscher Übersetzung wieder, ergänzt sie aber auch durch andere Quellen. Gerade dadurch sind aber die Wertungen mit eingeschlichen, da die Zeitgenossen „cum ira et studio" berichteten.

[15] O. Krabbe, Ecclesiae evangelicae Hamburgi instauratae historia (Hamburg 1840).

[16] C. H. W. Sillem, Die Einführung der Reformation in Hamburg (Halle 1886).

[17] K. Beckey, Die Einführung der Reformation in Hamburg (Hamburg 1929).

[18] So J. Janssen, Geschichte des deutschen Volkes[16] III (Freiburg 1892) 84; C. Linkemeyer, Das katholische Hamburg in Vergangenheit und Gegenwart (Hamburg 1931) 71—125. Ganz konfessionalistisch ausgerichtet sind besonders „Die Geschichte der katholischen Gemeinde zu Hamburg und Altona" (Schaffhausen 1850) und die Antwort von J. Geffcken, Über die sogenannte „Geschichte der katholischen Gemeinde in Hamburg und Altona": ZHG I (1851) 535—560.

[19] Vgl. Linkemeyer, Hamburg 4, wo er Modifikationen an Kempes Bericht ankündigt. In der Darstellung folgt er bei der „ersten Disputation" (S. 71—75) Kempe bis zur Urteilsfällung, dann einfach J. Mollers 2. Bericht (B), ohne den Wechsel zu begründen oder die Quellen wirklich auszugleichen. Er

Berichte hinaus nicht zu einer tiefergehenden Quellenkritik. Über die bloße Nacherzählung der Quellen hinaus begeben sich erst die kurze Abhandlung von J. S. Schöffel (1929)[20] und die Darstellungen von H. Reincke (1925 und 1933)[21], indem sie die Vorgänge interpretieren und die Hauptkomponenten kräftig herausarbeiten. Während auch E. Feddersen in seiner „Kirchengeschichte Schleswig-Holsteins"[22] noch der konfessionellen Sicht verhaftet ist, behandelt die kurze Stadtgeschichte von B. Studt und H. Olsen die Reformation zwar schon wie Reincke aus der Distanz, aber noch aufgrund der alten Forschungsergebnisse[23]. Leider blieb der großangelegte Versuch H. Reinckes, die gesamte Geschichte Hamburgs im 16. Jahrhundert neu darzustellen[24], ein Torso. Die volkstümliche Hamburger Kirchengeschichte von Georg Daur kann und will das nicht ersetzen, da sie sich nur auf ältere Arbeiten stützt[25].

Ein Blick in die Forschung beweist, daß die Arbeiten von Sillem und Beckey weiterhin als die maßgebenden angesehen und benutzt werden und daß man mit ihnen die Beurteilung der Diskussionen übernimmt[26]. Jedoch ist ihre Interpretation der Vorgänge rudimentär und konventionell. Die Autoren bezeichnen nämlich die Diskussionen meist einfach als „Disputationen", obwohl dies nur teilweise in den Quellen begründet ist. Denn während der „Warhaftige bericht" und die meisten Chroniken jede Kennzeichnung der Verhandlungen vermeiden, nennen die Gysekesche Chronik nur die

ergänzt zuweilen aus anderen Quellen und folgt dann wieder Kempe. Dasselbe gilt für seine Darstellung der „2. Disputation" (104—125), wobei er für die Zuordnung der Artikel Lappenberg zitiert (Lappenberg schreibt aber S. 548, Anm. 2 den Artikel H. Schroders Vischer zu, obwohl Kempe (Bericht 525) ihn ebenfalls für Schroder aufführt!). Die Kapitelsakten verarbeitet er nach einem Aufsatz J. Spitzers, allerdings ohne ihn für seine Kritik auszunutzen.

20 J .S. Schöffel, Hamburg und die Reformation (Hamburg 1929) 9—35.

21 H. Reincke, Hamburg, ein Abriß der Stadtgeschichte von den Anfängen bis zur Gegenwart (Bremen 1925) 37—51; Ders.: Hamburg im Zeitalter der Reformation: Hamburg Einst und Jetzt, hrsg. von H. Reincke, W. Hävernick und G. Schlotterer (Hamburg 1933) 29—38.

22 E. Feddersen, Kirchengeschichte Schleswig-Holsteins II (1517—1721) (Kiel 1938) 69—76.

23 B. Studt — H. Olsen, Hamburg. Die Geschichte einer Stadt (Hamburg 1951) 69—78.

24 H. Reincke, Hamburg am Vorabend der Reformation (Hamburg 1966), (betr. 1517—1524). Die Bruchstücke und Vorarbeiten für die weiteren Kapitel bis 1532 sind im Hamburger Staatsarchiv im „Nachlaß Heinrich Reincke" in den Mappen 67a—c und 71 erhalten. (Zit.: Reincke, Nachlaß ...). Herrn Archivdirektor Dr. Bolland sei für die Genehmigung der Benutzung herzlich gedankt.

25 G. Daur, Von Predigern und Bürgern. Eine Hamburgische Kirchengeschichte von der Reformation bis zur Gegenwart (Hamburg 1970).

26 Z. B. Feddersen, Kirchengeschichte II 69 Anm. 1; F. Lau — E. Bizer, Reformationsgeschichte Deutschlands (Göttingen 1964) 47 Anm. 8.

Diskussionen von 1522 und erst später der ortsfremde J. Tratziger auch die großen Verhandlungen von 1527 und 1528 Disputationen[27]. Aepin, Hamelmann und Staphorst gehen im Anschluß an den „Warhaftigen bericht" nicht auf die Eigenart der Diskussionen ein, während Chytraeus sie wieder als Disputationen bezeichnet[28]. Seit dem 19. Jahrhundert wird diese Bezeichnung in der Hamburger Forschung allgemein, ohne daß man dies näher begründet, denn offenbar sollte mit dieser Etikettierung Form und Struktur der Verhandlungen erklärt sein. Unser kurzer Überblick über die Erforschung der Hamburger Reformationsdiskussionen erweist, daß alle Arbeiten mehr oder minder dem „Warhaftigen bericht" und den reformatorisch eingestellten Chroniken verpflichtet sind und es sowohl an einer Analyse wie an einer wirklichen Erklärung der Diskussionen fehlen lassen.

Was die Benutzung der Quellen angeht, so ist der konfessionelle Standpunkt der älteren Darstellungen durchaus legitim. Aber es ist doch zu kritisieren, daß die Verfasser die Eigenart ihrer Hauptquellen nicht recht berücksichtigt haben, sich ihnen so einfachhin anvertrauten oder es mit oberflächlichen Harmonisierungsversuchen genug sein ließen. Merkwürdigerweise übersahen evangelische ebenso wie katholische Autoren, daß der Unterschied zwischen den Berichten in Sichtweise, Beurteilung und teilweise auch in Tatsachen erheblich ist, auch wenn man das nicht immer auf den ersten Blick hin feststellen kann. Schon Staphorst verknüpfte bloß die ihm bekannten Quellen und beschränkte seine Kritik auf Details. Sillem fand nur den einen Unterschied, daß Kempe 1528 die These einem anderen Prediger zugewiesen hätte als Moller[29]. Und noch 1960 meinte W. Jensen: „Dr. Johann Mollers Bericht von katholischer Seite stimmt weithin mit dem Bericht des Magisters Stephan Kempe überein[30]." Man übersah offenbar, daß J. Moller Vorgeschichte, Anlaß und Verlauf der Verhandlungen von 1527 anders als Kempe berichtet und daß er für 1528 zusätzlich Tatsachen nennt, die für die Prädikanten ungünstig waren und die Kempe nicht erwähnt; dasselbe gilt für die Berichterstattung über die Ereignisse nach 1528. Vor allem stellte man viel zu wenig in Rechnung, daß sich in den Berichten beider Seiten der Parteienstandpunkt entschieden geltend macht und die Darstellung

[27] Gyseke, Chronik 51; Tratziger, Chronik 261, 263.

[28] Chytraeus, Chronicon 284.

[29] Sillem, Einführung, 99/100. Übrigens stimmt hier seine Feststellung nicht, da er die schon irrtümliche Bemerkung des Herausgebers Lappenberg abschreibt (s. o. Anm. 19).

[30] W. Jensen, Das Hamburger Domkapitel und die Reformation (Hamburg 1961) 24, Anm. 43.

beeinflußt, so daß man von vorne herein nicht sicher weiß, wie weit nur sachlich referiert oder doch schon gedeutet wird; meist geht es unentwirrbar durcheinander. Daß Standpunkt und Absicht der Berichterstatter auch die Auswahl des Stoffes bedingen, die sie aus dem reichen Material vorgenommen haben, ist nicht verwunderlich, sollte aber berücksichtigt werden. Wir müssen darum bei den vorliegenden Berichten immer damit rechnen, daß sie größtenteils Selbstrechtfertigungen sind. Darum kann es nicht genügen, die Berichte nur zu harmonisieren, sondern wir müssen hinter die Darstellungen zurückfragen und aus den verschiedenen Aussagen das Wahrscheinlichste herausdestillieren. Es wird darum eine unserer Aufgaben sein, die Berichte kritisch zu untersuchen und die Ereignisse neu darzustellen.

Eine Möglichkeit dazu bieten bisher wenig beachtete Quellen. Zwar sind seit dem Hamburger Stadtbrand von 1842 viele Archivalien verlorengegangen und die wenigen noch erhaltenen Briefe[31] und Urkunden schon von Sillem ausgewertet worden. Man ließ jedoch sowohl das informative Kapitelsprotokoll des Lübecker Domdekans Albert Brand über die Jahre 1523 bis 1530[32], das viele Nachrichten auch zur Hamburger Reformationsgeschichte enthält, ebenso unberücksichtigt wie die zahlreichen Akten des Reichskammergerichtsprozesses, den das Hamburger Domkapitel von 1528 bis 1561 mit dem Rat wegen der Reformation Hamburgs geführt hat[33]. Diese Akten sind im Hamburger Staatsarchiv sowohl im Original wie in zeitgenössischer Abschrift erhalten[34], von denen W. Jensen 1961 die Mandate von 1528 und 1529, die Klage- und Defensionalartikel und die Interrogatorien und Zeugenaussagen von 1530 herausgab[35]. Für uns sind die Aussagen von besonderem Wert, weil von den Zeugen beider Seiten 8 der 25 Kapitelszeugen und 15 der 24 Ratszeugen an den wichtigen Diskussionen von 1527 und 1528 teilgenommen und teilweise darüber Aussagen gemacht haben[36]. Zusammen mit dem Lübecker Kapitelsprotokoll

[31] Sammelkonvolut Cl. I Lit. O^c No. 6. Als Quellen scheiden auch die Predigten aus, die unter dem Namen des Hamburger Reformators Joh. Fritze erhalten sind, da Fritze schon 1544 starb, während die Predigten erst 1553/54 gehalten wurden (Katalog der Handschriften der Staats- und Universitätsbibliothek Hamburg IV (Hamburg 1967) 179).

[32] Die „Actus capitulares" sind im Landesarchiv Schleswig unter der Signatur Stift Lübeck Abt. 268, Nr. 394—399 erhalten (zit.: Brand, Protokoll).

[33] Zum Prozeß, vgl. J. Spitzer, Hamburg im Reformationsstreit mit dem Domkapitel: ZHG XI (1903) 430—590.

[34] Original: Cl. I Lit. H, No. 14.15. Abschrift: Cl. I, Lit. O^b No. 3, Fasc. 1 und 2.

[35] W. Jensen, Das Hamburger Domkapitel und die Reformation (Hamburg 1961).

[36] Von den Zeugen nahmen an den Diskussionen teil: 1. Kapitelszeugen: Nikolaus Bustorp (1527), Dr. Hermann Langenbeke (1527), Dr. Johann Moller (1527), Henning Kissenbrügge (1522, 1527), Joachim Vißbeke (1527), Mattheus

bieten diese Akten darum das gesuchte tertium comparationis, das es uns ermöglicht, die bisher bekannten Quellen auf ihre Glaubwürdigkeit zu prüfen sowie ihre Angaben zu ergänzen. Dafür reichen, wie auch der Überblick bei J. Spitzer bestätigt[37], die bei Jensen edierten Akten für unsere Zwecke aus, weil die Religionsfrage seit 1533 nicht mehr Gegenstand des Prozesses gewesen ist, nachdem die Stadt dafür an ein allgemeines Konzil appelliert und dem Reichskammergericht die Zuständigkeit abgesprochen hatte[38].

Unsere Hauptaufgabe wird es aber sein, die Vorgänge umfassend zu untersuchen, denn mit einer bloßen Neudarstellung der Vorgänge werden wir unsere Fragen nicht beantworten. Nur wenn wir die Ereignisse von möglichst vielen Seiten her betrachten und das Netz der Faktoren zu erfassen suchen, die Strukturen und Formen der Gespräche freilegen und das Wechselverhältnis zwischen ihnen und der Stadt beobachten, dürfen wir hoffen, eine Antwort zu bekommen. Methodisch müssen wir darum nicht nur landes-, kirchen- und reformationsgeschichtlich, sondern auch rechtsgeschichtlich, sozialgeschichtlich, theologiegeschichtlich und wissenschaftsgeschichtlich arbeiten. Obwohl ein solches Vorgehen die Kenntnisse und Fähigkeiten eines einzelnen überschreitet, mußte dieser Weg beschritten werden, weil man anders leicht an den eigentlichen Ursachen vorbeigeht, ein falsches Bild zeichnet und so sich das Ganze der gedanklichen Erfassung entzieht. Dennoch werden alle Fragen nur soweit verfolgt, wie es das Ziel unserer Untersuchung verlangt. Im Gang der Untersuchung sind Darstellung und Analyse zu verbinden, weil sich so die Entwicklungen am besten zeigen und sich unnötige Wiederholungen vermeiden lassen. Darum kann eine systematische Übersicht über die Zusammenhänge erst in der Zusammenfassung geboten werden. Am Schluß sind auch die Folgerungen aus unseren Einsichten zu ziehen, die Ergebnisse einzuordnen, ihren Geltungsbereich abzustecken und ihre Bedeutung zu erheben. Damit aber unsere Untersuchungen auf sicherem Grund aufruhen, muß allem die Kritik der Quellen vorausgehen.

Vischer (1528), Hinrich Schroder (1528) und Friedrich Vulgreve (1528); von 25 Zeugen also 8 Personen. 2. Ratszeugen: Friedrich Hennings (1527). Wer sonst noch 1527 beteiligt war, kann ich nicht feststellen. 1528 nahmen teil: Corth Witenere (Einbecksches Haus), Dirik Ostorp (roden tollen), Cordt Knost (?), Peter Hesterberg (Einbecksches Haus), Hans Blome (Rathaus), Hans Foltze (Rathaus), Joachim Wullenwever (roden tollen), Hans Hesterberch (?), Hans Hartmann (roden tollen), Clawes Rodenborch (roden tollen), Joachim Moller, Priester (auf der Straße), Jacob Schipphouwer (roden tollen), Clawes van der Hoye (?), wahrscheinlich auch Hermann Soltow, also 15 (14) von 24 Personen.

[37] Spitzer, Reformationsstreit 470—497.

[38] Ebenda 494/495.

3. Quellenkritik

Als Quellen für unsere Untersuchung kommen besonders der „Warhaftige bericht“, der Reformationsbericht der Gysekeschen Chronik, die beiden Berichte aus dem Reformationskodex des J. Moller, die wenigen erhaltenen Briefe sowie die Akten des Reichskammergerichtsprozesses und das Protokoll des Lübecker Domdekans Brand in Frage, während die Mitteilungen der übrigen Hamburger Chroniken sowie die Darstellungen von Aepin, Hamelmann und Chytraeus, die nur den Bericht Kempes verarbeiten, wenig Zusätzliches enthalten. Da die Eigenartigkeit und Zuverlässigkeit des Lübecker Protokolls, der Gerichtsakten und Briefe bekannt sind[1], bedürfen nur noch der „Warhaftige bericht“, die Darstellung der Gysekeschen Chronik und die Aufzeichnungen J. Mollers eingehender quellenkritischer Untersuchungen. Dabei konzentrieren wir uns auf die „innere Kritik“, nachdem der Herausgeber J. M. Lappenberg die „äußere Kritik“ schon zufriedenstellend durchgeführt hat[1a].

a) Der „Warhaftige bericht“ des Reformators Stephan Kempe

Diese chronikartig gestaltete Schrift schildert in zeitlicher Reihenfolge und in sachlichem, ruhigen Stile wichtige Ereignisse des Kampfes um die Reformation in Hamburg. Sie beginnt mit Angaben über die Predigt des Pfarrers Mag. Ordo Stenmel von Katharinen 1522 und schließt mit der Amtseinführung Johann Aepins als Superintendenten 1532, der noch einige Nachträge bis ins Jahr 1540 folgen. Dem Verfasser ist es nicht um vollständige Berichterstattung zu tun, vielmehr stehen die theologischen Fragen und Auseinandersetzungen im Mittelpunkt seines Interesses. Deswegen teilt er auch Thesenzettel, Briefe und theologische Diskussionen ausführlich mit, läßt dafür aber andere wichtige Ereignisse wie den Zusammenschluß der vier Kirchspiele 1522, die Streitigkeiten um den Prädikanten Johann Zegenhagen oder die Einrichtung des Gotteskastens fort. Sein Anliegen ist, die Veränderungen der Predigt und Liturgie wie des übrigen Kirchenwesens seit 1528, die das Domkapitel in seiner Klage vor dem Reichskammergericht angegriffen hatte, theologisch zu rechtfertigen, welche Absicht schon der eingangs zitierte Titel ausdrückt[2].

Der Autor will also den „wahren“ Verlauf der kirchlichen Ver-

[1] Zum Protokoll Brands: vgl. W. Jannasch, Reformationsgeschichte Lübecks vom Petersablaß bis zum Augsburger Reichstag 1515—1530 (Lübeck 1958) 74. Die Hamburger Prozeßakten sind behandelt bei Jensen, Domkapitel 40/41.

[1a] Lappenberg, Chroniken XXVI—XXXVII, XLVI—XLIX.

[2] Kempe, Bericht 479. S. o. S. 1 mit Anm. 1.

änderung und ihre „wirklichen“ Ursachen schildern und die Klage der Hamburger Geistlichkeit über den Gebrauch der physischen Gewalt dahin korrigieren, daß sie nicht dadurch und zu Unrecht, sondern durch Gottes Wort und zu Recht überwunden worden seien. Diesem Nachweis dient seine Schrift vom ersten Satze an, und sie übergeht darum sinnvollerweise alles, was nicht zum Thema der theologischen Auseinandersetzung zwischen den Prädikanten und der alten Geistlichkeit gehört. Daher fehlen z. B. auch die Diskussionen, die 1522 ein Wanderprädikant mit Hamburger Klerikern hatte, da er nicht in Hamburg blieb und sein Wirken mit dem gegenwärtigen Streit mit dem Domkapitel nichts zu tun hatte. Im Beweisgang versucht der Verfasser, der alten Geistlichkeit die Schuld allein zuzuschieben und sie als Unruhestifter, Neider, Brecher des Ratsmandats und Verteidiger unbiblischer Lehren hinzustellen, dafür aber die Prädikanten als gehorsame Diener des Rates und seiner Anordnungen, als unwiderlegte Prediger allein des Evangeliums, als berufen von den Bürgern und als friedfertig zu erweisen. Darum stehen die beiden Diskussionen, die 1527 und 1528 zwischen ihnen und katholischen Predigern vor dem Rate stattfanden, ganz im Mittelpunkt seiner Darstellung, während die anderen Mitteilungen kurz gefaßt sind und nur dazu dienen, die Angaben zu einem Bericht abzurunden. Der „Warhaftige bericht“ ist also keineswegs eine neutrale Chronik der Ereignisse, sondern eine aus aktuellem Anlaß verfaßte theologische Verteidigungs- und Rechtfertigungsschrift.

Als Verfasser des Berichtes galt immer der Hamburger Reformator Stephan Kempe[3], der als Magister und Baccalaureus sacrae scripturae für diese Aufgabe bestens vorgebildet war. Kempe gibt sich als Autor dadurch zu erkennen, daß er von sich in der ersten Person redet[4], sich 1528 an den Schluß der Liste der Pfarrer setzt[5], obwohl er damals als Pfarrer von Katharinen am dritten Platz rangieren müßte, und weil er theologische Fragen sachkundig zu behandeln weiß[6]. Vergleicht man Stil und Argumentation mit seiner Schrift gegen den Abt von Lüneburg[7], so fällt die Übereinstimmung in Sprachstil, in derselben Mischung von theologischem

[3] Lappenberg, Chroniken XXVI—XXVIII. Zur Person vgl. im Anhang unser biographisches Personenverzeichnis unter Nr. 18.

[4] Kempe, Bericht, 482, 509, 523, 537/538. Vgl. das „wi“ der Diskussionsberichte ebd. 510/511, 514—519, 529—536.

[5] Kempe, Bericht 523.

[6] Vgl. Kempe, Bericht, z. B. 515 (Konzil, Väterbeweis), 516 (Konkomitanz) sowie die scharfe Schriftargumentation.

[7] „Up des Abbates van Sunte Michael tho Lüneborch und sines Pröue-Esels Pröue-Bock, Anthworth Stephani Kempen ... 1531“: Staphorst, Historia II, 1 S. 172—252. (Zit.: Kempe, Anthworth).

Sachverstand und volkstümlicher Polemik sowie die Übereinstimmung in den theologischen Thesen und in der Beweisführung auf[8]. Kempe nahm seit 1523 an allen Hamburger theologischen Kämpfen und Diskussionen persönlich teil, ist darum bestens informiert und so zusammen mit seiner Begabung gut in der Lage gewesen, die Vorgänge und Gespräche sachgemäß — wenn auch parteilich — darzustellen.

Der Reformator verfolgte mit seinem Bericht ein ganz bestimmtes Ziel. Wie schon die Überschrift andeutet, bekämpfte er nicht dieses oder jenes Pamphlet der katholischen Seite, vielmehr nichts Geringeres als einen Klagepunkt des Domkapitels gegen die Stadt, das diese Klage bestätigende Restitutionsmandat von 1529 und das Reichskammergerichtsurteil, das dem Rat am 7. 9. 1533 ausgehändigt und worin das Ratsurteil von 1528 aufgehoben, die Wiederherstellung der alten kirchlichen Zustände verlangt und die Neuerungen als Übergriffe gebrandmarkt wurden. Die Stadt begann sofort einen Prozeß über die causa iudicata und bemühte sich gleichzeitig um die Aufnahme in den Schmalkaldischen Bund, die zustande kam, als Hamburg 1536 auch diesen zweiten Prozeß verloren hatte[9]. Der „Warhaftige bericht" griff nun in diesen Prozeßzusammenhang mit seiner für Hamburg gefährlichen Lage geschickt als theologische Rechtfertigungsschrift ein. Das Kapitel hatte nämlich geklagt, daß man ihm die Pfarrkirchen genommen (Klageartikel 6 bis 8), die bisherigen Pfarrer und Priester aus der Stadt vertrieben und an ihre Stelle verführerische und aufrührerische Prädikanten eingesetzt und dadurch das Kapitel um seine Rechte und Besitzungen gebracht (Artikel 9) und dazu noch einen neuen Gottesdienst eingeführt habe (Artikel 10)[10].

Nachdem nun die Stadt 1529 verurteilt worden war, nahm der Bericht Kempes den 9. Klageartikel und die religiöse Frage auf, für die die Stadt an ein Konzil appelliert hatte[11]. Der Rat hatte auch seinerseits die Zeugen des Kapitels dazu intensiv befragen lassen[12]: er fragte, ob der Zeuge denn wisse, daß die Pfarrer und andere fromme Prediger aus der Stadt vertrieben worden seien und ob er selbst einer von ihnen sei. Ob der Rat nicht geboten habe, das Evangelium nach der Auslegung der angenommenen „Bücher" zu predigen und alle Kontroverspredigten zu vermeiden. Ob er nicht für die Streitfragen mündliche Verhandlungen angeordnet

[8] Z. B. Kelchkommunion: Kempe, Anthworth 214—223 = Kempe, Bericht 515/516.
[9] Spitzer, Reformationsstreit 494, 511. Jensen, Domkapitel 25—39.
[10] Klageartikel 6—10 des Kapitels: Jensen, Domkapitel 47/48.
[11] Spitzer, Reformationsstreit 494.
[12] Interrogatoria specialia des Rates zu Artikel 9: Jensen, Domkapitel 61—63.

und alle, die sich dieser Anordnung widersetzen würden, mit der Verbannung aus der Stadt bedroht habe. Ob nicht einige gegen die Schrift gepredigt hätten, ihre Lehre nicht hätten verteidigen können und des Irrtums durch Schriftbeweis überführt worden seien, weswegen sie widerrufen und eine Zeitlang aus der Stadt bleiben sollten. Ob das nicht geschehen sei, damit jeder das Wort Gottes kennenlerne. Ob es denn nach den Umständen möglich gewesen wäre, daß die Prediger ohne Widerruf in der Stadt geblieben wären. Weiter wird gefragt, was die katholischen Prediger gelehrt hätten, wegen welcher Argumente und Artikel sie vertrieben worden seien und ob diese in der Schrift begründet seien. Ob denn der Rat oder die Bürgerschaft verführerische und aufrührerische Prediger bei den Pfarrkirchen eingesetzt hätten. Ob der Zeuge überhaupt wisse, was Aufruhr sei, und ob dies etwa die Predigt des Evangeliums sei. Der Zeuge solle die Aufruhrprediger beim Namen nennen und sagen, ob und wann er dabei gewesen sei, als sie Aufruhr gestiftet hätten. Zum Schluß wird noch gefragt, ob die bisherigen Pfarrer die Pfarrkirchen nicht wegen der Abnahme der Opfergelder verlassen hätten. — Überblicken wir diese Fragen, so stellen wir fest, daß sie mit den Hauptpunkten und Tendenzen des „Warhaftigen berichtes“ übereinstimmen: Die Prediger des Evangeliums seien von den Katholiken aus Neid angegriffen und verketzert worden. Die alte Geistlichkeit hätte das Predigtmandat gänzlich verletzt und ihre Lehre wiederholt nicht aus der Schrift beweisen können. Ihretwegen sei es beinahe zu einem Aufstand gekommen, weswegen der Rat alle Prediger anhand seines Mandates und der dort aufgestellten Norm des Evangeliums habe verhören lassen. Die katholischen Prediger hätten dabei eingestehen müssen, zum Teil nicht die Schrift gepredigt zu haben. Hätten sie widerrufen, so hätten sie in der Stadt bleiben können. Nur fünf seien als Aufruhrprediger ausdrücklich der Stadt verwiesen worden, die anderen seien ihnen freiwillig nachgezogen, nur weil sie nicht den verlangten Widerruf leisten wollten. Auch sei in den Verhandlungen alles ohne Gewalt und Zwang zugegangen. Die Bettelmönche hätten ihre Klöster freiwillig in die Hand des Rates gegeben und lebten dort teilweise noch still weiter. Die Prädikanten hätten nur das Wort Gottes gepredigt. Dies führe aber zwangsläufig zu Unruhen, weil seine Feinde es nicht hören wollten. Sie hätten darum nicht direkt den Aufruhr gepredigt, sondern sich nur an die Anordnungen des Rates gehalten — soweit sie es mit ihrem Gewissen hätten vereinbaren können.

Dieser Überblick beweist, daß der „Warhaftige bericht“ offensichtlich die Aufgabe hatte, durch eine Darstellung von kompetenter Seite die theologischen Auseinandersetzungen und das „mandatswidrige“ Verhalten der katholischen Geistlichkeit zu beleuchten und gegen die Klage des Kapitels ins Feld zu führen sowie die reformatorischen Maßnahmen der Stadt theologisch zu rechtfertigen. Der Rat und die Bürger waren ja in der Hauptfrage, der Schriftgemäßheit der bisherigen Predigt und Liturgie, nicht kompetent und mußten sich auf juristische und politische Argumente und Aktionen beschränken. Indem nun der „Warhaftige bericht“ diese Lücke durch den theologischen Nachweis der Rechtmäßigkeit der Veränderungen ausfüllte, war der Standpunkt der Stadt voll begründet, der Kreis ihrer Argumente geschlossen.

Die weitere Frage, welche spezielle Rolle der Bericht im Prozeßverlauf gespielt hat, ist nicht mehr genau zu beantworten. Ein direktes Beweismittel ist er nicht gewesen. Er hätte der Stadt, so wie er abgefaßt war, auch nicht genützt, da die als lutherisch verdächtigten Prädikanten vor Gericht sicher nicht als kompetente Gutachter anerkannt worden wären. Äußerlich spricht auch schon dagegen, daß z. B. der wichtige Brief des Domherren Nikolaus Bustorp statt in der lateinischen Urfassung in niederdeutscher Übersetzung mitgeteilt wird, daß Kempe sich bei aller Strenge der theologischen Beweisführung doch nie der Fachsprache bedient, sondern sich allgemeinverständlich ausdrückt und außerdem ein Gefühl der Überlegenheit bekundet, das vor Gericht bestimmt keinen für Hamburg günstigen Eindruck gemacht hätte. Es ist darum so gut wie sicher, daß der Verfasser in einer nicht mehr feststellbaren Öffentlichkeit den anscheinend wirkungsvollen Argumenten der Hamburger Geistlichkeit entgegentreten wollte, um diese Öffentlichkeit für sich und die Sache der Reformation zu gewinnen oder sie darin zu bestärken. Da es sich bei unserem Bericht nicht um eine Flugschrift handelt — es sind nur Handschriften nachgewiesen[13] —, ist es wahrscheinlich, daß in einer für die Stadt kritischen Phase des Prozesses die Hamburger Bürger und Parteigänger der Stadt in der Berechtigung des städtischen Standpunktes nachdrücklich bestärkt werden sollten; so erklären sich die Allgemeinverständlichkeit und die niederdeutsche Sprache von selbst.

Um welches Stadium des Prozesses es sich handelt, kann uns die Datierung erhellen. Lappenberg hat den Text in die Jahre 1528 bis 1530 gesetzt, in denen sich Kempe im Zusammenhang mit der Disputation mit Melchior Hoffmann in Flensburg und mit der Einführung der Reformation in Lüneburg schriftstellerisch betätigt hatte[14]. Diese Datierung ist aber nicht zu halten, da der Bericht einheitlich bis zur Wahl J. Aepins als Superintendent im Jahre 1532 konzipiert ist und mit der Nachricht von seiner Amtseinführung

[13] Lappenberg, Chroniken XXVIII—XXXII.
[14] Ebenda XXVII.

mit einem Segenswunsch und Amen schließt. Erst darauf folgen einige Nachträge zu 1532, 1534 und den folgenden Jahren, die mehr lokalhistorisch interessiert sind und sich auch dadurch als Nachträge erweisen[15]. Terminus post ist also Pfingsten 1532, terminus ante das Todesjahr des Verfassers 1540. Da der Widerruf des Domherren Bustorp eigens für 1534 als Nachtrag, aber auch im Haupttext erwähnt wird[16], ist es fraglich, ob man die Abfassung des Haupttextes vor oder nach 1534 anzusetzen hat. Für die Zeit zwischen 1532 und 1534 spricht, daß nach ergangenem Kammergerichtsurteil 1533 die Stadt die religiöse Frage durch Appellation an ein Konzil aus dem Prozeß ausschloß und nun nur noch über die res circa sacra prozessiert und verhandelt wurde[17]. Die Abfassung zwischen 1534 und 1540 legt allein die Erwähnung des Widerrufs Bustorps im Haupttext nahe, die aber ebensogut ein späterer Zusatz sein kann. Da uns Kempes Originalmanuskript nicht vorliegt und die ältesten Handschriften nicht vor 1540 zu datieren sind[18], ist es auch möglich, daß der Zusatz vor der Anfertigung der Abschrift noch dem Original eingefügt wurde. Die näheren Bezugspunkte für unseren Bericht sind die Daten der ergangenen Kammergerichtsurteile: 1533 und 1536. 1533 verlor die Stadt den Prozeß in allen Punkten und sollte den alten Zustand restituieren, und als 1536 das von ihr angefochtene Urteil bestätigt wurde, trat sie dem Schmalkaldischen Bund bei. Mir scheint nun der „Warhaftige bericht" ganz zu der Situation zwischen 1533 und 1536 zu passen, denn er bemüht sich allein um die theologische Rechtfertigung unter Vermeidung aller vermögensrechtlichen und sonstigen Anklagepunkte, unter möglichster Schonung der alten Geistlichkeit, unter Vermeidung aller Punkte, in denen die Stadt verloren hatte und unter Auslassung aller Maßnahmen, die man den Lutherischen nachteilig auslegen konnte. Es wird sozusagen auf das höhere Recht der biblischen Wahrheit rekurriert, die das ganze, nach dem menschlichen Recht wohl rechtswidrige Verhalten als biblisch begründet und darum als im eigentlichen Sinne rechtmäßig, weil dem göttlichen Willen entsprechend und im übrigen auch als dem Mandate des Rates gemäß, dartun sollte. Die Abfassungszeit muß also zwischen dem Ergehen des ersten Urteils am 7. 9. 1533 und der Aufnahme in den Schmalkaldischen Bund am 29. 9. 1536 liegen, in der die Bürgerschaft auf die Reformation vereidigt und für den Eintritt in den Schmalkaldischen Bund gewonnen werden sollte.

[15] Kempe, Bericht 541/542.
[16] Kempe, Bericht 519 und im Nachtrag (ebenda 542).
[17] Spitzer, Reformationsstreit 404/405 u. ö.
[18] Lappenberg, Chroniken XXIX.

Die Glaubwürdigkeit des „Warhaftigen berichtes“ hat darum in diesen Umständen ihren Grund und ihre Grenze. Als Rechtfertigungswerk stellt er die Vorgänge in einem für die Reformationsanhänger günstigen Lichte dar und verschweigt darum auch nachweislich, was zu ihren Ungunsten ausgelegt werden konnte, wie die Art der Aufhebung der Klöster, die Abschaffung des katholischen Gottesdienstes, die Einführung der Gotteskasten- und der Kirchenordnung, die Einziehung der Kaplaneien usw. In der gefährlichen Lage nach dem ergangenen Urteil konnte es sich die reformatorische Partei aber dennoch nicht leisten, durch einen ihrer Führer eine grob falsche Darstellung der umstrittenen Ereignisse ausgehen zu lassen, da ja genügend Augen- und Ohrenzeugen lebten[19], und zudem ein falscher Schritt der lutherischen Seite der Stadt viele Schwierigkeiten einbringen konnte. Die Person des Verfassers, seine Funktion als theologischer Führer der reformatorischen Partei sowie seine Bildung bieten gute Voraussetzungen für eine richtige Darstellung, wenn ihm auch unbewußt oder aus Parteigeist Fehler unterlaufen konnten. Im Vergleich mit den Prozeßakten ist darum seine Verläßlichkeit zu beleuchten und nicht zuletzt bei jedem berichteten Faktum zu prüfen, wie weit der Standpunkt Kempes seine Berichterstattung der Ereignisse selbst beeinflußt und die Darstellung der Tatsachen verändert hat. Obwohl ihm böse Täuschungsabsichten nicht nachzuweisen sind und er offenbar in subjektiver Ehrlichkeit berichtet hat, verbieten es die genannten Punkte, sich dieser Quelle unkritisch anzuvertrauen.

b) Der Reformationsbericht der Gysekeschen Chronik

Die Chronik des Bernd Gyseke enthält einen längeren Reformationsbericht[20], der sich bei näherem Hinsehen als eine Kurzfassung des „Warhaftigen berichtes“ erweist. Nicht mit dessen theologischen und apologetischen Absichten, sondern mit rein chronistischem Interesse wird der Verlauf des Kampfes um die Einführung der Reformation in Hamburg bei wörtlicher Übernahme des kempeschen Berichtes, doch unter Auslassung des theologischen Stoffes und durch Hinzufügungen volkstümlich berichtet. Dabei läßt der Verfasser die im „Warhaftigen bericht“ geübte Vorsicht beiseite und berichtet z. B. das dort ausdrücklich übergangene und angezweifelte Gerücht der Mordabsichten der Katholiken hier als wahre Begebenheit und zeiht den Domtheologen B. Moller der Bestechlichkeit[21]. Der Bericht der Gysekeschen Chronik ist aber für uns

[19] Hier ist besonders an die katholischen Prediger und an den Domdekan Clemens Grothe zu denken, der erst 1544/45 starb.

[20] Gyseke, Chronik 50—59. Die Erzählung reicht von 1521 bis zum 29. April 1528.

[21] Gyseke, Chronik 54, 58/59.

von besonderem Wert, weil er uns, wenn auch nur kurz, über die Diskussionen berichtet, die 1522 zwischen einem Wanderprädikanten und katholischen Geistlichen stattgefunden haben[22].

Literarisch ist dieser Bericht direkt vom „Warhaftigen bericht“ abhängig. Die Art der Einfügungen und Kürzungen zeigt, daß sie am vorliegenden „Warhaftigen bericht“ vorgenommen wurden, der damit also primär und älter ist. Für die Abhängigkeit spricht auch, daß bei Gyseke im wesentlichen dieselbe Tatsachenauswahl wie im Bericht Kempes beibehalten ist. Während sie aber dort vom Thema her bedingt war, hätte sie hier wegen des chronistischen Interesses eigentlich entscheidend erweitert werden müssen[23]. Das Verhältnis der Quellen untereinander führte dazu, daß Kempe auch für den Reformationsbericht der Gysekeschen Chronik als Verfasser angesehen und als Entstehungszeit die Zeit nach dem Eintritt Hamburgs in den Schmalkaldischen Bund, also zwischen 1536 und 1540[24] angenommen wurde. Die literarische Abhängigkeit und das schlichte chronistische Interesse sprechen für die Glaubwürdigkeit der Quelle, wenn auch ihr gegenüber dieselben kritischen Vorbehalte geltend zu machen sind, die schon gegenüber ihrer Vorlage empfohlen wurden und die Standpunktgebundenheit ihres Verfassers Vorsicht gebietet.

c) Die beiden Berichte des Dr. utr. jur. Johann Moller

Gegenüber den verhältnismäßig vielen und auch reichhaltigen reformatorischen Quellen über die Hamburger Diskussionen besitzen wir von katholischer Seite nur jene zwei Berichte, die in der 1842 verbrannten Sammelhandschrift des Dr. utr. jur. Johann Moller enthalten waren. Johann Moller[25] war ehemals Kanoniker am Dom gewesen und ein Bruder des Führers der Hamburger Katholiken, des Rostocker Theologieprofessors und dortigen Stiftsdekans Dr. Barthold Moller, der 1526 auch Lector primarius des Hamburger Domstiftes geworden war[26]. J. Moller nahm mit seinem Bruder an der Ratsdiskussion von 1527 als Sachverständiger teil,

[22] Gyseke, Chronik 51.

[23] Das erkannte schon Lappenberg: Chroniken 571/572 Anm. — Der Text steht nach verstreuten Reformationsnachrichten bis 1528 und wird nach der 2. Diskussion 1528 als Ergänzung zum besseren Verständnis (Gyseke, Chronik 50) eingefügt.

[24] Nach Lappenberg, Chroniken XLVI ist diese Chronik in der Zeit von 1524—1542 verfaßt. Wann ihr der Reformationsbericht eingefügt worden ist, ist nicht zu erkennen, sicher aber erst nach 1532, seitdem der Bericht Kempes frühestens vorgelegen haben kann.

[25] S. u. Personenverzeichnis Nr. 32.

[26] S. u. Personenverzeichnis Nr. 31.

gehörte 1528 zu den 68 katholischen Bürgern, die den alten Rat gegen die Bürgeropposition und die alte Kirche gegen die Neuerer verteidigen wollten[27] und mußte 1530 im Prozeß des Kapitels gegen die Stadt Hamburg gegen seinen Willen als Kapitelszeuge aussagen[28]. In seinem Kodex hatte J. Moller verschiedene antireformatorische Texte gesammelt, so auch eine Reihe antireformatorischer Lieder[29]. Hier standen auch jene Berichte ungetrennt hintereinander geschrieben, die uns J. M. Lappenberg, sie sinngemäß als zwei verschiedene Berichte erkennend[30], in seiner Ausgabe der Hamburgischen Chroniken getrennt herausgegeben hat; sie seien mit A. und B. bezeichnet.

Der erste Bericht (A) erzählt auf Niederdeutsch und in einer sehr knappen und allgemeinen, aber höchst polemischen Art Ursachen, Verlauf und Ergebnis der zweiten Ratsdiskussion 1528, teilt die den katholischen Geistlichen vorgeworfenen Thesen mit und endet in einer giftigen Schlußbetrachtung. Eingefügt ist eine offiziöse Erklärung B. Mollers an Dr. jur. Hermann Langenbeke in lateinischer Sprache, die hier offenbar gekürzt wiedergegeben wird, wie das „etc." andeutet. Zu dieser Erklärung gehört wohl auch die lateinische Bewertung des Diskussionsurteils am Schluß des Thesenzettels. Der Schluß des Berichtes A ist auch dadurch von Interesse, daß er uns von der Appellation B. Mollers an das Fachurteil „christlicher Universitäten" berichtet, die Änderung der Liturgie als alleinige Sache des Konzils erklärt, da ja noch nicht einmal Papst und Kaiser für sich allein das Recht der Änderung der Zeremonien hätten, und durch die Bitte an Karl V., die religiösen Streitfragen nicht erst nach dem Tode Luthers entscheiden zu lassen.

Schon aus der aufgeregten Sprache ist zu schließen, daß A bald nach der zweiten Ratsdiskussion verfaßt worden ist, da der Verfasser noch ganz unter dem Eindruck der Ereignisse steht. Es sieht so aus, als sei A zuerst ohne den lateinischen Thesenzettel B. Mollers konzipiert und dieser nachträglich von J. Moller bei der Abschrift des Berichtes in seinem Kodex hinzugefügt worden: die Gegenthesen B. Mollers sind bei den Vorwürfen gegen den Domtheologen aufgeführt, die Schlußbemerkung B. Mollers bei den Schlußbemerkungen des Thesenzettels der Prädikanten. Deutsche Thesen und deutscher Schluß wie lateinische Thesen und lateinischer Schluß passen für sich je besser zusammen als die jetzige Zuordnung der Texte.

27 Vgl. Gyseke, Chronik 57/58; Kempe, Bericht 521.
28 Jensen, Domkapitel 90.
29 Texte: Staphorst, Historia II, 1 S. 85—88.
30 Lappenberg, Chroniken XXXIV.

Wir gehen darum wohl nicht fehl, wenn wir — in Abweichung von der bisherigen Forschung — den Bericht A einem anderen Verfasser als J. Moller zuschreiben und Moller selbst nur die Einfügung der Erklärung seines Bruders zugestehen. Das bestätigt auch die Beobachtung, daß B. Moller im Bericht A nie als „min broder" — wie im Bericht B — bezeichnet wird, noch jene hervorgehobene Behandlung erfährt wie dort. Wer käme als Verfasser in Frage? J. Moller hat beim Verhör der Kapitelszeugen 1530 es ausdrücklich abgestritten, daß er die Reformationsanhänger in der Öffentlichkeit geschmäht habe[31]. Auch zeigt er selbst im Schluß des Berichtes B einen viel gemäßigteren Ton, als ihn A anschlägt. Im Zeugenverhör hat jedoch einer bekannt, daß er in aller Öffentlichkeit und um der Ehre Gottes willen gegen die „Martinianer" schimpfe. Es ist der Domkaplan Mag. Johann Rumehirt de older[32], der später einer der Anwälte des Kapitels gewesen ist[33]. Er benutzt auch im Verhör dieselbe Ausdrucksweise, wie sie in A gebraucht wird[34]. Sowohl sein prononçiert antireformatorischer Standpunkt als auch sein Ansehen beim Domkapitel und seine Bildung als Magister machen ihn als Verfasser des Berichtes A wahrscheinlich, zumal es ihm möglich war, den Thesenzettel der Prädikanten, der den Angeklagten später übergeben worden war, einzusehen. Auch wenn wir sonst von einer literarischen Agitation der unterlegenen Katholiken in Hamburg nichts wissen, so beweisen doch die von J. Moller überlieferten Spottlieder und die Erklärung B. Mollers, daß wenigstens unter der Hand allerlei kursierte. Vielleicht sollte der Bericht A eine geheime, weiterhin katholisch gesinnte Gruppe in der Stadt von den „erdichteten" Anklagethesen in Kenntnis setzen und überhaupt die angreifbaren Vorgänge kritisch beleuchten.

Als Entstehungsdatum kommt dieselbe Zeit wie für den Bericht B in Frage, da der Verfasser eine Entscheidung vom Kaiser erwartete[35] und J. Moller den Text A seinem Kodex vor B einverleibte, der im Frühjahr 1529 abgeschlossen und eingetragen wurde.

Der zweite Bericht (B) behandelt die Reformationsgeschichte Hamburgs von der zweiten Ratsdiskussion 1528 bis Ende Juni 1529 in chronologischer Reihenfolge. Anfangs werden kurz Ursache und Verlauf des Gespräches geschildert und dann das Ergebnis mitge-

[31] Jensen, Domkapitel 90.
[32] Vgl. Personenverzeichnis Nr. 37.
[33] Spitzer, Reformationsstreit 485.
[34] Vgl. J. Moller, Nachrichten A 543/44 mit Jensen, Domkapitel 96: „... de orsake synes wetens sy, dat alldar andere bouen tho predikern alse vorlopen monnike unde papen, de wyue tho der ehe genommen unde de nyge bouerye van sick gelereth hebben, gesetten syn." Vgl. auch Jensen, Domkapitel 95—101.
[35] J. Moller, Nachrichten A 550. Gemeint ist der Speyrer Reichstag von 1529.

teilt, worauf eine Liste der Verurteilten, geordnet nach Anwesenden, Dominikanern, Domklerikern und anderen unter Angabe der ihnen vorgehaltenen Thesen und anderen Verurteilungsgründen sowie ihrer weiteren Schicksale — aber nicht über das Jahr 1529 hinaus — angeführt ist. Hier erfahren wir bei der Nennung des verbannten Domherrn Bustorp kurz etwas vom ersten Ratsgespräch 1527, bei dem er unterlag. Am Schluß der Liste kommt der Text ausdrücklich auf B. Moller zu sprechen, der jetzt „min broder" genannt wird[36], und teilt weiterhin hauptsächlich Nachrichten über ihn und sein Vermögen mit, um dann mit Mitteilungen über weitere Verhandlungen zwischen der Geistlichkeit und der Stadt über Domgottesdienst, Pfründen, über die Übergabe des Dominikanerklosters und die Einrichtung einer Lateinschule zu schließen.

Im Gegensatz zu A macht der Bericht B einen ziemlich zusammengestückelten Eindruck und unterscheidet sich auch von A durch seinen rein chronologischen Aufbau. Deutlich sind zwei Teile zu erkennen: 1. der Bericht über die zweite Ratsdiskussion mit einer Verbanntenliste (B_1) und 2. Nachrichten über weitere reformatorische Maßnahmen (B_2). Nach meiner Ansicht schließt mit der Verbanntenliste eine von J. Moller wieder übernommene Vorlage ab. Ihrem Schlußwunsch, Gott möge Hamburg schützen, schließt sich sofort eine juristische Bemerkung an, mit der Moller selbst seine Berichterstattung beginnt. Offensichtlich hat J. Moller den Text vorgefunden und seinen an sich ranghöchsten Bruder dabei an den Schluß der umredigierten Fassung gestellt, um mit eigenen Nachrichten über ihn und den Fortgang der Reformation in Hamburg anschließen zu können. Der nun jeden Absatz beschließende Segenswunsch hebt seine Ausführungen vom ersten Teil (B_1) auch äußerlich ab. Für die Übernahme einer Vorlage spricht auch, daß J. Moller die Berichte A und B ungetrennt in seinen Kodex hintereinanderschrieb, so daß er gleich zweimal von der zweiten Ratsdiskussion reden mußte, die Mitteilungen nicht in Beziehung setzte, sie vielmehr je neu einleitete und mit seiner Ergänzung erst nach der Verbanntenliste begann. J. Moller hat demnach beide Berichte zugleich seinem Sammelkodex über die Reformation in Hamburg einverleibt, sie aus seiner Kenntnis heraus ergänzt und sie dann im Stil einer Chronik fortgesetzt.

Vergleicht man den Bericht B mit Bericht A, so fällt bei B die viel ruhigere, aber auch schon resigniert klingende Sprache auf; Ausfälle gegen die Neugläubigen findet man hier kaum. Es bekundet sich aber ein lebhaftes und empfindliches Rechtsgefühl, während theologische Fragen ganz außer Betracht bleiben. Der Verfas-

[36] J. Moller, Nachrichten B 556 u. ö.

ser spielt auch diejenigen Argumente gegen die Neuerer aus, die Kempe in seinem Bericht widerlegen wollte: die Prädikanten sind Urheber der Diskussionen und ihrer Folgen, sind Aufrührer, klagen ehrenhafte Leute mit erdichteten Thesen an, gebrauchen Gewalt statt Recht durch Anwendung politischen Drucks ihrer Anhänger auf den Rat, sind Kläger und Richter zugleich und verschaffen sich ein parteiisches und rechtswidriges Urteil. Der Verfasser von B_1 ist nicht mehr zu ermitteln. Er muß aber dem Domkapitel nahegestanden sein, da er über die Schicksale der Verbannten gut Bescheid weiß. Sicher liegt in B_1 anders als in A keine offiziöse Agitation, sondern vielmehr nur eine interne Information vor. Besonders die Fortsetzung J. Mollers (B_2) hat rein privaten Charakter, da er als einer der 68 „Johannisleute“[37], Bruder des Domtheologen und als ehemaliger Domherr besonders vorsichtig sein mußte. Aber gerade der private Charakter seiner Niederschrift erlaubte es ihm, seinen Ansichten und Stimmungen freien Lauf zu lassen. Zugleich erfahren wir, wie die unterlegene Partei die Vorgänge beurteilte: man sah nur Gewalt und Unrecht und fürchtete daraus Nachteile für die geliebte Stadt Hamburg. Das Datum der Entstehungszeit muß in den Jahren 1528/29 liegen. Da die Vorlage nur über Ereignisse aus den Jahren bis 1528 einschließlich berichtet, kann sie 1528 entstanden sein. Für B_2 und für die Redaktionsarbeit J. Mollers ist der Tod seines Bruders im März 1530 terminus ante, da er nicht mehr erwähnt wird. Terminus post sind der Erlaß der Kirchenordnung Bugenhagens am 27. Juni 1529. B_2 schließt nämlich mit dem 27. Juni, um mit dem 20. Mai neu einzusetzen und dann endgültig mit dem 29. Juni abzubrechen. Einen Anhaltspunkt gibt auch die Nachricht, daß der Prior des Dominikanerklosters auf den Reichstag nach Speyer gezogen sei, um dort gegen die Wegnahme seines Klosters Klage zu erheben. Dies schildert Moller im Präsens. So kommen als Datum der Niederschrift die Monate Mai und Juni 1529 in Frage. Wir haben in den Berichten A und B zwei den Ereignissen der Zeit nach am nächsten liegende Quellen vor uns. Sie sind durch die Redaktion des wohlinformierten und teilweise an den Kämpfen beteiligten Juristen J. Moller von guter Glaubwürdigkeit und aus subjektiver Ehrlichkeit redigiert. Der private Charakter der Niederschrift verbürgt zudem, daß irgendwelche Täuschungsabsichten ihm fernlagen. Sein sich deutlich bekundender Parteigeist und die Verbundenheit mit den Problemen mögen allerdings manches in seinem Gedächtnis verändert haben. Deswegen dürfen wir auch diese Quellen nicht unbesehen auswerten.

[37] Die „Johannisleute“ waren katholische Bürger, die sich 1528 zusammenschlossen, um den alten Rat und das alte Kirchenwesen zu verteidigen (Kempe, Bericht 521; Gyseke, Chronik 57/58).

Die Quellenkritik erweist den hohen Wert unserer Hauptquellen. Trotzdem sind ihre Aussagen mit den anderen Quellen, besonders mit den Prozeßakten zu vergleichen. Alle zusammen reichen jedoch aus, um ein differenziertes Bild von den Hamburger Reformationsdiskussionen zu entwerfen und sie gründlich zu analysieren.

II. HAMBURG AM VORABEND DER REFORMATION[1]

Hamburg erlebte um 1520 einen wirtschaftlichen Aufstieg. Die Hansestadt, die damals ca. 12 000 bis 15 000 Einwohner zählte, lebte vom Fern- und Zwischenhandel, von Schiffahrt und Bierexport. Die gesellschaftlichen Verhältnisse hatten sich durch die Schließung der Zünfte, durch die Bildung der Gesellschaft der Kaufleute, der Schicht der lebenslangen Gesellen, der Bruderschaften der Ungelernten und auch eines städtischen Proletariats, das zusammen mit den Almosenempfängern immerhin ein Viertel der Bewohner ausmachte, verkompliziert, so daß die innerstädtische Politik sehr labil und schwierig geworden war[2]. Dabei hatte man auf die „außenpolitische" Lage Rücksicht zu nehmen. Die Hansestadt war nominell noch Landstadt des Herzogtums Holstein, leistete aber dem dänischen König als dem Herzog Holsteins nur eine „Annehmung" durch Handschlag und wies zugleich auch die lastenreiche Erhebung zur Reichsstadt von 1510 zurück. Zum Schutz gegen den Machtzuwachs der Herzöge von Holstein und Lüneburg und des Bremer Erzbischofs war es mit den benachbarten Hansestädten, besonders mit Lübeck, Lüneburg und Bremen, verbündet. Doch dieses Bündnis war ebenso wie der hansische Zusammenschluß im „Wendischen Quartier" von Interessengegensätzen bedroht, weswegen sich Hamburg aus allem heraushielt und sich aufs Taktieren verlegte[3].

Die innerstädtischen Auseinandersetzungen regulierte eine nach

[1] Die Überschrift dieses Kapitels ist dem gleichnamigen Buch von H. Reincke entnommen, das mit den Seiten 11—62 diesem Abschnitt zugrunde liegt. Wertvolle Angaben enthält auch: M. E. Schlichting, Religiöse und gesellschaftliche Anschauungen in den Hansestädten des späten Mittelalters (Saalfeld/Ostpr. 1935).

[2] Vgl. auch H. Reincke, Hamburgs Bevölkerung: Ders., Forschungen und Skizzen zur Geschichte Hamburgs (Hamburg 1951) 167—200; H. Mauersberg, Wirtschafts- und Sozialgeschichte zentraleuropäischer Städte in neuer Zeit (Göttingen 1960) 30—48. (Tabelle aller Zünfte: ebenda 228—231); H. Weczerka, Bevölkerungszahlen der Hansestädte nach H. Samsonowicz: HGBll LXXXII (1964) 69—80; E. Keyser ,Preise und Löhne in der ersten Hälfte des 16. Jahrhunderts: ZHG XLIX/L (1964) 77—92 = Ders., Das Visitationsbuch der Hamburger Kirchen 1508, 1521, 1525 (Hamburg 1970) 39*—44*.

[3] Vgl. R. Häpke, Die Regierung Karls V. und der europäische Norden (Lübeck 1914).

lübischem Recht geordnete Verfassung[4]. Danach regierte die Stadt ein sich selbst ergänzender Rat von 22 Mitgliedern und vier Bürgermeistern. Die „erbgesessene Bürgerschaft" war an der Beschlußfassung bei wichtigen Fragen gewohnheitsrechtlich beteiligt und konnte dies immer mehr verfassungsrechtlich verankern; ein Recht der Ämter auf Mitsprache gab es nie, doch zog der Rat sie, wenn nötig, hinzu. Die wirtschaftliche Rezession des 15. Jahrhunderts hatte zwar zu einer starken Beteiligung der Bürgerschaft an der Regierung geführt, aber nicht die Machtfrage entschieden, und da die Interessen der Ratsfamilien und der armen Mehrheit sich nicht mehr deckten, mußte der Rat geschickt lavieren[5]. Umstritten war auch das weltliche Rechtswesen, das ganz der Stadt unterstand. Diese besaß die hohe und die niedere Gerichtsbarkeit[6], das Recht der Willkür[7] und neben dem lübischen ein eigenes Stadtrecht, das 1270 und 1497 kodifiziert wurde. Daneben galten subsidiär der Sachsenspiegel und seit dem 15. Jahrhundert das Römische Recht[8]. Die kirchliche Gerichtsbarkeit hatte im 14. Jahrhundert ihre Kriminalgerichtsbarkeit über die Geistlichen behaupten können[9].

Die Kirche war am ehemaligen Metropolitansitz reich vertreten. Sie besaß ein Domkapitel mit 12 großen und 7 kleinen Kanonikaten, eine theologische Lektur und vier Dompredigerstellen und viele Kaplaneien[10], 4 Pfarrkirchen — Petri in der erzbischöflichen Alt-

[4] N. A. Westphalen, Hamburgs Verfassung und Verwaltung in ihrer allmählichen Entwicklung bis auf die neueste Zeit², 2 Bde. (Hamburg 1846); G. Seelig, Die geschichtliche Entwicklung der Hamburgischen Bürgerschaft und die hamburgischen Notabeln (Hamburg 1900); J. Bolland, Die hamburgische Bürgerschaft in alter und neuer Zeit (Hamburg 1959) 145/146; ders., Senat und Bürgerschaft. Über das Verhältnis zwischen Bürgern und Stadtregiment im alten Hamburg (Hamburg 1954); Reincke, Vorabend 17—22.

[5] Reincke, Vorabend 16—22.

[6] Der Rat hatte die gräfliche Vogtei nach und nach erworben. (Westphalen, Verfassung I 1/2). Für Kriminal- und Zivilsachen war das Niedergericht als 1., der Rat als 2. und Revisionsinstanz zuständig (Bolland, Bürgerschaft 146). Die Polizei war Sache des Rates (vgl. Stadtrecht 1497 M; Westphalen, Verfassung I 65—67, 365).

[7] Die sogenannte Köre wurde dem Rat 1292 von den Grafen von Holstein übertragen (HUB I Nr. 860). Bolland, Hamburgische Burspraken I (Hamburg 1960) 1—19.

[8] Stadtrecht von 1497, Einleitung: J. M. Lappenberg, Hamburgische Rechtsaltertümer. I. Die ältesten Stadt-, Schiff- und Landrechte Hamburgs (Hamburg 1845) 170; Die Bilderhandschrift des hamburgischen Stadtrechts von 1497 im hamburgischen Staatsarchiv. Erläutert von Heinrich Reincke (Hamburg 1917) Vorrede 13; Ders., Frühe Spuren römischen und kanonischen Rechts in Niedersachsen: Festschrift Karl Haff (Innsbruck 1950) 174—184.

[9] Spitzer, Reformationsstreit 460—469.

[10] Reincke, Vorabend, 35—38; Spitzer, Reformationsstreit 434—451; Keyser, Visitationsbuch 15*—21*. Verzeichnisse der Mitglieder des Kapitels vom Jahre 1524 finden sich: Schriften des Vereins für Schleswig-Holsteinische Kirchen-

stadt, Nikolai in der gräflichen Neustadt, Jakobi und Katharinen in den Stadterweiterungen im Osten und im Süden — das Franziskanerkloster St.-Maria-Magdalena und das Dominikanerkloster St. Johannis, ein Beginenkonvent, vier Spitäler und 96 Bruderschaften[11]. Am Dom und an Nikolai bestanden Lateinschulen, die dem Domscholaster unterstanden. Von den Pfarrkirchen war Petri dem Kapitel seit 1195 pleno iure, bei den anderen nur die Pfründe inkorporiert[12], doch war das Kapitel seit 1356 vertraglich verpflichtet, nur tüchtige und gelehrte Priester als Pfarrer einzusetzen[13]. Die eigentliche Seelsorgearbeit leisteten diese Männer zusammen mit ihren drei oder vier Vikaren, von denen einer gewöhnlich Predigtvikar war. Ihnen halfen bei dem niederen Volk besonders die Franziskaner, während die Dominikaner sich mehr den gehobenen Schichten zuwandten. Die ca. 360 Kapläne und Kommendisten des Domes und der Pfarrkirchen waren nur zur Ableistung ihrer Stiftungsaufgaben verpflichtet, hatten aber auch an Hochamt und Chorgebet ihrer Kirche und teilweise auch des Domes sowie an gewissen Prozessionen des Domkapitels teilzunehmen[14]. Kirchlich gehörte Hamburg nominell zum Erzbistum

geschichte VI (Kiel 1896) sowie für 1400—1723: Staphorst, Historia I, 3 S. 556—568 (abweichend: I, 2, S. 343); „Dat Bock vam gestlicken Scate vam Jahre 1523, 1524, 1525": Staphorst, Historia I, 3 S. 841—846. Es bringt die Namen aller damaligen Hamburger Geistlichen (über 400). Eine Zusammenstellung für 1523 bietet W. Jensen, Die hamburgische Kirche und ihre Geistlichen seit der Reformation (Hamburg 1958) 7—10.

11 G. Brandes, Die geistlichen Brüderschaften in Hamburg während des Mittelalters: ZHG XXXIV (1934) 75—176; XXXV (1936) 57—98; XXXVI (1937) 65—100. Zu den Klöstern vgl. C. F. Gaedechens, Das Hospital St. Elisabeth und das Maria-Magdalenen-Kloster: ZHG VII NF IV (Hamburg 1883) 223—268; C. F. Gaedechens — M. Gensler — K. Koppmann, Das St.-Johannis-Kloster in Hamburg (Hamburg 1884).

12 Spitzer, Reformationsstreit 547. Vgl. HUB I Nr. 309 (Petri) 310, 311 (Nikolai); II Nr. 1024 (Statuta capituli Hamburgensis 1336).

13 Spitzer, Reformationsstreit 457. Die Urkunde: Staphorst, Historia I, 2 S. 599.

14 Über die Situation der Kirche in Hamburg um 1520 und über ihre Geistlichen geben uns die Visitationsbücher der Domdekane Albert Krantz und Eggart Krantz aus den Jahren 1508—1525 Auskunft: Das Visitationsbuch der Hamburger Kirchen 1508, 1521, 1525. Hrsg .von E. Keyser (Hamburg 1970). Vgl. außerdem: „Dat Bock vam gestlicken Scate" und das geistliche Schoßbuch von 1537 (Pfründen): Staphorst, Historia I, 2 S. 902/903; I, 3 S. 21—23, 88, 109—111; E. Keyser, Die Einkünfte der niederen Geistlichkeit an den Hamburger Kirchen am Anfang des 16. Jahrhunderts: ZHG XLI (1951) 214—226. = Ders., Visitationsbuch 26*—38*; Jensen, Kirchen 10—25. Den Bildungsstand der Geistlichen offenbaren z. B. die Bibliothek der Vikare (Verzeichnis: Staphorst, Historia I, 4 S. 290/91) und das Bücherverzeichnis des Kaplans Hinrich Doll (ebenda 515). Vgl. G. Apel, Die Dombibliothek und ihr Verkauf im Jahre 1784: HGH XI (1939) 165—172. Die Verfassung, Aufgabenverteilung und Liturgie der Hamburger Kirchen enthalten die Statuta ecclesiae Hamburgensis 1336: HUB II Nr. 1024. Vgl. Jensen, Kirchen 10 ff., Spitzer, Reformationsstreit

Bremen, doch besaß der Hamburger Dompropst seit 1223 im Bistumsanteil rechts der Elbe, also auch in Hamburg, als Offizial des Erzbischofs die Jurisdiktion[15], während die Hamburger Geistlichen und Kirchen dem Hamburger Domdekan „iure ordinario" unterstanden[16]. Obwohl die meisten Kapitulare Hamburger Bürgersöhne waren, erzeugten die Geschlossenheit, Immunität, Steuerfreiheit und Gewerbetätigkeit des Kapitels und der übrigen Geistlichen sowie seine Hoheit über die Pfarrkirchen und Schulen dauernde Reibereien mit der Bürgerschaft und nicht endende Laienbeschwerden.

Die finanzielle Beteiligung der Bürger am Unterhalt der Pfarrkirchen führte zu ihrer Beteiligung an der Verwaltung der Kirchen, woraus sich zugleich die politische Organisation der Bürgerschaft bildete[17]. Die „Mehnheit" der Erbgesessenen trat bei wichtigen Entscheidungen in Erscheinung. Für gewöhnlich verwalteten 2 „Juraten" für 2 Jahre das Bauwesen ihrer Pfarrkirchen, wobei jährlich einer ausschied und dann abwechselnd ein gebürtiger Hamburger und ein Fremdgeborener gewählt wurde. Für die Wahl waren bürgerliche Tüchtigkeit, nicht die Kirchlichkeit entscheidend, da dieses Amt nach der Gewohnheit die erste Stufe der politischen Laufbahn war. Alle gewesenen Juraten bildeten das „Große Kollegium", an dessen Spitze ein im Kirchspiel wohnender Bürgermeister oder Ratsherr als „Patron" oder „Kirchspielherr" stand. Die laufenden Arbeiten erledigten die Juraten zusammen mit den beiden „Leichnamsgeschworenen", den beiden Vorständen der Sakramentsbruderschaft ihrer Kirche. Da der Rat gerne die Meinung der Bürger erkundete, ohne gleich die Erbgesessenen vorladen zu müssen, hatten die Juraten und Leichnamsgeschworenen oft die Vertretung der Bürgerschaft zu übernehmen. Ihnen war darum auch der Einzug der „Bede" anvertraut, wonach diese Vier ihren Namen erhielten (Bedeherren.) Die vier Kirchspiele blieben und

438—460. Zur Kaplanei vgl. W. Müller, Die Kaplaneistiftung (praebenda sine cura) als spätmittelalterliche Institution: Von Konstanz nach Trient 301—315. Entgegen dem Sprachgebrauch der Hamburger Quellen und der Hamburgforschung, aber entsprechend dem kirchenrechtlichen Sprachgebrauch werden im Folgenden die (unbepfründeten) Helfer der Pfarrer als „Vikare" und die bepfründeten unselbständigen Geistlichen einer Kirche als „Kapläne" bezeichnet.

15 Spitzer, Reformationsstreit 452—453, 460. Er rangierte als Offizial des Erzbischofs noch vor den Bischöfen von Lübeck, Ratzeburg und Schwerin (Keyser, Visitationsbuch 16*).

16 Der Dekan Eggart Krantz bezeichnete sich 1521 als „iudex ordinarius" der Geistlichkeit (Keyser, Visitationsbuch 187). Dies bestätigen die Statuten: HUB II No. 1024, S. 799. Vgl. Spitzer, Reformationsstreit 460.

17 Reincke, Vorabend 17—22.

handelten lange je für sich, so daß die Bürgerschaft aus den vier Kirchspielen bestand.

Trotz aller Auseinandersetzung mit dem Klerus lebte auch Hamburg um 1520 in ungebrochener Kirchlichkeit. Zwischen 1450 und 1490 waren nochmals mehrere Meßstiftungen und Altäre entstanden[18]. Die Heiligenverehrung und das Wallfahrtswesen blühten, und die spätmittelalterlichen Ketzereien fanden in der Nordmetropole offenbar keinen Eingang. Der Humanismus wurde in der Kunst zwar nur schülerhaft nachgeahmt, dagegen bewies der Domdekan Albert Krantz in seinen geschichtlichen Werken volle Meisterschaft. Er gehörte auch zu den wenigen tiefer sehenden Kritikern der Verhältnisse und versuchte, reformerisch zu wirken[19]. Das Leben des Volkes und auch der Geistlichen zeigte die bekannten Widersprüche zwischen Innerlichkeit, Glaubensernst und Reformbestreben einerseits und Lebensgenuß, Aberglaube und Äußerlichkeit andererseits. Zugleich erfüllte aber eine wachsende Unzufriedenheit mit den Zuständen und eine Sehnsucht nach Reform und Besserung, die man allerdings auf den Grundlagen der bestehenden Ordnungen durchführen wollte, alle Kreise der Stadt[20].

[18] Keyser, Visitationsbuch 52*. Um 1520 gab es in Hamburg 217 Kaplaneien und 167 Kommenden (Reincke, Nachlaß 67b). — Gleichzeitig zeigten sich jedoch Gotteslästerung und Störung des Gottesdienstes (Bolland, Burspraken II Nr. 111, 21.23).

[19] Zu A. Krantz, vgl. ADB XVII (1883) 43/44; E. Schäfer, Zur Geschichtsschreibung des Albert Krantz: ZHG X (1899) 385—484; Th. G. Werner, Die Familie des niedersächsischen Geschichtsschreibers Albert Krantz, ihre Ahnen und Nachfahren: Zeitschrift der Zentralstelle für niedersächsische Familiengeschichte VIII (1926) 69—79; E. Waschinski, Der Hamburger Humanist und Syndikus Albert Krantz (1448—1517) als Pädagoge: ZHG XXXIX (1940) 139—178.

[20] Reincke, Vorabend 46—62.

III. DIE ANFÄNGE DER REFORMATION IN HAMBURG UND DIE VERHÖRE DES „WEISSEN MÖNCHES" 1522

1. Die ersten reformatorischen Regungen

Obwohl angeblich schon im Dezember 1517 dem sterbenden Albert Krantz die Thesen Luthers gezeigt wurden[1] und später Lutherschriften aus Wittenberg oder aus der Lübecker Presse zu haben waren[2], hören wir vor dem Wormser Reichstag in Hamburg nichts von Lutheranhängern[3]. 1521 begann aber Mag. Ordo Stenmel[4], Pfarrer an Katharinen und lector secundarius des Domes, mit reformerischen Predigten, die das Kapitel veranlaßte, ihn — wohl 1522 — wegen „Altersschwäche" seines Amtes zu entheben[5]. Doch konnte er noch den schon reformatorisch gesinnten Vikar Johann Meyer[6] anstellen, der bis 1526 blieb.

Der Funke der neuen Lehre hatte inzwischen in den Kreisen vermögender Bürger gezündet. Friedrich Ostra[7] aus dem Nikolaikirchspiel, Kaufmann, Schonerfahrer und Aldermann des „Ehrbaren Kaufmanns", Dirik Ostorp[8] aus der Petripfarrei, Ratsgoldschmied und Münzwardein, sowie der reiche Kaufmann und Englandfahrer Mag. Detlev Schuldorp[9] schlossen sich 1521/22 dem neuen Evangelium an. Schuldorp wurde dann der Wegbereiter der Reformation in Hamburg und sein Haus in der kleinen Reichenstraße im Petrikirchspiel der Treffpunkt der „Martinianer"[10].

[1] Joachim Moller: Alberti Crantzii Ecclesiastica Historia sive Metropolis (Basel 1568) Praefatio, B 1 v. Zur Sache vgl. Kl. Honselmann, Urfassung und Drucke der Ablaßthesen Martin Luthers und ihre Veröffentlichung (Paderborn 1966) 126—131.

[2] Reincke, Vorabend 65/66.

[3] Gyseke, Chronik 51.

[4] S. u. Personenverzeichnis Nr. 44.

[5] Kempe, Bericht 470—480. Nach Hamelmann soll er schon reformatorische Lehren vertreten haben (Hamelmann, Historia II 73r). Dies kann aber nicht stimmen, da ihm nicht der Prozeß gemacht wurde und er seine Pfründe behielt. (Vgl. Keyser, Visitationsbuch 337).

[6] Reincke, Vorabend 66, 107/108. Vgl. Personenverzeichnis Nr. 29

[7] S. u. Personenverzeichnis Nr. 35.

[8] S. u. Personenverzeichnis Nr. 34.

[9] S. u. Personenverzeichnis Nr. 40.

[10] Gyseke, Chronik 51; Lappenberg, Chroniken 581; G. Buck, Die hamburgischen Oberalten (Hamburg 1857) 11; Reincke, Vorabend 67/68, 108/109. Zu ihrem Kreis gehörten auch der alte Ratsherr Joachim Nigel, der 1526 starb (J. M.

Im Sommer 1522 gerieten die Bürger mit dem Domscholaster Hinrich Bantschow[11] und dem Kapitel wegen der Schulen in Streit[12]. Die Juraten von Petri beantragten nämlich beim Rat die Errichtung einer weiteren Lateinschule und beschwerten sich zugleich über angebliche Mißstände in der Dom- und Nikolaischule. Als man am 9. Juli darüber vor dem Rat verhandelte, legte der geladene Domscholaster Protest ein und stritt die Mißstände ab. Da die Verhandlungen auf Wunsch der Bürger unterbrochen wurden, reiste Bantschow zu Herzog Albrecht von Mecklenburg ab, da er zugleich Administrator des Bistums Schwerin und mecklenburgischer Rat war. Nun schlossen sich die vier Kirchspiele am 2. September zu gemeinsamem Handeln und gegenseitigem Schutze zusammen, um künftig den ungerechten Bann zu bekämpfen[13]. Man klagte über die Willkür des Kapitels bei der Besetzung der Pfarrstellen, über die Belastung der Nikolaischule durch die Abgaben an den Scholaster und über die Honorare für Weihehandlungen an den Weihbischof. Diese „Mißstände" sollten abgeschafft werden und die Nikolaischule ihr Gerechtsame erhalten. Auch wollte man sich bei Neugründung von Schulen unterstützen und einzelnen Bürgern gegen das Kapitel Beistand leisten[14]. Am 18. September setzten die Juraten von Nikolai im Schutz dieses Bündnisses den alten Schulmeister ab und zwei neue ein, die sie mit allen Zeremonien einführten. Die Anrufung Mariens und der Heiligen in einem Entwurf der Urkunde über die Vereinigung[15] bezeugen

Lappenberg, Programm zur dritten Secularfeyer der bürgerlichen Verfassung Hamburgs am 29.ten September 1828 (Hamburg 1828) 25,35) und der junge Otto Bremer, der bald Ratsherr wurde (H. Reincke, Der Kampf um die Reformation in Hamburg: Hamburger Nachrichten vom 26. 5. 1929, 2. Beilage).

11 Vgl. Personenverzeichnis Nr. 1.

12 Die betreffenden Quellen sind abgedruckt: E. Meyer, Geschichte des hamburgischen Schul- und Unterrichtswesens im Mittelalter (Hamburg 1843) 276—333 (Darstellung ebenda 155—175 und Sillem, Einführung 20—39). Für die Verhandlungen von Juli 1522 bis Juli 1523 ist Quelle allein das Protokoll Bantschows von 1523: Meyer, Schulwesen 304—307.

13 H. Nirrnheim, Die Urkunde über die Vereinigung der hamburgischen Kirchspiele zur Abwehr geistlicher Übergriffe vom 2. Sept. 1522: ZHG XXIV (1921) 186—192. Der Text der Urkunde ebenda 191/192 und Lappenberg, Programm 44—46. Das Bündnis wurde vom Rat genehmigt (Lappenberg, Programm 45).

14 Pfarrbesetzung, Schulgeld, Bann und die Steuerfreiheit des Klerus waren schon lange Streitpunkte zwischen Stadt und Kapitel. 1488 hatte der Rat darüber 60 Klagepunkte aufgesetzt. Die Auseinandersetzung führte dazu, daß Hamburg von 1499 bis 1508 mit dem Interdikt belegt war, und 1503 hatte der Kardinallegat Peraudi vergeblich versucht, zu vermitteln (Keyser, Visitationsbuch 19*).

15 „... ock in der Nhamen Gades almechtich, Marien syner leuen Moder, allen Gades Hilligen to Lave vnde tho Eren ..." (Lappenberg, Programm 4; Nirrnheim, Urkunde 192). Die Bürger hatten auch kurz vorher gegen den

aber, daß es sich noch nicht um einen reformatorischen Akt gehandelt hat.

2. *Die Verhöre des „weißen Mönches" 1522*

Zur selben Zeit begannen aber die Mitglieder des Hamburg benachbarten Prämonstratenserstiftes Stade als Sendboten der neuen Lehre zuerst elbabwärts und auf dem linken Ufer und dann auch jenseits der Elbe zu missionieren[1]. 1522 erschien nämlich in Hamburg ein „weißer Mönch" als Wanderprädikant[2]. Er fand bei Schuldorp Unterkunft und predigte in seinem und in anderen Bürgerhäusern, wohin man ihn rief, doch blieben ihm die Kirchen verschlossen[3].

Diese Predigten erregten die Aufmerksamkeit der kirchlichen Oberen, da er offenbar nicht nur die neue Lehre vertrat, sondern auch die kirchlichen Zustände und Einrichtungen ähnlich wie im selben Jahr Heinrich von Zytphen in Bremen kritisierte[4]. Jedenfalls gingen sie energisch gegen ihn vor. Der Domtheologe und Vizepleban von Petri, Dr. Johann Engelin, und der Domherr und Pleban von Nikolai, Dr. decret. Henning Kissenbrügge[5], luden den

Widerstand Bantschows eingeführt, daß die Schüler der Nikolaischule das Salve Regina sangen (Meyer, Schulwesen 157/158). Gerade diesen Hymnus lehnten aber die Reformationsanhänger ab (F. Falk, Die Gegner der Antiphon Salve Regina im Reformationszeitalter: Der Katholik LXXXIII, 2 (1903) 350—354).

[1] H. Reincke, Die Reformation im hamburgischen Landgebiet: Die Kirchen des hamburgischen Landgebietes ... hrsg. vom Verein Hamburgischer Landprediger (Hamburg 1929) 15 ff.. M. Fischer-Hübner, Anfang und Fortgang der Reformation in Lauenburg ... (Ratzeburg 1933) 18/19; Reincke, Vorabend 69—72, 109/110.

[2] Einzige Quelle für das Folgende: Gyseke, Chronik 51. Zur Person vgl. Personenverzeichnis Nr. 30. Als Namen werden Joh. Wiedenbrügge und Joh. Osenbrügge angegeben. J. Osenbrügge war Stader Chorherr und wirkte ab 1524 in Lübeck (Jannasch, Lübeck 126). Für die Identität mit Osenbrügge treten ein: Krause, ADB XXIV (1887) 462/463 und C. W. Sillem, Joh. Wiedenbrügge und Joh. Osenbrügge: Monatsschrift für die ev.-luth. Kirche im Hamburger Staate (1895) 324—330. Vgl. Reincke, Vorabend 109.

[3] So verfuhren auch Hermann Tast 1522—24 in Husum und 1526 in Schleswig sowie der „tolle" Friedrich ebenfalls in Schleswig. (G. J. Th. Lau, Geschichte der Einführung und der Verbreitung der Reformation in den Herzogthümern Schleswig-Holstein bis zum Ende des 16. Jahrhunderts (Hamburg 1867) 101—106). Auch J. Osenbrügge ging 1524 in Lübeck in die Häuser (Jannasch, Lübeck 126).

[4] Wenn der „weiße Mönch" mit Osenbrügge identisch ist, dann ist dies sicher, da Osenbrügge 1521 in Wittenberg studiert hat (Jannasch, Lübeck 127, 374; Reincke, Vorabend 71). Die Predigt Zytphens: Bremer Jahrbuch VIII (1876) 108/109.

[5] Vgl. Personenverzeichnis Nr. 6, 19.

„weißen Mönch" vor und verhörten ihn über seine Lehre. In Anwesenheit anderer Weltgeistlicher und von Dominikanern gab dieser Auskunft über seine Lehren und verteidigte sich, so daß es zu einer Diskussion kam[6]. Von diesem Gespräch ist nur noch bekannt, daß der Prädikant sich nicht von seiner Überzeugung abbringen ließ und für seine Ansichten heftig eintrat. Nun veranstalteten die Dominikaner ihrerseits eine Diskussion mit dem Wanderprädikanten, an der auch ihr Doktor und uns unbekannte Gäste teilnahmen. Aber auch sie mußten erleben, daß der „weiße Mönch" fest bei seiner Meinung blieb und nicht zu überzeugen war. Von dieser Verhandlung wissen wir nur noch, daß der leitende Doktor die Diskussion damit schloß, daß er meinte: ein Tor könne mehr Nein sagen als alle Doktoren Ja. Damit wollte er offenbar ausdrücken, daß er die Meinungsverschiedenheiten nicht auf sachliche Gegensätze, sondern allein auf den Starrsinn des Prädikanten zurückführe. — Was weiter folgte, wissen wir nicht, da wir in Hamburg nichts mehr vom weißen Mönch hören. Er hat die Stadt anschließend — freiwillig oder gezwungen — verlassen[7].

Diese beiden Diskussionen von 1522 werden in der Chronik Bernd Gysekes als Disputationen bezeichnet[8] und so geschildert, daß der Leser den Eindruck gewinnen soll, als habe es sich wirklich um solche akademischen Veranstaltungen gehandelt[9]. Die Forschung ist dem auch bis heute gefolgt, ohne allerdings die Angaben der Quellen näher zu untersuchen[10]. Sie tat es allerdings nicht ohne jede Berechtigung, da um 1522 die ersten Disputationen von Prädikanten mit katholischen Gegnern stattfanden[11]. Der Chro-

[6] Der Prädikant folgte offensichtlich Luthers Vorbild vom Wormser Reichstag 1521, das in Norddeutschland durch die Flugschrift: „De gantze Handelinge, so myt Martino Luther up deme Rykesdach tho Wormbs gehandelt is" (Lübeck 1521) bekannt war.

[7] Er kann nach Lübeck gezogen sein, wo 1522 zum ersten Male Reformationsanhänger erwähnt werden (Jannasch, Lübeck 95—99), oder ins Lauenburgische gegangen sein, wo Ostern 1523 ein reformatorischer Wanderprediger auftritt (Fischer-Hübner, Anfang 12—15, 18 ff.). Einzige Quelle ist das Briefbuch des Herzog Magnus I. von Lauenburg, das im Landesarchiv Schleswig erhalten ist (Auszüge: Zeitschrift des Historischen Vereins für Schleswig-Holstein (1879) 298ff.). Der Stader Prämonstratenser Johann Lang kam sogar bis Reval, wo er 1524 wirkte (O. Pohrt, Reformationsgeschichte Livlands (Leipzig 1928) 37). 1524 kam J. Osenbrügge von Hamburg nach Lübeck (Jannasch, Lübeck 126—129, 374—376). [8] Gyseke, Chronik 51.

[9] „Alle de nu in der disputacien weren, papen vnd swarte monneke, de weren alle dussen witten monneke entjegen ..." — „Mit dusser probacie dar proberde vnd confirmerde vnd concluderde he, ..." (Gyseke, Chronik 51).

[10] Sillem, Einführung 24/25, 73, 98 u. ö.; Beckey, Reformation 21; Reincke, Vorabend 68/69; Jannasch, Lübeck 128.

[11] Riga: Pohrt, Livland 37; Weimar: Wetzer und Weltes Kirchenlexikon² I (Freiburg 1882) 1683.

nist verbindet jedoch mit seiner Schilderung und Bezeichnung die Absicht, seine Behauptung zu beweisen, daß der Wanderprädikant die rechte Lehre vertreten hätte, weil er unüberwindlich gewesen sei, während seine Gegner ihm sachlich nichts hätten entgegensetzen können und folglich im Unrecht seien. Gegen diese Interpretation spricht aber die ganze Art der Durchführung.

Der gewöhnliche Verlauf einer Disputation[12] war ja der, daß bei einer Schuldisputation ein Magister nach einem Vortrage Thesen aufstellte und kurz einige Gründe dafür und dagegen nannte. Er hatte nun einen oder mehrere Bakkalare zu ernennen, die seine Thesen determinieren und verteidigen mußten. Dieser „Defendent" hatte nun seinerseits die Quaestion noch einmal zu nennen und dann zuerst zum zustimmenden Teil, danach zum negativen Teil zu argumentieren. Anschließend hatte er die Argumente zu behandeln, die der Präsident anfangs genannt hatte. Dabei hatte er Artikel aufzustellen, die die Quaestion beantworteten oder sich auf Begriffe der These bezogen. Diese Antwort sollte sich 1. gegen die partes principales, dann gegen die partes minores der Argumente des Präsidenten richten, wobei er entweder nur mit Ja oder Nein antworten konnte (respondere simpliciter) oder die Argumente aufnehmen (arguere) oder deren Begriffe näher begrenzen konnte (determinare). Danach hatten die anwesenden Magister als Opponenten in der Reihenfolge ihres Alters und ihrer sonstigen Würden den Defendenten anzugreifen. Waren alle zu Wort gekommen, löste der Präsident die noch unbehandelten Argumente. Die Entscheidung über die Leitung des Defendenten fällte der Dekan oder die Fakultät am gleichen Tage oder später. Seit dem 16. Jahrhundert ließ man die Thesen und die Hauptargumente des Defendenten drucken und den Teilnehmern vorher austeilen[13]. Bei der disputatio magistralis der Dozenten, die ein- oder zweimal im Jahre stattfand, kämpfte man ebenfalls nach strengen Regeln[14]. Die Thesen waren vorher veröffentlicht, teilweise schon

[12] Außer der oben S 1, Anm. 2 genannten Literatur vgl. E. Horn, Die Disputationen und Promotionen an den deutschen Universitäten vornehmlich seit dem 16. Jahrhundert (Leipzig 1893); G. M. Löhr, Die theologischen Disputationen und Promotionen an der Universität Köln im ausgehenden 15. Jahrhundert (Leipzig 1926) 16—19; H. Peri (Pflaum), Die scholastische Disputation: Romanica et occidentalica, à la memoire de Hiram Peri (Pflaum) (Jerusalem 1963) 347—368. A. Lang, Die theologische Prinzipienlehre der mittelalterlichen Scholastik (Freiburg 1964) 34/35. Die Zusammenfassung der Disputationsgebräuche von Leonhard von Brixen OP, der 1441/42 in Köln lehrte, ist immer noch die klarste Darstellung. Sie ist abgedruckt bei Löhr, Disputationen 17.

[13] Horn, Disputationen 9.

[14] Vgl. außer der oben Anm. 12 genannten Literatur: O. Seitz, Der authen-

mit den Erklärungen, den sogenannten resolutiones. Bei der Diskussion selbst hatte erst der Aufsteller der Thesen, dann sein Opponent das Wort, um aus den Autoritäten Beweise für ihre Ansicht vorzutragen und zu erläutern. Die weitere Diskussion war dadurch charakterisiert, daß man These für These und dabei wieder Argument für Argument durchdiskutierte, also nicht nach sachlichen Zusammenhängen vorging. Bei einer Wortmeldung hatte man zuerst jeweils die eigenen Gründe, dann die des Gegners — oder zumindest diese — zu wiederholen, ehe man neue Beweise, mit einer Floskel eingeleitet, vorbringen durfte. War man mit dem Beweisgang des Gegners grundsätzlich nicht einverstanden oder hielt man ihn schon für widerlegt, so erklärt man, daß man weitere Diskussionen für sinnlos halte und auf seinem Standpunkt beharren wolle. Diese Magisterdisputationen wurden als Universitätsfeiern mit Kirchgang und Festreden gestaltet. Die Disputationen, die man zur Entscheidung eines wissenschaftlichen Streites oder zur Austragung von Streitigkeiten zwischen Gelehrten veranstaltete, folgten den Gewohnheiten der Magisterdisputationen, doch waren hier Ort, Termin und Präsidium, das Fakultäten, Universitäten, Gelehrte, Bischöfe, aber auch Fürsten und andere weltliche Obrigkeiten, ja Stadträte sein konnten, ebenso zu vereinbaren[15] wie die anderen Umstände und Kautelen. Vor allem war festzulegen, wer der Richter sein sollte und ob man in „italienischem" oder „deutschem" Stil disputieren wollte, d. h. mit oder ohne notariellem Wortprotokoll. Waren mehrere Kontrahenten vorhanden, so diskutierte man auch hier nicht nach Sachthemen oder nach Thesen, sondern mit jedem wurden die jeweiligen Thesen in der üblichen Weise durchdiskutiert. Die Veranstaltung war wieder mit Kirchgang, Festrede und anderen Feierlichkeiten umrahmt[16]. Die Disputation endete entweder mit dem Urteilsspruch des anwesenden Richters, oder man schickte an ihn das Protokoll ein, das dann anschließend oder schon vorher veröffentlicht wurde[17].

Vergleicht man dies mit den Diskussionen des „weißen Mön-

tische Text der Leipziger Disputation (Berlin 1903) und Muralt, Disputation 95—122.

[15] Lehrreich sind hierzu die Verhandlungen zur Leipziger Disputation: Luther, WA Br. I, Nr. 109, 137, 148/149, 150, 165, 168, 177, 181, 187 (Beilagen), 191 (Beilagen).

[16] Vgl. etwa F. Schulze, Aus Leipzigs Kulturgeschichte (Leipzig 1956) 41—70; Muralt, Disputationen 91—122.

[17] Die Akten der Leipziger Disputation wurden an die Universität Paris verschickt (Seitz, Text 2—5). Bei der Badener Disputation fällte die Tagsatzung das Urteil drei Monate später (Muralt, Disputation 123—137). Das Protokoll erschien für Leipzig noch vor dem Urteil (Seitz, Text 2—5), für Baden nach dem Urteil (Muralt, Disputation 130—135).

ches", so liegt auf der Hand, daß es keine förmlichen Disputationen, sondern höchstens formlose Diskussionen oder Verhöre gewesen sind. Die Klassifizierung der Diskussionen des „weißen Mönches" als Disputationen erklärt nämlich nicht, warum man trotz Erfolglosigkeit gleich zweimal diskutierte, warum die Verhandlungen von den ranghöheren Domherren zu den rangniederen Dominikanern überwechselten und warum diese allein gegen den Neuerer antraten, nachdem sie ihn vorher zusammen mit den Domherren nicht „besiegen" konnten. Wenn man wirklich eine Disputation abgehalten hätte, dann hätte wegen ihres Entscheidungscharakters eine allein ausgereicht und bei Hartnäckigkeit des Kontrahenten auch eine zweite nichts eingebracht.

Die Vorgänge lassen sich erst dann als sinnvoll erklären, wenn man sie als erste Schritte zu einem Ketzerprozeß und als Verhöre beurteilt[18]. Ketzerischer Glaube und Predigt konnten damals sowohl von der bischöflichen wie von der päpstlichen Ketzergerichtsbarkeit oder auch von beiden zusammen verfolgt werden[19]. Der Wanderprädikant unterstand aber beiden nicht, weil er als Mitglied der seit 1409 endgültig exemten Prämonstratenser[20] und aufgrund der Bulle „Religiosorum excessus" Pius' II. von 1448 auch von der päpstlichen Inquisition befreit war und nur noch von seinem Ordensoberen oder vom Papst selbst gerichtet werden durfte[21]. Die beiden Verhandlungen können darum keine Teile eines ordentlichen Gerichtsverfahrens, wohl aber Vorverhandlungen gewesen sein.

Schon das erste Gespräch war keine bloße, unverbindliche Unterredung. Der Domtheologe war nämlich als Doktor der Theologie zur Bekämpfung der Häresie[22] und beide Domherren als zuständige

[18] Vgl. dazu W. Plöchl, Geschichte des Kirchenrechts II² (Wien 1962) 355—361; P. Hinschius, System des katholischen Kirchenrechts mit besonderer Rücksicht auf Deutschland V (Berlin 1893, Neudruck Graz 1959) 425—492; VI (1897/1959) 328—347); J. Guiraud ,Histoire de l'inquisition au moyen âge, 2 Bde. (Paris 1935—1938); J. C. Reviglio della Veneria, L'inquisitione medioevale ed el processo inquisitorio² (Turin 1951) bes. 67—140.

[19] Hinschius, Kirchenrecht V 475—479; vgl. Reviglio, L'inquisitione 86.

[20] L. Le Paige, Bibliotheca Praemonstratensis ordinis (Paris 1633) 705.

[21] Magnum Bullarium Romanum I (Luxemburg 1727) 367/368; vgl. Sixtus IV. „Sacri praedicatorum" 1476: Bull. Rom. Lux. I 418/419; Hinschius, Kirchenrecht V 475/476; Plöchl, Kirchenrecht II 232—237.

[22] Der theologische Doktoreid enthielt die Pflicht zur Verteidigung des Glaubens (S. Freiherr von Scheurl Luthers Doktoreid: ZbayKG XXXII (1963) 46/47); vgl. Luther, WA VI 175—180 (Verurteilung von Luthers Leipziger Thesen durch Köln und Löwen); Borth, Luthersache 69, 94; Zur Stellung des theologischen Doktors im Spätmittelalter vgl. Y. M. J. Congar, Die Lehre von der Kirche. Von Augustinus bis zum Abendländischen Schisma (Freiburg 1971) 157/158.

Pfarrer zum Eingreifen gegen den unbefugt und ohne ihre Erlaubnis predigenden Prämonstratenser und Neuerer verpflichtet[23]. Kissenbrügge war zudem der Rechtssachverständige des Hamburger Domkapitels[24] und zeigte durch seine Anwesenheit, daß es sich nicht bloß um eine theologische Diskussion oder eine Disputation gehandelt hat. Vielmehr haben wir ein Verhör vor uns, das den beiden betroffenen Pfarrern und dem zuständigen Domtheologen dazu dienen sollte, sich ein Urteil über die Lehre des Prädikanten zu verschaffen, um eventuell weitere Schritte veranlassen zu können. Falls sie nämlich eine Anzeige bei der päpstlichen Inquisition oder richtiger bei dem Oberen des „weißen Mönches" beabsichtigten, waren sie nach dem Ketzerrecht verpflichtet, zuerst zu versuchen, den Delinquenten durch eine Unterredung zu ermahnen und von seinem Tun abzubringen[25]. Genau dies taten die beiden Pfarrer und zogen zugleich Hamburger Geistliche hinzu, um ihnen zu demonstrieren, was — nach ihrer Meinung — von der neuen Lehre zu halten sei. Der Wechsel der Verhandlungen zu den Dominikanern erklärt sich daraus, daß auch in Norddeutschland aus diesem Orden päpstliche Inquisitoren genommen wurden. Es war damals Dr. Hinrich Went OP[26], der wiederholt in Hamburg als regens studentium bezeugt ist[27] und von 1523 bis 1528 ständig in Hamburg wohnte[28]. Nur er kann nämlich der in der Quelle genannte Doktor der Dominikaner sein, da der Hamburger Konvent damals keinen anderen Doktor aufwies[29]. Das neue Verhör war wiederum kein ordentliches Verfahren, sondern ebenfalls nur eine Vorverhandlung, um dem Prädikanten die Gefahr vor Augen zu rücken, in der er sich befand. Der Inquisitor griff hier nun ex officio ein, da die Ketzerei stadtbekannt war und es keiner Denuntiation bedurfte. Wenn es in beiden Verhören zu einer Diskussion gekommen ist, so lag das daran, daß der Mönch offenbar die

[23] Hinschius, Kirchenrecht V 480/481.

[24] Spitzer, Reformationsstreit 452/453, 460.

[25] C. G. Fürst, Denuntiatio evangelica: HRG I (1971) 680/681; Hinschius, Kirchenrecht V 355—357; Plöchl, Kirchenrecht II^2 353—361.

[26] S. u. Personenverzeichnis Nr. 50. Als Inquisitor wird er in den Protokollen der Provinz Saxonia wiederholt bezeichnet. (G. M. Löhr, Die Kapitel der Provinz Saxonia im Zeitalter der Glaubensspaltung 1513—1540 (Vechta—Leipzig 1930) 11, 74, 102). Der Hamburger Lektor Wilhelm von Büren wurde erst 1523 in Greifswald promoviert (C. W. Sillem, Hamburger in Greifswald 1456, 1505, 1532, 1602: MVHG X (1890) 43) und fällt also aus.

[27] Löhr, Kapitel, Register.

[28] Went wurde 1523 von Stralsund nach Hamburg versetzt (Scheib, Stralsund 18). In Hamburg blieb er bis 1528, ging dann nach Lübeck (J. Moller, Nachrichten B 555) und von da wieder nach Stralsund (Scheib, Stralsund 27, Anm. 26).

[29] Vgl. Löhr, Kapitel, Register.

Autorität der kirchlichen Hierarchie ablehnte und von seinem Standpunkt und wohl auch von der Schrift aus argumentierte[30]. Demnach wären die Unterschiede doch nicht nur in der Unbelehrbarkeit des Neuerers, sondern auch in sachlichen Gegensätzen zu suchen. Jedenfalls sieht der Chronist die Gegensätze für sachliche an.

Die Berechtigung unserer Deutung beweist auch ein Vergleich mit anderen Städten. Zu Anfang der Reformation gingen nämlich die kirchliche Obrigkeit und die Inquisition regelmäßig gegen die Neuerer auf dem Rechtswege vor, nicht aber durch Veranstaltung von theologischen Diskussionen. In Lübeck machte 1523 der Domdekan Brand einem reformatorisch gesinnten Kapitelsangestellten den Prozeß[31]. Ebenso lud der Bremer Erzbischof 1523 den Prädikanten Heinrich von Zytphen vor die Provinzialsynode[32]. Auch kam der Treptower Pfarrer Johann Kureke 1521 vor das Gericht seines Kamminer Bischofs[33]. In Köln veranstaltete man Inquisitionsprozesse[34]. Der Konstanzer Bischof schritt gegen Neologen gerichtlich ein[35]. Dasselbe können wir in England[36], den Niederlanden[37], in Italien[38] und Frankreich[39] beobachten. Dagegen sind es, von einigen Katholiken wie Eck abgesehen, nur die Neuerer, die, wenn immer möglich, theologische Diskussionen als Mittel zur Entscheidung über die Rechtmäßigkeit ihrer Lehre forderten[40]. Die Hamburger Diskussionen von 1522 können darum nur Verhöre und nach

[30] Gyseke, Chronik 51. Die Formulierung: „... vnd gaf siner lere besceet" (ebenda) nimmt auf 1 Petr. 3,15 Bezug, welche Bibelstelle von Luther als Aufforderung zur Rechenschaft angesehen (WA X,2 S. 167) und von Zwingli sogar als Gebot aufgefaßt wurde (Scheib, Zwingli 410).

[31] Jannasch, Lübeck 96/97.

[32] Fr. Iken, Heinrich von Zytphen (Halle 1886) 52—55.

[33] H. Heyden, Kirchengeschichte Pommerns² II (Köln 1957) 202. Ebenso erging es dem Lehrer Peter Suawe in Stolp (ebenda 205).

[34] Forsthoff, Kirchengeschichte 76—109.

[35] A. Wilburger, Die Konstanzer Bischöfe Hugo von Landenberg, Balthasar Merklin und Johann von Lupfen (1496—1537) und die Glaubensspaltung (Münster 1917) 34—43.

[36] G. R. Elton, England under the Tudors⁹ (London 1965) 111.

[37] J. G. de Hoop-Scheffer, Geschichte der Reformation in den Niederlanden von ihrem Beginn bis zum Jahre 1531 (Leipzig 1886).

[38] G. K. Brown, Italy and the Reformation to 1550 (Oxford 1933); R. Rodocanachi, La Réforme en Italie, 2 Bde. (Paris 1920, 1921).

[39] A. Bailly, La Réforme en France jusqu'a l'Édit de Nantes (Paris 1960) 100—132.

[40] Eck versuchte, Luther, Zwingli und die Täufer selbst durch Disputationen zu bekämpfen (J. Metzler, Verzeichnis der heute bekannten Schriften des Johann Eck: Tres Orationes funebres in exequiis Johannis Eckii habitae (Münster 1930) Nr. 19, 20, 24, 25, 49, 50, 53, 56, 62), riet aber in seinem „Enchiridion locorum Communium adversus omnes haereses" (Ingolstadt 1525) von Disputationen als gefährlich ab (Kap. 27).

der Rechtslage nur Vorverfahren, nicht schon Teil eines Ketzereiverfahrens sein, die hier von den zuständigen Instanzen ausgegangen sind.

Die besondere Rechtslage erklärt nun auch, warum wir nichts von einem förmlichen Prozeßverfahren, von einem Urteil und von einer Bestrafung des Prädikanten hören, ihn anschließend aber auch nicht mehr in Hamburg finden. Offenbar haben die Verantwortlichen trotz der Rechtslage dafür zu sorgen gewußt, daß der Neuerer die Stadt verlassen mußte. Auch die reformatorisch gesinnten Bürger mußten ihn ziehen lassen, da ja der Rat und die meisten Bürgervertreter trotz des eben ausgebrochenen Schulstreites noch katholisch eingestellt waren und sicher nicht die Ketzerei unterstützen wollten[41]. Ein weiteres Eintreten für den überführten Neuerer hätte ihnen aber die Anklage auf Begünstigung der Ketzerei eingebracht[42] und nur ihren kirchenpolitischen Absichten geschadet.

Die beiden Verhöre des „weißen Mönches" markieren den Ausgangspunkt der Entwicklung der Reformationsdiskussionen in Hamburg: gegen die Predigt der neuen Lehre gingen die Sachwalter der kirchlichen Lehre nicht primär theologisch und wissenschaftlich, sondern im Rahmen des Ketzerrechtes vor. Die bei den Verhören sich ergebenden Diskussionen waren darum auch keine Konzessionen an die Prinzipien der Prädikanten, sondern ergaben sich aus dem Verhalten des Delinquenten. Ohne lange Überlegung hielten sich die katholischen Vertreter an die bisherige Lehre der Kirche und an ihre Autorität als Grundlage und Maßstab ihres Vorgehens und diskutierten darum nicht über ihre Grundlagen, sondern setzten die gerichtlichen Mittel gegen die Bedrohung des bestehenden Kirchenwesens ein.

3. Die ersten Erfolge der Reformation 1522 bis 1526[1].

Die Anstrengungen der kirchlichen Glaubensanwälte erwiesen sich als ein Schlag ins Wasser-, denn der Kreis um Schuldorp hörte nicht auf, immer neue Prädikanten heranzuziehen[2]. Schuldorp gewann auch seinen Schwager, den Ratsherrn Matthias van

[41] S. o. S. 35 Anm. 15.

[42] Hinschius, Kirchenrecht V 681.

[1] Zu diesem Abschnitt vgl. Reincke, Vorabend 73—88; ders., Nachlaß 71, „1524/1525".

[2] Außer dem Vikar J. Meyer müssen noch andere Boten der neuen Lehre, darunter Mönche, in Hamburg gewirkt haben, da Erzbischof Christoph deswegen am 20. 1. 1523 den Rat aufforderte, sie bald aus der Stadt zu verweisen und sie weder in Kirchen noch in Häusern predigen zu lassen. Der Brief ist abgedruckt bei Meyer, Schulwesen 302/303.

Emersen, sowie die ganze Gesellschaft der Englandfahrer für die neue Lehre. Zudem setzten sich seit 1522 niederländische Glaubensflüchtlinge nach Hamburg ab, darunter auch Prädikanten und der Drucker Simon Korver aus Zwolle. Dieser brachte in schneller Folge volkstümliche Schriften Luthers und anderer reformatorischer Autoren und im Frühjahr 1523 das Neue Testament in niederdeutscher Sprache heraus[3], die bald in aller Hände waren und den Streit richtig entflammten. Korver plante auch Drucke für Frankreich und England, so daß Hamburg ein Zentrum der reformatorischen Agitation zu werden schien[4].

Um Ostern 1523[5] kam dann der zukünftige Reformator der Hansestadt, der Rostocker Franziskaner „frater Stephanus Campianus, baccalaureus sancte scripture“[6], bald Steffen Kempe genannt, in Ordensangelegenheiten nach Hamburg und predigte nebenbei in der Klosterkirche. Da er reformatorisch lehrte und dies dem Kloster verbundenen Bürgern[7] gefiel, baten sie ihn, doch zu bleiben und ihnen weiter „Gottes Wort“ zu predigen. Als der Guardian Ellerhoff das ablehnen wollte, versammelten sich die genannten Bürger im Remter des Klosters[8], drohten ihm damit, dem Kloster den Unterhalt zu entziehen und erzwangen so, daß Kempe bleiben und weiter predigen durfte[9]. Auf diese Weise hatte die neue Lehre ihren ersten festen Stützpunkt in der Stadt gewonnen, der auch bald nach außen wirkte, da die schnell von Kempe gewonnenen Mitbrüder die Seelsorge bei den Fischfangfahrten

[3] J. M. Lappenberg, Zur Geschichte der Buchdruckerkunst in Hamburg (Hamburg 1842); J. Collijn, Det anonyma Hamburg-Tryckeriet 1523: Nordisk Tidskrift för Bok och Bibliotheksväsen XI (1924) 1—21; vgl. Reincke, Vorabend 110/111. Die Drucke sind aufgezählt: Niederdeutsche Bibliographie I, hrsg. von C. Borchling und Br. Claussen (Neumünster 1931—1936) unter den Nummern 708, 709, 718, 723, 724, 729, 731, 736, 738, 740, 743, 767, 771, 772, 773, 774. Vgl. W. Keyser, Bibliographie der Hamburger Drucke des 16. Jahrhunderts (Hamburg 1968).

[4] Reincke, Vorabend 76/77.

[5] Tratziger, Chronik 260 gibt Fronleichnam 1525 als Tag und Jahr der Ankunft Kempes an. Ihm sind aber die Aussagen Kempe, Bericht 480 und Gyseke, Chronik 52 vorzuziehen, die eindeutig 1523 und „um Ostern“ haben.

[6] Ungedruckte Urkunden des Hamburger Franziskanerklosters 1525 Febr. 24; 1526 Jan 10; Lappenberg, Chroniken XXVII. Vgl. u. Personenverzeichnis Nr. 18 und unten Anm. 10.

[7] Bei den dem Kloster „verwandten“ Bürgern handelt es sich sowohl um die weltlichen „Bauherren“ des Klosters wie um Bürger, die in der Klosterkirche ihre Bruderschaftsaltäre hatten. Die betreffenden Bruderschaften sind Staphorst, Historia I, 2 S. 568—570 verzeichnet.

[8] Der Remter des Klosters diente den Bürgern auch sonst gelegentlich als Versammlungsraum. So wurde in ihm 1410 ein Rezeß beraten (J. Chr. Lünig, Des Teuschen Reichs-Archivs partis specialis IV. und letzte Continuation (= Bd. XIII) (Leipzig 1714) 942).

[9] Kempe, Bericht 480; Gyseke, Chronik 52.

ausübten[10], wobei sie auch an die Westküste Schleswig-Holsteins kamen. Die Englandfahrer nutzten ihre Handelsverbindungen, um die Reformation auch nach England zu bringen, was dort große Aufregung entfachte[11], aber auch dazu führte, daß William Tyndale nach Hamburg zu Emersen kam, um mit Korver wegen dem Druck einer englischen Bibel Kontakt aufzunehmen[12].

Gegenüber der Angriffsfreude der Reformationsanhänger erwies sich die alte Kirche vorerst als wenig widerstandsfähig[13]. Die Stiftungen hörten um 1524 schlagartig auf, die Renten wurden einbehalten, die Pilgerschiffe verkehrten nicht mehr, und die Opfereinnahmen gingen so rapide zurück, daß die Pfarrer nicht mehr ihre Pensionen an das Kapitel zahlen konnten und an Petri und Nikolai zurücktraten, da das Pfarramt ihnen nur Unkosten machte. Diese günstige Situation wollten die Reformationsanhänger nützen. So schrieb der Jurat Wegedorn im Auftrage der Juraten und Erbgesessenen von Nikolai an Johann Bugenhagen, ob er Pfarrer an Nikolai werden wolle[14]. Auch der reformatorisch gesinnte Lübecker Marienkaplan Mag. Johann Fritze[15] machte sich Hoffnungen auf die Hamburger Pfarrstelle[16]. Deswegen bemühte sich nun das Domkapitel schnell um den rechten Ersatz und wandte sich an das Lübecker Kapitel. Man erwog auch, den Rostocker Theologieprofessor B. Moller, der allerdings 1517 auf die Wahl zum Hamburger Domtheologen hatte verzichten müssen, zu holen[17]. Für Petri wollten die Juraten ebenfalls Fritze haben[18]. In beiden Fällen hatte das Kapitel mit seinen Bemühungen keinen Erfolg, konnte aber die Inhaber Kissenbrügge und Fried-

10 Urkunden König Friedrichs I. von Dänemark für die Hamburger Franziskaner 1525, 1526: Hamburg, Staatsarchiv, Hospital zum Hl. Geist B 32a, B 32c, B 326 (Vgl. Reincke, Vorabend 80, 11/12 und Abb. 3).

11 R. Pauli, Die Stahlhofsleute und Luthers Schriften: HGBll I (1871) 155—162; ders., Das Verfahren wider die Stahlhofleute wegen der Lutherbücher: HGBll III (1878) 159—172. Vgl. Hanserecesse III, 9 (Leipzig 1913) Nr. 402.

12 J. F. Mozley, William Tyndale (London 1937) 46, 50—56, 146, 150—153.

13 Zum folgenden vgl. Reincke, Vorabend 80—86.

14 Brief Bugenhagens an Kf. Friedrich von Sachsen vom 14. 9. 1524: Dr. Johann Bugenhagens Briefwechsel, hrsg. von O. Vogt (Stettin 1888) Nr. 8 S. 18/19. Vgl. Sillem, Einführung 43/44 und Personenverzeichnis Nr. 2. Bugenhagen war auch 1525 als Pfarrer wieder im Gespräch. Da er nicht kommen konnte, verfaßte er eine Schrift, die die reformatorische Lehre und die Grundzüge einer Kirchen- und Armenordnung enthielt: Van dem Christen louen vnde rechten guden wercken, wedder den falschen louen vnde erdichtede gude werke. Dartho, wo ma schal anrichten myt guden Predickeren, dat sülck loue vnde wercke gepredicket werden. An de ehrentrike stadt Hamborch. Dörch Johannem Bugenhagen, Pomeren (Wittenberg 1926). Hochdeutscher Auszug: K. A. T. Vogt, Johannes Bugenhagen Pomeranus (Elberfeld 1867) 101—267.

15 S. u. Personenverzeichnis Nr. 7.

16 Jannasch, Lübeck 131 Anm. 58.

17 Brand, Acta 90, 134.

18 Ebenda 91.

rich Hennings bewegen, einstweilen im Amt zu bleiben[19]. Die Erregung spitzte sich aber so zu, daß man auf offener Straße die Diethmarschener Pfarrer beschimpfte, als sie 1523 zum Sendgericht des Propstes nach Hamburg kamen[20]. Ebenso hatte man auch die Franziskaner verunglimpft, die im September 1522 in Hamburg sich zum Provinzialkapitel ihrer Kustodie der Wendischen Städte versammelt hatten. Ob man damals die übliche Disputation des Provinzialkapitels gehalten hat, entzieht sich unserer Kenntnis. Wohl machten sich revolutionäre Stimmungen der unteren Volksschichten in Form einer Quästion bemerkbar, die man in niederdeutscher Sprache an den Kirchtüren anheftete und die sich gegen die Franziskaner und gegen den Bettel des Ordens richtete[21].

Dieser schnelle und lautlose Verfall der alten Kirche war nur möglich, weil die Katholiken ängstlich und unsicher geworden waren. Der Rat war nämlich durch einige Mitglieder, die der neuen Lehre anhingen, uneinig und hielt sich zurück, und der Geistlichkeit fehlte es nach dem Tode von Domdekan Albert Krantz 1517 an einem rechten Führer, denn sein Neffe Eggart Krantz[22], der ihm im Amte folgte, war der Sache nicht gewachsen. Auch der Domtheologe Engelin war keine überragende Persönlichkeit. Deswegen vermied man jeden Anstoß und arbeitete lieber auf diplomatischem Wege: den Erzbischof Christoph von Bremen ließ man am 19. März 1523 einen scharfen Brief an den Rat schreiben, in dem er sich darüber beschwerte, daß man verlaufene Mönche als Prediger gewähren lasse und sie sogar den ordentlichen Predigern vorzöge. Man solle sie doch weder in den Kirchen noch in Privathäusern predigen lassen[23]; der „weiße Mönch" hatte also Nachfolger gehabt, die wirkungsvoll arbeiteten. — Sonst aber geschah nichts, so daß die neue Lehre ausreichend Gelegenheit hatte, sich in der Hansestadt neue Anhänger zu suchen.

19 Reincke, Nachlaß 71. 20 Reincke, Vorabend 82.

21 Der Text lautet:
„Questio: Kerst Hans wyl sick in vragen beleren /
darup scholen de Grawen Monnecke disputeren /
Utrum der monneke don syck hir thosamende schycken /
wath fenyns se noch wyllen laten blycken /
war se uns ut martinus lutters saken /
willen welke nyge Franciscus maken
etc. Tho desser vraghe hebben se ock ghehat III conclusiones unn I corollarium, dat ick umme schande willen nicht mochte scriven. In deme ende der posicien stund also ghescriven: nym desse III conclusion thon eren, ick schall dy desse posicien scharper vormeren" (Die Chronik des Klosters Ribnitz, bearbeitet von Fr. Teschen (Schwerin 1909), zitiert bei Sillem, Einführung 23).

22 S. u. Personenverzeichnis Nr. 23.

23 Text: Lappenberg, Buchdruckerkunst XXXII/XXXIII. Original im Staatsarchiv Hamburg.

Man vergegenwärtige sich, daß währenddessen der Schulstreit zwischen Bürgervertretern und Domscholaster unvermindert weiterging[24]. Bantschow protestierte nach seiner Rückkehr am 24. September 1522 gegen die Neuerungen in der Nikolaischule und setzte dort am 28. seinerseits einen neuen Schulmeister ein[25]. Nun versammelten die Juraten noch am selben Tage einige Bürger. Man beschwerte sich beim Rat und beim Kapitel darüber, daß Bantschow Gewalt gebraucht hätte, und ließ ihn und seinen Lehrer warnen, nicht nach Nikolai zu kommen. Da das Kapitel es nicht mit den Bürgern verderben wollte, lud es den Scholaster nicht zur Sitzung am 29. 9. ein. Der aber protestierte gegen die Darstellung der Juraten. Die Vermittlungsversuche vom Oktober scheiterten jedoch, da nun die Juraten Gewalt anwandten. Auch Bemühungen des Dompropstes Joachim von Klitzing[25a] und die Versuche Bantschows, sein Recht zu beweisen, führten zu nichts. Nachdem der Scholaster am 19. 12. wieder nach Schwerin abgereist war, enthob ihn das Kapitel am 23. 1. 1523 sogar seines Amtes, und obwohl Erzbischof Christoph von Bremen sich für ihn im selben Monat beim Rat verwandte[26], mußte Bantschow bald danach vor Kapitel und Bürgern erscheinen und die Schule übergeben[27]. Da er protestierte, versuchte im Sommer eine fürstliche Gesandtschaft zu vermitteln, erreichte aber wegen der unnachgiebigen Haltung der Bürger nichts[28]. Deswegen strengte nun der Scholaster in Rom einen Prozeß an, so daß am 24. 12. 1523 die Juraten, Leichnamsgeschworenen und mehrere Bürger mit dem Bann bedroht wurden[29]. Indessen, statt zum Prozeß kam es am 10. 9. 1524 überraschend zu einem Vergleich, bei dem den Bürgern die Schule völlig ausgeliefert wurde[30]. Der Scholaster hatte aber vorsorglich schon am 9. 9. dagegen protestiert — und fand als Zeugen die drei Bürgermeister Gert vam Holte, Dirik Hohusen und Hinrich Salzborch sowie 4 Bürger[31], obwohl Rat und Bürger die Hoheit über die

[24] Vgl. Reincke, Vorabend 80—86; Sillem, Einführung 26—39. Quellen: Meyer, Schulwesen 302—333.

[25] Protokoll Bantschows: Meyer, Schulwesen 306.

[25a] S. u. Personenverzeichnis Nr. 20.

[26] Original: Staatsarchiv Hamburg Cl. I Lit. O^c No. 6; Abdruck: Meyer, Schulwesen 302/303.

[27] Text des Vergleichs: Meyer, Schulwesen 330—333. Die Namen der beteiligten Bürger: Lappenberg, Programm 27/28.

[28] Schreiben des Kapitels an den Rat: Meyer, Schulwesen 307—309.

[29] Meyer, Schulwesen 309—318.

[30] Text: Meyer, Schulwesen 322—329.

[31] Text: Meyer, Schulwesen 325/326. Die Zeugen waren die Domherren Nic. Hüghe, Marquard de Olde, Egghard Stein, Matthias Brandes; Die Bürgermeister Gerd vam Holte, Dirik Hohusen, Hinrich Salzborch; die Ratmannen Conrad Moller, Dirik Langhen und Albert Westede; der Propst des Klosters

Kirchen und Schulen der Stadt konsequent gegen das Kapitel erstrebten. Was war geschehen?

Die katholisch gesinnten Bürger hatten bemerkt, daß der Sieg der Bürgervertreter zugleich ein Sieg der Reformation bedeutete. Im Juli 1523 hatte darum der Rat den ehemaligen geldernschen Rat, Dr. Hinrich Salzborch[32], in den Rat und ihn im folgenden Jahr zum Bürgermeister gewählt. An der Provinzialsynode, die im März 1523 in Buxtehude zur Verurteilung des Bremer Prädikanten Heinrich von Zytphen abgehalten wurde[33], nahm Hamburg noch nicht teil, doch wurde nun das Studium in Wittenberg verboten und das Wormser Edikt bekannt gemacht[34]. Schon im Sommer sehen wir Simon Korver mit seiner Druckerei aus der Stadt weichen, da der Verkauf und Besitz von reformatorischen Schriften unter Strafe gestellt wurde. Als 1524 Kissenbrügge sein Pfarramt an Nikolai niederlegte und die Gemeinde den Reformator Johann Bugenhagen zum Pfarrer wählte[35], setzte Salzborch durch, daß der Rat Bugenhagen abschrieb[36] und daß Kissenbrügge blieb. Zusammen mit den Lübecker Bürgermeistern erreichte er 1524 einen Zusammenschluß der kirchlichen Obrigkeiten, die sich gegen die neue Ketzerei verbanden und Geld zu ihrer Bekämpfung aus ihren Kassen beisteuerten[37], und versuchte im Januar 1525 das Wendische Quartier und im Juni desselben Jahres die ganze Hanse gegen die Reformation zu mobilisieren und die Beschlüsse des Nürnberger Reichstages von 1523 in den Mitgliedsstädten im katholischen Sinne durchführen zu lassen. Er scheiterte aber in der Hanse an

Reinbeck, Dr. Detlev Reventlow, und der Bürger Mag. Peter van Sprekelsen (Meyer, Schulwesen 326). Bantschow protestierte förmlich am 11. 9. in Lübeck, wo er die Hamburger Bürgervertreter als „factione Lutherana plurimum infecti" bezeichnete (Text: Meyer, Schulwesen 332).

[32] S. u. Personenverzeichnis Nr. 38. Vgl. H. Nirrnheim, Bürgermeister Hinrik Salzborch: ZHG XII (1905) 261—342.

[33] Iken, Zytphen 52—55.

[34] Konzept: J. Bolland, Burspraken II Nr. 113, 1—4. In Wittenberg studierten 1511: 5, 1515: 4, 1519: 24, 1523: 36 (darunter Verwandte Schuldorps) und 1527 wieder 16 Hamburger (Reincke, Vorabend 107; ders., Nachlaß 71).

[35] Sillem, Einführung 43. Der Brief ist nicht erhalten.

[36] Ebenda 44/45. Bugenhagen antwortete dem Rat am 16. 11. 1524, aber auch den Bürgern: Vogt, Briefwechsel Nr. 10 S. 21—24. Vgl. Staphorst, Historia II, 1 S. 9, 39, 96—99.

[37] Erzbischof Christoph schloß 1523 mit dem Klerus der Diözesen Bremen, Verden und Minden ein Bündnis gegen die Reformation (Th. Wolters, Erzbischof Christophs Kampf um das geistliche Fürstentum in den Stiftern Bremen und Verden (Phil. Diss. Hamburg 1939) 30). In Mölln beschloß man 1524, Gelder zur literarischen Bekämpfung der neuen Lehre zu sammeln, die die Stifter und Klöster aufbringen mußten (Jannasch, Lübeck 113—117); Text des Briefes: Lappenberg, Buchdruckerkunst XXXIII.

dem Widerspruch Bremens und Wismars, bei denen die Reformation schon großen Einfluß hatte, so daß er nur den Zusammenschluß der verbündeten Städte Lübeck, Lüneburg und Rostock mit Hamburg zustande bringen konnte[38]. Dem dänischen König und den umliegenden Fürsten schickte er Warnbriefe gegen die neue Lehre[39], und die Hamburger Bürger versuchte er durch politische und wirtschaftliche Unternehmungen abzulenken[40]. Auch kümmerte er sich um gute Prediger[41]. Als nämlich der Domtheologe Engelin am 14. Oktober 1525 starb, erbat er vom Lüneburger Rat als Vertreter den dortigen Ratsprediger Augustin van Getelen OP[42], der vorher schon verschiedene Male im Hamburger Konvent gewirkt hatte. Endlich sorgte auch das Kapitel für eine bessere Führung, indem es den Juristen Clemens Grothe[43] zum neuen Dekan wählte, der sich schon in Ratzeburg als Verteidiger der Kirche gegen die neue Lehre bewährt hatte, und durch die Berufung von Dr. B. Moller[44] zum Domtheologen. So schien zum Ende des Jahres 1525 die Gefahr noch einmal gebannt zu sein.

[38] Jannasch, Lübeck 141—145, 146—148; Reincke, Nachlaß 71.

[39] Reincke, Nachlaß 71. Der Brief steht Hanserezesse III, 9 Nr. 107 S. 164/165.

[40] Nirrnheim, Salzborch 282; Reincke, Nachlaß 71.

[41] Außer Getelen predigten die Dominikaner Dr. Went, der Subprior Johann Rensborch und Fabian Hoffmann in Hamburg (Kempe, Bericht 481, 522/523). — Die Reformationsanhänger fürchteten Getelen, da er biblisch predigte (Sillem, Einführung 47/48). Man war aber mit den alten Predigern nicht zufrieden. Der Ratszeuge Peter Hesterberch meinte 1530: „de tuch weth und hefft gehoret, dat se, de olden predicanten, hebben dat evangelium korth auerlopen unde predicerten exampel, fabulen und legenden“ (Jensen, Domkapitel 321). Aber auch der streng katholische Laie und Kapitelszeuge Dr. jur. Hermann Langenbeke meinte 1530: „Thom 10. gesecht, dat he woll vele gehoret hefft in den sermonen van dem eynen unde dem andern, dat he in seynem gemothe nicht pryset“ (Jensen, Domkapitel 87).

[42] S. u. Personenverzeichnis Nr. 9. Getelen, der 1524 als Lektor des Hamburger Ordensstudiums erwähnt wird (Löhr, Kapitel 175), muß spätestens nach dem Wendischen Städtetag im Januar 1525 von Hamburg nach Lüneburg gegangen sein, da der Hamburger Rat für ihn schon im Oktober 1525 anläßlich des Todes des Domtheologen Engelin vom Lüneburger Rat, dessen Ratsprediger Getelen geworden war, eine Verlängerung der Frist erbat; Getelen war demnach schon nach dem Hansetag in Lübeck im Juli 1525 wieder nach Hamburg zurückgekehrt (Sillem, Einführung 97; Konzept des Briefes vom 23. 11. 1525 im Staatsarchiv Hamburg). Kempe nennt ihn Bericht, 481 für 1525 unter den katholischen Predigern. Gyseke berichtet Chronik 52, daß Getelen die Stadt im folgenden Jahr wieder verließ, als der Domtheologe Moller sein Amt antrat. Das bestätigt auch das Datum von Getelens Schrift gegen Bugenhagen, die auf den 15. 5. 1526 und auf Lüneburg datiert ist: „Wedder erdichteden sendbrief Im namen ern Joh. Puppenhagen (!) vthgegaen Antwort Augustin van Getelen an den erbaren rath to Hamborch“, Lüneburg 15. 5. 1526 (Lappenberg, Programm 56).

[43] S. u. Personenverzeichnis Nr. 10.

[44] Ebenda Nr. 31.

IV. DIE DISKUSSIONSVERSUCHE DES JAHRES 1526

Statt des erhofften Sieges sollte das Jahr 1526 den Umschwung bringen. Das neue Jahr begann schon unruhig. Am 7. Januar forderten die Erbgesessenen die Beteiligung der Geistlichen und Klöster an allen Stadtlasten. Als der Rat vier Tage später von den Bürgern höhere Steuern verlangte, nutzten die Bürger die Gelegenheit, um nicht nur ihre Forderung zu wiederholen, sondern auch eine Beisteuer des Kapitels von 14 000 Gulden, die Herausgabe der Pfarrkirchen an die Laien und die Besetzung der Nikolaipfarre — Kissenbrügge war wieder zurückgetreten — zu fordern sowie den Einzug der Meßpfründen für die Armen, die Ausweisung der Dominikaner[1] und die Gestattung der reformatorischen Predigt. Der Jurat Wegedorn hatte im Auftrag des Kirchspiels die gesamte Bürgerschaft vorher befragt, und dabei war herausgekommen, daß die Mehrheit der Erbgesessenen für die neue Lehre gewonnen war. Da die Forderungen der Bürger ein volles Programm der Übernahme der Hamburger Kirche durch die Laien und ihrer Reformation darstellten, stimmte der Rat schnell den Steuerforderungen der Bürger zu, damit er die anderen Punkte vertagen konnte. Er hatte damit aber wenig Erfolg, denn nun verlangten die Bürger, daß das Kapitel diejenigen Meßpfründen, die von Laien gestiftet worden waren, wenigstens in die Hände der Stifterfamilien zurückgebe, und daß nach deren Aussterben sie nicht vom Kapitel, sondern vom Rat verwaltet werden sollten. Doch gelang es dem Rat jetzt noch ebenso wie dem Kapitel, die Sache auf die lange Bank zu schieben[2], zumal Rat und Bürger gegensätzliche Interessen verfolgten.

[1] Bisher hatten Rat und Bürger die Bettelmönche geschützt, weil diese bei einem Interdikt den Gottesdienst übernahmen (Lappenberg, Programm 23; Sillem, Einführung 14; Reincke, Vorabend 43).

[2] Die Texte der Anfragen und Antworten stehen bei Staphorst, Historia II, 1 S. 93—95. Den Sachverhalt bestätigt auch der Ratszeuge H. Foltze (Jensen, Domkapitel 338). Vgl. Sillem, Einführung 50—53. — Salzborch lenkte die Bürger durch den Bau des Elb-Trave-Kanals ab, der 1524 begonnen und 1529 vollendet wurde (Gyseke, Chronik 47; Hamburger Chronik 426). Wegen der Forderungen der Bürger schickte das Domkapitel den Thesaurar Garlestorp und den Scholaster Bantschow zum Lübecker Domkapitel, um Hilfe zu erhalten. In der Verhandlung am 17. 3. rieten die Lübecker aber nur nachzugeben (Jannasch, Lübeck 187).

1. Die Unterredung des neuen Domtheologen B. Moller mit dem Reformator Stephan Kempe im März 1526

In dieser Situation versuchte der neue Domtheologe Dr. Barthold Moller[1] kurz nach seinem Amtsantritt zu Beginn der Fastenzeit 1526[1a] den Prädikanten Stephan Kempe auf gütlichem Wege durch eine Unterredung zur Aufgabe seiner reformatorischen Lehren zu bewegen[2]. Moller war dazu besonders geeignet, weil ihm der Ruf vorausging, daß er zur Vermittlung zwischen den streitenden Gruppen besonders fähig sei, da er in Rostock schon humanistisch gelehrt hatte[3]. Entscheidend aber war, daß Stephan Kempe in Rostock sein Schüler gewesen und von ihm gefördert und promoviert worden war[4]. Darum durfte man erwarten, daß Moller auf seinen Schüler noch einen gewissen Einfluß ausüben konnte. Der Zeitpunkt des Amtsantrittes war gut gewählt, war doch Moller so noch nicht in die Hamburger Auseinandersetzungen hineingezogen, wenn er auch vorher bei Besuchen schon einige Predigten zugunsten der alten Kirche gehalten hatte[5].

Kempe nahm die Einladung seines Lehrers an. Er konnte sie schon deswegen nicht zurückweisen, weil er sich keine Blöße geben durfte. Auch scheint er von Moller eine gewisse Hilfe erwartet zu haben. Anders als der Wanderprädikant im Jahre 1522 mußte Kempe sich nicht davor fürchten, daß ihm der Prozeß gemacht wurde, da nun sowohl die Bürgeropposition wie die Partei der Reformationsanhänger so stark geworden waren, daß sie ihn davor schützen konnten. Zudem hegte der Domtheologe friedliche Absichten. Man traf sich nämlich in familiärem Rahmen in der Wohnung des Domtheologen, der „Doktorei"[6], am Dom. Immerhin war der neue lector primarius doch so vorsichtig, seinen rechtsgelehrten Bruder Dr. Johann Moller[7] und einen anderen Schüler, den Hamburger Magister und späteren Theologen Johann van dem

[1] S. u. Personenverzeichnis Nr. 31.

[1a] Nach Kempe, Bericht 482 war es der „Vastelavend", also der 11. 2. 1526.

[2] Kempe, Bericht 482/483; Gyseke, Chronik 54.

[3] Ebenda. Moller hielt 1521 Vorlesungen über die Psalmen und über die Sentenzen des Petrus Lombardus, wobei er zur Interpretation nur noch die Kirchenväter, nicht aber die Scholastiker beizog (O. Krabbe, Die Universität Rostock im 15. und 16. Jahrhundert (Rostock 1854) 321 mit Anm.).

[4] Das sagt Kempe selbst: Bericht 482. Kempe wurde am 18. 4. 1521 immatrikuliert (A. Hofmeister, Die Matrikel der Universität Rostock II (Rostock 1891) 79). Kempe war damals schon Magister.

[5] Nach eigener Angabe hat er schon am Fronleichnamstage 1525 eine Predigt gehalten (Moller, Nachrichten A 546).

[6] So hieß das Haus, das zur 1. Lektur gehörte (Meyer, Schulwesen 63).

[7] S. u. Personenverzeichnis Nr. 32.

Mere[8], als fachkundigen Zeugen zu dem Gespräch hinzuzuziehen, so daß er sich gegebenenfalls gegen Unterstellungen wehren konnte. Zuerst diskutierte der Domtheologe mit seinem ehemaligen Schüler, und zwar über die Messe, das Priestertum und das Fegefeuer[9]. Offensichtlich war dabei der zentrale Punkt die katholische Lehre vom Opfercharakter der Messe. Mit ihr hängt nämlich die Lehre vom besonderen Priestertum und vom Fegefeuer zusammen, ob es nämlich eines besonderen Priesters zur Darbringung des Meßopfers bedürfe und ob dieses Opfer den Seelen im Fegefeuer von Nutzen und Segen sei. Die Meßopferfrage war zudem eine der Fragen, an der sich seit der „Babylonica" Luthers die Geister schieden und die darum heftig diskutiert wurde[10]. Moller hatte darüber schon im Vorjahr noch in Rostock eine Disputation abhalten lassen wollen. Der dortige Prädikant Joachim Slüter sollte darüber gegen den Kaplan Antonius Becker vor der theologischen Fakultät disputieren — und dadurch ausgeschaltet werden. Moller war aber am Widerstand des katholischen Rates gescheitert, weil dieser Unruhen für die Stadt befürchtete[11]. — Dem Domtheologen gelang es nun nicht, Kempe zu überzeugen oder zu gewinnen[12]. Deswegen versuchte er anschließend, den Prädikanten dadurch für sich einzunehmen, daß er mit ihm seine Pläne für seine Fastenpredigten und die Disputationen besprach, die er als Domtheologe im Rahmen seines Amtes zu halten hatte[13]. Auch dieser Vertrauensbeweis

[8] S. u. Personenverzeichnis Nr. 28.

[9] Kempe, Bericht 482. Kempes Ansichten sind außer seinem Bericht auch noch seiner „Anthworth" 214—233 zu entnehmen. Dazu vgl. Luther WA VII 512—526; VIII 12—36. Die Ansichten B. Mollers finden sich Moller, Nachrichten A 545/546.

[10] In der Kontroverse griffen das Thema damals auf: J. Fisher, Sacri sacerdotii defensio contra Lutherum, Köln 1525, hrsg. von H. Klein (Münster 1925); J. Mensing, Von dem Testament Christi vnseres Herrn und Seligmachers, 1526; Von dem Opffer Christi yn der Messe, 1526: Hieronymus Emsers Schriften zur Verteidigung der Messe, hrsg. von Th. Freudenberger (Münster 1959). Vgl. E. Iserloh, Der Kampf um die Messe in den ersten Jahren der Auseinandersetzung mit Luther (Münster 1952) 9—11; J. Rivière, La Messe durant la période de la Réforme et du concile de Trente: DThC X, 1 (1928) 1085—1142; B. Neunheuser, Eucharistie in Mittelalter und Neuzeit (Freiburg—Basel—Wien 1963) 51—57; L. Ott, Das Weihesakrament (Freiburg—Basel—Wien 1969) 48/49, 73—77, 80—87, 115.

[11] K. Schmaltz, Kirchengeschichte Mecklenburgs II (Schwerin 1936) 16.

[12] Kempe, Bericht 482. Einzelheiten sind nicht bekannt. Gyseke, Chronik 54 behauptet, daß Moller in allem Kempe zugestimmt hätte. Davon kann aber keine Rede sein, wie die Erklärung des Domtheologen vom Jahre 1528 (Moller, Nachrichten A 545/546) erkennen läßt.

[13] Der Domtheologe hatte Vorlesungen über die Theologie zu halten, viermal im Jahre über theologische Fragen und einmal „de quolibet" zu disputieren und vier lateinische und vier deutsche Predigten vorzutragen, wobei er der Stifter zu gedenken hatte (Meyer, Schulwesen 351).

bewirkte nicht, daß Kempe sich für die alte Kirche engagieren ließ, führte aber doch dazu, daß der Reformator seinerseits einen Vermittlungsvorschlag machte. Als Kempe nämlich gehen mußte — sei es zum Chorgebet oder zu einer Mahlzeit seines Klosters — bot er seinem Lehrer an, daß man sich bei Meinungsverschiedenheiten wieder aussprechen sollte. Sollte nämlich dem Domtheologen etwas aus den Predigten Kempes zu Ohren kommen, was er nicht gutheißen könne, dann solle er ihm Nachricht geben. Der Prädikant erklärte sich sogar bereit, zu kommen, wenn Moller auch nur seinen geringsten Boten sende. Doch möge er ihm immer die beanstandeten Sätze und den Zeugen für diese Äußerung angeben[14]. Dieses Angebot beweist nun nicht nur die Konzilianz Kempes, sondern auch, daß er zu kluger Berechnung fähig war. Es war nämlich bei allen Vertretern der neuen Lehre üblich, die Bereitschaft zu erklären, sich belehren zu lassen, allerdings nur aus der Schrift. Damit sollten aber alle Angriffe in der Öffentlichkeit ausgeschlossen sein, die ja nur dem Ansehen der Neuerer schaden konnten. Auch Kempe mußte befürchten, daß eine entsprechende Äußerung Mollers ihre Wirkung in der Hansestadt tun würde. Obwohl nun Kempe ausdrücklich erklärt hatte, daß er bei seiner Überzeugung beharren wolle, nahm der Domtheologe den Vorschlag an[15]. Er tat es wohl schon deshalb, um die gerade geknüpfte Verbindung nicht sofort wieder abreißen zu lassen. Moller betrachtete die Abmachung allerdings nicht als Maulkorb, da er bald ungehindert gegen die neue Lehre als solche Stellung nahm, ohne aber Kempe persönlich anzugreifen.

Die Aussprache des Domtheologen Moller mit dem Prädikanten Kempe ist eine private Unterredung zwischen Lehrer und Schüler gewesen. Schon die Absicht Mollers und die Durchführung des Gespräches lassen keine andere Auslegung zu. Die Anwesenheit der beiden Zeugen erlaubt allerdings die Vermutung, daß der Domtheologe sich nicht nur schützen, sondern sich für alle Fälle auch den Weg zu einem Ketzerprozeß offenhalten wollte. Obwohl Kempe als Franziskaner exemt war und nicht der päpstlichen Inquisition unterstand[16], konnte der Domtheologe ihn doch wenigstens bei seinen Ordensoberen anzeigen. Vorher hatte er dann allerdings den Delinquenten einzuladen und zu versuchen, ihn durch eine Unterredung von seinen Irrlehren abzubringen[17].

[14] Kempe, Bericht 482.

[15] Ebenda.

[16] Pius II. „Religiosorum excessus" 1458: Bull Rom Lux I (1727) 367/368; Sixtus IV. „Sacri praedicatorum" 1476: Bull Rom Lux I 418/419.

[17] Plöchl, Kirchenrecht II² 355—361; Hinschius, Kirchenrecht V 355—357; Fürst, Denuntiatio: HRG I 680/681.

Diese „correctio fraterna“ hatte unter vier Augen oder in Gegenwart von Zeugen stattzufinden[18] und war die Voraussetzung zur Eröffnung eines „Denuntiationsverfahrens“. Der Domtheologe hatte trotzdem das Gespräch als private Unterredung angelegt, da nur so noch die Aussicht bestand, daß er eventuell Einfluß auf seinen Schüler gewinnen konnte. Auch die Schlußvereinbarung spricht gegen einen prozessualen Charakter des Gespräches. —

Das Vorgehen Mollers bedeutet einen großen Schritt weg von der bisherigen Behandlung der Ketzer. Anstelle eines kirchlichen Prozeßverfahrens, bei dem die Lehre der Kirche und ihre Entscheidungsautorität unbezweifelt Grundlage des Vorgehens und des Urteils waren und der Ketzer als Angeklagter behandelt wurde, haben wir hier ein höfliches Gespräch gleichberechtigter Partner vor uns, in dem auch über schon entschiedene Glaubensfragen verhandelt wurde. Diese neue Art des Vorgehens bedeutet aber nicht, daß man von katholischer Seite jetzt auf die Prinzipien der Neuerer eingegangen wäre, sondern sie war nur eine Folge der Machtverschiebung zwischen den Glaubensparteien in der Stadt, wie sie sich seit 1522 vollzogen hatte und jetzt die Durchführung eines Ketzerprozesses gegen einen Vorkämpfer der Reformationsanhänger unmöglich machte. In dieser Lage blieb der katholischen Geistlichkeit nichts anderes übrig, als sich auf solche gleichberechtigte und offene Gespräche einzulassen, zumal wenn sie die Angelegenheit auf gütlichem Wege bereinigen wollte. Zugleich begann sie damit echte theologische Diskussionen, die vorher nur Teil oder höchstens eine Folge eines Prozeßverhörs und der reformatorischen Haltung des Angeklagten waren.

Die interne Bereinigung der theologischen Streitfragen gelang nicht mehr. Dies beweist aber, daß es sich nicht bloß um Differenzen zwischen den verschiedenen theologischen Schulen handelte — denn Moller lehrte ja schon humanistisch und stand so Kempe methodisch nahe —, vielmehr mußten beide Seiten einsehen, daß die Unterschiede tief und grundsätzlich waren. Aller guter Wille und alles taktische Geschick, die der neue Domtheologe einsetzte, halfen darum ebensowenig wie bloße organisatorische und taktisch gemeinte Vereinbarungen über den Modus der Bereinigung eines Streites. Daß nämlich nur eine Annäherung in den Grundfragen Frieden schaffen konnte, zeigte sich sofort, als die Vereinbarung sich bewähren mußte. Als nämlich Kempe am Freitag vor dem Passionssonntag die Abendmahlsperikope erklärte, dabei die Be-

[18] Hinschius, Kirchenrecht V 357. — In Lübeck hatte der Domdekan Brand 1523 den Vikar Mag. Johann Fritze zu einer ähnlichen Unterredung vorgeladen, um ihn zur Umkehr zu bewegen (Jannasch, Lübeck 107). Hierbei handelte es sich um ein echtes Denuntiationsverfahren.

rechtigung der Kommunion unter beiderlei Gestalten verteidigte und zum Gebet zu ihrer Einführung aufrief, wie es auch Luther getan hatte[19], antwortete Moller am Palmsonntag. Er erklärte denjenigen für einen Buben und Ketzer, der so etwas lehre[20]; doch nannte er Kempe nicht mit Namen[21]. Kempe fühlte sich jedoch angegriffen, und so flammten die Kanzelkontroversen wieder auf. Zu internen Aussprachen auf freiwilliger Basis kam es darum nicht mehr.

2. *Die Disputationsversuche des neuen Prädikanten Johann Zegenhagen*

Die Wendung vom Ketzerprozeß weg hin zur theologischen Diskussion gleichberechtigter Partner als Mittel der Klärung und Entscheidung der religiösen Streitfragen vollzog bewußt und konsequent erst der neue Prädikant Johann Zegenhagen[1], der um Ostern 1526 in Hamburg eintraf. Während sich das Kapitel vergeblich bemühte, für Kissenbrügge einen Ersatz zu finden[2] und Kempe unauffällig auf seine Seite zu ziehen, suchten die Juraten von Katharinen einen Prädikanten für ihre Kirche, da sie den wankelmütigen Pfarrer Joachim Vißbeke[3] ablehnten. Als Nachfolger von Mag. Ordo Stenmel hatte er anfangs nach der alten

[19] Vgl. M. Luther, Von beider Gestalt des Sakramentes zu nehmen, 1522: WA X, 2 S. 11—41; vgl. WA XXVI 555—618.

[20] Das Konstanzer Konzil hatte in seiner 13. Sitzung denjenigen als Ketzer bezeichnet und zu bestrafen angeordnet, der den Laien die Kommunion unter beiderlei Gestalt reiche oder in der Öffentlichkeit dafür eintrete (Conciliorum Oecumenicorum Decreta, edidit Centro di Documentatione... Bologna (Basel 1962) 395). B. Moller war also sachlich im Recht. Das Beharren auf beiden Gestalten galt damals als hussitisch (Luther, WA VI 139). Auch hatte das Reichsregiment 1522 befohlen, es bis zum Konzil oder einer Reichsversammlung beim alten Brauch zu belassen. Die Verketzerung der Reformationsanhänger ist bei den meisten katholischen Kontroverstheologen zu beobachten (P. Polman, Die polemische Methode der ersten Gegner der Reformation (Münster 1931) 30—32).

[21] Kempe, Bericht 483; Gyseke, Chronik 54. Gyseke sieht hier einen Wortbruch, da Moller mit Kempe in der Sache doch übereingestimmt hätte. Gyseke führt darum den Angriff darauf zurück, daß Moller vom Kapitel bestochen worden sei, doch kann man dies nicht belegen, und Kempe spricht davon nicht.

[1] S. u. Personenverzeichnis Nr. 53.

[2] Kapitelszeugen Tymmo Lofften (Jensen, Domkapitel 191), J. Hennings (ebenda 116). Die Bürger hatten, wie er selbst 1530 aussagte, ihn aufgefordert, die Pfarrstelle aufzugeben (134).

[3] S. u. Personenverzeichnis Nr. 46. H. Reincke meint, daß B. Moller auch Vißbeke durch eine private Unterredung für die alte Kirche zurückgewonnen hätte (Reincke, Kampf). Wenn dies auch nicht unmöglich ist, so läßt es sich doch nicht belegen.

Weise, dann reformatorisch gepredigt, vertrat aber plötzlich wieder die alte Lehre. Angeblich war er dafür durch die Verleihung einer Kaplanei bestochen worden[4], auf jeden Fall machte er sich mit seinem öffentlichen Gesinnungswechsel und seiner Wankelmütigkeit unmöglich. Der Jurat Wegedorn fand in Magdeburg in dem dortigen Pfarrvikar von Katharinen, Johann Zegenhagen, einen Anhänger der neuen Lehre, der bereit war, mit ihm nach Hamburg zu kommen[5]. Zegenhagen war in Magdeburg an der Einführung der Reformation 1524 beteiligt gewesen und war daher für seine neue Aufgabe bestens vorbereitet[6].

Als er kurz vor Ostern in Hamburg erschien[7], stellten ihn die Juraten von Katharinen an, ohne den Rat oder das Kapitel auch nur zu fragen. Es kam nun sofort zu einem Zusammenstoß mit dem Rat[8], als der neue Prädikant sich nicht mit der Predigt der neuen Lehre begnügte, sondern wie die radikalen Reformer sofort auch die Sakramente entsprechend den neuen Anschauungen und in deutscher Sprache spendete[9]. Nur 14 Tage schaute der Rat zu und verbot dann dem Prädikanten das Predigen. Als aber die Juraten den Rat um Auskunft über seine Gründe baten, gestattete er dem Prädikanten das Predigen wieder, weil er offenbar Verwicklungen mit den Bürgern befürchtete. Das Verhalten des Rates beeindruckte den Prädikanten natürlich nicht, so daß er mit seinen radikalen Predigten und der neuen Art der Sakramentenspendung fortfuhr. Dabei geriet er zugleich auch mit dem zuständigen Pfarrer Vißbeke in Streit, und der Domtheologe griff von der Kanzel aus in die Auseinandersetzung ein. Aber Zegenhagen wehrte sich und forderte

[4] Gyseke, Chronik 54. Er ist 1508, 1521 und 1525 als Besitzer der 3. Vikarie am Altar Simon und Juda in der Katharinenkirche, deren Patronat beim Kapitel lag, bezeugt (Keyser, Visitationsbuch 131, 282, 432), hatte 1521 am Laurentiusaltar des Hl.-Geist-Spitals die 2. Vikarie (ebenda 312, 424). 1530 bezeichnete er sich als Vikar von Katharinen (Jensen, Domkapitel 133), hatte also nichts dazugewonnen.

[5] Sillem, Einführung 50—53.

[6] Fr. Hülsse, Die Einführung der Reformation in der Stadt Magdeburg: Geschichts-Blätter für Stadt und Land Magdeburg XVIII (1883) 298/299. Friedrich Wilhelm Hoffmanns' Geschichte der Stadt Magdeburg² I (Magdeburg 1885) 341, 346. Dort trat er radikal auf.

[7] Kempe, Bericht 484: „anno 1526 in den Vasten“.

[8] Das Bruchstück einer Chronik über die weiteren Ereignisse um Zegenhagen ist im Staatsarchiv Hamburg unter Cl. I Lit. Oc No. 2 erhalten („Acta Anno 1526 circa electionem Johannis Zegenhagen in Pastorem ecclesiae S. Nicolaum“) und teilweise bei Staphorst, Historia II, 1 S. 97—99 abgedruckt; vgl. K. Koppmann, Die erste Wahl eines lutherischen Predigers in Hamburg: MVHG VI (Hamburg 1888) 137—144; Sillem, Einführung 55—59.

[9] Er folgte, anders als Kempe, nicht Luther, der die Änderung der Zeremonien durch die Predigt des Evangeliums und nicht durch Gewalt erreicht sehen wollte (WA X,2 S. 25—27).

nun Vißbeke und Moller von der Kanzel aus zu einer Disputation über die Streitfragen auf. Doch dazu kam es nicht[10].

Die Idee einer Disputation stammte aber nicht von Zegenhagen selbst, er brachte sie vielmehr aus seinem vorhergehenden Wirkungsort Magdeburg mit, wo man bei der Einführung der Reformation den Disputationsgedanken wirkungsvoll als Kampfmittel benutzt hatte[11]. In Magdeburg war nämlich die Reformation schon 1524 — übrigens gegen den Willen des Rates, eigenmächtig von den Bürgern — eingeführt worden. In den anschließenden Auseinandersetzungen mit der alten Geistlichkeit spielte die Forderung nach einer Disputation wiederholt eine Rolle. 1523 hatten die dortigen Prädikanten durch die Veröffentlichung von 9 Thesen die „Papisten" vergeblich zu einer Diskussion herausgefordert. Am 9. 8. 1525 ließen die Prädikanten 18 Artikel an den Türen des Domes und an den Straßenecken anschlagen, in denen sie ihre Neuerungen gegen die Angriffe des Dompredigers vom 17. 7. verteidigten und sich zu einer öffentlichen Disputation erboten. Doch antworteten die Katholiken nicht und weigerten sich, eine Disputation zu veranstalten, weswegen die Prädikanten ihre Thesen mit Erläuterungen veröffentlichten. Im März 1525 verlangte der nun lutherische Rat von den Franziskanern und Dominikanern, die Thesen der Prädikanten zu beantworten, die jene im Vorjahr vorgelegt hatten. Doch die Dominikaner lehnten auch diesmal ab. Im August desselben Jahres kam es dann zu einem Kanzelkrieg zwischen dem Domprediger Wolfgang Cubito und den Barfüßern einerseits sowie dem neuen Stadtsuperintendenten Nikolaus von Amsdorf andererseits, wobei Amsdorf die katholischen Prediger von der Kanzel herunter aufforderte, mit ihm am 21. 8. zu disputieren, damit den „Lästerungen" endlich ihr Ziel gesetzt und das Volk nicht länger „irregeleitet" werde. Aber auch diese Disputation kam nicht zustande. Zegenhagen hatte als Pfarrvikar das alles miterlebt und war auch an den wichtigsten Beratungen beteiligt. Für unser Thema ist dabei wichtig, daß sowohl der führende Magdeburger Prädikant Dr. Eberhard Wydensee wie Nikolaus von Amsdorf der Wittenberger Universität angehört hatten, wo sie studiert hatten bzw. Professor waren, wie auch die anderen beiden Mitherausgeber der 18 Thesen: Dr. Melchior Mirisch und Magister Johann Fritzhans. Wir können darum sagen, daß ihre Idee, mit den

[10] Jensen, Domkapitel 126.

[11] Vgl. Hülsse, Magdeburg 303—306 et passim. — Als Vorbilder können auch Luther und Zwingli in Frage kommen. Zwingli hatte zum Streitentscheid mit Hilfe der Schrift aufgefordert (Z I 324), und die Akten des 2. Züricher Religionsgespräches wünschten, daß die Züricher Vorgänge anderen zum Vorbild dienten (Z II 672). Luther hatte zudem durch Leipzig und Worms weithin sichtbare Vorbilder gesetzt.

„Papisten" sich in einer Disputation auseinanderzusetzen, aus ihrer akademischen Herkunft zu erklären ist sowie aus dem Glauben an die Entscheidungskraft von Disputationen und aus der Überzeugung Luthers und seines Kreises, daß sie bisher nicht widerlegt seien, aber nur aus der Schrift widerlegt werden dürften. —

Der Hamburger Rat war sofort entschlossen, sich die Eigenmächtigkeiten des Neuerers nicht weiter bieten zu lassen. Am 4. Mai untersagte er Zegenhagen jedes weitere Wirken in Hamburg und verwies ihn der Stadt, die er binnen drei Tagen zu verlassen habe; gerne wolle der Rat ihm dabei mit Pferd und Wagen behilflich sein. Das führte aber nur dazu, daß sich am folgenden Tage etwa 400 Bürger im Lektorium des Franziskanerklosters versammelten und eine Abordnung an den Rat schickten, um mit ihm über die Verbannung des Prädikanten zu verhandeln. Diese vereinbarten nun mit dem Rat, daß für den nächsten Tag die Erbgesessenen zusammengerufen wurden, wie es bei Unruhen und bei Entscheidung von wichtigen Fragen in den Rezessen vorgeschrieben war[12]. Am folgenden Tage versammelten sich ungefähr 2000 Bürger auf dem Einbeckschen Hause, während ihre Vertreter auf dem Rathause wegen Zegenhagen verhandelten. Der Rat berief sich für seine Entscheidung auf den Abschied des Nürnberger Reichstages, der Änderungen der Liturgie verbiete und die Prediger der bischöflichen Aufsicht unterstellt habe[13]. Aber auch die Bürgervertreter bezogen sich auf denselben Abschied, da dort auch die Predigt des lauteren Evangeliums vorgeschrieben worden sei[14]. Wer nun beweisen könne, daß Zegenhagen nicht das Evangelium lehre, den wollten sie gerne statt des Prädikanten annehmen. — Die Beurteilung der Lehre sollte also nach dem Willen der Bürgervertreter nur durch eine theologische Diskussion, nicht aber durch eine autoritative Entscheidung irgendwelcher Gremien oder auf dem Rechtswege erfolgen. Vielleicht wollten sie damit der Forderung Zegenhagens nach einer Disputation mit Vißbeke und Moller indirekt Nachdruck verleihen. In jedem Falle war durch ihre Forderung verlangt, daß jeder andere Geistliche, der an die Stelle des Prädikanten gesetzt würde, erst beweisen mußte, daß sein Vorgänger ein Ketzer sei. Dadurch sollte wohl auch verhindert werden, daß wieder ein katholisch Gesinnter eingestellt wurde. Wegen der politischen Lage und auch aus Furcht vor Unruhen gab der Rat nach und erlaubte Zegenhagen nicht nur in der Katharinenkirche, sondern in allen Kirchen der Stadt zu predigen, allerdings nur nach

12 Rezeß 1458, Artikel 33; Rezeß 1483, Art. 66 (Westphalen, Verfassung I 4/5).

13 RTA, JR IV 603/604. Vgl. das Änderungsgebot des Reichsregiments (O. Clemen, Luthers Werke in Auswahl II (Berlin 1967) 317 Anm.).

14 RTA, JR III 746—748.

Aufforderung durch die Bürger, die damit auch die Verantwortung zu übernehmen hatten. Zugleich erließ der Rat „fünf Artikel“[15], die die strittigen Fragen regelten und vor allem verhindern sollten, daß es ähnlich wie in Stralsund auch in Hamburg zu Ausschreitungen der unteren Schichten käme.

Obwohl Zegenhagen mit seiner ersten Disputationsforderung keinen Erfolg hatte, ging er auf dieselbe Weise gegen den Vizepleban Hinrich Sendenhorst[16] vor, der anstelle des endgültig zurückgetretenen Kissenbrügge die Nikolaipfarre verwaltete. Sendenhorst war zwar evangelistisch gesinnt, lehnte es aber ab, die Zeremonien gemäß der neuen Lehre zu ändern[17]. Der Vizepleban blieb Zegenhagen keine Antwort schuldig und eiferte selbst energisch gegen den Neuerer. Da es dadurch zu Spannungen in der Gemeinde kam und man Ausschreitungen befürchtete, versuchten die Juraten fünfmal, die beiden Kontrahenten zu versöhnen, ohne daß es ihnen gelang. Als nach dem fünften vergeblichen Versuch Zegenhagen auch noch 8 Thesen gegen Sendenhorst von der Kanzel verlas — offenbar um mit ihm darüber zu disputieren —, wurde es dem Vizepleban doch zu viel. Er sagte noch am selben Sonntag seinen Dienst vor den Juraten auf und verließ das Pfarrhaus[18]. — Die bloße Drohung mit einer Disputation erwies sich als genau so wirksam wie ihre Durchführung, denn auch Vißbeke mußte sich aus der Öffentlichkeit zurückziehen und fiel als Prediger aus. Nur der Domtheologe konnte im Schutze der Immunität des Domkapitels und seines großen Ansehens weiter für die alte Kirche eintreten, ohne sich auf die Forderungen des Vorkämpfers der Hamburger Reformation einlassen zu müssen.

In Nikolai hatte man nur auf den Rückzug Sendenhorsts gewartet. Am 22. September versammelten die Juraten die Erbgesessenen und schlugen ihnen Zegenhagen als neuen Pfarrer vor, was auch angenommen wurde[19]. Der Prädikant wehrte sich aber anfangs gegen die Wahl, um günstige Bedingungen und Rückendeckung zu erhalten. Er sei kein Magister. Auch wolle er das Amt nur dann

[15] Die Artikel gelten als verloren (Sillem, Einführung 59). Vielleicht sind sie mit den ersten fünf Artikeln des Ratsmandates vom Dezember 1526 identisch (S. Textanhang Nr. 1). Darauf könnte hinweisen, daß in den Interrogatorien des Rates von 1530 zu Art. 9 des Kapitels bei der Anführung des Mandates von 1526 der 6. Artikel eigens und neu als eigene Bestimmung eingeführt wird (Jensen, Domkapitel 62).

[16] S. u. Personenverzeichnis Nr. 41.

[17] Sendenhorst: Jensen, Domkapitel 151/152.

[18] Ebenda. Die Thesen sind verloren. Kempe behauptet Bericht 484 und der Rat in den articuli interrogatorii zu Art. 6, daß Sendenhorst vor der Pest geflohen sei (Jensen, Domkapitel 59).

[19] Quelle zum Folgenden: s. o. Anm. 8. Vgl. Sillem, Einführung 62—65.

übernehmen, wenn er weiter reformatorisch predigen und entsprechend die Sakramente verwalten dürfe sowie eine finanzielle Unterstützung erhalte, um seine Vikare bezahlen zu können. Als das beschlossen wurde, erhob der Rat gegen die Wahl Einspruch, weil er nicht gefragt worden sei und weil Zegenhagen die Zeremonien ändern wolle. Die Bürger beriefen sich wieder auf den Nürnberger Abschied und wollten wieder nur den zum Pfarrer nehmen, der Zegenhagen widerlegen würde. Man einigte sich deswegen auf den Kompromiß, daß Zegenhagen bis Ostern amtieren durfte, aber jede Änderung der Liturgie zu unterlassen hatte.

Trotz dieser Einschränkungen nahm Zegenhagen die Wahl an[20] und sorgte durch die Anstellung gleichgesinnter Vikare[21] für Unterstützung. Zugleich nutzten die Bürger den geringen Widerstand des Rates gegen die Wahl des Prädikanten und holten Mag. Johann Fritze[22], der ebenfalls ein Schüler B. Mollers gewesen, ja von ihm finanziell unterstützt und gefördert worden war, als Vikar der Marienkirche in Lübeck aber reformatorisch gelehrt hatte, als Pfarrer an die Jakobikirche, die Jakob Hennings wegen der Abnahme der Einnahmen verlassen hatte[23]. So gestärkt, sahen die Reformationsanhänger den neuen Auseinandersetzungen in Ruhe entgegen. Zegenhagen aber wartete nur auf eine neue Gelegenheit, um doch den reformatorischen Gottesdienst einführen und seine Gegner zur Diskussion zwingen zu können.

Zegenhagen und sein Vorgehen eröffneten in Hamburg einen neuen Abschnitt im Kampf um die Reformation der Hansestadt, denn von nun an setzten die Prädikanten die Forderung nach theologischen Diskussionen systematisch als Kampfmittel ein. Zugleich ging die Initiative an sie über, während Rat und Geistlichkeit wegen der Erschwerung der Situation nur noch reagierten. In der theologischen Auseinandersetzung hatte man sich nun gänzlich vom Ketzerverfahren gelöst und an seine Stelle die akademische Diskussion, ja Disputation wenigstens als Forderung gesetzt, die bekanntlich mit der Entscheidungsgewalt der Hierarchie in Lehr-

[20] An der Katharinenkirche wurde Joh. Güstrow anstelle von Zegenhagen Prädikant (Kempe, Bericht 488; Sillem, Einführung 59).

[21] Im Dezember 1526 hatte Zegenhagen mehrere Vikare (Kempe, Bericht 485). Einer von ihnen hieß Jakob Laurentii (ebenda 488).

[22] S. u. Personenverzeichnis Nr. 7. Fritze, der 1525 von den Bürgern als Pfarrer erst für Nikolai, dann für Petri vorgesehen war (Brand, Acta 91), wurde auch 1525 in Lübeck von Dekan Brand ermahnt, da er sich in einer Predigt auf Luther, Melanchthon und Erasmus (!) berufen hatte und sich weigerte, den Ablaß zu verkünden (Brand, Acta 89, 123). Er mußte noch im gleichen Jahr die Stadt verlassen, nachdem man ihm den Vertrag nicht erneuert hatte (Jannasch, Lübeck 153).

[23] Jensen, Domkapitel 114—116.

fragen konkurrierte, aber auch gut zum theologischen Formalprinzip der Reformation paßte. Anders als Zwingli in Zürich schaltete man jetzt die weltliche Obrigkeit nicht ein und wollte noch ohne sie diskutieren. Dies war zu diesem Zeitpunkt in Hamburg für die Reformationsanhänger richtig, da die überwiegende Mehrheit des Rates noch ganz auf der Seite der alten Kirche stand und nach Möglichkeit für sie eintrat[24].

[24] Die Hamburger Reformationsanhänger folgten auch hierin dem Beispiel Magdeburgs und des Breslauer Reformators J. Hess, der im eigenen Namen eine regelrechte reformatorische Disputation 1524 abgehalten hatte (Engelbert, Anfänge II 165—232).

V. DIE ANORDNUNG INTERNER DISKUSSIONEN DURCH DEN RAT ANSTELLE DER KANZELPOLEMIK

Den entscheidenden Schritt auf dem Wege zur Erfüllung der Wünsche der Prädikanten tat der Rat, als er in der Weihnachtswoche 1526 ein Mandat erließ und darin unter anderem vorschrieb, daß anstelle der Kanzelpolemik interne Aussprachen der Prediger über die strittigen Fragen stattzufinden hätten. Der Anlaß dazu war folgender:

Als Zegenhagen in seinen Predigten die Kapläne von Nikolai immer wieder heftig angriff, beschlossen diese, sich nicht an der Christmette zu beteiligen und dadurch den neuen Pfarrer bei der Gemeinde in Mißkredit zu bringen. Zegenhagen gestaltete aber mit Hilfe seiner Vikare, den Lehrern und Schülern den Gottesdienst würdig, sperrte aber gleichzeitig den Kaplänen die Kirche und führte reformatorischen Gottesdienst ein[1].

Die Neuerung in Nikolai erregte natürlich die Gemüter sehr und veranlaßte die katholischen Prediger, heftig dagegen anzukämpfen[2]. Da der Rat wieder für die Sicherheit der Stadt fürchten mußte, lud er am Samstag in der Weihnachtswoche, dem 29. Dezember 1526[3], alle Prediger auf das Rathaus und übergab ihnen in Anwesenheit von Bürgern[4] ein Mandat in sechs Artikeln[5], das am

[1] Kempe, Bericht 484/485, Den Gesang deutscher Psalmen erwähnt auch der Domprediger Bustorp in seinem Brief (Kempe, Bericht 502).

[2] Kempe, Bericht 485, 487/488.

[3] Kempe, Bericht 485. Der 29. Dezember ist das Fest des in Hamburg sehr verehrten Patrons der Englandfahrer, Thomas von Canterbury. Die gewöhnliche Bursprake fand am 21. Dezember statt (Bolland, Burspraken I 8). Die Verkündigung der Artikel ist also von der Bursprake verschieden. Deshalb wurden auch die Prediger auf das Rathaus bestellt und die Artikel am folgenden Sonntag von den Kanzeln verlesen, was als anderer Weg der Ankündigung der Anordnungen des Rates üblich war (Bolland, Burspraken I 4). Den ganzen Vorgang bestätigen die Ratszeugen Cordt Witteneve (Jensen, Domkapitel 263), Cordt Knost (315), Hans Foltze (339), Joachim Wullenwever (348), Hans Hartmann (370), Joachim Moller (388), Jacob Schipphouwer (396) und Claves van der Hoye (412), sowie dem Kern nach der Kapitelszeuge H. Langenbeke (87). Es fällt auf, daß ein Teil der Geistlichen, die 1530 aussagten, nichts davon wissen wollten, obwohl die Ratszeugen versicherten, daß der Rat den Geistlichen die Artikel in Abschrift mitgegeben habe (z. B. Vulgreve: Jensen, Domkapitel 198).

[4] Kempe, Bericht 485. Priester Joh. Menningk: Jensen, Domkapitel 363.

[5] Text: Kempe, Bericht 485—487. Kritische Edition bei Bolland, Burspraken II Nr. 113, 7—10 S. 251/252 (s. u. Textanhang Nr. 1).

folgenden Sonntag von allen Kanzeln zu verlesen war, weil die Bursprake schon am 21. 12. stattgefunden hatte. Das Mandat lautete:

„1. Ein Ehrsamer Rat befiehlt allen Predigern, die sich im Amt des Predigers in dieser Stadt gebrauchen lassen wollen, daß sie vor allem das rechte, reine, lautere, heilige Gottesevangelium mit der Auslegung der Schriften der heiligen Apostel und anderer bewährten Schriften gütig, sanft und christlich nach der Lehre der bewährten und von der christlichen Kirche angenommenen Bücher lehren und predigen sollen, doch so, daß daraus ein jeder gebessert und nicht geärgert werden möge.

2. Der eine Prediger soll den anderen weder allgemein noch im Einzelfall schelten, verketzern und verächtlich machen noch unschicklich auf der Kanzel und vor dem gemeinen Volk beschimpfen. Denn wenn jemand den andern mit der Wahrheit im Irrtum zu belehren weiß, dann gebrauche er in diesem Falle die Lehre des Evangeliums, Matthäus 18, Lukas 17, und verbessere ihn unter vier Augen oder in Gegenwart einiger Verständiger der [hl.] Schrift[6], so daß deswegen vor dem gemeinen Volk nichts anderes gepredigt wird, als was das Heil der Seelen betrifft.

3. Alle Materien, die diskutierbar oder so schwierig sind, daß der gemeine Mann sie nicht verstehen kann oder sonst dem gemeinen [Volk] nicht notwendig noch fruchtbar zu wissen sind, soll man nicht predigen.

4. Ein jeder Prediger stelle vor sich eine recht christliche Lehre, die zur Seligkeit der Seelen und zur Erhaltung des gebührenden Gehorsams gegen die Obrigkeit und der Friedfertigkeit unter den Christenleuten dienlich ist, nach der Lehre des Paulus Röm. 13 und dem 2. Kapitel des ersten Briefes des Petrus, und strebe dem mit der Schrift nach, so daß er durch seine Predigten Gottes Ehre und Gebot fördern und unter dem Volk Liebe und christliche Eintracht stiften kann.

5. Wo es Gelegenheit gibt, von den Übertretungen der Menschen aller Stände zu reden, sollen sie dann ohne Verachtung der Stände dasjenige strafen, was wider Gottes Wort ist, und mit Sanftmut den gemeinen Mann lehren, nicht mit Gewalt gegen die Zeremonien der Kirchen, die Heiligenbilder und den Kirchendienst vorzugehen, sondern sich gebührend zu verhalten bis zu der Zeit, wann es Gott im Himmel gefällt, diesem Tun sein Maß zu geben.

6. Wollte ein Prediger sich hiergegen freventlich mißbrauchen lassen, Neid, Haß und Widerwillen zu predigen und zu erwecken,

[6] Auch Zwingli hatte 1522 im „Architeles" gefordert, daß man gegen Sünder freundlich und gemäß Matth. 18,15 ff. vorgehe (Z I 324).

dann soll ihm danach das Predigtamt nicht gestattet, sondern er dieser Stadt verwiesen werden."

Das Mandat spiegelt nicht nur gut die Richtung der reformatorischen Predigt in Hamburg wieder, sondern zeigt auch, daß daneben radikale Einflüsse sich geltend machten, die es verstehen lassen, daß der Rat jeden Anlaß vermeiden wollte, der die unteren Schichten in Bewegung bringen konnte. Trotz der orakelhaften Formulierung der Lehrnorm ist klar zu erkennen, daß das Mandat eindeutig zum Schutz der alten Kirche gedacht und auch deshalb erlassen worden war, um nach dem unentschiedenen Abschied des Speyrer Reichstages desselben Jahres eine rechtliche Handhabe gegen alle Neuerer zu haben[7].

Das ganze Unternehmen ist aber in seiner Art sehr merkwürdig. Eigentlich war es doch Sache der kirchlichen Obrigkeit, die Predigt zu regeln und das alte Kirchenwesen zu schützen. Vor allem war es eine Revolution, daß der Rat nicht das Glaubensurteil des Papstes übernahm, wie es bisher noch jedes staatliche Kirchenregiment getan hatte, sondern sich mit seinen Vorschriften den reformatorischen Vorstellungen annäherte. Er hätte gegen die Ketzer vorgehen müssen und keine Diskussion über schon entschiedene Glaubensfragen zulassen dürfen[8]. Wenn nun der Rat in gefährlicher Stunde Aufruhrpredigten und die Änderung der Liturgie verbot, die Streitenden auf die Form des privaten Kolloquiums in der Weise der „denuntiatio evangelica", wie sie aus dem Inquisitionsprozeß bekannt war, verwies und im übrigen die Predigt des „lauteren Evangeliums" nach den von der Kirche angenommenen Schriften verlangte, dann führte er einen Beschluß durch, den er zusammen mit den noch katholischen Räten von Lübeck, Rostock und Lüneburg auf einem Städtetag der sechs „Wendischen Städte" im Januar 1525 in Lübeck gefaßt hatte[9]. Diese Vereinbarung wieder ging auf den Abschied des 2. Nürnberger Reichstages[10] zurück, den die Wendischen Städte nun für sich rezipierten; Hamburg hatte schon 1523 in der Anordnung der Schließung der Ketzerpresse usw. den Abschied in einigen Punkten eingeführt[11]. 1525 war in Lü-

[7] Der Rat wollte nach Artikel 5 seines Mandates die Zeremonien erst nach einem entsprechenden Beschluß eines Konzils ändern. Damit folgte er der Mehrheit des Speyrer Reichstages von 1526. (Br. Gebhardt, Handbuch der deutschen Geschichte[8] II (Stuttgart 1961) 66/67.)

[8] Vgl. Eck, Enchiridion Kap. 27.

[9] Auch Rostock erließ im selben Jahr ein Mandat (Schmaltz, Mecklenburg II 18).

[10] RTA, JR. III 747/748. Schon H. Reincke vermutete, daß der Rat sich der Nürnberger Politik angeschlossen habe (Reincke, Kampf). Durch Art. 35 der articuli defensionales des Rates (Jensen, Domkapitel 217) ist dies sicher.

[11] Er ging gegen reformatorische Schriften, gegen die öffentliche Verachtung der alten Kirchlichkeit und gegen die Wirtshausdiskussionen vor und veröf-

beck als Strafe für Übertreter die Stadtverbannung vereinbart worden[12]. Und im August beschloß der Städtetag der gesamten Hanse in Lübeck, alles zu vermeiden, was zu einer Empörung der Einwohner gegen die Obrigkeit führen könne[13], was die Hamburger dann in ihrem altkirchlichen Sinne auslegten. Bei Zusammenkünften sollte auch die Diskussion über die neue Lehre verboten sein[14]. Dies alles erhob nun der Hamburger Rat zu geltendem Recht, indem er diese Vereinbarungen in Mandate faßte, die er dann bei der nächsten Gelegenheit publizierte[15]. Geschickt stellte er sich damit auf den Boden des Reichsrechts und der hanseatischen Vereinbarungen, ging aber auch keinen Schritt weiter als diese.

Abweichend von den Lübecker Vereinbarungen übernahm er eine Bestimmung aus dem Nürnberger Abschied, worin die Möglichkeit eines Kolloquiums zwischen den streitenden Predigern eröffnet war. Der Nürnberger Abschied hatte bestimmt: „Und sollen die erzbischoff und bischoff etliche verstendige der heiligen schrift verordnen, die uf solich predig und lere“ (des lauteren Evangeliums nach den von der Kirche angenommenen Schriften) „vleissig aufmerkung haben, und wo sie darin irrung befunden, sollen sie alsdann dieselbigen prediger oder lere gutlich, bescheidenlich und dermass davon weisen, das daraus mit nicht verstanden werden mocht, als walt man die evangelische warheit verhindern und vertrucken. Welche prediger sich aber davon nit weisen lassen, mogen die ordinarien mit gespurlicher straff gegen denselbigen trachten und gedenken, wie sie dan wol zu thun“[16]. Der Hamburger Rat übernahm das nicht wörtlich, vielmehr gab er beiden Parteien das Recht, die andere zur Rechenschaft zu ziehen, und führte als differenzierten Modus den im Evangelium genannten und im Ketzerprozeß üblichen Warnmodus ein. Er übernahm damit die sogenannte „denuntiatio evangelica“ und verknüpfte sie mit der Bestimmung des Reichstages über die Theologenkommission. Nach der Schrift hatte der Denuntiation bei der kirchlichen Obrigkeit eine Ermahnung und Zurechtweisung zuerst unter vier Augen, im Falle der Fruchtlosigkeit eine weitere in Anwesenheit einiger Zeugen stattzufinden, bevor eine Anzeige erstattet werden durfte[17]. Aber auch dann sollte die kirchliche Obrigkeit durch väterliche Ermah-

fentlichte das Wormser Edikt (Bolland, Burspraken II, Nr. 113, 1—4, S. 245—250). [12] Hanserezesse III, 9 S. 19.

[13] Hanserezesse III, 9 Nr. 132 § 120, 121 (S. 264).

[14] Bolland, Burspraken II Nr. 113, 4 = Hanserezesse III, 9 S. 19.

[15] Bolland, Burspraken II Nr. 113, 7. Die reformatorisch veränderte Fassung von 1530 ebenda Nr. 120. [16] RTA JR. III 747/48.

[17] Matth. 18,15—17, Luk. 17,3. Die sog. Denuntiatio evangelica war ein eigenes Verfahren (Fürst, Denuntiatio: HRG I 680/681).

nung und Auferlegung einer Buße den Betreffenden auf den rechten Weg zu bringen versuchen, ehe sie mit der ganzen Schärfe des Gesetzes gegen ihn, wenn er widerspenstig war, vorging[18]. Der Rat ordnete demgemäß das Verfahren der denuntiatio evangelica an, wobei er geschickt die Gefühle der Reformationsanhänger schonend, sich nicht auf das Kirchenrecht[19], sondern auf die Bibel berief. Daß die möglicherweise hinzugezogenen Gelehrten die bischöfliche Kommission bilden würden, ist nicht gesagt, wohl um einen Widerspruch der Prädikanten auszuschalten, aber sicher auch, um die Frage nicht zu präjudizieren, war aber auch nicht ausgeschlossen.

Das Mandat tat nun sofort seine Wirkung. Die liturgischen Neuerungen in Nikolai wurden bis auf den Gesang deutscher Psalmen rückgängig gemacht und den Kaplänen die Kirche wieder geöffnet. Auch verstummte einstweilen die Kanzelkontroverse[20]. Der Rat hatte aber mit seinem Mandat den Gegnern der alten Kirche ein gefährliches Instrument in die Hand gegeben. Indem er nämlich interne Diskussionen anordnete, schaffte er zwar das dringend notwendige Ventil für die religiösen Meinungsverschiedenheiten der Prediger, nahm aber zugleich eine wichtige Forderung der Prädikanten, speziell Zegenhagens, auf, die sich aus dem Schriftprinzip herleitete, und hatte somit den katholischen Standpunkt verlassen. Er wollte zwar nur der Religionspolitik des Reiches folgen, kam aber auf dessen vermittelnder, ja unklaren Linie doch den Reformationsanhängern grundsätzlich viel näher, als es wohl seine Absicht war. Indessen, durch seinen Rückzug auf das Reichsrecht rückte er zwar vom Kirchenrecht ab, nahm damit aber den Bürgervertretern jeden weiteren rechtlichen Vorwand, die Kanzelpolemik weiter zu unterstützen. Solange der Rat noch Herr seiner Entscheidungen war, hoffte er offenbar, daß er sein neues Instrument ganz in seinem Sinne gebrauchen könne. Aber er unterschätzte die Entschlossenheit der Prädikanten und die Macht ihrer bürgerlichen Bundesgenossen.

[18] Dem Denunziationsprozeß war dieser Modus vorgeschaltet (Plöchl, Kirchenrecht II², 361; Fürst, Denuntiatio: HRG I 680/681).

[19] Der Bezug auf das Kirchenrecht mußte unterbleiben, da die Reformationsanhänger nur die Schrift als Norm anerkannten (vgl. M. Luther, Warumb des Bapsts und seyner Jungerun bucher von Doct. Martino Luther vorbrant seynn. 1520: WA VII, 161—182).

[20] Kempe, Bericht, 487, 502. Daß Zegenhagen den Kaplänen die Kirche wieder öffnen mußte, erhellt schon daraus, daß es im Mai 1527 wegen einer Seelenmesse zu einem Zwischenfall kam (Kempe, Bericht 508). Die Fortführung der evangelischen Sakramentenspendung war vorerst sowohl wegen Artikel 5 des Ratsmandates wie aufgrund des Anstellungsvertrages Zegenhagens unmöglich. Wir hören auch erst im Sommer 1527 wieder davon.

VI. DIE BEMÜHUNGEN DER PRÄDIKANTEN UM EINE MANDATSGEMÄSSE UNTERREDUNG MIT DEM DOMPREDIGER NIKOLAUS BUSTORP IM FRÜHJAHR 1527

1. Die Predigt des Dompredigers Bustorp in der Weihnachtsoktav 1526

Die Prädikanten nutzten das neue Instrument sofort, um gegen einen ihrer Kanzelgegner vorzugehen. Als nämlich der Domprediger und canonicus minor Mag. Nikolaus Bustorp[1] noch am Sonntag in der Weihnachtswoche[2], dem 30. 12. 1526 — also am Tage der Verkündigung des Mandates! — anläßlich einer Abendpredigt im Dom, wohl veranlaßt durch die Stelle des Sonntagsevangeliums: Christus est „signum cui contradicitur" (Luk 2,34) gegen die Neuerung in Nikolai und gegen die Prädikanten überhaupt Stellung nahm[3], wurden die Prädikanten sofort aktiv. Sie konnten ja den Generalangriff eines der Vorkämpfer der alten Lehre nicht unwidersprochen lassen, doch hinderte sie das Mandat an einer öffentlichen Antwort. Auf Veranlassung Kempes schrieben sie darum die ihnen hinterbrachten Äußerungen des Dompredigers auf einen Zettel und ließen diesen dem Domherren durch die Vikare[4] Jakob Laurentii von Nikolai, Johann Güstrow von Katharinen und Lukas van Horsten von Jakobi überreichen und ihn fragen, ob diese

[1] S. u. Personenverzeichnis Nr. 3.

[2] Den Termin der Predigt geben die Quellen verschieden an: Kempe datiert im Bericht 487 „Fridages na Winachten", setzt aber in der Übersetzung des Briefes des Dompredigers ein: „achte dage na Winachten" (ebenda 489), während der von Lappenberg mitabgedruckte lateinische Text hat: dominica sub octava nativitatis Christi" (489). Auf dem Verzeichnis der Sätze Bustorps steht nur allgemein: „Infra octava nativitatis (506). Aus These 5 erhellt, daß es der Sonntag gewesen sein muß, da der Bezugssatz des Evangeliums vom Evangelium des Sonntags in der Weihnachtsoktav stammt: Lk. 2, 33—40, bes. 34 (nicht 2,42 wie Sillem, Einführung 68 und nicht 2,24 wie Beckey, Reformation 62 angeben).

[3] Quellen: Kempe Bericht 487/488; Moller, Nachrichten B 553; H. Langenbeke: Jensen, Domkapitel 87; T. Lofften (191/192); J. Frese (175).

[4] Kempe nennt im Bericht 488 die drei Vikare mit ihren Vornamen. Nach Jensen, Hamburger Geistliche 81, 106, 139 handelt es sich um die angegebenen Personen. Zu ihnen vgl. Personenverzeichnis Nr. 25, 11, 17.

Sätze von ihm stammten und ob er sie weiterhin vertreten wolle. Bustorp erbat Bedenkzeit, nahm aber das Schreiben an[5].

Die „Artikel“ bieten eine gute Gelegenheit zu beobachten, was katholische Prediger für wichtig hielten und wie man sie verstanden hat. Die beanstandeten Äußerungen lauten[6]: „In der Octav des Weihnachtsfestes predigte Nikolaus Bustorp am Abend im Dom und sagte unter anderem folgendes:

1. Daß die Vorläufer des Antichrists das Volk bewegen würden, das (Altars-)Sakrament unter beiderlei Gestalten zu nehmen, dadurch das Volk meinen würde, daß es zwei Sakramente wären, welches doch in sich eins ist, weil Christus nur eine Natur (!) gehabt hat; und sie handeln so wider die Einsetzung der Kirche, um unter dem Volk Irrtum zu erregen, damit das ungelehrte Volk meinen soll, Christus könne so geteilt werden[7].

2. Christus hat mit seinen bitteren Leiden allein genug getan für die Sünde Adams und seiner Nachkommen und danach alleine für die Getauften und nicht für die, die zu Verstand und Alter (der Unterscheidung) gekommen sind, damit wir nicht daran denken, daß wir all' unsere Sünden auf Christus legen wollen, sondern wir müssen auch selbst Genugtuung leisten[8].

3. Daß jetzt die Leute das Neue Testament in deutscher Sprache, in dem viele Irrtümer sind, mit sich in die Kirche bringen, damit sie immer darin lesen können: es wäre besser, sie hörten die Predigten, weil niemand das Evangelium oder die Briefe der Apostel verstehen kann, er habe denn den Geist Christi.

4. Die Vorläufer des Antichrists verkehren und verdunkeln die Lehre des Paulus und

5. zum Zeichen, dem widersprochen wird: die verirrten Leute, die Lutherischen, widersprechen Christus.

6. Die Weihungen und Segnungen, die die Priester vornehmen, sind nicht vergeblich, denn sie gebrauchen Gottes Wort dabei. Deshalb handeln die sehr übel, die solche Segnungen verachten und verspotten. Und er sagte auch, daß solches Ketzerei und Irrtum sei“[9].

[5] Quelle: Kempe, Bericht 488. Daß Kempe hinter der Aktion stand, sagt Bustorp ebenda 489/490.

[6] Text: Kempe, Bericht 506 (s. u. Textanhang Nr. 2). Den Inhalt bestätigen der Brief Bustorps an die Prädikanten (Kempe, Bericht 489—505; Textanhang Nr. 3), seine Aussage von 1530 (Jensen, Domkapitel 80) sowie die Anm. 3 genannten Zeugen.

[7] Vgl. Corpus Juris Canonici D. 2 c. 12 De cons., wo aus demselben Grunde dem Priester befohlen wird, beide Gestalten zu empfangen. Dies nutzt Kempe auch Anthworth 214—233 aus.

[8] Die Rechtfertigungsthese bestätigen die Kapitelszeugen H. Langenbeke (Jensen, Domkapitel 87), J. Frese (175) und T. Lofften (192).

Themen sind: Die Kommunionform, die Rechtfertigungslehre, Schriftauslegung und Schriftlektüre, die neuen Prediger und die Sakramentalien gewesen, also Fragen, die das religiöse Leben der Laien betrafen. Es fehlen jedoch vor allem die Meßopferlehre, das besondere Priestertum, Fegefeuer, Totenfürbitte, Heiligenanrufung, Papsttum, Klosterwesen und Zölibat[10]. Das läßt den Rückschluß zu, daß die Prädikanten sich auf diejenigen religionspraktischen Fragen, die für die Laien von Bedeutung waren, konzentrierten und neben der Propagierung ihrer Schriftauslegung und der Rechtfertigungslehre sich darauf beschränkten, die Liturgie nur so weit zu verändern, wie sie es für heilsnotwendig ansahen. Darum hören wir nichts mehr von deutscher Sakramentenspendung und noch nichts von Heiraten der Prädikanten oder von Klosteraustritten. Offenbar kam es den gemäßigten Prädikanten in erster Linie darauf an, die neue Lehre erst noch weiter einwurzeln zu lassen, ehe sie die Kirchenordnung umgestalteten. Der Kampf um die Meßopferlehre ist darum, wie wir gleich sehen werden, noch mit dem Streit um die Werke verbunden und tritt erst in den folgenden Monaten mehr in den Mittelpunkt.

Die dem Domprediger vorgehaltenen Formulierungen lassen auch gut beobachten, wie die katholische Kontroverspredigt von Reformationsanhängern verstanden wurde. Bustorp nahm nämlich einige Monate später zu den Vorwürfen schriftlich Stellung[11] und belegte, daß seine Äußerungen zum Teil doch anders gelautet hatten oder doch nicht so gemeint waren, wie sie verstanden wurden[12]. In der 1. These über die Kommunionform wurde der Gegensatz zwischen den Katholiken und den Neuerern richtig erfaßt: hier Festhalten an der Autorität der Kirche, dort Gehorsam gegenüber dem expliziten Bibelwort. Dagegen ist die Begründung, die

[9] Gegen die Segnung schrieb Andreas Karlstadt: Von geweichtem Wasser und Salz, wider den unvordienten Gardian Franciscus Seyler, Wittenberg 1520. Die Katholiken verteidigten sich, z. B. J. Dietenberger, Grundt vnd vrsach, auss der heyligen schrifft, wie vnbillich vnd vnredlich das heylig lobsangk Marie Salue regina, Geweycht saltz vnd wasser, Metten vnd Complet in etlichen Stetten wirt vnderlassen, verspott vnd abgestellt. 1526. Vgl. Kempe, Anthworth 199—201.

[10] Die hauptsächlichen Themen der Kontroverse zwischen den Katholiken und den Reformationsanhängern finden sich in Ecks „Enchiridion".

[11] Text: Kempe, Bericht 489—505. Kempe gab selbst eine niederdeutsche Übersetzung. Das lateinische Original veröffentlichte zum ersten Mal J. F. Mayer in seinem „Evangelischen Hamburg" (Hamburg 1694), von dem es Lappenberg für seine Edition übernahm (Lappenberg, Chroniken 489). Der Kapitelszeuge H. Kissenbrügge erwähnt nur Artikel und verwechselt offenbar den Thesenzettel der Prädikanten vom Dezember 1526 mit dem Brief des Dompredigers (Jensen, Domkapitel 109). Durch die Aussage des Ratszeugen H. Foltze (ebenda 239) sind beide gesichert.

[12] Kempe, Bericht 490, 492, 498.

der Domprediger seiner Absicht gab, gar nicht verstanden. Bustorp hatte sich mit seiner These auf den Schluß von Luthers Schrift „De captivitate Babylonica" bezogen, wo Luther sich darüber aufhält, daß eine Dekretale Papst Gelasius' II. dem zelebrierenden Priester verbietet, sich vom Kelch zu enthalten, da das Sakrament nicht geteilt werden könne, daß aber das Konstanzer Konzil den Laien die Kelchkommunion untersage[13]. Ohne das Anliegen der Reformationsanhänger zu würdigen, wies der Domprediger wie die anderen Kontroverstheologen nur auf die Unteilbarkeit Christi hin, um die Konstanzer Vorschrift zu rechtfertigen. Diese Argumentation war aber nicht geeignet, von Laien verstanden zu werden, weil sie zu theoretisch war und ein gewisses theologisches Verständnis voraussetzte, das die Hörer offensichtlich nicht besessen haben, so daß sie nur Ungereimtheiten verstanden. — Die Rechtfertigungsthese wurde bezeichnenderweise ganz richtig verstanden. Dagegen hat der Horcher bei der 3. These nicht beachtet, daß Bustorp für die Schriftauslegung nicht die Ansicht der Täufer vertrat[14]. Die 4. und 5. Äußerung über die Reformationsanhänger sind wieder genau behalten, während bei der These über die Segnungen Bustorp zwar ihre Wirkung aus der Kraft des Wortes Christi behauptet, aber dies nicht magisch gemeint hatte, sondern nur sagen wollte, daß die Segnungen aus dem Wort Gottes, das sich schon in der Schöpfung als wirkmächtig erwiesen habe, seine Kraft beziehe[15]. Man sieht, daß der Reformationsanhänger zwar die Hauptgegensätze und die Angriffe auf die Neuerung klar erfaßt hat, dafür aber ein merkwürdiges Unverständnis für die bisherigen Lehren und Einrichtungen an den Tag legt, das um so erstaunlicher ist, als er selbst ja erst seit kurzem der neuen Lehre zugetan sein kann und das Alte noch gekannt haben muß. Die mangelnde religiöse Bildung, die sich darin äußert, offenbart sich hier als einer der wichtigsten Gründe, warum sich die neue Lehre so schnell eine große Anhängerschaft verschaffen konnte. Es fehlte eben ein vertieftes Verständnis der Lehren und Einrichtungen der alten Kirche.

[13] Luther, WA VI 503. Dekretale Comperimus: D. 2 c. 12 De cons. Leo d. Gr. hat die Kommunion unter einer Gestalt noch als kirchliche Lehre und Praxis verteidigen müssen (Sermo 4 de Quadragesima c 5: PL LIV 278—280). Ebenso wie Bustorp argumentiert damals Eck, Enchiridion, Kap. 9 ad 5.

[14] Bustorp bekannte die Lehrautorität der Kirche (Kempe, Bericht 496).

[15] Kempe, Bericht 498.

2. *Die vergeblichen Bemühungen der Prädikanten um eine mandatsgemäße Unterredung mit Bustorp*

Über das weitere Ringen um eine Diskussion geben die Quellen unterschiedliche Auskünfte. Kempe behauptet in seinem Bericht[1], daß Bustorp nach einiger Zeit einen Brief an Zegenhagen und Fritze geschickt, aber weitere Verhandlungen abgelehnt hätte. Auf eine neue Bemühung der Prädikanten hin hätte der Domprediger einem Treffen im Franziskanerkloster zugestimmt, sei aber ausgeblieben. Ebenso hätte er eine zweite Verabredung am Lukasaltar des Domes nicht eingehalten. Als die Prädikanten daraufhin eine öffentliche Disputation vorgeschlagen hätten — Bustorp hatte in seinem Brief konzediert, daß man den Streitfall anläßlich einer öffentlichen Disputation von Doktoren vergleichen könne[2] —, habe er sie wissen lassen, daß er nichts mehr mit ihnen zu tun haben wolle. Diese Verhandlungen hätten sich bis zum Beginn der Fastenzeit 1527 hingezogen. Jetzt hätten sie sich an den Rat gewandt und sich über das Verhalten des Dompredigers beklagt. Als aber auch der Rat nicht reagiert hätte, wären sie gezwungen gewesen, die Sache öffentlich zu bereinigen, und hätten am zweiten Fastensonntag damit begonnen, wider Bustorp zu predigen. Dagegen sagte der Ratszeuge Hans Foltze 1530 aus[3], daß die Angelegenheit erst anläßlich einer Verhandlung der Bürger mit dem Kapitel ins Rollen gekommen sei. Als die Bürgervertreter sich unter anderem über die schlechten Prediger beschwert hätten, sei der Domherr Bustorp aufgestanden und habe erklärt, daß dieser Angriff ihm gelte, und habe versprochen, sich schriftlich zu rechtfertigen, was er dann auch getan habe.

Aufgrund einer Eintragung im Lübecker Kapitelsprotokoll hat H. Reincke etwas Licht in die Sache bringen können[4]. Demnach

[1] Kempe, Bericht 506—508.

[2] Kempe, Bericht 502.

[3] H. Foltze: Jensen, Domkapitel 338/339.

[4] H. Reincke, Nachlaß 71; vgl. Jannasch, Lübeck 186. Die Quelle ist Brand, Acta 340—348. Reincke faßt die wichtigsten Angaben so zusammen: „Proconsules nomine consulatus ac de qualibet ecclesia jurati duo cum aliis civibus factiosis iam aliquot vicibus tractaverunt cum capitulo. Primo fecerunt eos vocare in pretorium in presencia multorum civium, deinde in capitulo novissime sabati ante Misericordias domini (4. Mai), et nunc Sabato sequenti (25. Mai) capitulum debet respondere finaliter super articulis propositis. Primo volunt, quod capitulum debeat permittere libere parrochiales ecclesias iuratis ecclesiarum, exquo ipsi ecclesias fabricant, decorant et reparant. Secundo quod, exquo beneficia in civitate existencia sunt fundata per eorum cives, sic volunt perpetue durare ius patronatus, et, patronis deficientibus, quod ius presentandi devolvetur ad consulatum. Tercio: quia respublica esset gravata ere alieno nec possunt ferre onera soli, sic volunt, quod capitulum et

fand die Verhandlung, von der Foltze sprach, im April 1527 statt. Damals gingen nämlich die Bürgervertreter vor den Rat, ließen das Kapitel vor Bürgermeister, Rat und Juraten laden, um ihre alten Forderungen in verschärfter Form zu erneuern. Das Kapitel solle 1. die vier Pfarrkirchen völlig den Juraten übertragen, 2. das Patronatsrecht über die von Bürgern gestifteten Pfründen[5] nach dem Tode der Stifter an den Rat übergeben und 3. der verschuldeten Stadt eine Beisteuer von 8000 Mark Lübisch zahlen. Die Forderungen zielten offensichtlich darauf ab, dem Kapitel jeden Einfluß auf die Kirchen der Stadt zu entziehen, die Pfründen den Bürgern zu erhalten und das Kapitel durch die Steuer finanziell zu ruinieren, um so seinen Einfluß endgültig zu brechen. In seiner Antwort wies das Kapitel auf seine Besitzrechte und auf das Kirchenrecht hin und lehnte die Zahlung mit dem Hinweis ab, daß es schon früher gezahlt habe, ohne Gewerbe treiben zu dürfen. Zur Überraschung des Kapitels unterstützte Bürgermeister Salzborch die ersten beiden Forderungen der Bürgervertreter, während er die Forderung nach der Beisteuer für unnötig erklärte, da man die benötigte Summe auch durch eine Umlage bei den zahlreichen Bruderschaften erhalten könne! In der am 4. 5. folgenden Diskussion kam man bei der Behandlung von Punkt 1 auf die Prediger zu sprechen[6] und löste damit die oben erwähnte Antwort des Dompredigers aus. In der Verhandlung selbst erzielte man keine Einigung. Das Kapitel konnte nur einen Aufschub der Verhandlung bis zum 25. Mai erlangen, um weiter zu beraten. Es wandte sich hilfesuchend an das Lübecker Domkapitel, das allerdings auch nur Ratschläge über die einzuhaltende Taktik gab. Deswegen bemühte sich das Kapitel erfolgreich um einen weiteren Aufschub, um nun die auswärtigen Mitglieder, wie den Dompropst Joachim von Klitzing, herbeizu-

clerus contribuant octo milia marcarum." Stellungnahme des Rates: „quod assenciant civibus super primis duobus capitibus; de tercio curabitur, ne sint cum gravamine eorum; nam sunt multi fraternitates, exquibus rei publicae subvenire poteret sine gravamine capituli et cleri." — Ratschläge der Lübecker durch Dekan Brand: „iussu domini episcopi ac capituli ... visum ipsis esse inprimis ut cedant tempori pronunc, ne initiatos promoverent ad seditionem ac in subversionem ecclesiarum ac curiarum canonicalium, et observent tempora, si illis commodius tempus offeretur. Visum preterea, ne sollicitent subsidium provincialium ne per hoc adversarios irritent et incipiant; forsitan tempora mutabuntur!" (zitiert: Reincke, Nachlaß 71).

[5] Nach Aussagen des Ratszeugen van der Hoye (Jensen, Domkapitel 413) waren Rat und Bürgerschaft an der Erhaltung der Meßpfründen interessiert, doch wollten beide sie je für sich haben.

[6] Die bisherige Predigt wurde zum Teil auch von Katholiken kritisiert. Der Kapitelszeuge H. Langenbeke drückt sich darüber zurückhaltend negativ aus (Jensen, Domkapitel 87), und der Ratszeuge P. Hesterberch behauptete, daß die alten Prediger das Evangelium nur kurz überlaufen und dann Exempel, Fabeln und Legenden gepredigt hätten (ebenda 321).

holen. Am 4. Juni erbat es eine neue Zusammenkunft mit den Lübecker Kapitel, nachdem der Kampf um die Reformation eine unerwartete Wendung genommen hatte, erhielt aber bei der Zusammenkunft am 22. Juni wieder nur den Ratschlag, Konzessionen zu machen und Geduld zu üben[7].

Die 1. Verhandlung führte zwar nicht zu einer Diskussion zwischen Bustorp und den Prädikanten, veranlaßte aber den Domprediger, sich schriftlich zu rechtfertigen. Dieser auch von Kempe angegebene Brief kann demnach nur nach der ersten Verhandlung zwischen Bürgervertretern und Kapitel, also im April 1527 und nicht schon vor der Fastenzeit 1527, wie Kempe behauptet, geschrieben worden sein; es sei denn, daß man die von Foltze berichteten Verhandlungen von denen vom April unterscheidet und sie in den Januar/Februar 1527 verlegt, wofür aber außer den offensichtlich unvollständigen Angaben bei Kempe keinerlei sonstigen Anhaltspunkte vorliegen. Demnach handelt es sich bei den Angaben des „Warhaftigen berichtes" entweder um einen Gedächtnisfehler Kempes, oder er will auf diese Weise beschönigen, warum die Prädikanten ihre Kontroverspredigten in der Fastenzeit 1527 wieder aufgenommen haben. Auf jeden Fall steht fest, daß Bustorp nach der Überreichung des Thesenzettels zum Jahreswechsel 1526/1527 nichts mehr von sich hören ließ und versuchte, die Sache im Sande verlaufen zu lassen. Entweder haben die Prädikanten schon im Januar versucht, mit dem Domprediger in Verhandlung zu kommen, und haben sich dann beim Rat vergeblich beschwert[8] und die Kanzelpolemik wieder aufgenommen, oder dies alles fand erst nach dem Empfang des Briefes des Dompredigers im April oder Anfang Mai 1527 statt. Am Ergebnis ändert das nicht viel, denn erst die Bürgervertreter erreichten ja, daß der Domherr bereit war, seine Äußerungen wenigsten schriftlich zu rechtfertigen.

3. *Der Rechtfertigungsbrief des Dompredigers Bustorp*

In seinem Brief, der an Pfarrer Zegenhagen gerichtet ist, beschäftigte sich Bustorp eingehend mit den gegen ihn erhobenen Vorwürfen und versucht, in einem formal höflichen und freundschaftlichen Tone, vermischt mit pastoralen Ermahnungen, die ihm vorgehaltenen Äußerungen zu rechtfertigen oder zu korrigieren

[7] Brand, Acta 347a. Das Hamburger Kapitel vertraten Dekan Grothe, Scholaster Bantschow und Thesaurar Garlestorp.

[8] Zwingli riet, mit Widerspenstigen nicht weiter privat zu verhandeln, sondern die weltliche Obrigkeit einzuschalten (Z II 652/653).

und sich dadurch weitere Auseinandersetzungen zu ersparen. Nach einer kurzen Schilderung des Besuchs der drei Vikare und nach einer Ermahnung und einer Wohlwollenserklärung geht der Domprediger auf die vorgehaltenen Äußerungen ein, beschwört Fritze und Zegenhagen um Frieden, äußert sich zum Vorschlage einer Disputation und gibt seine Ansichten über den Gesang deutscher Psalmen kund. Mit einem Postskript über die sündentilgende Kraft des Meßopfers schließt das ausführliche Schreiben[1].

Das Verteidigungsschreiben des Dompredigers ist für uns von besonderem Interesse, weil es uns erlaubt, die theologischen Ansichten und die Kontroversmethode eines durchschnittlichen norddeutschen Predigers zu beobachten. Darum sei es näher erläutert. Bei der Verteidigung der Kommunion unter der Gestalt des Brotes bewegt sich Bustorp ganz in den Gedankenbahnen des Konstanzer Konzils[2]. Exegetisch stützt er sich auf die Perikope der Jünger von Emmaus (Lk 24,13—35), setzt bei den Abendmahlsberichten die genannten Jünger ebenso wie schon Matthäus mit den 12 Aposteln gleich, demnach weder Maria noch die 72 Jünger die Kelchkommunion empfangen hätten, und sieht in 1 Kor 11, 23—29 nur einen Bericht und keine Anordnung des Paulus[3]. Spekulativ beruft er sich auf die Konkomitanzlehre und die Unteilbarkeit der Person Christi und des Sakraments und betont, daß die Kraft des Sakramentes auf der res contenta und nicht in den Zeichen beruhe. Historisch weist er auf die Erfahrungen der Kirche bei der Kelchausteilung hin, räumt aber ein, daß der Kelch anfangs und nicht ohne Eingebung des Hl. Geistes gereicht worden sei. Die Änderung begründet er dann mit der Autorität der Kirche, die er an anderer Stelle damit stützt, daß er die Kirche vom Hl. Geist geleitet und belehrt sieht. Außer der Kirche sei kein Heil, und das Neue bringe keine Frucht. Diese Ansichten geben, wie Bustorp selbst erklärt, die übliche scholastische Auffassung wieder[4]. Wir finden sie etwa auch in der 1. Auflage des Enchiridion des Joh. Eck[5], das 1526 in Ro-

[1] Text: Kempe, Bericht 489—505 und in unserem Textanhang Nr. 3. Er ist bei den folgenden Erörterungen dauernd heranzuziehen.

[2] Vgl. das Dekret der 13. Sessio des Konstanzer Konzils über die Kommunionform „Cum in nonnullis" (Decreta 394/395).

[3] Vgl. Eck, Enchiridion Kap. 9; A. v. Alveld, Tractatus de communione sub utraque specie (Leipzig 1520); Bertholds, Bischof von Chiemsee, Tewtsche Theologey. Neu hrsg. ... von W. Reithmeier (München 1852) 483—490.

[4] A. Franzen, Die Kelchbewegung am Niederrhein im 16. Jahrhundert (Münster 1955) 5/6; R. Seeberg, Lehrbuch der Dogmengeschichte III[4] (Leipzig 1930, Neudruck Darmstadt 1959) 524; Neunheuser, Eucharistie 49/50.

[5] Eck, Enchiridion Kap. 9. Vgl. auch K. Schatzgeyer OFM, Scrutinium divinae scripturae pro conciliatione dissidentium dogmatum 1522, hrsg. von U. Schmidt (Münster 1922) 106—115. Die Anwendung der alten theologischen Methode findet sich auch bei den anderen Kontroverstheologen der Zeit (E. Polman,

stock nachgedruckt wurde[6] und vielleicht dem Domprediger bekannt war. Bustorp hielt sich also an die Lehre der Kirche und die bisherigen Erklärungsversuche, ging aber in keiner Weise auf die Anliegen und Argumente der Gegner ein. Seine Konvenienzgründe konnten von diesen aber ebensowenig anerkannt werden wie seine Exegesen, so daß seine Argumentation in ihren Augen auf die Berufung auf die Autorität der Kirche schrumpfte. Aber dadurch wurde der Eindruck geweckt, als setze sich die Kirche über die Schrift, ja sogar über die direkten Anordnungen Christi hinweg und sich selbst an seine Stelle. Die Wiederholung der alten Lehren und Argumente reichte darum nicht mehr aus, um die neuen Angriffe der Neuerer einsichtig abwehren zu können. Aber die Verachtung des Gegners und das Gefühl der eigenen Rechtgläubigkeit[7] nahmen Bustorp dafür die Sicht, weswegen er nicht mehr verstand, was die Gegner wollten, worin sie recht hatten oder doch berechtigte Anliegen vertraten. Die Folge konnte nur Abneigung und Haß sein.

Denselben theologischen Sachverhalt finden wir in der Rechtfertigungslehre des Dompredigers. Der Streit traf dabei genau den Differenzpunkt der Reformationszeit. Bustorp hatte ja behauptet, daß Christus zwar alle Sünden am Kreuz getragen habe, daß er aber nur für die Erbsünde und für die vor der Taufe begangenen Todsünden auch die Genugtuung geleistet habe, während der Christ, der im Alter der Unterscheidung aktual und schwer sündige, diese Genugtuung selbst zu erbringen habe; Christus sei dafür weder gestorben, noch könne man ihm diese Sünden auferlegen[8]. Die Prädikanten verstanden nun seine Äußerung so, als wolle er behaupten, daß das Sühnewerk Christi unvollständig wäre und durch die menschliche Genugtuung ergänzt werden müßte[9]. Sie wiederholten damit einen der bekannten Vorwürfe, die man auch

Die polemische Methode der ersten Gegner der Reformation (Münster 1931) 16—22).

[6] Metzler, Verzeichnis XCVIII Nr. 51 (57).

[7] „Spero quod tota ecclesia atque illius doctores omnes christiani sic mecum dicunt; de vobis id ipsum haud dubito" (Kempe, Bericht 492).

[8] Kempe, Bericht 488 = These 2 des Thesenzettels (ebenda 506); vgl. den Brief zu Art. 2 (ebenda 494—497) und die Aussage Bustorps zu 9,15 (Jensen, Domkapitel 80), wo er die Einschränkung wegließ und nur noch behauptet: „De ander (Artycell), den he geprediket, aldus ludende, dat uns godt verloset hefft von dem ewigen dode, dar wy unde Adams slechte inne weren. Wolden wy nu uns mit frigem willen wedder Gades gebade in den wech der sunde setten, dar horet uns bothe vor tho donde; dar andere lude Neyn unde de tuch Ja tho seden, wo he noch itzt secht." Man sieht, daß er gar nicht recht erkannt hat, was die Prädikanten eigentlich wollten, die ja nicht gegen die Buße in statu, sondern in actu und gegen die Verdienstlichkeit der Werke kämpften. Aber auch sie hatten ihn nicht verstanden.

[9] Kempe, Bericht 510 und bes. 513—515.

anderswo den Katholiken machte[10], wovon auch die Augsburgische Konfession in Artikel 24,1 spricht[11], der aber von der Forschung bisher meist aus den Schriften der Betroffenen als unzutreffend abgewiesen wurde[12]. Bei Bustorp ist das anders. Er bietet uns in seinem Brief nicht nur genau die beanstandete Formulierung[13], sondern auch die günstige Gelegenheit, sie im größeren Zusammenhang zu betrachten und ihren eigentlichen Sinn zu ermitteln. Bekanntlich wollte der Domprediger nicht behaupten, daß das Erlösungswerk Christi unvollständig und ergänzungsbedürftig wäre, sondern seine Absicht ging erklärtermaßen dahin, seine Zuhörer zu tätiger Buße zu bringen[14]. Wie er 1530 in seiner Zeugenaussage präzisierte[15], wollte er sagen, daß der Glaube allein als Vorbe-

[10] Denselben Vorwurf machte man in Nürnberg dem Franziskaner Jeremias Mielich, obwohl seine handschriftlich erhaltenen Predigten dafür keinen Anhaltspunkt bieten (N. Paulus, Katholische Schriftsteller der Reformationszeit: Der Katholik LXXII (1892) 556). In Stralsund wurde der Guardian Henning Budde nach dem Kirchensturm deswegen vor den Rat geladen und verurteilt (Scheib, Stralsund 19/20). Urbanus Rhegius antwortete 1536 auf die Einwände der Katholiken in Braunschweig, darunter in der 1. These über die Genugtuung Christi, und warf ihnen dasselbe vor (G. Uhlhorn, Urbanus Rhegius (Elberfeld 1861) 289/290). Vgl. Lortz, Reformation[4] II 177/178. Ebenso tat es der Breslauer Rat in seiner Antwort an König Ferdinand (K. Engelbert, Die Anfänge der lutherischen Bewegung in Breslau und Schlesien IV: ASKG XXI (1963) 158) und Zwingli Z II 162/163.

[11] Augsburgische Konfession XXIV, Satz 21: „Accessit opinio, quae auxit privatas missas in infinitum, videlicet quod Christus sua passione satisfecerit pro peccato originis et instituerit missam, in qua fieret oblatio pro cotidianis delictis, mortalibus et venialibus" (Die Bekenntnisschriften der evangelisch-lutherischen Kirche, hrsg. vom Evangelischen Kirchenausschuß[4] (Göttingen 1959) 93).

[12] Vgl. Lortz, Reformation[4] II, 177/178, wo er kath. Stimmen aufführt, die die alte katholische Lehre unverfälscht vorgetragen haben: Peter Reinke (1530), Michael Vehe (1534), Konrad Kollin (1517). Zu Jeremias Mielich OFM vgl. Paulus, Schriftsteller 556.

[13] „Christus peccata mundi pertulit in corpore suo super lignum Adamae et posteritatis sua amara passione. Et cum posuisset in ecclesia prophetas, apostolos, doctores etc., posuit et septem sacramenta in eadem, in remedium peccatorum nostrorum, ad quae accedimus in fide Christi, quam habemus ab eo, quae etiam statim prorumpit in opera. Sic habemus sacramentum baptismatis in deletionem peccati originalis ad vitam spiritus, sacramentum altaris ad nutrimentum spiritus, poenitentiae contra peccatum actuale etc.. Addidit et Dominus divina sua praecepta affirmativa et negativa, sine quorum impletione non est homini salus, evangelio teste, quae etiam praecipit observari sub interminatione poenae Gehennae. Ubi addidi: tu autem cum ad annos discretionis perveneris et peccas voluntarie ex mera voluntate atque malitia spiritus, actualiter, mortaliter, putas quod Dominus pro tali peccato passus sit et ei illud velles imponere! Minime, tu ipse satisfacias pro tali transgressione divini praecepti" (Kempe, Bericht 494).

[14] Kempe, Bericht 494, 518; Jensen, Domkapitel 80.

[15] Jensen, Domkapitel 80.

dingung zur Sündenvergebung nicht ausreiche, sondern daß der Pönitent dazu noch Bußwerke zu leisten habe. Der eigentliche Streit drehte sich also um die Frage, ob bei der Sündenvergebung die Werke der Buße notwendig seien oder nicht, denn Gesinnung der Buße hielten auch die Prädikanten für nötig[16]. Unklar war hier nur, ob Bußwerke die Voraussetzung der Rechtfertigung bildeten, in welchem Verhältnis sie zur Satisfaktion Christi standen und ob sie sich nur auf die Kirchenstrafen oder auch auf die von Gott auferlegten Sündenstrafen bezogen. Unklar war vor allem, welche Satisfaktion denn eigentlich gemeint war und was „Buße" sein sollte. Indem Bustorp die Genugtuung der Pönitenten undifferenziert neben die Satisfaktion Christi stellte und die Bußhaltung nicht klar vom Sakrament der Buße und seinen Akten unterschied[17], kam dann eine Formulierung heraus, die nach ihrem Wortlaut häretisch war.

Bustorp meinte aber mit „Buße" und mit „Satisfaktion" nicht die Genugtuung Christi, die dieser dem Vater für uns und damit für die Vergebung unserer Sünden geleistet und die die Nachlassung der ewigen Sündenstrafen erwirkt hatte. Er meinte vielmehr den auch satisfactio genannten Teil des Bußsakramentes, der immer als Mitbedingung der Nachlassung der Sünden angesehen wurde und in den Werken des Pönitenten bestand[18]. Nach der Lehre der Kirche wurde bei der Taufe nicht nur die Erbsünde und die vor der Taufe begangenen Todsünden mit ihren ewigen Strafen getilgt, sondern auch ihre zeitlichen Sündenstrafen, so daß der Täufling anders als der Pönitent keine eigene Satisfaktion mehr zu leisten hatte. Wohl aber hatte der zum Vernunftgebrauch gelangte Christ sie zu erbringen, wenn er die Nachlassung seiner Sünden wünschte; sie waren dabei zugleich Werke und Zeichen der Buße und inneren Umkehr wie Satisfaktion[19]. Gerade dies wurde aber von den Reformatoren bestritten und für überflüssig, ja schädlich erklärt, da der Glaube allein als Grund der Rechtfertigung ausreiche und auch in der Vergebung sowohl die ewigen wie die zeitlichen Strafen mit der Sünde nachgelassen würden, habe doch Christus für alles schon die volle Satisfaktion geleistet[20]. Dem gegenüber wollte nun Bustorp betonen, daß auch die poenitentia interior die Nachlassung der Sün-

[16] „... wi leren de bote und dat alleine kraft hebbe Christus dot, dardurch wi gnade und vorgeuinge der sunde erlangen" (Kempe, Bericht 515).

[17] S. o. Anm. 13.

[18] Das klärt seine Aussage o. Anm. 8. Vgl, B. Poschmann, Buße und Letzte Ölung (Freiburg 1951) 94/95; Seeberg, Dogmengeschichte III 533.

[19] Poschmann, Buße 94/95; Seeberg, Dogmengeschichte III 518—527, 546/547.

[20] Seeberg, Dogmengeschichte IV, 1 S. 139/140 (Luther), 439/440 (Zwingli).

den ex voto sacramenti bewirke und daß die Bußwerke zur Vergebung nötig seien[21].

Für Bustorp stellte sich nun die Frage, wie die geforderte Mitwirkung des Menschen zu denken sei. Er lehrte nun mit den Scholastikern[22], daß Christus für die Sünde Adams und seiner Nachkommenschaft gelitten habe und bei der Gründung seiner Kirche ihr wie das Amt so auch sieben Sakramente als Heilmittel gegen die Sünde geschenkt habe, genauer: die Taufe lösche die Erbsünde aus und schenke das Leben des hl. Geistes, das Altarsakrament nähre dieses Leben, das Sakrament der Buße sei das Heilmittel gegen die aktualen Sünden „etc", wie man eben die Funktion der Sakramente im Hinblick auf die Rechtfertigung zu ordnen pflegte. Daneben habe Christus noch die Gebote erlassen, zu deren Erfüllung eben die Sakramente eingesetzt sind[23]. Besonders in der Rechtfertigung spielen nun die Sakramente eine besondere Rolle. Die Sakramente wenden ja nach der katholischen Lehre dem Gläubigen das Erlösungswerk Christi zu. Bustorp hatte nun ausdrücklich das sacramentum poenitentiae als „remedium... contra peccatum actuale", die er wenig später als Todsünde beschreibt, bezeichnet[24]. Indem also der Sünder das Bußsakrament empfängt und seine drei Akte der Reue, des Bekenntnisses und der Satisfaktion leistet, empfängt er die von Christus am Kreuze verdiente Nachlassung seiner Sünden. Die poenitentia, die nach der Lehre der Scholastik die drei genannten Bestandteile umfaßt[25], wäre also „de bote", zu der Bustorp auffordern will, und als solche eine Leistung des Menschen; die Bußwerke sind hier mit eingeschlossen.

An welche Bußwerke außer der Beichte der Domprediger gedacht hat, zeigt der Nachtrag am Schluß des Briefes. Bustorp sagt dort, daß Christus unsere Sünden durch sein Blut abwasche, aber nicht nur damals, als er am Kreuz für uns litt, oder, aufgrund dieser Passion, bei der Taufe, sondern daß er auch täglich wieder unsere Sünden trage und uns durch sein Blut reinige, nämlich beim Meßopfer, wenn dort das Gedächtnis seiner Passion bei der Transsubstantiation in der Wandlung repliziert werde[26]. Schon Gregor

[21] Vgl. seine Ausführungen o. Anm. 8 und 13.

[22] H. A. Oberman, Spätscholastik und Reformation I (Zürich 1965) 252/253; Seeberg, Dogmengeschichte III 432—444, 661—664; Poschmann, Buße 83—103.

[23] Kempe, Bericht 494; Oberman, Spätscholastik 108—114.

[24] Kempe, Bericht 494.

[25] Poschmann, Buße 89/90; Seeberg, Dogmengeschichte III 533; Oberman, Spätscholastik 149—151.

[26] „Adderem ad secundum articulum, si liceret, quod christianum mihi videtur. Quamvis hoc non dixeram, plane fateor, quod Christus Dominus non solum lavit nos a peccatis in suo sanguine, quem pro nobis effudit in cruce, vel unusquisque nostrorum mysterio suo sacro sanctae passionis illius in

der Große hatte die Messe als Opfer für die täglichen Sünden betrachtet[27]. Die Scholastiker lehrten, daß die Messe die läßlichen Sünden tilge und durch Vermehrung der caritas die attritio in die sündentilgende contritio verbessere und so, allerdings indirekt, auch die Vergebung der Todsünden bewirken könne[28]. Gabriel Biel z. B. vertrat die Auffassung, daß aus dem Opfercharakter der Messe und seiner personalen Identität mit dem Kreuzesopfer folge, daß von der Messe ähnliche Wirkungen wie von der Passion ausgehen[29]. Dasselbe wie die Theologen lehrten die Meßerklärungen, besonders die fructus-missae-Tractate, gerade in der volkstümlichen Form[30]. Aber hier müssen wir Übertreibungen erwarten. Und so nimmt es nicht wunder, wenn in einem Pseudo-Thomas-Opusculum die These aufgestellt wird, daß, wie Christus am Kreuze für die Erbsünde dargebracht wurde, so das tägliche eucharistische Opfer für die täglichen Sünden[31]. Gerade für die täglichen Verfehlungen wünschte man ja nach der Zeitanschauung die tägliche Sühne, sei es die tägliche Beichte oder ein anderes Werk[32]. Sie konnte nach dieser Lehre aber auch die „Wiederholung“ des Opfers Christi bringen[33]. Indem man die richtigen, aber feinen Unterschiede der großen Theologen und der kirchlichen Tradition nicht beachtete, kam es dann in der massiven Frömmigkeit dazu, aus indirekter sündenvergebender Wirkung der Messe über die Mehrung der caritas eine direkte und den Meßbesuch oder gar die Stiftung von Messen zu dem gesuchten Sühnewerk für die eigenen aktualen Sünden zu machen.

Bustorp ist offensichtlich diesen Gedanken gefolgt. Da er theologisch nicht gebildet war, konnte ihm der feine Unterschied zu

baptismo aeque ablutus est, verum etiam quotidie tollit peccata mundi lavatque nos a peccatis nostris in sanguine suo, cum ejusmodi celebrata beatae passionis ad altare memoria replicatur, cum panis et vini creatura in sacramentum carnis et sanguinis ejus ineffabili spiritus sanctificatione transfertur, sed suo modo etc.“ (Kempe, Bericht 504). Dasselbe lehrte G. Biel (Oberman, Spätscholastik 252/253, 255). Vgl. aber Anm. 11!

27 Gregor d. Gr., In Evang. homil 37 Nr. 8 (PL LXXVI 1279): „Nam quoties ei hostiam suae passionis offerimus, toties nobis ad absolutionem nostram passionem illius reparamus.“ D. 2 c. 77 De cons.: „Iteratur autem quotidie haec oblatio licet Christus semel pasus sit, quia quotidie peccamus“ (zitiert bei A. Franz, Die Messe im deutschen Mittelalter (Freiburg 1902, Neudruck Darmstadt 1963) 5 Anm. 1, 68 Anm. 1). Dieselbe Ansicht vertraten 1523 auch die Züricher Kapläne (Z II 760).

28 Oberman, Spätscholastik 129, 252/253; Seeberg, Dogmengeschichte III 529.

29 Oberman, Spätscholastik 253/254, 256; Seeberg, Dogmengeschichte III 530.

30 Franz, Messe 36—72.

31 (Pseudo-) Thomas, De veneratione Sacramenti altaris I: Doctoris Angelici divi Thomae Aquinatis ... opera omnia XXVIII (Paris 1875) 484.

32 Franz, Messe 61/62; Seeberg, Dogmengeschichte III 528—531.

33 Seeberg, Dogmengeschichte III 73/74, 529.

den großen Theologen nicht auffallen. Wie die Angriffe der Reformatoren[34] und der Prädikanten überall zeigen, scheint diese Meßopfertheorie sehr populär gewesen zu sein. Auch für Bustorp bestanden die Werke der Frömmigkeit, zu denen er in seinen Predigten die Zuhörer aufforderte, auch in der Messe. Hier fanden sie ja die geforderte tägliche Genugtuung für ihre Sünden, die sie ja zu leisten hatten. Diese Genugtuung bestand gerade darin, daß der Sünder die Messe besuchte, hier Christus als seine Genugtuung Gott opferte und dafür sich die Vergebung seiner Sünden erwirkte. Zugleich war dies ein gutes Werk und so ein Teil der Beichtsatisfaktion[35]. Bustorps Aufforderung zu satisfaktorischen Werken geht also tatsächlich darauf aus, die Hörer zur Buße zu bewegen, ad pietatem, wie Moller es formulierte, näherhin zum Empfang des Bußsakramentes und zum Meßbesuch. Doch die Prädikanten lehnten deren katholische Form und Intention ab, und hiergegen zielte die Absicht des Dompredigers, der seine Zuhörer weiterhin zur alten Praxis halten wollte.

Das Ergebnis unserer Untersuchung zeigt, daß der Angriff der Reformation auf diese Art Sühnelehre nicht ohne Grund war. Aber indem die Reformatoren die Gedanken der katholischen Volkstheologen aus ihrem ursprünglichen Zusammenhang der Meß- und Sakramentstheorie und -pastoral herausrissen und einseitig nur unter ihrem Aspekt der Rechtfertigung betrachteten, konnten natürlich die Katholiken immer leicht nachweisen, daß sie solche abstrusen Lehren nie vertreten hatten. Die Unklarheit lag nämlich nicht in der Rechtfertigungslehre, sondern in deren Verhältnis zur Sakramententheologie, besonders was die Praxis anlangte. Hier kritisieren die Prädikanten sogar vom katholischen Standpunkt aus zu Recht. Die diesen Meßtheorien zugrundeliegende Prämisse war doch, daß das einmalige Kreuzesopfer allein nicht ausreichte, um auch die täglichen Sünden zu tilgen, und daß es deshalb wiederholt, repetiert, werden müsse, oder daß es gar nur für die Erbsünde und die Sünden vor der Taufe genüge. Solange man aber die Sakramente nur als Zuwendung der am Kreuz durch Christus ein für allemal bewirkten Versöhnung und Rechtfertigung ansah, die Messe also nur als repraesentatio — wie es ja dann auch das Konzil von Trient tat, das die Repetitionslehre ablehnte[36] —,

[34] Den folgenreichsten Angriff auf die Messe unternahm Luther in De captivitate Babylonica (WA VI 502—526); ihm folgte Zwingli (Z I 555—557, II 556—608, 659/660, 741—747, 760).

[35] Franz, Messe 60/61; Seeberg, Dogmengeschichte III 528—530, 544—547.

[36] Trienter Konzil Sessio XXII: „... relinqueret (ecclesiae) sacrificium, quo cruentum illud semel in cruce peragendum repraesentaretur ...“ (Decreta 709). — P. Rupprecht, Una eademque hostia — idem offerens. Das Verhältnis von Kreuzes- und Meßopfer nach dem Tridentinum: ThQ CXX (1939)

waren beide Aussagen in Einklang zu bringen; so tat es Bustorp im 1. Teil seiner Ausführungen. Dadurch aber, daß die Praxis die Messe doch als Repetition ansah und ihre Wirkung deswegen auch auf die wirklichen Sünden ausdehnte, ja in ihr den eigentlichen Sinn der Messe erblickte, wurde nicht nur die alte Sakramententheologie umgestaltet, wie sie bisher etwa von Thomas formuliert war, sondern auch das Erlösungswirken Jesu zur Zeit seines Erdenlebens in häretischer Weise zugunsten der Aufwertung des Meßopfers verkürzt. Aber die Leute der Praxis sahen diese Feinheiten nicht, weil ihnen ja meist die theologische Ausbildung fehlte. Sie brachten, wenn auch aus frommem Eifer, durch ihre rhetorischen pastoralen Übertreibungen unklare Formulierungen unter das Volk, die dann von sachkundigen Theologen beim besten Willen als formal häretische bezeichnet werden mußten. Im Ringen um die Reformation gaben sie natürlich dem wachsenden Mißtrauen gegenüber der katholischen Verkündigung Nahrung und brachten zudem noch die Kirche in den Ruf, Ungereimtes zu vertreten, da die Lehrer solcher Meinungen fest von deren Orthodoxie überzeugt waren und es aussprachen, daß dies die Lehre der Kirche wäre[37].

Die übrigen Fragen hält der Domprediger für unwichtig[38] — und kommt dann u. a. auf die rechte Predigt und auf die Schriftauslegung zu sprechen! In dieser für die Prädikanten wichtigen Frage betont er die Notwendigkeit der Sendung und der Bindung an die Kirche. Niemand predige wirklich, der nicht von Christus gesandt sei, wie auch Christus die Menschwerdung und Erlösung nur aufgrund der Sendung durch den Vater vollzogen habe. Weil er der Kirche den Geist gesandt habe, der ihr Leiter und Lehrer sei, sei es gefährlich, der Kirche zu widerstehen[39]. Mit diesen beiden Gedanken will der Domprediger den Prädikanten die Berechtigung zu ihrem Vorgehen und zu ihrem Anspruch absprechen, den Willen Christi authentisch zu vertreten. Dabei wiederholt er anscheinend wieder alte theologische Formeln[40] und übersieht die eigentliche Frage, was geschehen muß, wenn die Kirche von Gott abgefallen ist, wie die Prädikaten behaupten. Diese Gedanken des Dompredigers konnten auch seine Gegner unverändert für sich in An-

1—36; Neunheuser, Eucharistie 61/62. Dasselbe lehrten schon Thomas und Biel (Oberman, Spätscholastik 255).

[37] So etwa Bustorp: Kempe, Bericht 496, 504.

[38] Kempe, Bericht 496.

[39] Kempe, Bericht 496. Vgl. Eck, Enchiridion Kap. 1.

[40] Vorlagen für die theologischen Formulierungen Bustorps habe ich nicht gefunden. Man merkt aber Anklänge an Formulierungen der Kirchenväter und etwa an die Bulle Eugens IV. für die Armenier (Decreta 516—526).

spruch nehmen[41]. Darum klärten sie nichts und mußten nur die Abneigung steigern.

Die rechte Schriftauslegung macht Bustorp in Übereinstimmung mit Augustinus vom Besitz des hl. Geistes abhängig[42], ebenso das rechte Verständnis der Paulusbriefe vom Besitz des Geistes des Paulus[43]. Damit vertritt er keinen Spiritualismus, sondern will nur die Bedingung im Subjekt des Exegeten aufzeigen. Merkwürdigerweise fehlt der Hinweis auf die Autorität der Kirche bei der Schriftauslegung, die er bei der Kommunionfrage betont hatte. Er zieht sie aber heran, um die Lektüre der Bibel in der Landessprache zu verhindern. Solche Lektüre sei überflüssig, denn es genüge den Laien, daß sie ihre Lehrer und Prediger hörten und dann an ihre Arbeit gingen, anstatt daß sie in den Kirchen in der neuen niederdeutschen Ausgabe während der Predigt läsen[44]. Der Übersetzung gegenüber wiederholt er die Vorwürfe, die man katholischerseits gegen die Lutherbibel vorbrachte: sie enthalte aberhundert Fehler und sei deshalb unnütz[45]. Auch mit diesen Ansichten und Argumenten bewegt sich Bustorp im Rahmen der spätmittelalterlichen Theologie und Praxis[46] und geht in keiner Weise auf die Gegner ein. Anstatt ihnen den rechten Schriftgebrauch beizubringen, wiederholt er veraltete Argumente und verteidigt unhaltbare Positionen. Dadurch brachte er wieder die Kirche in den Verdacht, nur die Herrschaft des Klerus im Auge zu haben und die Laien vom Gotteswort abbringen zu wollen. Dieselbe Einstellung und Methode finden wir in seiner Äußerung über den Gesang deutscher Psalmen. Er sieht darin eine Störung des Gottesdienstes, ja eine Verletzung des 3. Gebotes, da nach Davids Anordnung der Psalmengesang den Leviten vorbehalten sei und die Laien sie nur beten dürften[47]. Die alte Ordnung will er um jeden Preis halten und sieht darum in jeder Veränderung schon einen Aufstand gegen die Kirche und einen Bruch des göttlichen Gesetzes. Alles soll

[41] In derselben Weise argumentierten sie in den Diskussionen von 1527 und 1528 (Kempe, Bericht 515—518, 531, 534, 536).

[42] Bustorp: Kempe, Bericht 498; Seeberg, Dogmengeschichte III 741/742; Augustinus, De doctrina christiana, Prolog 3, 4, 8 (CSEL LXXX 3—5).

[43] Kempe, Bericht 498.

[44] Kempe, Bericht 496.

[45] Kempe, Bericht 496. Vgl. Lortz, Reformation[4] I 292. — Die Lüneburger Franziskaner wiederholten diesen Vorwurf gegen die dortigen Reformationsanhänger. (A. Wrede, Die Einführung der Reformation im Lüneburgischen unter Herzog Ernst den Bekenner (Göttingen 1887) 32).

[46] Die Bibellektüre in der Landessprache wurde im Mittelalter wegen Mißbrauch durch die Sektierer wiederholt verboten: Fr. Kropatscheck, Das Schriftprinzip der lutherischen Kirche I (Leipzig 1904) 101—136.

[47] Kempe, Bericht 502—504. Gemäß 1 Chron. 6, 16; 16, 4; 23, 5. Vgl. Handbuch der Kirchengeschichte III, 1 S. 347, 357/358; III, 2 S. 687.

schlecht sein, was die Reformationsanhänger tun. Aber dadurch brachte er ebenso wie die zeitgenössischen Kontroverstheologen[48] die Autorität der Kirche in Gefahr, da ja nicht alles zu halten und nicht alles gleich wichtig war.

In krassem Gegensatz dazu steht, was Bustorp zur 5. These sagt. Er will Luther auf der Kanzel nicht erwähnt haben, ja er erklärt sich sogar zum Lutherverehrer[49]. Allerdings beschränkt er dies auf die erbaulichen Schriften des Reformators: über die Gebote, das Vaterunser und über die Vorbereitung auf das Altarsakrament[50], von denen Bustorp angibt, daß er sie liebe und beherzige. — Luther wurde also in Hamburg auch von katholischen Predigern gelesen. Die Streitschriften Luthers, besonders die „Babylonica", verwirft der Domprediger als Revolution und urteilt, daß Luther viel in der Kirche erreicht hätte, wenn er in seinen Grenzen geblieben wäre[51]. Offensichtlich galt es in Hamburg damals als fortschrittlich, wenn man sich zu Luther bekannte. So kommt der Domprediger trotz seines differenzierten Urteils über den Reformator und seiner antireformatorischen Haltung dazu, sich als Lutheraner zu bezeichnen. Man konnte sich also auch in den führenden katholischen Kreisen nicht der Mode entziehen.

Der merkwürdigen Kontroversmethode des Dompredigers entspricht es auch, wenn er angibt, daß er Zegenhagen weder kenne noch gehört[52] habe und auch vom Psalmengesang nur gerüchtweise wisse[53]. Man verachtete in der etablierten Kirche die „verlopen monneke" und Prädikanten, fürchtete sie aber gleichzeitig und bat im nächsten Satz um Schonung. Darum nimmt der Briefschreiber wiederholt seine Zuflucht zum Liebesgebot und tritt als pastoraler Mahner auf, verurteilt aber gleichzeitig die Lehren und Taten der Prädikanten als gegen Gott und die Kirche[54]. Konservative Starrheit, Überheblichkeit und Furcht mischen sich eigenartig, machen

[48] Vgl. die Argumentation Ecks im Enchiridion Kap. 9 oder die des Sylvester Prierias in seinem „Dialogus in praesumptuosas M. Lutheri conclusiones de potestate Papae": Luther, Erlanger Ausgabe opp. lat. var. arg. I 344—377.

[49] „Quod debeam Lutherum nominasse, plane falsum est, nemo probabit. Scio pro certo, quod in tribus annis vix semel nominavi Lutherum: an putatis, me non Lutheranum esse? Sum usque quaque, ubi bene scripsit" (Kempe, Bericht 498).

[50] Kempe, Bericht 498. — 1518 schrieb der noch katholische Bugenhagen den Belbuker Prämonstratensern, daß sie durchaus Luthers Auslegung des Vaterunsers und seinen Traktat über die 10 Gebote lesen könnten. Diese seien so christlich, daß niemand sie verwerfen könne (H. Hering, Doktor Pomeranus, Johann Bugenhagen (Halle 1888) 14).

[51] Kempe, Bericht 498.

[52] Kempe, Bericht 500.

[53] Ebenda 502.

[54] Kempe, Bericht 492, 496, 500, 502, 504.

aber auch eine fruchtbare Begegnung unmöglich. Der Brief stellt darum ganz im Sinne dieses Tenors, trotz des höflichen Tones und der Wohlwollenserklärungen, eine einzige Absage an die Anliegen und Forderungen der Prädikanten dar.

Ausdrücklich kommt der Domprediger auch auf die Forderung der Prädikanten nach einer theologischen Unterredung zu sprechen[55]. Nachdem er wieder auf die Gefährdung der menschlichen Natur hingewiesen und zur Übung der Nächstenliebe aufgefordert hat, erklärt er sich bereit, seine Ansichten beurteilen zu lassen, allerdings nur von den Doktoren B. Moller und Went und „ihnen ähnlichen“ in Lüneburg und Lübeck: womit er offensichtlich Dr. Augustin van Getelen, den Lübecker Domtheologen Dr. Frille und den Dominikaner Dr. van Meppen meint[56]. Von ihnen wolle er sich ohne Schwierigkeiten auf den rechten Weg führen lassen. Die eigentliche Forderung der Prädikanten, das mandatsgemäße Kolloquium, bezeichnet er als „private Disputationen privater Leute“ und lehnt sie als zu nichts Gutem führend und als unerlaubt ab[57]. Er sei jedoch bereit, sich mit seinen Gegnern auseinanderzusetzen, wenn einmal eine disputatio publica einiger Doktoren — also mit Rechtsfolgen! — stattfinde[58]

Der Domprediger spekulierte bei seinem Vorschlag offenbar darauf, daß dieser für die Prädikanten nicht annehmbar war, da sie nicht zulassen konnten, daß Menschen und gar „Papisten“ über die Lehrfragen verbindlich anstelle der Schrift urteilen sollten[59]. Bustorp hatte mit seinem Vorschlag geschickt die Forderung Zegenhagens vom Vorjahr aufgenommen, ihr aber eine Wendung gegeben, die sie für die Prädikanten unannehmbar machte. Damit waren anscheinend Disputation und Mandatsverhör wieder in weite Ferne gerückt. In Wirklichkeit hatte der Domprediger aber formell gegen das Ratsmandat verstoßen, ja schriftlich seinen Ungehorsam erklärt und zugleich sich den Prinzipien der Prädikanten angenähert, indem er sich bereit erklärte, auch über schon von der Kirche entschiedene Fragen, wie die Kommunionform, noch einmal zu disputieren, d. h. eine wissenschaftliche Entscheidung herbeizu-

[55] Kempe, Bericht 502.

[56] Im Brief steht: „... et quorumcunque similium Lubecae et Luneburgae agentium (Kempe, Bericht 502). Die Lübecker Namen finden sich Jannasch, Lübeck 29, 48/49. Der Lüneburger „Agent“ kann nur Getelen sein.

[57] Kempe, Bericht 502.

[58] Diesen Standpunkt vertrat auch Eck, der am 29. 4. 1524 der Tagsatzung der Schweizer Eidgenossenschaft schrieb: „... doch so haben die bischofe, die ketzermeister, die universitäten, die doctoren jeglicher in seinem fall auch macht zu urteilen“ (zitiert bei Muralt, Disputation 29).

[59] Kempe, Bericht 529.

führen. Zugleich hatte er seinen Gegnern einen Weg gewiesen, wie sie vielleicht doch noch zum Ziele kommen konnten. —

Verhandlungen und Brief offenbaren, daß der Versuch des Rates, die theologischen Differenzen durch Gespräche aus der Öffentlichkeit zu verbannen, nicht zu verwirklichen war, da beide Seiten Bedingungen daran knüpften, die für die Gegenseite unannehmbar, für sie selbst aber unverzichtbar waren. Wenn der Rat auf seinem Plan bestehen wollte, mußte er die Betroffenen zwingen. Es war aber auch sichtbar geworden, daß man nur zum Ziele kommen konnte, wenn man sich mit der politischen Macht verband. Wollten also die Prädikanten Gespräche, dann mußten sie erreichen, daß der Rat den Domherren vorlud und ihn zur Einhaltung des Mandates zwang. Deswegen haben sie nun Bustorp beim Rate wegen Nichtbeachtung des Mandates verklagt. Aber sie mußten erleben, daß der Rat nicht reagierte[60]. Dies deutet daraufhin, daß der Rat mit dem Vorgehen des Dompredigers einverstanden war. Das Mandat war eben nur zum Schutz der alten Kirche erlassen und sollte darum auch nur dann angewendet werden, wenn es gegen die Neuerer ging. Diese Haltung konnte der Rat allerdings nur so lange einnehmen, wie es in der Stadt ruhig blieb und die Bürger die Forderung ihrer Prädikanten sich nicht zu eigen machten. Immerhin hatte die Entwicklung bewirkt, daß Katholiken sich zu einer formellen Disputation mit ihren Gegnern bereit erklärten und sogar über schon entschiedene Glaubensfragen diskutieren wollten. Aber nicht daran, sondern an der Ratspolitik, die Predigt zu regeln, konnten die Prädikanten ansetzen.

[60] Kempe, Bericht 507—509. Die formelle Klage war nötig, weil außerhalb des Falles der handhaften Tat und des Verfahrens von Amts wegen eine förmliche Klage des Betroffenen oder eine des öffentlichen Anwalts nötig war. Solche Klagen wurden nur ausnahmsweise schriftlich verhandelt (E. Hennings, Das Hamburgische Strafrecht im 15. und 16. Jahrhundert und seine Verwirklichung (Hamburg 1940) 131/132).

VII. DAS GESPRÄCH VOR DEM RAT 1527

1. Der Anlaß

Nicht die wohlgeplante Zusammenarbeit und Aufgabenverteilung zwischen Prädikanten und Bürgervertretern, sondern erst ein zufälliger Zwischenfall in der Nikolaikirche brachte die Prädikanten an ihr Ziel[1]. Als um den Sonntag Cantate, den 19. Mai 1527[2], — also während der ersten Pause in der Verhandlung zwischen Kapitel und Stadt — ein Vikar Zegenhagens[3] die Gesindepredigt[4] hielt, wurde zu einer Seelenmesse geläutet, und die Zuhörer wandten sich dieser zu. Das verärgerte den Prediger derart, daß er wütend rief: „Hört hier her! Was kehrt ihr euch daran, daß dort der eine Teufel steht und sich mit dem andern an den Haaren zieht"?[5] In der gespannten Atmosphäre, in der man bisher schon die Prädikanten vor Tätlichkeiten durch Wächter schützen mußte[6], kam es anscheinend zu einem Tumult. Das zeigte allen unwiderleglich, daß die Auseinandersetzungen zwischen den Glaubensparteien ein Ausmaß und Formen angenommen hatten, die die Ruhe der Stadt ernstlich zu gefährden begannen. Angesichts dessen ist es um so bemerkenswerter, daß die einfachen Laien aus den unteren Schich-

[1] Kempe, Bericht 508; vgl. Hamelmann, Historia II 83v.

[2] Gyseke, Chronik 56 gibt als Termin an: „Anno 27 vor pinxten bina dre weken." Da die Ratsverhandlung demnach in der ersten Wochenhälfte stattfand, könnte sich der Zwischenfall am vorausgehenden Sonntag Cantate, dem 19. Mai 1527, ereignet haben.

[3] Hamelmann teilt Opera II 955 mit, daß ein Johann Oldendorp aus Hamburg wegen des Evangeliums vertrieben worden sei und nach 1528 in Braunschweig gewirkt habe. Daraus schließt Sillem, Einführung 79, daß dieser Oldendorp mit unserem Vikar identisch sei. Als Vikar Zegenhagens überliefert Kempe, Bericht 484 für Anfang 1527 Jakob Laurentii, der jedoch in Hamburg blieb (Jensen, Geistliche 81). Zegenhagen hatte jedoch mehrere Vikare (Kempe, Bericht 508). Da es an jeder Kirche einen Predigtvikar gab (Reincke, Vorabend 38), kann unser Vikar ein solcher gewesen sein. Auch kann er mit Joh. Oldendorp identisch sein.

[4] Kempe, Bericht 508; vgl. Staphorst, Historia II, 1 S. 37.

[5] Kempe, Bericht 508. Hamelmann, Historia II 83v ein ausführliches Zitat. In Bunzlau in Schlesien schalt zur selben Zeit der Prädikant Jakob Süßenbach bei einer Predigt von der Kanzel die Messe, die der Pfarrverweser H. Stelzer eben gelesen hatte. Es kam zu einem Wortwechsel zwischen beiden, worauf die Gläubigen die Kirche geräuschvoll verließen (Engelbert, Anfänge V: ASKG XXII (1964) 208/209).

[6] Vißbeke: Jensen, Domkapitel 106.

ten offenbar noch ganz gut die reformatorische Predigt und die Messe miteinander verbinden konnten, d. h. die Neugesinnten achteten wenig auf die Messe, und die Altgesinnten ließen die Predigt über sich ergehen. Bekanntlich hatten die Erbgesessenen sich weitgehend entschieden[7], aber das niedere Volk sah offenbar noch nicht klar. Gerade deswegen mußte beiden Seiten daran gelegen sein, ihren Einfluß auf die Laien zu verstärken und die Gegenseite auszuschalten.

Nach dem Zwischenfall war es klar, daß die Obrigkeiten nun eingreifen mußten, wenn sie nicht ihre Autorität einbüßen wollten. An sich hätte die Angelegenheit als Streitigkeit zwischen Klerikern und als Tat in einer Kirche zuerst und vor allem vor dem Gericht des Domdekans verhandelt werden müssen, der hier zuständig war[8]. Aber davon hören wir nichts, weil das Kapitel sich offenbar zu schwach fühlte und die reformatorisch gesinnten Bürger nicht noch mehr reizen wollte. Nach den Rezessen zwischen Rat und Bürgerschaft war es auch möglich, die Sache von der weltlichen Obrigkeit aus anzufassen. Bei einem Zwischenfall hatten die Juraten und andere angesehene Bürger des betreffenden Kirchspiels den Vorfall dem Rat zu melden, ja sie konnten die Juraten der drei anderen Kirchspiele versammeln und bei der Anzeige beim Rat zugleich eine Versammlung der Erbgesessenen zur Verhandlung über die Beseitigung der Ursachen der Unruhe verlangen[9].

[7] Das hatte schon die Befragung durch Wegedorn im Januar 1526 ergeben (Sillem, Einführung 50—52).

[8] Consuetudines capituli Hamburgensis: HUB II Nr. 1024.

[9] Die für die folgenden Verhandlungen entscheidenden Bestimmungen der Rezesse lauten:
Rezeß 1458, Artikel 33: „So hebben de Raedt unn borger sämptliken geschlaten, umme vrede unn guder eendracht willen, dat na düssen dage nemand vergadderungk, tho hope kamend edder sammlinghe der borger düsser stad maken schal um jenigerley sake willen, de de borger unde stad andrepen, idt en sy dat de Raedt de borger vorbodeschapen unn eschen lathe. Were idt, dat jemand dar boven dede, dar wil de Raedt byfahren, wo idt sick geböret, dartho willen de borger bystendig unn behulpig wesen. Idt en were sake, dar der stad verdarf annehengende, so mogen de eerligsten unn oldisten uth dem kerspel thosame kamen, vor den Raedt gahn, unn geven den Raedt de sake to kennende.“
Rezeß 1483, Artikel 66: „Efft jennich unwille effte myshegelicheit, dar swarheit affkamen mochte, in jennighen kerspele upstunde, dat Godt vorbede, deme sodanet weddervaret schall ghaen tho de kerckswaren des kerspels dar he inne wanet, unde ghevent en tho kennende; de denne scholen de anderen uth den dren kerspelen dar tho vorbaden, unn ghaen tho samende vor den Raedt, unn geven de sake deme Rade tho kennende, unde bogheren, de Raedt de erffßeten borger darumme wyl vorbaden unde de werckmestere der ampte, unde ßo an de saken spreken wechtoleggende unn tho entfligende. Worde ock jenich kercksware, deme sodanet vorbrocht worde, unn dar nicht by dede alße vorschreven ys, mer dath wolde laten henne ghaen, de schall dath

Davon hören wir jetzt nichts, denn die meist reformatorisch gesinnten Juraten konnten unmöglich den Rat veranlassen, einem ihrer Prediger den Prozeß zu machen. Dafür wurde der Rat selbst aktiv und beschloß, den Vikar vorzuladen[10]. Endlich hatte er nämlich eine Handhabe, den Prädikanten gegenüber seine Autorität und sein Mandat wieder zur Geltung zu bringen und ein Exempel zu statuieren, da das Delikt von niemandem bezweifelt werden konnte und angesichts der Aufruhrgefahr auch die Bürgervertreter keine Vorwände suchen würden. Dieser Entschluß zwang den Rat aber, auch die Klage der Prädikanten zu beachten, die sie gegen den Domprediger eingereicht hatten, und ihnen zu der geforderten Diskussion mit Bustorp zu verhelfen[11]. Andernfalls hätte er seine Richterautorität gefährdet und sich dem Vorwurf der Parteilichkeit ausgesetzt oder auf die Bestrafung des Vikars verzichten müssen. Die Sorge vor einem Aufruhr und die günstige Gelegenheit wogen offenbar mehr als das Risiko, den Domprediger den Angriffen seiner Gegner auszuliefern. Wie es das Mandat erlaubte, lud der Rat auch ein Sachverständigengremium von 3 Theologen und 3 Juristen hinzu[12], die das Sachurteil sprechen und den Domprediger vor unliebsamen Folgen sichern sollten. Anscheinend sprach man auch alles mit dem Beteiligten ab, denn es zeigte sich später, daß der Rat das Schreiben des Dompredigers schon gesehen hatte[13]. Die Gestaltung und auch das Ergebnis hingen dennoch nicht ganz vom Willen des Veranstalters ab, denn der Anlaß legte nämlich dem Rat gewisse Be-

beteren na wylkoer des Raedes. Szo we overst hyrenboven jennyge vorgadderinghe unde uploep makede, da yegen willen de borgher deme rade hulpe unde troest doen unn bystendich wesen" (Westphalen, Verfassung I 4/5). — Es ist fraglich, ob die Prädikanten einer Vorladung des Domdekans gefolgt und ob ein solcher Prozeß ohne großen Schaden für das Kapitel ausgegangen wäre.

10 Kempe, Bericht 508. Das Verfahren von Amts wegen hatte sich in Hamburg längst eingebürgert und wurde auch bei Polizeiangelegenheiten angewandt (Hennings, Strafrecht 116—124, bes. 122—124).

11 Kempe, Bericht 508. Die Vorladung des Dompredigers bestätigen: Bustorp selbst (Jensen, Domkapitel 80), Vißbeke (135), Fr. Hennings (233), Rentzel (240), Foltze (339). Als Ziel der Unterhandlung nennt Langenbeke Belehrung Bustorps und die Beseitigung des Ärgernisses (87), während die anderen Zeugen als Zweck klar die Verhandlung über Bustorps Artikel und über seinen Widerruf angeben. — Nach Art. 1 des Rezesses von 1410 mußte der Rat Bustorp wegen der Anzeige zu einer öffentlichen Verhandlung vorladen (Lünig, Reichs-Archiv XIII 943).

12 Kempe, Bericht 508/509. Nach dem Stadtrecht von 1497 O XVII waren Sachverständige eine gerichtliche Einrichtung (Hennings, Strafrecht 144/145; H. Reincke, Die ältesten hamburgischen Stadtrechte und ihre Geschichte: Bilderhandschrift[1] (Hamburg 1917) 2—20, hier 17). Der Rat konnte auch auf Artikel 2 seines Mandates vom Dezember 1526 zurückgreifen.

13 Kempe, Bericht 518.

schränkungen auf. Durch den Zwischenfall und durch die Klage der Prädikanten waren nämlich als Verhandlungsgegenstände die Verletzung des Ratsmandats, der Zwischenfall und die Thesen Bustorps festgelegt. Ebenso standen damit als Forum der Rat und damit auch die Rechtsform, die Art der Verhandlungsführung, die zu ladenden Teilnehmer und die anderen Umstände, wie Ort, Zeit, Protokollführung usw., fest[14], was darum nicht mehr Gegenstand einer Vereinbarung zwischen Bustorp und seinen Kontrahenten sein konnte. Auch war durch die Klage die Thematik der theologischen Diskussion bestimmt, da nur sie Gegenstand der Verhandlungen sein konnte[15], so daß eine Ausweitung auf alle strittigen theologischen Fragen oder eine Konzentration auf den zentralen Gegensatz unterbleiben mußten. Ebenso wichtig wie diese Vorbedingungen war aber auch das augenblickliche Kräfteverhältnis der Gruppen, da das Recht mehrere Lösungen zuließ. Man beachte, daß der Zeitpunkt des Entschlusses des Rates ebenfalls mit der ersten Pause der Verhandlungen zwischen Kapitel und Stadt zusammenfiel und daß die Bustorp-Frage einer der Punkte dieser Verhandlungen war. Offenbar dachten Rat und Kapitel daran, sie auf diese Weise eindeutig und rechtsverbindlich zu klären, zugleich aber auch die Prädikanten ins Unrecht zu setzen und den „Martinianern" einen Dämpfer aufzusetzen. Allerdings hatte der Rat damit versteckt Partei genommen und sah die kommende Verhandlung offenbar politisch. Aber auch die Prädikanten und die Bürgervertreter hatten ihre Pläne und Ziele. Durch die Einschaltung der politischen Instanzen kamen zudem die politisch-sozialen Kräfteverhältnisse und Parteiungen der Stadt, die sich damals immer mehr zugunsten der Bürger und der Reformation verschoben[16], mit ins Spiel, und ebenso war die wachsende Unruhe unter den Einwohnern zu berücksichtigen[17], was alles zusammen zuletzt doch den Verhandlungsspielraum zugunsten der Neuerer begrenzte. Ob in die-

[14] Nach den Anm. 9 genannten Rezeßbestimmungen mußte der Rat ebenso wie die Juraten in verfassungsmäßiger Form tätig werden und bei wichtigen Fragen die Bürgervertreter hinzuziehen. Da die Klage aufgrund des Mandates erfolgte, kam ein „Mandatsprozeß" im Rahmen der Polizeigewalt des Rates zustande, dessen Verfahren sich nach dem Hamburger Prozeßrecht richtete (vgl. Hennings, Strafrecht 6, 9, 16/17, 131).

[15] Die Prädikanten hatten Bustorp nur wegen seiner Äußerungen in der Weihnachtswoche und seiner Verweigerung einer Unterredung beim Rat verklagt. Da die Artikel der Prädikanten nicht alle Gegensätze enthielten, konnte auch nicht über alle theologischen Gegensätze verhandelt werden.

[16] Das belegen die Verhandlungen der Bürger mit Rat und Kapitel vom Frühjahr 1526 und 1527 sowie die Einführung des „Gotteskastens" im August 1527.

[17] Vgl. Art. 4 und 5 des Ratsmandates, die Aussage von Vißbeke (Jensen, Domkapitel 106) und den Zwischenfall selbst.

sem Zusammenhang eine theologische Diskussion vor dem Rat sinnvoll war, war angesichts der gegenseitigen Verketzerung, ja Verteufelung[18] höchst fraglich. Ein Gespräch konnte hier höchstens den Zweck haben, den Gegner vor den Laien zu „widerlegen" und gleichzeitig für die eigene Überzeugung zu werben. Deswegen war einem partnerschaftlichen Ringen um die Wahrheit eigentlich schon der Weg verbaut.

2. *Der Verlauf der Verhandlungen*

Die Verhandlungen[1] fanden in der 3. Woche vor Pfingsten 1527, zwischen dem 19. und 26. Mai 1527[2] — also ebenfalls in der ersten Verhandlungspause — auf dem Rathause unter Ausschluß der Öffentlichkeit statt. Es ist anzunehmen, daß der ganze Rat, nicht nur sein gerade regierender Teil, und daß alle Ratssekretäre anwesend waren[3]. „Worthaltend" war der schon alte Bürgermeister Lic. iur. Gerd *vam Holte*[4]. Der Rat hatte, wie es die Rezesse

[18] Kempe, Bericht 480/481, 483, 508.

[1] Die Hauptquellen sind Kempe, Bericht 508—520, dem die Chroniken folgen, und J. Moller, Nachrichten B 552—554. Wenn Kempe und Moller im Aufbau der Vorgänge: Diskussion, Verhandlung über den Widerruf — auch übereinstimmen, so widersprechen sie sich in den meisten anderen Punkten, besonders in den Angaben über die Zielsetzung und die Rolle der Beteiligten. Nach Kempe soll Bustorp zuerst eine Diskussion verweigert, dann die Doktoren zu seinen Anwälten gewonnen haben, die seine Thesen verteidigt hätten. Die Prädikanten hätten daraufhin die Verlesung des Briefes Bustorps und das Urteil des Domtheologen über die Rechtfertigungsthese erzwungen, die Moller als häretisch zensuriert habe. Bustorp habe nicht widerrufen wollen und Moller habe ihn darin bestärkt. Doch habe der Rat auf einer klaren Antwort bestanden. Auf Anraten eines Ratssekretärs habe dann der Domprediger formal nachgegeben und den Widerruf versprochen. Nach J. Moller wurde Bustorp zwar von den Prädikanten vor dem Rat angeklagt, aber die Doktoren waren nicht seine Anwälte, sondern zur Begutachtung der Sache tätig. Sie hätten nach einer Besprechung vergeblich versucht, Bustorp zu belehren. Als dies mißlungen sei, hätten Rat und Bürger den Domtheologen gebeten, Bustorp über seinen Irrtum aufzuklären. Auch solle Bustorp vor dem Rat widerrufen, der ihm die Sache als Fahrlässigkeit auslegen wolle. Doch der Domprediger habe dies alles aus Hochmut abgelehnt und hätte darum den öffentlichen Widerruf zusagen müssen, wie die Prädikanten es verlangt hätten. — Da die Zeugen beider Parteien: Bustorp (Jensen, Domkapitel 80), Langenbeke (87), Kissenbrügge (109), J. Vißbeke (135), Fr. Hennings (233), Rentzel (240), Foltze (339) Kempe auf weite Strecken bestätigen, dürfen wir im Aufbau Kempes Bericht folgen, müssen aber jede Einzelheit so weit wie möglich mit Hilfe anderer Quellen absichern.

[2] Gyseke: „Anno 27, vor den Pinxten, bina dre weken" (Gyseke, Chronik 56).

[3] H. W. C. Hübbe, Beiträge zur Geschichte Hamburgs und seiner Umgebung (Hamburg 1897) 50/51.

[4] Sillem, Einführung 74 und Beckey, Reformation 73 geben Dirik Hohusen als worthaltenden Bürgermeister an. Entsprechend dem alternierenden Amts-

erlaubten, die 12 Kirchengeschworenen[5] und außer dem Sachverständigengremium[6] noch einige Geistliche hinzugezogen. Außer *Bustorp* und dem *Vikar* waren also anwesend: die Gelehrten
Dr. theol. Barthold *Moller*, lector primarius des Domes;
Dr. theol. Hinrik *Went* OP, Inquisitor;
Joachim *Ellerhoff*, Guardian und früherer Lektor des Franziskanerklosters;
Dr. decret. Henning *Kissenbrügge*, Domherr und bis September 1526 Pfarrer von Nikolai;
Dr. utr. iur. Hermann *Langenbeke*, Laie und Bürger;
Dr. utr. iur Johann *Moller*, Laie und Bürger, Bruder von B. Moller und vormals Domkanoniker.

Von katholischen Geistlichen waren noch die Pfarrer Magister Friedrich *Hennings* von Petri und
Magister Joachium *Vißbeke* von Katharinen anwesend,
von den Prädikanten nur die drei führenden Köpfe Johann *Zegenhagen*, Pfarrer von Nikolai,
Magister Johann *Fritze*, Pfarrer von Jakobi und
Magister Stephan *Kempe*, Prediger der Maria-Magdalenen-Kirche und Lektor der Franziskaner, geladen[7].

Überblickt man die Organisation der Veranstaltung, so stellt man leicht fest, daß es sich nicht um eine disputatio publica, die Bustorp zugestanden hatte, gehandelt hat, sondern um komplizierte Vorgänge, fallen doch schon die Rahmenveranstaltungen einer Disputation, aber auch die Veröffentlichung der Thesen, Verhandlungen über den Modus und ähnliches weg. Auch der Umstand, daß man den Zwischenfall zusammen mit der Sache Bustorps behandeln wollte, zeigt an, daß hier Verfahren vor dem Rat als Stadtobrigkeit laufen. Was sie genau gewesen sind und wie alles zusammenhängt, können wir erst sehen, wenn wir den Verlauf kennen.

Zuerst verhandelte man den Streit mit Bustorp. Der Bürgermeister eröffnete die Verhandlung damit, daß er den Beschwerdebrief der Prädikanten an den Rat erwähnte und seine Bereitschaft

wechsel war 1527 Gert vam Holte worthaltend (Reincke, Nachlaß 67 c). Vam Holte war damals etwa 80 Jahre alt. Vgl. Anhang C 1.

5 Ihre Namen ergeben sich zum Teil aus unserem Anhang C 2. Es fehlen aber die Namen der Leichnamsgeschworenen.

6 Kempe behauptet Bericht 508, daß der Rat ihm alle bekannten Gelehrten zugezogen hätte, gibt aber 508/509 nur die oben genannten Namen an. Es fehlen z. B. die Dominikaner Rensborch und Hoffmann. Die Symmetrie von drei Theologen und drei Juristen deutet auch darauf hin, daß es sich um ein festes Gremium gehandelt hat. — Zu den Namen vgl. das Personenverzeichnis.

7 So Kempe, Bericht 508/509. Moller, Nachrichten B 553 nennt nur die fünf Doktoren mit Namen, die Prediger summarisch. Zu den Namen vgl. das Personenverzeichnis.

bekundete, die Klage der Prädikanten zu hören[8] und sie nach Möglichkeit mit dem Domprediger auszusöhnen. Danach kam Bustorp an die Reihe. Er gab seiner Verwunderung über das Vorgehen der Prädikanten und die Abhaltung der Verhandlung Ausdruck, da er doch fromm lebe und über dreißig Jahre gepredigt habe, bekräftigte dabei aber seine Thesen. Er habe den Prädikanten als seinen Mitbrüdern geschrieben, und nun sei die „halbe Welt" zum Gespräch versammelt.

Die Prädikanten hielten erst eine interne Besprechung ab[9] und präzisierten daraufhin ihre Anklage dahin, daß sie nicht seinen Lebenswandel, sondern seine Thesen über die Rechtfertigung und über die Kommunionform anklagten, weil sie der Schrift widersprächen. Sie erbaten dann sein Einverständnis, daß sie ihre Ansicht aus der Schrift beweisen dürften, und forderten den Domprediger gleichzeitig auf, seinerseits seine Thesen zu rechtfertigen. Aber Bustorp lehnte das ab, da er doch weder Doktor noch zum Disputieren geschickt sei — als Magister! —, und schlug dafür eine Disputation in Paris vor[10]. Die Prädikanten erwiderten, es sei nicht nötig, in Paris zu disputieren, sondern dort, wo er gepredigt habe[11]. Deswegen schlügen sie ihm vor, die anwesenden Doktoren um ihre Unterstützung zu bitten. Bustorp ging darauf ein, trat vor die Doktoren hin und bat sie um ihre Hilfe, wobei er versicherte, daß er seine Thesen für richtig halte. Die Doktoren nahmen das an und zogen sich zu einer internen Beratung zurück.

Nachdem die Gelehrten wieder vor die Versammlung getreten waren, begann die Diskussion[12]. Zuerst sprach der Domtheologe B. Moller im Namen seiner Kollegen. Der Artikel über die Recht-

[8] Kempe, Bericht 509. Langenbeke sagte aus: „... umme beleringe und ergeringe der lude wech tho nemende" (Jensen, Domkapitel 87).

[9] Solche Beratungen der Parteien waren in Hamburg bei Prozessen und Verhandlungen üblich und fanden außerhalb der Hegung statt (Hennings, Strafrecht 135).

[10] Die Universität Paris galt als die höchste wissenschaftliche Entscheidungsinstanz (H. Rashdall, The universities of Europe in the middle ages I (Oxford [4]1951) 542—551) und hatte 1521 Luthers Thesen verurteilt (Borth, Luthersache 69).

[11] Dies war ein Rechtsgrundsatz des Strafrechts, der immer wieder angewandt wurde. Schon die Synode von Karthago 424 machten ihn gegen den Papst geltend (Cyprian, Ep. 59, 14 „Optaremus"), Zwingli stellte 1526 angesichts der Badener Disputation dieselbe Forderung (Muralt, Disputation 62), ebenso 1523 Heinrich von Zytphen (Iken, Zytphen 54). Ihm liegen zugrunde: c. III q 6 c. 18; c. II q 3 c. 6. Vgl. Hinschius, Kirchenrecht V 334—336.

[12] Den Verlauf der Diskussion schildert nur Kempe, Bericht 511—518. Die Aussagen beider Seiten stimmen aber, was Thesen und Ergebnis angeht, damit (s. o. Anm. 1) ebenso überein wie die Äußerungen B. Mollers mit seiner Erklärung von 1528 (Moller, Nachrichten A 545/546) und Kempes Anthworth bes. 204—221. Wir sind darum berechtigt, hier Kempe zu folgen.

fertigung sei „ad pietatem“ zu deuten, da er beabsichtigte, die Leute von der Sünde abzuhalten und sie zur Buße zu bringen. Das hieß, daß die Äußerung nicht als strenge theologische Formulierung, sondern als damals erlaubte Kanzelübertreibung zu werten und also nicht wörtlich zu nehmen sei[13]. Er zweifele auch nicht, daß dies die Meinung des Dompredigers sei, was Bustorp nachdrücklich bejahte[14]. Zur Kommunionfrage erklärte Moller: es sei von der Kirche beschlossen worden, daß die Laien nur eine Gestalt empfangen sollten[15]. Wer sich dagegen stemmen wolle, der solle es tun. Er wolle es nicht tun, sondern ein gehorsames Kind der hl. Kirche bleiben[16]; ebenso wollten es auch diejenigen, die bei ihm stünden. Danach erläuterte er seine Ansicht noch durch die Gebräuche von Mecklenburg und Rostock[17] und daran, was früher für Kelche in den Kirchen benützt worden seien[18]. Dr. Went schloß sich in seinem Votum dem Domtheologen an. Der Franziskanerguardian Joachim Ellerhoff war aber nicht mit allem einverstanden: dem Domtheologen seien die Beispiele nicht aufgetragen gewesen. Dies faßte Moller grundsätzlich auf und fragte den Ordensoberen Kempes, ob er denn nicht bei der hl. Kirche bleiben wolle. Er nenne doch seine Beispiele nur so zwischendurch. Ellerhoff gab darauf zur Antwort, daß er bei derjenigen Kirche bleiben wolle, wo Gottes Wort ihn hinweise[19]. Er dachte also schon weitgehend reformatorisch, wagte aber noch kein öffentliches Bekenntnis, sondern trat erst nach der Einführung der Reformation zu ihr über[20]. Der Kanonist Dr. Henning Kissenbrügge folgte in der Auslegung des Rechtfertigungsartikels ebenfalls B. Moller, und zur Kommunionthese meinte er: da man den Konzilien gehorsam sein müsse[21], so sei es billig, daß man ihnen auch in diesem Punkte gehorche. Der angesehene Jurist Dr. Hermann Langenbeke erklärte zuerst, daß die zur Debatte stehenden Fragen nicht Sache seiner Fakultät seien, womit er sich für theologisch inkompetent erklärte. Anschließend gab er zu den Thesen seine Privatansicht wieder. Er folgte in der Rechtfertigungsfrage ebenfalls B.

[13] Vgl. oben S. 73—77.

[14] Der Angeklagte mußte die Erklärungen seines Anwalts bejahen (Hennings, Strafrecht 135, vgl. 130).

[15] Konstanzer Konzil, Sessio XIII „Cum in nonnullis“ (Decreta 395/396).

[16] Seine Kirchlichkeit dokumentiert auch seine Konfession von 1528 (Moller, Nachrichten A 545/546).

[17] Näheres konnte ich nicht finden.

[18] J. Braun, Das kirchliche Altargerät in seinem Sein und in seiner Entwicklung (München 1932) 67—129, hier 85, 114 (Rostock).

[19] Kempe, Bericht 509.

[20] Staphorst, Historia II, 1 S. 163 (Abfindungsverzeichnis der Franziskaner 1529).

[21] Vgl. R. Bäumer, Nachwirkungen des konziliaren Gedankens in der Theologie und Kanonistik des frühen 16. Jahrhunderts (Münster 1971) 165/166.

Moller und betonte, daß der Sinn der Äußerung Bustorps nicht sei, daß Christus etwa nicht für alle Sünden gelitten hätte[22]. Die Kommunionthese verteidigte er mit der Autorität der Konzilien. Er zweifele nicht daran, daß die Konzilien im Namen Christi versammelt gewesen seien, daß der Hl. Geist in ihnen gewirkt habe und daß darum die Kommunion unter einer Gestalt nicht ohne Eingebung dieses Geistes angeordnet worden sei. Zur Begründung berief er sich auf Matthäus 18,20 und 28,20 und erklärte, daß er es darum für billig halte, daß man sich an den Beschluß des Konzils so lange halte, bis etwas anderes angeordnet sei[23]. Dr. J. Moller schloß sich anscheinend den Voten einfach an[24], und somit hatten die Gutachter ihr Urteil abgegeben.

Der Bürgermeister fragte die anderen katholischen Teilnehmer nun nicht mehr nach ihrer Meinung, forderte aber auch die Prädikanten nicht zu einer Antwort auf. Vielleicht faßte er die Erklärung der Gutachter schon als Sachurteil auf. Darum ergriffen die Prädikanten ungefragt das Wort, um zu verhindern, daß die Meinung der Doktoren als Grundlage des Ratsurteils genommen würde. Sie entschuldigten sich zuerst für ihr Vorgehen und wandten sich dann sofort an B. Moller als dem Ranghöchsten. Sie hätten kein Verständnis dafür, daß er Bustorps Rechtfertigungsthese „ad pietatem" deute, da sie doch eine „manifesta impietas" sei, besonders die Behauptung, daß Christus nicht für alle Todsünden gelitten hätte. Damit brächte man die Leute nicht zur Buße, sondern zur Verzweiflung, da ihnen ja der Trost der Buße genommen würde, hoffe und glaube der Bußfertige doch, daß er die Gnade und die Vergebung der Sünden erlange. So hätten Petrus und Paulus und die übrigen Apostel gelehrt: Apg 2, 10 und 13, wo sie den Bußgesinnten Christus durch den Glauben vorhielten[25]. Selbst wenn Bustorps These „ad pietatem" zu deuten wäre, so wäre es damit nicht getan, daß man dies auf dem Rathause erläutern würde, sondern es müsse auch dort geschehen, wo sie gepredigt worden sei. Wenn nämlich die anwesenden Doktoren die These richtig zu deuten wüßten, so vermöchten dies die einfachen Leute nicht. Zudem sei diese Frage keine nebensächliche, sondern beträfe das Heil der Seelen. Darum müßte die Äußerung auf der Kanzel verbessert werden[26]: der Domprediger sollte also öffentlich widerrufen. — Auf die eingangs von Bustorp wiederholte Behauptung,

[22] Dieselbe Ansicht vertrat Langenbeke 1530 (Jensen, Domkapitel 84). Sie entspricht aber auch Bustorps Aussage und Meinung (ebenda 80).
[23] Vgl. Bäumer, Nachwirkungen 165/166.
[24] Kempe, Bericht überliefert nichts.
[25] Vgl. Augsburgische Konfession XXIV, 1.
[26] So argumentierte auch Zwingli, Z II 405—408.

daß er nicht glauben könne, daß Christus auch für einen vorsätzlichen Mörder gelitten hätte, wollten sie erklären: wenn einer auch 20 Menschen ermordet habe, aber zu echter Reue und Leid käme, zu Christi Tod seine Zuflucht nähme und dort Gnade suche, dann werde er sie gewiß erlangen[27]. — Der Kommunionthese hielten die Prädikanten entgegen: niemand könne beweisen, daß der Gebrauch beider Gestalten gegen die Lehre der Kirche verstoße. Wenn es auch vom Konzil von Konstanz so beschlossen und geboten worden sei, so bestehe die Kirche doch länger, und Christus als ihr Haupt, die hl. Apostel, Martyrer und Lehrer der Kirche, die tausend Jahre einander gefolgt seien, gehörten auch zu ihr. Man könne nun keinen von ihnen beiziehen, der etwas gegen den Gebrauch der beiden Gestalten geschrieben oder gelehrt habe, da man ja bei Cyprian, Augustinus[28], ja selbst bei Thomas fände, daß zu seinen Zeiten noch in einigen Kirchen der Gebrauch der beiden Gestalten in Übung gewesen sei[29]. Wenn aber Christus mit seinen Aposteln, Martyrern und heiligen Lehrern auf ihrer Seite sei, dann sei der Gehorsam gegenüber der Kirche bei ihrer Partei und nicht auf seiten der Kontrahenten; es sei denn, daß man Christus und die vorgenannten Zeugen aus der Kirche ausschließen wolle. B. Moller ging in seiner Antwort nicht mehr auf den Rechtfertigungsartikel ein, wohl um Bustorp nicht zu gefährden. In der Kommunionfrage hielt er dem geschickten Traditionsbeweis der Prädikanten die Konkomitanzlehre des Konstanzer Konzils entgegen, daß nämlich im lebendigen Leib des Herrn auch sein Blut gegenwärtig sei, weswegen derjenige, der die eine Gestalt empfange, beide genieße. Deswegen habe die Kirche die Gestalt des Weines nur den Priestern gelassen[30]. Dabei wollten er und sein Mitgutachter

[27] Kempe behauptet Bericht 514/515, daß an dieser Stelle der Bürgermeister sich eingeschaltet und zu den Prädikanten gesagt hätte, daß sie recht hätten, wenn sie so lehrten. Darauf hätten sie ihm versichert, daß sie nie anders lehren würden. Es ist aber doch fraglich, ob dies der Wahrheit entspricht, denn Kempe will damit doch nur demonstrieren, daß ein Laie sofort die Berechtigung ihrer Lehre erkannt, während sie die Theologen gegen besseres Wissen weiter als ketzerisch bekämpft hätten. Da sich der Bürgermeister zum Schluß ganz an Moller hält und sich weder nach den Prädikanten richtet noch ein eigenes Urteil zeigt, hat er wohl doch geschwiegen, wie es seine Pflicht war. Nach Stadtrecht 1497 A II 2, 3 hatte er vor einer Antwort an die Parteien zuererst sich mit den beisitzenden Ratmannen zu beraten und erst dann zu antworten. Dagegen steht nicht, daß Holte schon im März 1528 zur neuen Lehre überging.

[28] Die Prädikanten denken an folgende Stellen: Cyprian, Ep. LXIII, 9; Augustinus, Ep. XCVIII, 9. Kempe anerkennt die Autorität der Kirchenväter soweit, wie sie der Schrift folgen und keine eigenen Gedanken lehren (Kempe, Anthworth 182).

[29] Thomas von Aquin, Summa theologica III q. 80 a. 12.

[30] Die Konkomitanzlehre ist im Kommuniondekret des Konstanzer Konzils

bleiben. Die Prädikanten waren mit dieser Antwort nicht zufrieden und fingen erneut zu argumentieren an: Der Kirche sei es geboten, Christus zu hören: Deut 18,14; Joh 10,16; 17,8. Nun habe Christus wörtlich den Gebrauch beider Gestalten geboten: Lk 22,19. Deswegen sage auch Paulus (1 Kor 12,28): „Ein Mensch prüfe sich selbst und esse erst dann von diesem Brote und trinke aus diesem Kelche." Homo bedeute hier doch nicht Priester, sondern Mensch[31]. Damit spielten die Prädikanten auf eine Begründung Bustorps an, der in seinem Brief zur Verteidigung der katholischen Lehre angeführt hatte, daß diese Stelle nicht als Gebot, sondern nur als Bericht gemeint sei[32]. — Da die Gegenseite solche Worte verachte, könne, so fuhren die Prädikanten fort, bei ihr nicht die heilige Kirche und der rechte Gehorsam ihr gegenüber anzutreffen sein[33]. Die Konkomitanzlehre verstünden auch sie[34]. Aber, fügten sie ironisch hinzu, es wäre doch schade, daß die Katholiken mit ihrer Glosse nicht eher gekommen seien, nämlich im Abendmahlssaal, bevor Christus den Aposteln sein Blut gereicht habe, und ihn nicht daran erinnert hätten, daß er seinen Jüngern sein Blut doch schon mit seinem Leibe gegeben habe. Er würde ihnen aber sicher das Gleiche wie Petrus bei Matth. 16,23 geantwortet haben: „Vade retro me Satanas; non sapis enim ea quae sunt Dei!"[35] Darum, so folgerten sie, beruhe der Empfang des Altarssakramentes nicht auf dieser oder jener Lehre, sondern auf dem Worte und der Anordnung Christi[36]. Wenn die Gegenseite in die Bücher sähe, so würde sie erkennen, daß es sich so verhalte[37]. B. Moller erwiderte darauf nur, daß er bei dem bleiben wolle, was er gesagt habe. Wer nicht bei der Kirche bleiben wolle, der solle es eben lassen. Die Prädikanten entgegneten, daß auch sie bei ihrer Meinung blieben, sie sei

(Decreta 394/395) und in den Prager Kompaktaten (Mansi XXIX 158) angeführt. Dieselbe Argumentation wie bei Moller findet sich bei Eck, Enchiridion Kap. 9. Dort findet sich im 4. Kapitel auch eine noch wenig entwickelte Lehre zum Verhältnis von Glauben und Werken.

[31] Vgl. Bustorps Brief: Kempe, Bericht 490/491 und Eck, Enchiridion Kap. 9.

[32] Kempe, Bericht 492.

[33] Vgl. Luther, WA VI 228.

[34] So auch Luther: WA II 742; VI 139.

[35] Vgl. Kempe, Anthworth 240/242; Luther: WA XII 218; Zwingli: Z I 320.

[36] So auch Luther, WA X, 2 S. 14—28, wenn auch nicht so gesetzlich. Auch Bugenhagen hatte in seiner Schrift „Von mancherlei christlichen Sachen" (Wittenberg 1521) und in seinem Brief an die Hamburger von 1524 sich auf Christus berufen und mit historischen Argumenten gegen den Beschluß des Konstanzer Konzils argumentiert (Hering, Bugenhagen 89/90). — Auch Wiclif ließ nur den Wortlaut der Schrift gelten (M. Hurley, „Scriptura sola", Wiclif and his critics: Traditio XVI (1960) 275—352, hier 296—307. Seeberg, Dogmengeschichte III 592/593).

[37] Der Vorwurf mangelnder Bibelkenntnis, ja der Schriftverachtung findet sich immer wieder.

nämlich die wirkliche Lehre Christi und seiner hl. Kirche[38]. Von den Diskussionen mit den übrigen Gelehrten ist nur noch die mit Langenbeke über die Autorität der Konzilien überliefert[39]. Der Behauptung des Juristen, daß die Absetzung der einen eucharistischen Gestalt durch den Hl. Geist geschehen sei, setzten sie entgegen, daß sie viel sicherer seien, daß die Einsetzung beider Gestalten vom Hl. Geist bewirkt sei als die Absetzung der einen. Denn Christus habe nichts ohne den Hl. Geist getan oder angeordnet: Is. 60. Auch sei es billig, daß die Anordnung des Hl. Geistes durch den Geist Christi, der in der Schrift rede, geprüft und erwiesen würde. Tue man das, so könne man eher die Einsetzung beider Gestalten als die Absetzung der einen Gestalt als Eingebung des Hl. Geistes erweisen. Wenn Christus in Matth. 18,20 von seinem Beistand rede, so sei nicht gemeint, daß die, die etwas gegen seine Anordnungen beschlössen, in seinem Namen versammelt wären, und daß er da anwesend wäre und es bestätige. Sondern die Stelle meine, daß die Versammelten täten und beschlössen, was Christus wohlgefalle. Jesus sage selbst, daß er im Namen seines Vaters gekommen sei (Joh 5,30), und er erkläre das bei Joh 6,38 näher, daß er nämlich lehre und tue, was ihm derVater befohlen habe. Daß Christus sage: „Ich bin bei euch alle Tage usw.“ (Matth 28,20), das bejahten auch sie, es wäre nämlich nicht gut für uns, wenn er uns verlassen wollte. Aber daß er nur deshalb bei uns bleibe, damit er täglich wieder abändere, was er einmal angeordnet habe, das bewiesen die zitierten Worte nicht. Er habe ja auch gesagt: „Lehret die Heiden alles halten, was ich euch befohlen habe“ (Matth 28,2)[40]. Damit beendeten sie ihre Darlegungen.

Die Prädikanten äußerten nun ihre Überzeugung, daß wegen ihrer Antworten an Moller und Langenbeke die Thesen Bustorps nicht als verteidigt angesehen werden dürften und daß dieser darum zu widerrufen habe[41]. B. Moller erklärte daraufhin erregt, daß man sagen könne, was man wolle, der Kirche sei mehr zu

[38] Dieselbe Argumentation: Kempe, Antworth 213—223. Sie deckt sich mit derjenigen Luthers in der Einleitung von „De captivitate Babylonica“ (WA VI 500/501) und seiner Schrift „Von beider gestalt des Sacraments“, WA X, 2 S. 11—41). Vgl. auch Zwingli: Z I 374/375; II 132—137.

[39] Kempe, Bericht 517/518. Vgl. Eck, Enchiridion Kap. 2.

[40] Zu allen von den Prädikanten zitierten Bibelstellen vgl. Kempe, Anthworth 240—251. Ebenso argumentiert: Luther: WA VIII 149—151. Zwingli: Z I 234/235, 513/514, 534—538, 551/552; II 26—28, 50/51, 447—450. Die katholischen Argumente vgl. außer in Ecks Enchiridion bei H. Laemmer, Die vortridentinisch-katholische Theologie des Reformations-Zeitalters (Berlin 1858) 73—80, 88—98.

[41] Kempe, Bericht 518. Bustorp sagte 1530 selbst, daß die Ansichten schroff gegeneinander standen (Jensen, Domkapitel 80). — Zur Quellenlage für das Folgende vgl. oben Anm. 1.

glauben als den Prädikanten. Auch Bustorp versicherte, daß er seine Ansichten noch immer für richtig halte und sie ja auch nur geäußert habe, um die Leute zur Buße zu bringen. Als nun Moller die Rechtfertigungsthese des Dompredigers so verstanden wissen wollte, wiesen die Prädikanten auf dessen Brief hin, in dem es nach ihrer Ansicht anders stand, und zogen ihn hervor. Um seine Verlesung zu verhindern, erklärte der Bürgermeister, daß der Rat den Brief schon kenne; er hatte also von Bustorp selbst auf amtlichem Wege oder vor der Sitzung eine Abschrift erhalten. Wie dem auch sei, man merkt, daß der Rat dem Kapitel helfen wollte. Jedoch die Prädikanten bestanden auf der Verlesung, und so mußte der Domtheologe, der auch eine Abschrift bei sich hatte, ihn vorlesen[42]. Als er damit fertig war, fragten ihn die Prädikanten, was er vor seinem Gewissen von der Rechtfertigungsthese halte[43]. Da auch der Rat und die Bürgervertreter B. Moller um sein Urteil baten[44], las dieser die Formulierung des Briefes noch einmal vor und erklärte dann deutlich: „So, wie es hier geschrieben steht, ist es offensichtlich häretisch“[45]. Daraufhin forderten die Prädikanten erneut von Bustorp den Widerruf. Der aber weigerte sich weiterhin mit der Begründung, daß er es nicht so gemeint habe, wie es formuliert sei. Der Rat habe ja seine wirkliche Ansicht vernommen. Die Prädikanten erwiderten darauf, sie forderten ja nicht seine Verbannung — wie es nach dem Mandat möglich war[46]—, sondern nur seinen Widerruf. Den könne er doch leisten. Doch der Domprediger lehnte das weiterhin ab. Nun versuchte der Bürgermeister ihm eine goldene Brücke zu bauen und fragte ihn, ob er nicht aus Hast und Unvorsichtigkeit so geredet habe. Er möge dies doch erklären, der Rat wolle damit zufrieden sein. Bustorp war auch damit nicht einverstanden[47], sondern erbat 14 Tage Bedenkzeit, um Zeit zugewinnen. Auch wolle er seine Ansichten bei der nächsten Predigt erläutern, nicht aber widerrufen, da er immer noch nicht sehe, was er denn Falsches gesagt habe[48]. Daraufhin verlangte der Bürgermeister von ihm eine klare Antwort darüber, ob er widerrufen wolle oder nicht. Der Rat habe sehr wohl vernommen, was gesagt worden sei. Als Bustorp sich weiter sträubte, zog

[42] Vgl. Hennings, Strafrecht 138.

[43] Kempe, Bericht 518/519.

[44] Moller, Nachrichten B 553.

[45] Kempe, Bericht 519. Das bestätigen die Zeugen Fr. Hennings (Jensen, Domkapitel 233), H. Rentzell (240) und H. Foltze (339).

[46] Ratsmandat 1526 Art. 6 (Bolland, Burspraken II Nr. 113, 7—12 S. 251/252).

[47] Moller, Nachrichten B 553. Die einfache Widerrufsforderung erwähnt auch Bustorp (Jensen, Domkapitel 80).

[48] Das bestätigte Bustorp 1530 (Jensen, Domkapitel 80).

ihn der Ratssekretär Mag. Joh. Kloth[48a] in eine Ecke des Ratssaales und redete eine Weile mit ihm leise. Das hatte Erfolg. Bustorp trat wieder vor den Rat und versprach zu widerrufen, fügte aber hinzu, daß er nicht wisse, was er Falsches gesagt habe[49]. Es wurde nun ausgemacht, daß er den Widerruf bei der nächsten Predigt auf der Kanzel im Dom zu leisten habe[50].

Der zweite Teil der Verhandlungen beschäftigte sich mit dem Zwischenfall in der Nikolaikirche[51]. Der Vikar wurde dem Rat vorgeführt und befragt, ob er bei seiner Äußerung bleiben wolle. Dieser bejahte das und erzählte den Hergang. Außerdem erbot er sich, seine Äußerung als richtig zu verteidigen. Der Rat ließ das aber nicht zu, sondern verurteilte ihn aufgrund des Mandates als Aufruhrprediger zur Stadtverbannung. Wenn Kempe angibt, daß Absetzung und Verbannung nur durch die Nachgiebigkeit des zuständigen Pfarrers Zegenhagen erfolgt sei[52], dann entspricht das sicher nicht den vollen Tatsachen. Primär hat der Rat den Vikar bestraft, und Zegenhagen mußte ihn notgedrungen entlassen, denn gerade er konnte es sich nicht leisten, sich dem Rat zu widersetzen, da er selbst froh sein mußte, daß der Rat das Mandat nicht wegen der Weihnachtsmesse gegen ihn selbst anwandte. Außerdem mußten die Prädikanten es sich schon gefallen lassen, daß das Mandat sich auch gegen einen von ihnen richtete, nachdem sie mit dieser Waffe Bustorp in die Schranken gezwungen und ihm eine Niederlage beigebracht hatten. Nicht das Entgegenkommen ausgerechnet des streitbarsten der Prädikanten, sondern der entschlossene Wille des Rates, ein Exempel zu statuieren, hat dieses Ergebnis bewirkt.

Kempe berichtet, daß man nach diesen Verhandlungen in Frieden nach Hause gegangen sei[53]. Dies entspricht durchaus den Tatsachen, da niemand in der Stadt etwas davon erfuhr und man nur gerüchteweise davon hörte, daß Bustorp unterlegen war und daß Moller und Went ihn vergeblich verteidigt hätten[54].

3. *Die Struktur der Verhandlungen*

Die Diskussionen von 1527 bilden in Hamburg den ersten Höhepunkt in der Auseinandersetzung zwischen den Predigern der alten und der neuen Lehre und eröffnen dort die dritte Stufe der refor-

48a Vgl. Personenverzeichnis Nr. 21.

49 Kempe, Bericht 519 = Bustorp: Jensen, Domkapitel 80.

50 Moller, Nachrichten B 553/554. Bustorp: Jensen, Domkapitel 80. Auch H. Langenbeke spricht nur von „declareren" (ebenda 97). Die Niederlage des Dompredigers erwähnen auch die Teilnehmer J. Vißbeke (Jensen, Domkapitel 135) und Fr. Hennings (233).

51 Kempe, Bericht 519.

52 Ebenda.

53 Kempe, Bericht 519.

54 H. Foltze: Jensen, Domkapitel 339.

matorischen Entwicklung der Religionsgespräche: theologische Diskussionen vor der weltlichen Obrigkeit. In der Forschung werden unsere Verhandlungen meist als „Colloquium“[1] oder gar als „erste öffentliche Disputation“[2] bezeichnet. Davon wissen aber die Teilnehmer nichts[3]. Zwar spricht schon die Gysekesche Chronik von „disputieren“[4], aber erst der ortsfremde Tratziger nennt sie so[5]. Man kann aber schon auf den ersten Blick erkennen, daß es sich bei unseren Verhandlungen weder um formelle akademische Disputationen noch um die Amtsdisputationen des Domtheologen oder um die Disputationen einiger Doktoren, von der Bustorp in seinem Brief geschrieben hatte[6], gehandelt hat, verhandelte man doch über zwei Mandatsübertretungen und in zwei getrennten Verfahren und machte die theologische Diskussion doch nur einen Teil der ersten Verhandlung aus. Dies wie die Art der Urteilsfindung weisen darauf hin, daß hier Verhandlungen verschiedenster Art ineinandergeschachtelt sind.

Man kann die Vorgänge m. E. nur dann richtig verstehen, wenn man sie sowohl auf dem Hintergrund der damals in Hamburg geltenden Rechtsvorschriften (dem Stadtrecht von 1497, das subsidiär vom Sachsenspiegel und vom römischen Recht ergänzt wurde[7], den „Rezessen“ zwischen Rat und Bürgerschaft und den Ratsmandaten[8]) als auch im Lichte der Disputationsgewohnheiten[9] sieht. Schon die Rezesse sahen vor, daß bei einem Zwischenfall die Juraten des betreffenden Kirchspiels die Sache dem Rat melden und dann beraten sollten, wie die Angelegenheit beizulegen sei. Auch war der Rat verpflichtet, bei Beratung über Fragen, die für die Stadt von Bedeutung waren, die ältesten und geachtetsten Bürger der vier Kirchspiele hinzuzuziehen[10], was durch Einladung der

[1] Lappenberg, Programm 31; Krabbe, Historia 60; J. G. Gallois, Geschichte der Stadt Hamburg I (Hamburg 1853) 264; R. Nehlsen, Hamburgische Geschichte nach Quellen und Urkunden I (Hamburg 1896) 326.

[2] Sillem, Einführung 73; Beckey, Reformation 73; Feddersen, Schleswig-Holstein 70.

[3] Kempe und J. Moller geben ebenso wie die meisten Chroniken und die Prozeßzeugen den Verhandlungen keinen Namen. Auch Staphorst spricht Historia II, 1 S. 131—136 nur von einer „Versammlung auf dem Rathause“ und vermeidet jede Benennung.

[4] Gyseke, Chronik 59.

[5] Tratziger, Chronik 161/162. Chytraeus spricht von einer „accusatio pastorum“, aber auch von „respondere“ Bustorps (Chronicon 284).

[6] Kempe, Bericht 502.

[7] Stadtrecht 1497, Einleitung.

[8] Hennings, Strafrecht 6—10; Bolland, Burspraken I 17. Vgl. HUB I Nr. DCCCLX.

[9] S. o. S. 1/2, 34/35.

[10] Rezeß 1458 Art. 33; 1483 Art. 62; Lappenberg, Programm 21.

Kirchengeschworenen zu geschehen pflegte[11]. Da die Auseinandersetzung der Prädikanten mit Bustorp eine wichtige Sache war und der Zwischenfall in Nikolai einen Bruch des Stadtfriedens darstellte, sind die Verhandlungen von 1527 einerseits solche verfassungsmäßigen Ratsverhandlungen gewesen, was schon an der Anwesenheit der Juraten zu erkennen ist.

Andererseits waren sie aber auch Prozesse. Darauf weisen die Quellen hin, die auch juristische termini wie „schelinge", „vorklaginge", „vordregende"[12] verwenden und von Verhör und Stadtverbannung berichten[13]. Der Rat hatte ja im Dezember 1526 zur Regelung der Predigt eine eigene Vorschrift erlassen und Übertretern Strafe angedroht[14]. Nun hatten Bustorp durch die Verweigerung der Aussprache mit den Prädikanten und der Vikar durch seine Schmähungen auf der Kanzel dies Mandat verletzt und konnten deswegen vom Rat wegen Störung des gebotenen Stadtfriedens belangt werden. Da der Hamburger Rat die volle hohe und niedere Gerichtsbarkeit und die Polizeihoheit in Hamburg besaß und weltliche Delikte vor sein Forum gehörten[15], mußte es zu einem Prozeß vor seinem Forum kommen. Als Polizeisache gehörten die Delikte nicht vor das Niedergericht, sondern direkt vor den Rat als oberster Polizeibehörde[16]. Die Verfahren mußten also sogenannte „Mandatsprozesse"[17] werden, die nach der in Hamburg gebräuchlichen Prozeßweise abliefen, aber auch entsprechend den Umständen je anders zu gestalten waren[18]. Dabei war das Verfahren gegen den Domprediger sowohl als Privatklage der Prädikanten zur Erlangung der theologischen Aussprache mit Bustorp wie auch als Denuntiations- und Amtsverfahren wegen Irrlehre durchführbar[19], während der Prozeß gegen den Vikar wegen Störung des Stadtfriedens ein Offizialverfahren und wegen der Offenkundigkeit des Vergehens ein Verfahren bei handhafter Tat sein mußte[20].

Die angebliche Disputation bildet bei solcher Betrachtung nur einen Teil des ersten Mandatsprozesses: dabei war die Verhandlung über die Durchführung der Diskussion gemäß Art. 2 des Mandates von 1526 mit der Eröffnungsverhandlung des Prozesses

[11] Rezeß 1483 Art. 66; Westphalen, Verfassung I 5; Bolland, Bürgerschaft 146; Reincke, Vorabend 21—23.

[12] „schelinge, vorklaginge": Kempe, Bericht 59. „angeklagt": Moller, Nachrichten A 552, 553. „vordregende": Kempe, Bericht 509.

[13] Kempe, Bericht 519.

[14] S. o. S. 59/60 und Textanhang Nr. 1.

[15] Hennings, Strafrecht 1—11, 100/101; Westphalen, Verfassung I 60—78, 374.

[16] Bolland, Bürgerschaft 146. Hennings, Strafrecht 100 gibt nichts Genaues an, obwohl das Stadtrecht von 1497 bestimmte Delikte dem Niedergericht zuweist.

[17] Vgl. E. Naujoks: ARG LVIII (1967) 261.

[18] Hennings, Strafrecht 131—158.

[19] Ebenda 88—90, 116—124.

[20] Ebenda 87, 153—156.

identisch, während die eigentliche Diskussion nur als Beweisaufnahme zur Hauptklage der Prädikanten fungierte, daß der Domprediger nicht das Evangelium predige. Dieser eigentliche Streit zwischen den Prozeßparteien ging nun über die Sachkompetenz des Rates hinaus, der deswegen, wie in Hamburg unter Einfluß des kanonischen Prozesses üblich und erlaubt[21], drei Theologen und drei Juristen als Sachverständige hinzugezogen hatte, die die theologische Diskussion zwischen Bustorp und den Prädikanten und damit die sachliche Berechtigung der Klage beurteilen sollten. Weil die Gelehrten bis auf den Guardian alle dem Domkapitel nahestanden[22], gehen wir wohl nicht fehl, wenn wir wenigstens in den fünf Doktoren nicht nur die führenden Theologen und Juristen der Stadt, sondern zugleich auch das bischöfliche Zensurgremium erblicken, das der 2. Nürnberger Reichstag vorgeschrieben[23] und das in Hamburg Dompropst und Domdekan bei der Überwachung von Predigt und Druck zu unterstützen hatte. Die Rollenverteilung war vom Rat gemäß der Einladung offenbar so gedacht, daß der Rat das Präsidium, die Bürger die Zeugen, Bustorp der Defendent, die Prädikanten die Opponenten und die Gelehrten die Fachrichter sein sollten. Der Rat hat dabei auf die im Art. 2. seines Mandates angegebene 2. Verhandlungsform zurückgegriffen[24] und offensichtlich eine förmliche akademische Disputation geplant, wobei er durch die Ladung der genannten Sachverständigen das Ergebnis von vorne herein zugunsten des Dompredigers lenken wollte. Da eine solche Disputation in der Tat für den Kampf um die Reformation in Hamburg von großer Bedeutung war, mußte er die Bürgervertreter hinzuziehen[25] Er hatte aber außer dem Domkapitel auch die kirchlichen Spitzen der Stadt eingeladen, waren doch mit Fritze, Zegenhagen, Vißbeke und Fr. Hennings die vier Pastoren, mit Ellerhof und Went[26] die Repräsentanten der beiden Männerklöster und mit dem Domtheologen und dem Ketzermeister die beiden theologischen Autoritäten der Stadt anwesend.

Die Weigerung Bustorps und der entsprechende Schachzug der

[21] Stadtrecht 1497 O IV, XVII; Hennings, Strafrecht 144/145.

[22] B. Moller und Kissenbrügge waren Domherren. J. Moller war früher Domherr gewesen. Hennings und Vißbeke hatten ihre Stelle vom Kapitel erhalten. Langenbeke war streng katholisch. (Vgl. das Personenverzeichnis und die Aussagen der Genannten bei Jensen, Domkapitel 84—94, 104—112.)

[23] RTA, JR. III 747/748.

[24] Wenn Streitigkeiten unter den Predigern vorfallen, sollen sie „... berichten malkander under sik efte in jegenwardicheit itliker vorstendiger der schrift ..." (Mandat 1526 Art. 2: Bolland, Burspraken II Nr. 113, 8).

[25] So. a. Anm. 11.

[26] Went war 1527 nicht Prior oder Subprior des Hamburger Dominikanerklosters, unterzeichnete aber das vom Rat verlangte Inventar des Klosters (Staphorst, Historia II, 1 S. 265; Gaedechens, St. Johanniskloster 115).

Prädikanten machte diesen Plan zunichte. Der Domprediger wollte mit seinem Schritt nicht nur Zeit, sondern vor allem ein ihm günstigeres Forum und als Fachrichter eine jetzt schon entschieden antireformatorische Universität gewinnen[27], die seinerzeit selbst Luther als Schiedsrichter vorgeschlagen hatte[28]. Anscheinend folgte er damit einem Vorschlag des Domtheologen B. Moller, der im folgenden Jahre einen ähnlichen Antrag stellte[29]. Diese Forderung des Beklagten hatte aber keine Aussicht auf Annahme, da der Prozeß formal nur über einen Mandatsbruch ging[30], für den allein der Hamburger Rat zuständig war[31]. Die Forderung der Prädikanten nach Verhandlung am Ort der Tat entsprach auch einer alten Rechtsnorm, die verlangte, daß man am Ort der Untat verhandle, weil dort die Zeugen zu finden seien[32]. Sie ergibt sich aber auch aus der refomatorischen Ekklesiologie, nach der die Kirche allein in der Ortsgemeinde präsent ist und diese durch den Hl. Geist die Fähigkeit besitzt, die Lehre ihrer Prediger zu beurteilen[33]. Zugleich wollten die Prädikanten aber auch die für sie günstigere Gesamtlage, die Anwesenheit der Juraten und die Tatsache der formellen Verletzung des Ratsmandates durch ihren Gegner nutzen. Ihr Vorschlag, daß Bustorp die Gelehrten um Übernahme seiner Verteidigung bitten sollte[34], war möglich, weil in Hamburg Anwälte, sogenannte „vorspraken", vor Gericht zugelassen waren[35] und Geistliche dort für ihre Kollegen auftreten durften[36]. Damit waren zwar die Fachrichter zur Partei geworden, aber gerade dies hatten die Prädikanten mit ihrem Vorschlag beabsichtigt, wußte doch jeder Anwesende, auf welcher Seite die Gutachter standen und wie darum ihr Urteil ausfallen würde. Die Prädikanten verhinderten mit ihrem Schritt, daß die Gelehrten als Richter amteten, was ihrem Schriftprinzip grundsätzlich widersprach[37]. Damit wandelten sie aber die Disputation in ein Kolloquium um. Jedoch erreichten die Prädikanten damit, daß das Gerichtsurteil nicht einfach Folge des theologischen Urteils war, sondern am Schluß ausgehandelt werden mußte. Dadurch konnten die Bürgervertreter wirkungsvoller eingreifen, zumal diese ja nicht nur aufgrund der

27 Borth, Luthersache 69.
28 Luther, WA II 9.
29 J. Moller, Nachrichten B 552.
30 Kempe, Bericht 507.
31 HUB I DCCCLX; Hennings, Strafrecht 6.
32 C. III q 6 c. 18; c II q 3 c. 6. Vgl. Hinschius, Kirchenrecht V 334—336.
33 Luther: WA XII 413/414; Zwingli: Z I 551/552; II 681—688.
34 Kempe, Bericht 511.
35 Stadtrecht 1497 B II, VIII, XI; Hennings, Strafrecht 111—115.
36 Langenbecksche Glosse (B) B VIII; Hennings, Strafrecht 112. Sie mußten als Anwälte auftreten (Sachsenspiegel VI 63).
37 Das sagten sie im folgenden Jahre deutlicher (Kempe, Bericht 529, 530/531).

Verfassungsvorschriften anwesend waren, sondern auch in den Prozessen als Dingleute zu fungieren hatten; darauf weist schon ihre Anzahl 12 hin[38].

Die als „Kolloquium" oder gar als „erste öffentliche Disputation" bezeichneten Verhandlungen von 1527 waren also in Wirklichkeit eine Ratssitzung über wichtige Angelegenheiten und einen Zwischenfall, in die zwei Mandatsprozesse eingebettet waren. Die theologische Diskussion bildete dabei lediglich einen Teil des ersten Verfahrens und machte dort nur die Beweisaufnahme aus, die ursprünglich zwar als förmliche akademische Disputation ablaufen sollte, dann aber doch bloß als Kolloquium zustande kam.

4. Verlauf und Ergebnis im Lichte des damals geltenden Rechts

Die Erkenntnis der Strukturen der Verhandlungen von 1527 wirft auch Licht auf die Einzelheiten der Vorgänge, so daß wir auch sie jetzt sowohl nach den Hamburger Rechtssatzungen wie nach den akademischen Disputiergewohnheiten erklären können. Das Prozeßverfahren deckte sich damals in Hamburg noch weitgehend mit dem germanischen Anklageprozeß, der in Formen des Zivilprozesses vor sich ging[1]. Allerdings war seit 1468 das schon länger geübte Offizialverfahren amtlich eingeführt worden[2], aber Privatklage, Amtsklage und Amtsverfahren waren ebensowenig getrennt wie Gerichtsverfahren und Polizeiverfahren[3].

Der Prozeß gegen Bustorp war als Privatklageverfahren gedacht. Die Prädikanten hatten, wie möglich[4], beim Rat schriftlich ihre Klage eingereicht und, wie vorgeschrieben[5], die genauen Gründe für ihre Anklage angegeben. An sich hätten sie ihr Beweisstück, den Brief des Dompredigers, mit einreichen müssen[6], unterließen es aber aus uns unbekannten Gründen; vielleicht weil sie wußten, daß auch der Rat eine Abschrift gesehen hatte[7]. Sicher haben die Prädikanten auch eine Verhandlung erbeten, aber obwohl der Rat verpflichtet war, den Beklagten vorzuladen, ihn zu verhören und ihm sein Urteil zu sprechen, hatte er zunächst nichts unternommen, was rechtswidrig war[8].

38 Hennings, Strafrecht 108—110, bes. 108.
1 Zum Folgenden vgl. Hennings, Strafrecht 100—156, hier bes. 116.
2 Privileg Kaiser Friedrich III. von 1468: Lünig, Reichs-Archiv XIII 952; vgl. Hennings, Strafrecht 116—123.
3 Vgl. Hennings, Strafrecht 116.
4 In Rezeß 1529, Art. 13 kodifiziert; vgl. Hennings, Strafrecht 127.
5 Stadtrecht 1497 B XVII.
6 Ebenda.
7 Kempe, Bericht 518.
8 Rezeß 1458 Art. 1; 1483 Art. 1, 27.

Die Verhandlung mit Bustorp bestand aus drei Teilen: Ringen um die Diskussion, Diskussion und Verhandlung über den Widerruf. Sie entsprechen den Prozeßteilen: Verhandlung über die Durchführung des Prozesses, Beweisaufnahme und Urteilsspruch[9]. Aber die Eröffnungsrede des worthaltenden Bürgermeisters zeigt, daß man keinen formellen Prozeß geplant, sondern nur eine Vergleichsverhandlung vorgesehen hatte, was der Bürgermeister auch ausdrücklich bemerkt[10]. In Hamburg war es möglich, dem eigentlichen Prozeß dreimal einen Vergleichsversuch vorausgehen zu lassen[11]. Deswegen fehlen die Eröffnungsformeln und die Verlesung der Anklage[12], und daher nahm Bustorp noch vor den Klägern zur ihm schon bekannten Anklage und zur Verhandlung selbst Stellung, die er mit Recht als gerichtliche Vergleichsverhandlung und also nicht als private Aussprache erkannte — und ablehnte. Der Domprediger war zu dieser Stellungnahme verpflichtet, da er andere Fachrichter und ein anderes Forum wünschte, dies aber vor Eingehen auf die Sache erklären mußte[13]. Die folgende interne Besprechung der Prädikanten entsprach dem Hamburger Gerichtsbrauch und fand außerhalb der Hegung statt[14], die hier das Ratsgestühl umfriedete, das nur einen Teil des Ratssaales einnahm[15]. Die Antwort der Prädikanten mußte nicht nur den Versuch des Dompredigers, die Anklage in einen ehrenrührigen Angriff auf seine Person umzudeuten, vereiteln, sondern auch die schriftlich eingereichte Anklage enthalten und sie im Verfahren neu vorbringen[16]. Wegen des Mandates von 1526 und der allgemeinen Lage suchte Bustorp sich dem Forum des Rates nicht direkt zu entziehen, obwohl der Domprediger eindeutig unter das Gericht des Domdekans gehörte[17], aber er versuchte, die Forderung der Prädikanten auf Diskussion als unerfüllbar, weil ihm unmöglich, hinzustellen, sich damit von der Verhandlung zu befreien und sich vom Verdacht des vorsätzlichen Bruchs des Mandates von vorne herein zu salvieren. Da Bustorp die Klagematerie nicht bestritt, wohl aber den Klagevorwurf von sich wies, wurde eine Beweisaufnahme nötig[18]. Wenn der Domprediger versuchte, dafür eine eindeutig

[9] Hennings, Strafrecht 134—152.

[10] „. . . so hedde sik ein erb. rat darto entleddiget, ere schelinge to hörende und, so mögelik, to vordregende“ (Kempe, Bericht 509).

[11] Westphalen, Verfassung I 263. Diese Gewohnheit wurde 1560 kodifiziert (ebenda I 333). [12] Sonst nötig (Hennings, Strafrecht 134/135).

[13] Hennings, Strafrecht 135.

[14] Ebenda.

[15] Reincke, Hamburger Rathäuser 74.

[16] Hennings, Strafrecht 136.

[17] Vertrag von 1355: Lünig, Reichs-Archiv XIII 936.

[18] Hennings, Strafrecht 136. Er mußte auf die Klage eingehen, wenn er nicht ungehört verurteilt werden wollte (Sachsenspiegel III 39).

antireformatorische sachverständige Instanz zu gewinnen[19], war sein Vorschlag, in Paris zu disputieren, kein Widerspruch zu seiner Weigerung. Es war ja akademisch möglich, eigene Thesen durch andere vertreten zu lassen, wie es regelmäßig bei den disputationes pro gradu geschah[20], und wie es auch B. Moller 1525 in Rostock geplant hatte[21]. Da Bustorp nicht appelliert hatte — was in Hamburg damals nur noch bei Rechtsverweigerung erlaubt war[22] — sondern nur Beweisaufnahme und Sachurteil durch die höchste wissenschaftliche Instanz wünschte, konnten die Prädikanten dies nur durch ihren Vorschlag verhindern, die geladenen Gutachter als Vorspraken des Beklagten fungieren zu lassen, die als katholische Theologen und Juristen eine als kirchliche Lehre deklarierte theologische Anschauung[23] wohl noch verteidigen konnten. Die Alleinzuständigkeit des Hamburger Rates für die Beurteilung des Bruches eines seiner Mandate[24] und der Grundsatz der Prozeßführung am Ort der Tat bewirkten, daß Bustorp diese Forderung übernahm, der Rat sie, wie notwendig[25], genehmigte und die Gutachter damit einverstanden waren. An sich hätten sie dies von sich weisen müssen, da sie nicht zugleich als Sachverständige und als Anwälte einer Partei tätig sein durften[26]. Offenbar veranlaßte aber die Situation sie und den Rat, dem Antrag der Anklage stattzugeben, obwohl damit der Prozeß für den Beklagten eine verhängnisvolle Wendung nahm und die Erklärungen der sachverständigen Gelehrten nicht mehr als Sachurteil, sondern nur noch als Parteimeinung gelten konnten.

Die Beweisaufnahme begann mit einer erlaubten Besprechung der Vorspraken[27]. Da sie aber ohne Beklagten stattfand, wollte sie damit wohl dokumentieren, daß sie weiterhin als Sachverständige amtierten. Dies hat der Rat akzeptiert, da er die Erklärung der Gutachter zunächst als Urteil auffaßte und keine Diskussion mehr durchführen wollte[28]. Die eigentliche Beweisaufnahme kam erst durch eine unerlaubte, weil nicht genehmigte[29] Wortmeldung der Anklage zustande. Sie verlief streng als akademische Diskus-

[19] Die Universität Paris war damals die oberste wissenschaftlich-theologische Schiedsinstanz (Rashdall, universities 542—551) und hatte 1521 gegen Luther entschieden (Borth, Luthersache 69).

[20] S. o. S. 34.

[21] Schmaltz, Mecklenburg II 16.

[22] Privileg Kaiser Sigismunds von 1421: Lünig, Reichs-Archiv XVIII 948/949.

[23] Kempe, Bericht 492, 496.

[24] Hennings, Strafrecht 100.

[25] Ebenda 136. Vgl. Sachsenspiegel I 60/61; II 63.

[26] Vgl. Stadtrecht 1497 O XVII; Hennings, Strafrecht 144.

[27] Hennings, Strafrecht 135.

[28] Kempe, Bericht 513.

[29] Kempe hebt dies Bericht 513 hervor. Wortmeldung: Hennings, Strafrecht 134.

sion. Schon die Äußerung der Gutachter war secundum ordinem erfolgt, wie es Brauch bei Disputationen war[30]. Auch jetzt diskutierten die Prädikanten nicht nach Sachfragen, sondern wie bei Disputationen Mann für Mann und mit diesen These für These und dabei Argument für Argument durch und brachten nach ihren autoritates in einer zweiten Antwort ihre rationes vor[31]. Die Wechselreden waren aber auch prozeßrechtlich bedingt, da man jedem Anklagepunkt einzeln nachgehen mußte. Ebenso entsprach es den Prozeßregeln, daß der Domtheologe Bustorp zur Bejahung seiner Interpretation der Rechtfertigungsthese aufforderte, denn die Prozeßpartei mußte die Aussagen ihres Vorspraken bejahworten[32].

Da durch die Diskussion der Beweis für die Behauptung der Anklage nicht erbracht war, sondern weiterhin Meinung gegen Meinung stand, mußten die Prädikanten den Beweis auf einem anderen Wege versuchen, da sonst ihre Klage fiel[33] und sie selbst wegen ungerechter Anklage und Ehrabschneidung bestraft werden konnten[34]. Der Beweis glückte ihnen durch die Erzwingung der Vorlage des Briefes und durch das Urteil des Domtheologen. Da der Bürgermeister sich wohl der Folgen des Schrittes bewußt war, wollte er die Verlesung des Schreibens verhindern, doch mußte er sie zulassen, da Beweise nicht willkürlich unterdrückt werden durften[35] und Briefe als solche zugelassen waren[36]. Dagegen kam das Urteil B. Mollers wohl nur aufgrund einer Aufforderung durch Rat und Juraten zustande, wird doch der Domtheologe seinen Stiftskollegen nur unfreiwillig verurteilt haben. Die Erklärung B. Mollers konnte nun sowohl als Urteil des angerufenen Sachverständigen wie als Eingeständnis der Partei verstanden werden und wurde auch in beiden Funktionen benutzt. Moller fungierte auch sofort wieder in seiner Rolle als Anwalt, als er auf den Unterschied zwischen Formulierung und Absicht des Dompredigers hinwies[37]. Immerhin war aber mit der Erklärung des Domtheologen doch ein Teil der Anklage als berechtigt erwiesen.

Es kam darum anschließend zur Verhandlung über die Vergleichsforderung. Da die Anklage nur den öffentlichen Widerruf Bustorps verlangte, an der ihr alles gelegen war, konnte der Rat auf die Bestrafung nach dem Mandat verzichten, obwohl Mandats-

[30] Kaufmann, Universitäten II 374/375.
[31] Ebenda II 371; Seitz, Text passim; Löhr, Disputationen 17.
[32] Hennings, Strafrecht 135/136.
[33] Stadtrecht 1497 E XIV.
[34] Hennings, Strafrecht 72/73.
[35] Langenbecksche Glosse (A) zu E IX.
[36] Ebenda.
[37] Kempe, Bericht 528, 529.

brecher sich die Strafe der Satzung zuzogen[38]. Bustorps Versuch, Bedenkzeit zu erhalten, war an dieser Stelle des Verfahrens unerlaubt[39]. Dieser Schritt bewies aber ebenso wie die Verweigerung des Widerrufes, daß der Domprediger nicht akzeptieren wollte, daß er in einem gerichtlichen Vergleichsverfahren und nicht in einer unverbindlichen Privatverhandlung stand. Die wahre Lage muß ihm der Ratssekretär klargemacht haben, der sich mit ihm, wie nötig, außerhalb der Hegung besprach[40]. Mit der Annahme der Vergleichsforderung durch Bustorp endete sein Mandatsprozeß. Ein formelles Urteil erging nicht, sondern war durch den Vergleich ersetzt.

Der Prozeß gegen den Vikar verlief nach den Regeln des Verfahrens bei handhafter Tat[41]. Das Vergehen hatte ja nicht nur viele Zeugen, sondern war stadtbekannt und gerichtsnotorisch[42]. Das förmliche Verfahren fand darum als Offizialprozeß statt[43], weswegen auch eine förmliche Anklage fehlte. Die Vorführung des Delinquenten vor dem Rat, die Nennung der Anklage, das ein Beweisverfahren erübrigende Geständnis und die sofortige Urteilsfällung entsprechen genau den Schritten dieses Sonderverfahrens. Die Ablehnung einer theologischen Rechtfertigung der Tat war nicht nur in der antireformatorischen Haltung des Rates bedingt, sondern sie war auch für das Urteil unerheblich, weil der Vikar ja nicht wegen einer theologischen Überzeugung, sondern wegen Bruch des Stadtfriedens belangt wurde[44]. Der Angeklagte wurde mit der Strafbestimmung des von ihm übertretenen Mandates bestraft[45], wie es bei Mandatsbruch üblich war[46]. Obwohl der Rat das Urteil erleichtern oder erschweren konnte[47], hielt er sich genau an die Vorschriften, zumal ihm dies die Situation nahelegte.

Die Verhandlungen von 1527 sind also Mandatsprozesse und verlaufen ganz nach den Hamburger Prozeßgewohnheiten. Dabei weist das erste Verfahren mehr Freiheiten auf, als es bei einer Vergleichsverhandlung möglich war, während das zweite förmlich abläuft. Auch die Einzelbetrachtung beweist, daß es sich 1527 nicht um Disputationen oder auch nur um ein Kolloquium gehandelt hat,

[38] Stadtrecht 1497 M VIII.
[39] Langenbecksche Glosse (B) zu B II.
[40] Kempe, Bericht 519.
[41] Hennings, Strafrecht 153—156; vgl. Sachsenspiegel II 35.
[42] Kempe, Bericht 508.
[43] Hennings, Strafrecht 132.
[44] Kempe, Bericht 518/519. Das Mandat war ein Stadtfriedensgebot (Hennings, Strafrecht 6, 87).
[45] Mandat 1526, Art. 6 (Bolland, Burspraken II Nr. 113, 12).
[46] Stadtrecht 1497 M VIII.
[47] Ebenda A XVI.

sondern um gerichtliche Verhandlungen, wobei die theologische Diskussion zwar teilweise in akademischen Formen stattfand, aber doch nur die Rolle der Beweisaufnahme des ersten Verfahrens einnahm.

5. Die theologische Aporie als Ursache des Scheiterns der theologischen Diskussion

a) Die einzelnen Lehren

Obwohl die theologische Diskussion mit einer Einigung geendet hatte, muß sie als gescheitert angesehen werden. Man einigte sich ja nur in einem Punkte und nur über eine Formulierung, während die sachlichen, vor allem aber die prinzipiellen Gegensätze weiter fortbestanden. Der Kompromiß ist darum nur als ein taktischer zu bewerten.

Wo lagen nun die Ursachen, daß die theologischen Bemühungen erfolglos waren? Zielsicher und entschlossen hatten beide Seiten in der Diskussion entscheidende Fragen aufgeworfen. Auf den ersten Blick erstaunt es zwar, daß nur zwei der sechs Punkte behandelt wurden. Das lag aber daran, daß Bustorp die anderen Fragen als wenig wichtig eingestuft hatte und sie vor allem als für das religiöse Leben der Laien als unbedeutend ansah[1]. Durch diese Beschränkung gewannen die Auseinandersetzungen auch an Tiefe und wurden wesentlich, zumal beide Parteien zielsicher auf die wirklichen Gegensätze zusteuerten.

Die Rechtfertigungslehre bildete bemerkenswerterweise nicht den eigentlichen Gegenstand der Kontroverse, obwohl sie nach Luther der „articulus stantis et cadentis ecclesiae" ist[2], sondern die Prinzipienfrage. Aus taktischen Gründen sprach man auch wenig über die Sache und diskutierte so nicht den eigentlichen sachlichen Gegensatz in der Rechtfertigungsfrage, — ob nämlich Bußwerke heilsnotwendig sind[3], — da die Katholiken die Äußerung Bustorps als Rhetorik bagatellisieren wollten und sich im übrigen ausschwiegen. Wir hören darum auch nur von der Ansicht der Prädikanten, die sich mit der Lehre Luthers deckt[4] und, soweit die Tat Christi in Betracht kam, auch katholische Anschauung ist[5]. Da man nicht darüber verhandelte, in welchem Zusammenhang die Satisfaktion

[1] Brief: Kempe, Bericht 496.
[2] Luther, Schmalkaldische Artikel II, 1 (WA L 199).
[3] Bustorp stellt dies in seiner Aussage 1530 prägnant heraus (Jensen, Domkapitel 80).
[4] Vgl. M. Luther, De servo arbitrio 1526 (WA XVIII 600—787).
[5] Dies betonte Langenbeke in seiner Stellungnahme (Kempe, Bericht 512), auch ergab es B. Mollers Urteil (ebenda 519).

Christi mit den Bußwerken der Pönitenten steht, — auch die Prädikanten brachten dies nicht zur Sprache — scheint es ihnen mehr darauf angekommen zu sein, Bustorp anhand seiner anfechtbaren Formulierung zum Eingeständnis eines Irrtums zu bringen als die Streitfrage objektiv zu klären; dies wäre auch vor theologischen Laien wenig eindrucksvoll, weil schwerer verständlich gewesen. Dieselbe Taktik können wir bei der Behandlung der Kommunionfrage beobachten. Auch hier kam es den Prädikanten weniger auf die Sachdebatte als auf die Darstellung der Gegensätze und der unterschiedlichen Stellung zur Schrift an. Da sie ja mit Luther die Konkomitanzlehre anerkannten[6] und mit ihm nicht wie die Hussiten oder wie Zwingli die Heilsnotwendigkeit der Kelchkommunion behaupteten[7], konnten sie den Ausführungen des Domtheologen, der die Lehre des Konstanzer Konzils und der Scholastik vertrat[8], sachlich nichts entgegenhalten. Der Streitpunkt der rechten Kommunionform war aber wegen der Bedeutung der geschichtlichen Entwicklung und der Rolle des kirchlichen Lehramtes bei der Einführung des mittelalterlichen Brauches[9] sehr geeignet, die prinzipiellen Gegensätze deutlich hervortreten zu lassen. Moller ging in klarer Erkenntnis der Problemlage sofort von der Lehrautorität der Kirche und von den nötigen theologischen Axiomen aus[10], womit er wie der Domprediger sich in voller Übereinstimmung mit der mittelalterlichen Theologie befanden, die genau so argumentierte[11]. Die Kommunionpraxis war eben nur dann zu verteidigen, wenn man theologischen Erkenntnissen und der Lehrautorität der Kirche zugestand, den Wortlaut der Schrift entsprechend den Verhältnissen und dem Stand der Glaubenserkenntnisse verbindlich auszulegen. Genau das lehnten aber die Prädikanten als „Menschengedanken" und als Ungehorsam der Kirche ab und verlangten statt dessen die wörtliche Anwendung der biblischen Texte, die sie als bindende Befehle werteten, gegen die theologische Erwägungen und auch Konzilsbeschlüsse nichts vermöchten[12]. Ihr Rückgriff auf

[6] Kempe, Bericht 561; Luther: WA VI 139, vgl. WA VI 499—501.

[7] Zwingli: Z II 132—136. B. Hubmaier: Z II 788; Hussiten: Jacob von Mies (H. Grundmann, Ketzergeschichte des Mittelalters (Göttingen 1963) 64).

[8] Vgl. die Dekrete der Sessio XIII des Konstanzer Konzils (Decreta 394/395).

[9] Vgl. E. Dublanchy, Communion sous les deux especês: DThC III/1 (1938) 552—571 s. v. Communion; A. Franzen, Die Kelchbewegung am Niederrhein im 16. Jahrhundert (Münster 1955) 5—13; Neunheuser, Eucharistie 49/50.

[10] Kempe, Bericht 511. Er wiederholte seine Argumentation im Ratsverhör 1528 (ebenda 530/531) und in seiner Verteidigungsschrift (Moller, Nachrichten A 545).

[11] Polman, Methode 6/7, 16/17; Seeberg, Dogmengeschichte III 217, 524; vgl. Eck, Enchiridion, Kap. 9.

[12] Kempe, Bericht 516/517. Dieselbe Argumentation: Kempe, Anthworth 214—223.

die Kirchenväter und ausgerechnet auf Thomas war darum nur ein Schachzug, der zeigen sollte, wie die Prädikanten die ganze Tradition auf ihrer Seite hätten[13] und sich darum in Übereinstimmung mit dem Nürnberger Abschied von 1523 und mit dem Ratsmandat befänden[14], wobei sie entgegenstehende Äußerungen der Tradition[15] einfach unter den Tisch fallen ließen. — Mit ihrer Ansicht geben die Prädikanten die allgemeine reformatorische Ansicht wieder, doch ihr mehr gesetzliches Verständnis der Schrift, das ihnen verunmöglichte, Mollers Argumentation zu folgen, verweist sie hierin mehr auf die Seite Zwinglis als Luthers[16].

Indem die Katholiken sich an die Konzilsbeschlüsse von Konstanz und die Prädikanten an den Wortlaut der Schrift gebunden fühlten, mußte die jeweilige Gegenseite als Ketzer erscheinen, die die Kirche bzw. das Wort Gottes mißachteten. Erst dadurch konnten die Kommunionformen zu sich ausschließenden Alternativen werden, die sie bisher nicht gewesen waren. Dies ergab sich auch nicht so sehr aus der Sache selbst, wie auch die Prädikanten zugaben[17], sondern erst aus ihrer prinzipiellen Einstellung. Nicht die Kommunionform an sich, sondern die theologischen Prinzipien sind hier die Alternativen, die sich so ausschließen und dadurch erst den Streit hervorrufen. Darum war die Prinzipienfrage der eigentliche Gegensatz, von dessen Klärung alles abhing.

b) Die theologische Prinzipienlehre als der alles entscheidende Gegensatz

Gerade in der Prinzipienfrage setzten nun beide Parteien ihre Ansichten schroff und unversöhnbar gegeneinander[1]. Die Katholiken sahen eine volle Harmonie zwischen der Lehre der Bibel und

[13] Kempe, Bericht 515 sagt dies ausdrücklich.

[14] Dieselbe Taktik verfolgen die Reformationsanhänger auch anderswo, etwa in Bremen (Iken, Zytphen 56) oder in Osnabrück (C. Stüve, Geschichte von Osnabrück II (Jena 1872) 32).

[15] Die Kommunion wurde Kranken und Kindern schon seit dem Altertum unter einer Gestalt gespendet (Dublanchy, Communion 557—563).

[16] Seeberg, Dogmengeschichte IV, 1 S. 84/85, 422—424, 437.

[17] Kempe, Bericht 516.

[1] Die Klarheit der theologischen Antworten der Katholiken in den Hamburger Diskussionen, aber auch anderswo, läßt fragen, ob man wirklich bei der ersten Generation der Reformation von einer „theologischen Unklarheit" (Lortz) sprechen soll. Offensichtlich war die kirchliche Lehre den Predigern gut bekannt, wenn sie auch daneben viele andere Gedanken vertraten. Angesichts des erstaunlichen religiösen Nichtwissens der Reformationsanhänger spricht man vielleicht zutreffender von einer „theologischen Unwissenheit" weiter Kreise. Ein Vergleich mit den zeitgenössischen Kontroverstheologen zeigt, daß die Hamburger Vorkämpfer je ihre Kontroverstheologen kannten (vgl. Laemmer, Theologie, und Polman, Methode passim).

der Kirchenlehre ihrer Zeit und verteidigten darum nachdrücklich die Lehrautorität der Hierarchie[2]. Bustorp hatte in seinem Brief das ewige Heil vom Gehorsam gegenüber der Kirche abhängig gemacht[3]. Dieselbe Auffassung vertraten auch B. Moller und Kissenbrügge, die darum die Haltung der Prädikanten nur als Ketzerei und Trennung von der Kirche beurteilen konnten[4]. Von diesem Standpunkt aus forderte Kissenbrügge dann auch folgerichtig, daß man in der Kommunionfrage wie auch sonst den Konzilien gehorchen müsse. Vorsichtiger war das Vorgehen des Juristen Langenbeke, der die Lehrautorität der Konzilien wenigstens vorher noch ausführlich biblisch begründete (Mt 18,20; 28, 20) und daraus die Verbindlichkeit der Beschlüsse folgerte[5]. Die Hamburger Doktoren standen auch mit dieser Ansicht ganz auf dem Boden der Scholastik, die immer die Lehre der Kirche als Glaubensquelle betrachtet hatte und die Lehrautorität der Konzilien akzeptierte, gleichgültig, wie man im einzelnen das Verhältnis von Kirche und Schrift bestimmte. Man war sich darüber einig, daß die Lehre der Kirche mit der Schriftlehre sachlich identisch sei und daß der Hl. Geist diese Identität garantiere[6]. Jedoch erstaunt eigentlich der theologische Positivismus, den alle erkennen lassen. Er ist aber in dieser Frage gemeinscholastisch; allerdings ist die Ansicht der Doktoren, daß die Vorlage durch das Lehramt entscheidend sei, Lehre der Hochscholastiker, nicht der Nominalisten, die hier bekanntlich schon anders dachten[7].

Die Prädikanten lehnten nicht nur diese Argumentationsweise, sondern den ganzen gegnerischen Standpunkt ab[8]. Dem Beschluß des Konstanzer Konzils setzten sie die anderslautenden Angaben Christi, der Kirchenväter, ja der „doctores moderni" entgegen, um den Inhalt ihrer These als auch nach den Regeln der Gegner als erlaubt zu erweisen. Dann griffen sie die Lehrautorität der Kirche, wie sie die Gegner verstanden, an. Die Prädikanten knüpften dabei die Unfehlbarkeit der Konzilien nicht an die rechtmäßige Einberufung, also an die Form, sondern wie Luther an die Schriftgemäßheit ihrer Lehren[9], womit allerdings die rechtliche Sicherheit

[2] Kempe, Bericht 511—513, 516/517. Das entspricht der katholischen Kontroverse (Polman, Methode 6—16). [3] Brief: Kempe, Bericht 492, 496.

[4] B. Moller: Kempe, Bericht 511, 517; Kissenbrügge: ebenda 512. Vgl. Polman, Methode 1—3.

[5] Langenbeke: Kempe, Bericht 512/513. Vgl. Bäumer, Nachwirkungen 163—203, bes. 165/166.

[6] Lang, Prinzipienlehre 219; Seeberg, Dogmengeschichte III 268/269, 378—380, 651/652; vgl. Polman, Methode 6—16.

[7] Lang, Prinzipienlehre 207, 217, 221; Seeberg, Dogmengeschichte III 722—724.

[8] Kempe, Bericht 515—518; vgl. auch Kempe, Anthworth 207, 244—246.

[9] Kempe, Bericht 516—518; Luther: WA VIII 149—151; Zwingli: Z I 26/27,

verloren ging. Diese Auffassung der Prädikanten über die normative, ja gesetzliche Stellung der Schrift und der Unterwerfung der Konzilien unter dies Gesetzbuch stellt eine interessante Vermischung des Biblizismus des Nominalismus mit dem reformatorischen Schriftprinzip dar. Es war ja Lehre der Nominalisten, daß nur die Schrift absolut sichere Sätze aufstellen könne, da sie von Gott selbst inspiriert sei; wer sie leugne, sei darum ein Häretiker. Ihr sei darum mehr zu glauben als der Kirche, ja katholisch seien nur Wahrheiten, die die Schrift lehre. Papst und Konzilien könnten und dürften nichts an ihren Aussagen ändern, da die kirchliche Lehre ihre Verbindlichkeit nicht durch die Vorlage der Kirche, sondern lediglich durch ihre Schriftgemäßheit erhalte[10].

Genau dasselbe sagen die Prädikanten und unterscheiden sich damit von Luther, für den die Schrift kein Gesetzbuch, sondern nur ein „Vehikel" des gnadenspendenden Gottes war[11]. Möglicherweise machen sich hier neben den nominalistischen Einflüssen auch solche von Zwingli bemerkbar, der ähnlich lehrte[12]. Davon abgesehen stehen die Prädikanten ganz auf dem Standpunkt Luthers, für den die Schrift Gottes Wort und einzige Autorität in der Kirche war[13]. Indem sie aber Christi Wort mit dem Bibeltext identifizieren, kommen sie dazu, von der Kirche einen nur passiven Schriftgehorsam zu verlangen, den auch Vernunftgründe nicht beeinträchtigen können und dürfen.

Wir können leicht erkennen, daß sich diese beiden Positionen völlig ausschließen. Die katholische Auffassung läßt eine lebendige Fortentwicklung der biblischen Ansätze entsprechend dem wachsenden Verständnis der Offenbarung zu, während der Biblizismus dies für illegitim halten muß und solche Entwicklungen nur als Abfall verwerfen kann. Zugleich ist damit aber klar, daß damals die Antwort auf Einzelfragen ebenfalls unterschiedlich ausfallen mußte, ja daß sich die Unterschiede in den einzelnen Punkten erst aus den verschiedenen prinzipiellen Ansätzen ergaben; dies ist besonders an der Kommunionformfrage augenscheinlich. Nun haben schon die Diskussionspartner damals erkannt, daß sich ihre beiden Positionen ausschlossen, und darum auf ihre Verteidigung auch ihr Hauptgewicht gelegt. In der Tat kam man sich keinen Schritt näher, sondern man fand nur in einem Teilpunkt Übereinstimmung der Ansichten. Dies kam daher, daß man allgemein über die Prinzi-

234/235, 764/765. Ihr parteiischer Väterbeweis ist gemeinreformatorisch (Polman, Methode 30—32).

10 Lang, Prinzipienlehre 207, 209; Seeberg, Dogmengeschichte III 718—726.

11 P. Althaus, Die Theologie Martin Luthers (Gütersloh 1962) 71/72.

12 Seeberg, Dogmengeschichte IV, 1 S. 436/437, 443; Althaus, Theologie 18—21.

13 Seeberg, Dogmengeschichte IV, 1 S. 352/353.

pien, auch wegen der Disputiergrundsätze[14], nicht zu diskutieren gewillt war, sondern sie als selbstverständlich und allein richtig ansah. Jeder verteidigte nur sein Prinzip und kämpfte gegen das gegnerische, ohne daß man nach einer gemeinsamen Grundlage gesucht hätte. Dazu war aber auch die ganze Situation nicht angetan, die Kampf und nicht Verständigung und Ringen um die Wahrheit verlangte. Keiner konnte es sich nämlich politisch leisten, seine Position in Frage zu stellen und mit dem anderen die Wahrheit zu suchen. So war aber das Gespräch trotz der Übereinstimmung in der Rechtfertigungsfrage im Grunde von vorne herein gescheitert. Bevor man sich nicht in der Prinzipienfrage einigte oder nicht entschieden war, welches der beiden gelten sollte, war keine objektive, von beiden Parteien anzuerkennende Entscheidung mehr möglich und im Grunde der Versuch, mit Hilfe wissenschaftlicher Einrichtungen zu einer Klärung zu kommen, nicht mehr sinnvoll. So konnte ein theologisches Urteil auch nur dann Geltung erlangen, wenn es sich auf einen Punkt bezog, der von beiden anerkannt wurde, oder eine Seite die Macht besaß, ihre Ansicht durchzusetzen.

c) Die Vertiefung der Gegensätze durch den Gebrauch unterschiedlicher wissenschaftlicher Methoden

Der Gegensatz in der Prinzipienfrage wurde durch den Gebrauch unterschiedlicher wissenschaftlicher Methoden noch verstärkt[1]. Die Prädikanten waren allerdings nicht nur konsequente Biblizisten[2], sie anerkannten auch nur die expliziten Aussagen[3] allein nach ihrem Literalsinn, wobei sie die humanistische Auslegungsmethode benutzten und die Texte streng philologisch verstanden[4], weswegen ihre Berufung auf die Auslegung der Väter oder der Theologen bloß apologetischen Charakter hatte[5]. Dadurch gewann aber ihre

[14] Vgl. Herbst, Regensburger Religionsgespräch 108, 272, 275.

[1] Zum Nachfolgenden vgl.: J. Beumer, Die theologische Methode (Freiburg 1972) 61—89, 97—116.

[2] „Her Doctor, der hilligen kerken is gebaden Christum to hörende" (Kempe, Bericht 516), „... den geist Christi, de in der schrift redet, ..." (ebenda 517). Vgl. die Diskussion von 1528 (Kempe, Bericht 529 und unten S. 144—163),

[3] Kempe, Bericht 516/517. Wir dürfen wohl mit Recht vermuten, daß die Prädikanten die Kommunion sub una sofort anerkannt hätten, wenn sie in der Schrift ausdrücklich gestanden hätte, denn 1528 forderten sie ein ausdrückliches Schriftwort (Kempe, Bericht 529). Interessant ist der Vergleich ihrer exegetischen Grundsätze mit Augustin, De doctrina christiana Buch II und III (CSEL LXXX 33—117).

[4] Sie lehnen z. B. die Übersetzung des Wortes „homo" mit „Priester" in 1. Kor. 11,28 ab und setzten (richtig) Mensch dafür ein.

[5] „Is nu Christus, sint de apostel, mertelers, hilligen lerers vor uns, so is jo de gehorsam der kerken bi uns und nicht bi juw ..." (Kempe, Bericht 515). Ihre

ganze Argumentation ihre Geschlossenheit und Konsequenz. Die Doktoren hingegen gehörten schon unterschiedlichen Fakultäten an. Darum argumentierte Moller typisch dogmatisch[6], Kissenbrügge formalkanonistisch[7], während Langenbeke als theologischer Laie den in der Kanonistik üblichen Weg einschlug, die Grundaussage erst biblisch oder sonst theologisch zu begründen und dann die Folgerungen zu ziehen[8]. Seine Exegese war aber die alte, indem er die Stellen für sich nahm, ohne auf den Zusammenhang zu achten, und sie rein nach ihrem logischen Gehalt interpretierte[9]. Wenn sie also alle die scholastischen Methoden benützten[10], so unterschieden sie sich schon durch deren Vielfalt von ihren Gegnern.

Es ist klar, daß man auch von den verschiedenen Methoden her zu unterschiedlichen Ergebnissen kommen konnte, da ja auch sie die jeweilige Aussage erlaubten und deckten. Sie reichten deshalb für sich alleine schon aus, den Streit zu entfachen und eine Schlichtung zu erschweren. In ihnen spiegelte sich auch der prinzipielle Unterschied wieder, da sie ja die methodische Seite ihrer Prinzipien waren[11]. Die Differenzen in den Methoden gingen nämlich samt ihren Folgen ebenfalls auf den prinzipiellen Unterschied zurück und machten ihn deutlich und wirksam.

d) Das Versagen der theologischen Diskussion als Schiedsinstanz

Wie nicht anders zu erwarten, hatte die theologische Diskussion die Gegensätze zur Darstellung gebracht und einen Blick in ihre Begründungen tun lassen. Darin unterschieden sie sich in nichts von den vorreformatorischen theologischen Debatten. Neu war aber, daß die Gegensätze sich bis in die Prinzipien hinein erstreckten. Damit entfielen zugleich die gemeinsame Basis und der Maßstab der Diskussion, mit dessen Hilfe man bisher objektiv entschieden hatte, welche der vorgetragenen Meinungen richtig war, d. h. mit den Prinzipien übereinstimmte[1]. Jetzt konnten die Diskussionen nichts mehr klären, sondern nur noch dazu dienen, die eigenen Ansichten von vorgefaßten Prinzipien her zu begründen

Beweisführung ist aber ebenso parteiisch wie die der übrigen Reformatoren (Polman, Methode 30—32).

[6] B. Moller beruft sich auf kirchl. Lehrentscheidungen und theologische Axiome (Kempe, Bericht 511, 516. Vgl. Polman, Methode 16—22).

[7] Konzilsbeschlüsse sind bindend: Bäumer, Nachwirkungen, 163—203, bes. 165/166.

[8] Vgl. Plöchl, Kirchenrecht II² 471, 502, 516.

[9] Vgl. B. Smally, The study of the Bible in the Middle Ages² (Notre Dame. Indiana 1966) passim.

[10] Polman, Methode 16—22.

[11] Vgl. Polman, Methode 8, 26—30.

[1] Lang, Prinzipienlehre 121, 126, 178—181, 210—212, 216—222.

und die gegnerische Ansicht als mit diesem Prinzip unvereinbar zu „widerlegen“, wodurch aber die fundamentalen Gegensätze unübersehbar in Erscheinung traten.

Wenn die Diskussion damit immerhin noch einen wertvollen Beitrag zur Klärung der Standpunkte leistete und Unklarheiten über die gegnerische Lehre beseitigte, so erfüllte sie jedoch in keiner Weise die ihr gestellte Aufgabe und enttäuschte die in sie gesetzten Hoffnungen, daß sie noch in der Lage wäre, die religiösen Streitfragen sachlich und objektiv zu entscheiden. Die Aporie wurde zudem dadurch verstärkt, daß keine sachverständigen Richter beteiligt waren, die sicher gerade die prinzipielle Frage angegangen hätten. Deswegen stand nun Meinung gegen Meinung, und niemand konnte sagen, welche der Prinzipien und Anschauungen dem Mandat entsprach. Auch deswegen war die Verhandlungsleitung gezwungen, das theologische Ergebnis durch einen Kompromiß herbeizuführen[2]. Dadurch wurde der Funktionsverlust der Diskussion zwar nicht behoben, aber doch wenigstens ermöglicht, daß die Rechtsfrage geklärt wurde. Grundsätzlich hatte aber die theologische Diskussion als Mittel der Sachentscheidung versagt und hätte eigentlich für die Zukunft ausscheiden müssen. Das Verhandlungsergebnis beruht darum nur auf dem Einverständnis der Beteiligten und verwandelte damit die Entscheidung von einer theologischen in eine politische. Denn es war freie Entscheidung des Bürgermeisters und Rates, daß sie dem Urteil des Domtheologen, der doch auch Partei war, folgten und die Ansichten der Prädikanten unberücksichtigt ließen. Keine objektive Norm also, sondern die jeweilige Überzeugung und der Konsens der Beteiligten dienten als Grundlage des Vergleichs. Das aber wirft die Frage dringend auf, welchen Einfluß die Beteiligten und auch die politisch-soziale Lage auf Verlauf und Ergebnis nahmen.

6. Die Rollen der Teilnehmer

Die offizielle Rolle der Beteiligten war durch den Charakter der Verhandlungen als Mandatsprozeß festgelegt: Bustorp und der Vikar waren Angeklagte, die Prädikanten Kläger, der Rat Richter, die Doktoren Sachverständige, dann „Vorspraken“; die Bürgerver-

[2] H. Reincke ist sachlich derselben Ansicht, wenn er Nachlaß 67 c „1526/1528“ meint, daß die Diskussion nach langem Hin und Her weder eine Einigung noch eine Grundlage für einen Machtspruch des Rates ergeben hätte, da beide Seiten sich auf die im Ratsmandat genannten Autoritäten: Bibel und Christi Wort bzw. auf die Lehre der Kirche gestützt hätten.

treter und die restlichen Geladenen Gäste und Zeugen. Im Verfahren gegen Bustorp lag alle Aktivität bei Kläger und Beklagten, da es sich um eine Vergleichsverhandlung handelte, bei der der Rat als Richter von den Schritten der Parteien abhängig war. Im Verfahren gegen den Vikar handelte es sich dagegen um ein Offizialverfahren und einen summarischen Prozeß, weswegen der Rat schnell zum Urteil kommen konnte[1].

Die Prozeßrolle war aber nicht die einzige Rolle, die die Teilnehmer spielten. Sie standen ja schon außerhalb der Verhandlungen in vielfältigen öffentlichen und privaten Konstellationen zueinander. Dadurch wirkten aber die politischen und sozialen Gruppenbildungen und Konflikte indirekt in die Sitzung hinein. Man beachte auch, daß die meisten Teilnehmer sich gerade bei den Verhandlungen mit dem Kapitel getroffen hatten und nun vor dem Rat den Streit über die rechte Predigt mit Bustorp fortsetzten, der dort aufgegriffen worden war. Während darum Kläger und Beklagte offen für ihre Überzeugung eintreten konnten, mußten Rat und Bürgervertreter, aber auch Gutachter und katholische Pfarrer vorsichtig verfahren und den Schein der Neutralität wahren, obwohl sie natürlich am Sieg ihrer Überzeugung brennend interessiert waren. Ebenso konnten die Gutachter noch für die katholische Lehre und ihre Partei vorsichtig, aber bestimmt eintreten, dagegen waren Rat und Bürgervertreter wegen der unterschiedlichen, ja gegensätzlichen politischen Absichten gezwungen, nicht direkt einzuwirken, zumal auch ihr politisches Kräfteverhältnis, das damals noch als ungefähr gleich einzuschätzen ist[2], zu besonderer Vorsicht riet. Die Anwesenheit der Gegenpartei zwang zudem alle, sich möglichst rechtskonform zu verhalten und zu vermeiden, daß ihr Auftreten in den anderen Kämpfen als Druckmittel benutzt werden konnte. Darum konnte etwa der Versuch des Bürgermeisters, nach der Erklärung der Gutachten die Diskussion zu beenden oder die Verlesung des Briefes zu verhindern, keinen Erfolg haben, denn die Bürgervertreter verhalfen schon allein durch ihre stumme Anwesenheit den Prädikanten dazu, energisch und ungehindert aufzutreten. Andererseits benutzte der Rat seinen noch verbliebenen Einfluß, um dem Domprediger so weit als möglich zu helfen, indem er die Verhandlung nur als Vergleichsverhandlung aufzog und er Bustorp wiederholt „goldene Brücken" baute. Nur die Halsstarrigkeit Bustorps verhinderte, wie schon J. Moller bemerkt[3], den Erfolg dieser Politik. Auch der Umstand,

[1] Vgl. Hennings, Strafrecht 153—156; Westphalen, Verfassung I 269 mit Anm.
[2] Das beweist der Ausgang der Verhandlungen mit dem Kapitel. S. o. 67—69 mit Anm. 4.
[3] Moller, Nachrichten B 554.

daß der Domtheologe schließlich doch als Richter über die Streitfrage fungierte und daß allein sein Urteil galt, signalisiert, wie hinter den Prozeßrollen der Kampf um die neue Lehre und die bekannten alten Gruppierungen und Machtverhältnisse fortwirkten. Aber Rechtslage und Machtverhältnisse führten schließlich doch dazu, daß beide Parteien eine Teilniederlage hinnehmen mußten, nämlich soweit das Delikt jeweils offenkundig war. Im Gegensatz zu Rat, Bürgern und Prädikanten waren die katholischen Geistlichen jetzt völlig machtlos. Das einst so gefürchtete Domkapitel mußte es ohne Protestmöglichkeit zulassen, daß der Rat eine kirchliche Frage von sich aus so regelte und Delinquenten vor seinen Richterstuhl zog. Dennoch versuchte man sein Möglichstes, denn man merkt dem Verhalten der Gutachter und Bustorps an, daß doch Absprachen bestanden. Aber sie mußten sich auf das Wohlwollen des Rates verlassen und sich in den Grenzen ihrer offiziellen Rollen halten. Gegenüber dem wohlvorbereiteten und geschickten Verhalten der Prädikanten macht das Verhalten der Katholiken dennoch einen unkoordinierten und wenig überlegten Eindruck. Bustorp vor allem hatte offensichtlich den großen Fehler begangen, seinen Brief nicht mit den theologischen Autoritäten abzusprechen. Deren gekünstelte Verteidigung der Rechtfertigungsthese des Dompredigers mußte darum die Aufmerksamkeit der geschulten Gegner auf sich ziehen und ihnen anzeigen, wohin und wie sie ihren Angriff gegen die Katholiken zu führen hatten.

Wenn darum die Prädikanten das Urteil des Domtheologen anriefen, so taten sie es nicht deswegen, weil sie seine Richterrolle akzeptierten, sondern weil sie den prominentesten Theologen zum Eingeständnis eines Irrtums auf katholischer Seite zwingen wollten. Und Moller mußte ihnen darin folgen, weil er nicht auch sein und aller katholischen Theologen Ansehen mit aufs Spiel setzen konnte, sondern es offenbar — und wie wir später sehen werden, mit Erfolg zu bewahren suchte. Die Prädikanten erwiesen sich überhaupt als wohl vorbereitet und äußerst geschickt. Auch scheinen sie ihr Vorgehen mit den Bürgervertretern abgesprochen zu haben. Der starke Rückhalt an den reformatorisch Gesinnten erlaubte ihnen zudem ein forsches Auftreten und manchen Verstoß gegen die Etikette, aber ihr Mut brachte ihnen schließlich auch den erstrebten Erfolg ein, wenn dieser auch im letzten doch mehr noch als ein Produkt der Machtlage anzusprechen ist.

7. Der Einfluß der politischen, wirtschaftlichen und sozialen Verhältnisse Hamburgs auf die Verhandlungen

Welchen Einfluß übten nun die Hamburger Verhältnisse aus? Aufgabenstellung und Form der Verhandlungen ließen in keinem Augenblick zu, daß wirtschaftliche, soziale oder politische Fragen direkt diskutiert wurden, denn es ging hier um die kirchliche Lehre und Predigt und um Beleidigungen zwischen Klerikern, also um innerkirchliche Fragen. Die eingangs geschilderten „weltlichen" Probleme und Auseinandersetzungen waren aber mit anwesend und wirksam, weil die Teilnehmer verschiedene Interessen verkörperten. Deswegen war es nicht unbedeutend, daß man entsprechend der norddeutschen Tradition hinter verschlossenen Türen unter Ausschuß der Öffentlichkeit verhandelte[1], denn dadurch erfuhr die breite Öffentlichkeit nichts[2] und konnnte auch nicht direkt eingreifen. Dennoch stellte auch sie einen wichtigen Faktor in den Berechnungen der Kontrahenten dar, da die Anwesenden alle eine Erhebung der Massen fürchteten und darum trotz aller Spannungen und widerstreitenden Interessen bereit waren, sich so weit wie möglich entgegenzukommen und weitere Erregungen der unteren Schichten zu vermeiden[3]. Deswegen kam es schnell zum Verbannungsurteil für den Vikar, deswegen mußten auch die katholischen Geistlichen nachgeben, da sie nicht wissen konnten, ob die Prädikanten nicht weiter die Reformationsanhänger gegen sie mobil machen würden.

Das politische Kräfteverhältnis und die verhältnismäßig noch ruhige Gesamtlage erlaubten es den beteiligten Gruppen, ihre sonstigen Interessen mit zu verfolgen. In der Konkurrenz zwischen Rat und Bürgern um die Macht und um die Kirchenhoheit in der Stadt standen Bürgervertreter und Prädikanten gegen das Kapitel, aber auch gegen den Rat, der die Pfarrkirchen für sich beanspruchte[4]. Deswegen finden wir den Rat jetzt noch auf der Seite des sonst befehdeten Kapitels, weil er so mehr und eher einen Gewinn für sich erhoffte. Das Kapitel hielt entsprechend dem Rat der Lübecker Kollegen sich offensichtlich auf der Seite des Rates, mußte jedoch erleben, daß der Rat es nur noch bedingt schützen konnte. Hieran

[1] Kempe, Bericht 508/509. Die interne Beratung zwischen Rat und Bürgervertretern kann man damals in allen Hansestädten des Wendischen Quartiers beobachten.

[2] Vgl. Aussage der Ratszeugen zu Art. 32—34 des Rates (Jensen, Domkapitel passim).

[3] Daß die unteren Schichten wegen des Kampfes um die neue Lehre erregt und zu Ausschreitungen geneigt waren, bestätigen die Ratszeugen Turitze (Jensen, Domkapitel 306/307), Blome (331), Menningk (362) und Schipphouwer (396).

[4] Vgl. das Ringen um die Wahl Zegenhagens oben S. 55/56.

waren aber nicht nur die Verschiebung der Macht auf die Seite der Bürger, sondern auch die taktischen Fehler Bustorps mit schuld, die es dem Rat verboten, einfach alle Fehler der Katholiken zu decken und sich in den möglichen Zusammenbruch des Domkapitels mit hineinreißen zu lassen. Bürger und Kapitel erscheinen so als die eigentlichen Gegner, auch wenn hier die Prädikanten den Angriff gegen Bustorp führen. Dieses Bild erklärt sich daraus, daß die Beteiligten über das Recht hinaus auch an ihre sonstigen Funktionen und Möglichkeiten gebunden waren und sie mit im Auge behalten mußten. Das Ergebnis stellte darum einen Kompromiß dar, bei dem man in offenkundigen Fehlern nachgab, zugleich aber dafür sorgte, daß auch die Gegenseite genügend geschädigt wurde. Das Machtgleichgewicht führte aber dazu, daß das Urteil wenigstens formalrechtlich richtig ausfiel. Die Kompromißhaltung ermöglichte zudem auch die sachliche Einigung, wenn auch nur in einem theologischen Punkte. Man opferte einen Satz und versprach, was man nicht halten konnte bzw. wollte, erkaufte aber damit Ruhe und Zeit. Und die Prädikanten waren zufrieden, weil sie ihr eigentliches Ziel, Eingeständnis eines Irrtums und Versprechen des öffentlichen Widerrufs, erreicht hatten. So sind politische Berechnungen wichtiger als theologische Wahrheitsverantwortung gewesen.

8. Die Funktion der Verhandlungen

Damit stellt sich die Frage, welche Funktion die Verhandlungen von 1527 wirklich ausgeübt haben. Offiziell sollten sie die Unruhe beenden, den Streit schlichten, die Gegner versöhnen, die Aufrührer strafen[1] und durch eine theologische Diskussion die Wahrheit an den Tag bringen[2]. Der Verlauf zeigt jedoch, daß der Rat nur die Prädikanten bekämpfen und andere Radikale ausschalten wollte, während diesen vor allem an der öffentlichen Blamage ihres Kanzelgegners und an einer Demonstration der Berechtigung ihrer Kritik gelegen war[3]. Deswegen wurden die offiziellen Ziele zwar nicht erreicht, doch kamen so die beiden Parteien je auf ihre

[1] So sagen es der 2. Artikel des Mandates und der Bürgermeister zu Beginn der Verhandlungen (Kempe, Bericht 509, vgl. 519).

[2] Die Prädikanten forderten von Bustorp: „So juw geleuet, wille wi itzundes updecken vnse rede und schrift, unse lere to bewerende und laten alle erkennen, de hir sitten, efte wi edder gi der schrift likmetiger reden" (Kempe, Bericht 520).

[3] So interpretiere ich das Schweigen des Rates nach den Äußerungen der Doktoren und seine harte Verurteilung des Vikars bzw. die auffallende Bescheidenheit der Prädikanten, die nur den öffentlichen Widerruf, aber keine Verbannung wünschten.

Rechnung. Der Prozeß entlarvt sich damit als Kampfmittel im Ringen um die Reformation.

Dies gilt auch für das eingeschobene Kolloquium. Statt objektiv die Wahrheit zu ermitteln, benutzten es beide Seiten nur dazu, um sich theologisch zu rechtfertigen, die Gegenseite in schlechtes Licht zu setzen und den eigenen Standpunkt zur Geltung zu bringen[4]. Dazu mußte es jedoch auch zwangsläufig kommen, als die Meinungen sich als grundsätzlich unvereinbar erwiesen und keine echte theologische Klärung oder Einigung wegen der Unterschiede in den theologischen Prinzipien zustande kam. Die Übereinstimmung in der Formulierung der Lehre von der Rechtfertigung verdeckte nur, daß man sich keinen Schritt nähergekommen war, denn nur ein Trick brachte nämlich den Prädikanten den erstrebten Erfolg. Damit war aber auch die theologische Diskussion zu einem bloßen Kampfmittel entwertet worden. Zwar wies gerade die Diskussion ein kämpferisches Element auf, doch hat es hier alle anderen Aspekte verdrängt, nachdem man keine gemeinsame Basis mehr besaß.

9. Die Bedeutung der Verhandlungen von 1527

Das Prozeßkolloquium von 1527 bedeutet einen großen Fortschritt in der Entwicklung der Reformationsdiskussion in Hamburg. Das Verfahren war nun endgültig von der geistlichen zur weltlichen Obrigkeit hinübergewechselt, und die Diskussion selbst spielte sich von jetzt ab unter dem Einfluß der Laien ab. Auch fällte keine menschliche Instanz mehr das Sachurteil, sondern die Parteien einigten sich auf eine Interpretation.

Damit waren die Katholiken von ihren Prinzipien weit weggerückt, während die Prädikanten die „evangelische Disputation" schon fast erreicht hatten: daß man unter dem Richtscheid allein der Schrift in Gegenwart der Gläubigen und unter Führung der weltlichen Obrigkeit als der Sprecherin der Gemeinde in wissenschaftlichen Diskussionen unter Beteiligung von Schriftsachverständigen die Wahrheit suche[1]. Wenn sich die Prädikanten auch jetzt noch wegen der politischen Lage damit begnügen mußten, daß man sich einigte und daß schließlich doch allein das Urteil des Domtheologen galt, so hatten sie doch im Prinzip gesiegt und erreicht,

[4] Die Kontrahenten haben immer je für sich alleine recht, die Gegner sind einfach Ketzer, unwissend und ungehorsam. Auch verschweigt man alles, was für die Gegenseite sprechen könnte oder zu einem Kompromiß führen würde.

[1] Vgl. das „2. Züricher Religionsgespräch" vom Oktober 1523, das die erste evangelische Disputation gewesen ist und durch die Akten Hätzers bekannt war (Moeller, Disputationen 312—315).

daß nicht mehr die Hierarchie über Lehrfragen entschied und nur über dogmatisch noch offene Fragen diskutiert wurde, sondern daß die Teilnehmer alles diskutierten und entschieden und daß ihr Urteil nur als Konsens über die rechte Schriftauslegung erschien.

Besonders auffällig ist, daß die Prädikanten durch ihre Klage dafür sorgten, daß die theologische Diskussion nicht nur stattfand, sondern statt privat oder nur mit Beiziehung von Sachverständigen — so hatte das Mandat es vorgesehen — nun vor dem Rat im Rahmen eines Mandatsprozesses abgehalten wurde. Dieser Schritt der Prädikanten, der über das Mandat hinausführte, war durch ihre Zielsetzung bedingt, die katholischen Prediger wirkungsvoll zu bekämpfen. Nur wenn sie ein vollstreckbares Urteil der weltlichen Obrigkeit in Händen hatten, konnten sie sicher sein, daß das Ergebnis der Verhandlungen auch Folgen haben würde, da dann die Bürger den Rat zur Vollstreckung bewegen konnten. Auch wenn die Reformationsanhänger jetzt nicht den förmlichen Widerruf des Dompredigers erreichten, so hinderten sie ihn dennoch daran, weiter in die geistigen Kämpfe einzugreifen, und hatten ihn damit ausgeschaltet und mundtot gemacht.

Der kirchenpolitische Zweck, den die Prädikanten mit dem theologischen verfolgten, hat demnach in Hamburg zur Verbindung der theologischen Diskussion mit einer prozessualen Verhandlung vor dem Rat geführt. Dabei folgten sie der Linie, die durch das Ratsmandat angelegt war, hatte doch der Rat durch diese Anordnung die Predigt zu einer Sache der weltlichen Obrigkeit gemacht, auch wenn er sie nur unter dem Gesichtspunkt der öffentlichen Ruhe an sich gezogen hatte. Ein Streit über die Einhaltung des Ratsmandates mußte darum zwangsläufig zu Prozessen vor seinem Forum führen. Wir haben damit zugleich die Frühform des städtischen und reformatorischen Glaubensprozesses in Hamburg vor uns. Da zudem solche Diskussionen sowohl mit dem reformatorischen Prinzip wie mit der Rechtslage in Hamburg gut zu vereinbaren waren, konnten sie den Reformationsanhängern auch in Zukunft als Vorbild dienen.

10. Die Folgen der Verhandlungen von 1527 und der Plan einer Provinzialsynode

Der Ausgang der ersten Ratsdiskussion hatte zur Folge, daß einerseits der Kampf um die Reformation in Hamburg in sein entscheidendes Stadium trat, andererseits Rat und Kapitel sich zur letzten entschiedenen Gegenwehr aufrafften. Nach der Diskussion hatten die „Martinianer“ die Furcht vor den alten Gewalten verloren. Öffentlich wurden auf reformatorische Weise Abendmahl, Taufe und Beichte gefeiert[1] und am 16. August in Nikolai eine „Gotteskastenordnung" eingeführt, die praktisch schon eine ganze Kirchenordnung darstellte und auf einer Schrift beruhte, die Bugenhagen 1526 den Hamburgern geschrieben hatte[2]. In dieser Ordnung war auch die Lehre geregelt. Das Kirchspiel wollte in Zukunft die Lehrer und Geistlichen nur dann vor Gewalt des Kapitels schützen, wenn sie nicht aus der Schrift überwunden würden, während Prediger, die etwas „gegen die allgemeine Wohlfahrt" lehrten, aber sich nicht belehren ließen, aus der Stadt verwiesen werden sollten[3]. Damit waren die Bestimmungen des Ratsmandates in reformatorischem Sinne umgedeutet und von der Gemeinde zu ihrem Recht erhoben worden. Zur selben Zeit sammelten die Prädikanten neues Belastungsmaterial gegen die katholischen Prediger, indem sie Spione in deren Predigten schickten, mißliebige Thesen sammelten und im übrigen aber auf eine neue Chance warteten, um die Kanzelgegner endgültig zu überwinden[4]. Mit dieser Methode folgten sie wieder dem Magdeburger Vorbild. Zegenhagen hatte von dort nicht nur den Gedanken der öffentlichen Disputation und die Erfahrung ihres das Ansehen steigernden Wertes, sondern auch die Art der Vorbereitung mitgebracht. In den 10 Artikeln der ersten Magdeburger Kirchenordnung von 1524 heißt es: (Die Mönche sollen evangelisch predigen oder schweigen). „Wo sie aber nicht schweigen würden, so wird man darauf denken, daß sie schweigen müssen. Sollten sie aber falsch predigen, so soll man Männer bestellen, die ihnen zuhören und ihren Irrtum aufschreiben und mit der Schrift widerlegen, und sie sollen zur Widerrufung gedrungen werden. Dasselbe soll ihnen wiederum auch freistehen" (nämlich die evangelischen Prediger zu hören und des Irrtums zu überführen)[5]. Bekanntlich sind die

[1] So klagte der Rat am 5. 8. 1527 in einem Brief dem Bremer Erzbischof. Konzept: Cl. I Lit. O^{c} (2) No. 6. Dort ist auch die Antwort des Erzbischofs vom 10. 8. erhalten.

[2] Auszüge: Staphorst, Historia II, 1 S. 112—123. Der Titel lautet: „Von dem Christen loven unde rechten guten Wercken ... An de ehrentrike Stadt Hamborch (Wittenberg 1526)": Text hochdeutsch: Vogt, Bugenhagen 101—267. Man beachte, daß in Wittenberg die evangelische Armenpflege erst wenige Monate vorher organisiert worden war (Hering, Bugenhagen 141; Sillem, Einführung 80—86). Vgl. L. Feuchtwanger, Geschichte der sozialen Politik und des Armenwesens im Zeitalter der Reformation: Jahrbuch für Gesetzgebung, Verwaltung und Volkswirtschaft im Deutschen Reich. N. F. XXXII (1908) 1423—1460; XXXIII (1909) 191—228.

[3] Staphorst, Historia II, 5 S. 116/117.

[4] Kempe, Bericht 520. Teilweise teilten sie diese auch dem Rat mit, offenbar aber nur als Information und nicht als förmliche Klage (ebenda).

[5] Hülsse, Einführung 259.

Prädikanten in Hamburg genau so verfahren, seitdem Zegenhagen dort weilte. Auch sie schickten Aufpasser in die Predigten der Katholiken, die ihren Auftraggebern berichteten, was die Prädikanten dann je nach Gelegenheit und Dringlichkeit sofort beantworteten oder für eine passende Stunde aufschrieben[6]. Nur so sind die schnellen Antworten, nur so ihre Sammlungen der angeblich schriftwidrigen Sätze der Gegner zu erklären[7]. Zugleich nahm die Kanzelpolemik ihren Fortgang[8]. Auch war es ein Zeichen des Machtzuwachses der Reformationsanhänger, daß im September die Gotteskastenordnung von den drei anderen Kirchspielen übernommen wurde[9], Kempe das Kloster verließ, die Kutte ablegte und Pfarrer an der Katharinenkirche wurde[10] und daß Fritze und Zegenhagen ungestraft heiraten konnten[11].

Aber die „Papisten“ gaben nur scheinbar und nach außen hin nach. Bei den Wahlen der Juraten konnten sie wie 1526 so auch jetzt noch katholische Kandidaten durchbringen[12]. Auch sorgte das Kapitel dafür, daß die abwesenden Mitglieder zu den weiteren Verhandlungen mit den Bürgern zurückkehrten; es traf sich wieder mit den Lübecker Kollegen, um weitere geeignete Maßnahmen zu überlegen[13]. Gleichzeitig versuchte der Rat, endlich die vom Speyrer Reichstag offengelassenen Fragen der Gestaltung der Liturgie für Norddeutschland offiziell klären lassen, um den Prädikanten jeden Vorwand für liturgische Neuerungen zu nehmen. Dies sollte durch eine Provinzialsynode der Bremer Kirchenprovinz, wie sie alle zwei Jahre stattfand, geschehen[14]. Auf eine Anfrage antwortete der Erzbischof am 10. 8. positiv, versprach eine

[6] Kempe, Bericht 520.

[7] Ebenda. Das bei Moller, Nachrichten A 544—549 abgedruckte Verzeichnis stellt eine solche Sammlung dar.

[8] Kempe, Bericht 520. Die Art der reformatorischen Predigt kann man an der Reaktion der Kapläne von Nikolai Weihnachten 1526, am Zwischenfall 1527 und an der Auseinandersetzung zwischen Sendenhorst und Zegenhagen 1526 beobachten. Bustorp erklärt in seinem Brief, daß die Prädikanten ihre Gegner schmähten (Kempe, Bericht 500—502). Das setzt auch der Artikel 5 des Ratsmandates voraus.

[9] Reincke, Nachlaß 71.

[10] Kempe, Bericht 520. Im Maria-Magdalenen-Kloster trat Konrad Lünsemann an seine Stelle (s. Personenverzeichnis Nr. 27).

[11] Moller, Nachrichten B 551.

[12] Reincke, Nachlaß 71.

[13] Brandt, Protokoll 347a; vgl. Reincke, Nachlaß 71. Wie wenig man die Gefahr erkannte, kann man daran ersehen, daß zur gleichen Zeit der Domscholaster Bantschow mit seinem Stiftskollegen Hüge um die Oberstelle im Kapitel stritt (Staphorst, Historia II, 1 Vorrede, zu 1527).

[14] Nach den Statuta ecclesiae Hamburgensis sollten Provinzialsynoden alle 2 Jahre zwischen dem 1. Mai und dem 8. September in Stade oder an einem anderen Ort stattfinden (HUB II No 1024).

Besprechung mit seinen Konprovinzialen und bat den Hamburger Rat um Verhandlung mit den mit ihm verbündeten Städten[15]. Obwohl nun der Rat in dieser Sache am 13. 8. nach Lüneburg und Lübeck schrieb[16] und alles daran setzte, verlief die Aktion im Sande. Der Lübecker Rat knüpfte nämlich die Sache nach Rücksprache mit seinem Bischof und dem dortigen Kapitel an viele Bedingungen[17], und der Erzbischof konnte nichts tun[18]. Keiner getraute sich mehr, die Verantwortung für diesen Schritt vor der Öffentlichkeit zu übernehmen. Damit scheiterte der letzte Versuch, die weiter katholisch gesinnten norddeutschen Obrigkeiten gemeinsam gegen die Reformation kämpfen zu lassen und die Religionsfrage durch eine kirchliche Instanz zu entscheiden. Das Hamburger Kapitel erhielt von Lübeck auch nur den Rat, Geduld zu üben und Konzessionen zu machen[19]. Darum mußte das Kapitel vorsichtig sein und der Rat sich mit den Reformationsanhängern arrangieren, wenn er nicht gestürzt werden wollte. Wohl deswegen unternahmen beide nichts gegen die Wahl Kempes zum Pfarrer von Katharinen, wo der verhaßte Vißbeke weichen mußte, ohne daß das Kapitel ihn abgesetzt hätte. Auch ließ der Rat jetzt vorsichtshalber das Dominikanerkloster inventarisieren[20]. Er hatte zudem am 18. Dezember die Gotteskastenordnung für die ganze Stadt gutheißen müssen. Dann stärkten sich die Neuerer auch politisch, indem sie in den je 12 „Diakonen", die die Armenkästen verwalteten, eine zusätzliche Bürgervertretung geschaffen hatten, die prompt die „Kistenlüde" genannt wurden[21]. Außerdem mußte

15 Vgl. Reincke, Nachlaß 71. Reincke datiert den Brief des Lübecker Rates an Hamburg statt auf den 29. 6. auf den 28. 8. 1528 („am Abend *decollationis* Johannis Baptistae"), was bisher verlesen wurde. Damit ist eindeutig geklärt, daß die Initiative von Hamburg ausging. Trotzdem ist sonst Jannasch, Lübeck 185—189 die maßgebende Darstellung. Vgl. auch Reincke, Nachlaß 71 „Gotteskastenordnung 1527". — Der Rat benutzte das Scheitern seiner Bemühungen 1529 im Prozeß als Vorwand für die Einführung der Reformation; denn er habe nach dem Ausweichen des Erzbischofs nicht mehr anders handeln können (articuli defensionales 32—34: Jensen, Domkapitel 216/217). Dies bestätigt der Ratszeuge J. Wullenwever (ebenda 347). Der Plan des Erzbischofs, durch eine Umlage Geld für eine Gegenaktion zu schaffen, scheiterte am Widerstand der Domkapitel, sowie an der schlechten Finanzlage der Geistlichkeit (Brand, Protokoll 346). Zudem hatten sie schon 1524 200 Mark gespendet (Lappenberg, Buchdruckerkunst XXXIII).

16 Text: Staphorst, Historia II, 1 S. 124/125.

17 Jannasch, Lübeck 188. Text der Antwort des Lübecker Rates: Staphorst, Historia II, 1 S. 124/125. U. a. sollte nur beraten, nicht disputiert werden.

18 Vgl. Wolters, Kampf 39—45.

19 Brandt, Protokoll 347a. Vgl. Reincke, Nachlaß 71.

20 Urkunde: Staphorst, Historia II, 1 S. 263—265.

21 Urkunde: Lappenberg, Programm 46—48, bes. 46.

der Rat den Bürgern die Pfarrerwahl zugestehen[22]. Deswegen unternahm der Bürgermeister Salzborch den — letzten — Versuch einer katholischen Gegenwehr. Überraschend schlug er dem Rat zum nächstmöglichen Termin, dem 18. 2. 1528, eine Ratsergänzung vor und nominierte dafür vier streng katholische Kandidaten. Der energische Widerspruch des Bürgermeisters Gerd vam Holte, der inzwischen zur neuen Lehre übergegangen war, sowie des Gerd Grote führte aber dazu, daß der Rat statt der Katholiken vier Vorkämpfer der neuen Lehre in seine Reihen aufnahm[23]. Damit war die Fraktion der Reformationsanhänger im Rat sehr gestärkt, das Gremium in Zukunft in kirchenpolitischen Fragen lahmgelegt und der immer mächtigeren Bürgeropposition ausgeliefert.

[22] Sillem, Einführung 82. Die Kehrtwendung des Rates wegen des Scheiterns der Synode bestätigt auch der Ratszeuge Wullenwever (Jensen, Domkapitel 347). Die Ermächtigung steht bei Staphorst, Historia II, 1 S. 115, 117.

[23] Dies hat Reincke entdeckt: Nachlaß 71. Quelle: Die jüngere Handschrift zur „Rover'schen Ratslinie" zum Tage Gregorii 1528. Am zuverlässigsten ist der Text der Handschriftensammlung Hamburg Nr. 497, fol. 327. Vgl. Stadtrecht 1497 A IX, X (Verfassungsvorschriften).

VIII. DAS RATSVERHÖR VON 1528 UND DER SIEG DER REFORMATION

1. Die Vorgeschichte[1]

Nach dieser Verschiebung der Machtverhältnisse war es nur noch eine Frage der Zeit, wann die Entscheidung über die Reformation in Hamburg fallen würde. Die neue Lage bekam sehr bald der Subprior der Dominikaner, P. Johann Rensborch[2], zu spüren, als er am Gründonnerstag 1528 die katholische Kommunionpraxis, wie im Vorjahr Bustorp, mit der Perikope von den Emmausjüngern verteidigte und den reformatorischen Brauch als gefährlich, ja verdammenswert angriff[3]. Kempe antwortete ihm auf die in dieser Zeit der Osterkommunion[4] alle interessierende These sofort am Karfreitag, worauf sich Rensborch am Karsamstag rechtfertigte und zu Disputationen in Köln, Löwen oder Paris[5] bereit erklärte, während er in Hamburg nur schriftlich verhandeln wollte. Daraufhin bat Kempe einige Bürger, dem Dominikaner das Verzeichnis

[1] Die Quellen zu den gesamten Vorgängen sind: Kempe, Bericht 521—539; Gyseke, Chronik 58—60; Moller, Nachrichten A 543—551; B 551—558; Hamburger Chronik 423—425; Tratziger, Chronik 280/281. Akten: Art. 9 der Klageartikel des Domkapitels (Jensen, Domkapitel 48), die Interrogatorien des Rates zu Art. 9 (ebenda 61—63) sowie die Aussage der Teilnehmer M. Vischer (170/171), H. Schroder (186), Fr. Vulgreve (198), des Ratszeugen J. Hennings (135) und Aussagen der übrigen Zeugen zu Art. 9. Die articuli defensionales des Rates übergehen aus durchsichtigen Gründen den Art. 9 des Kapitels und lassen dazu auch keine Fragen zu (Jensen, Domkapitel 211). Sitzungsprotokolle des Rates oder der Erbgesessenen Bürgerschaft existieren hierzu nicht.

[2] S. u. Personenverzeichnis Nr. 36.

[3] Luk. 34, 13—35, bes. 30. Den Vorwurf gegen Rendsborch bestätigen Moller, Nachrichten A 548; B 554. In gleicher Weise argumentierte Bustorp 1527 (Kempe, Bericht 490). Vgl. auch Eck, Enchiridion, Kap. 9; Pirstinger, Tewtsche Theologey, Kap. 69; Laemmer, Theologie 248—258.

[4] Durch Beschluß des 4. Laterankonzils ist jeder Katholik verpflichtet, wenigstens einmal im Jahr und zwar in der „österlichen Zeit" zu beichten und zu kommunizieren. Haupttage waren damals die Kar- und Ostertage (P. Browe, Die Pflichtkommunion im Mittelalter (Münster 1940) 71—92). Dadurch ist der allein von Kempe angegebene Termin gesichert.

[5] Rensborch hatte in Paris von 1524 bis 1526 und in Köln 1519—1522 studiert (Löhr, Kapitel 58, 122, 153). Die Universitäten Paris, Löwen und Köln hatten Luthers Lehre verurteilt (Borth, Luthersache 69). Auch der Konstanzer Generalvikar Fabri wollte an diesen Universitäten mit Zwingli disputieren (Zwingli Z I 489—499, 506).

der beanstandeten Sätze zu überbringen und ihn zu einer Diskussion zu bitten. Als sie mit noch weiteren 12 Bürgern bei dem Subprior erschienen, anerkannte dieser zwar die ihm vorgehaltenen Sätze[6] als die seinen, verweigerte aber sowohl eine Diskussion als auch die Annahme des Schreibens. Kempe predigte nun am Ostersonntag gegen ihn und verklagte ihm beim Rat. Dieser hielt sich wegen seiner Spaltung in der religiösen Frage nun strikt an sein Mandat und verbot Rensborch solange das Predigen, bis er seine Thesen aus der Schrift gerechtfertigt habe[7]; Kempe aber wurde nicht bestraft. Das Ratsmandat schrieb zwar die Besprechungen nicht bindend vor, untersagte aber Kanzelkontroversen in der Öffentlichkeit. Dennoch hätte ein förmlicher Mandatsprozeß gegen Rensborch stattfinden müssen, da der Subprior sich auf die Schrift berufen hatte und so sein Delikt nicht zweifelsfrei feststand. Die Entscheidung des Rates war darum parteiisch, entsprach aber den neuen Machtverhältnissen.

Der Subprior war darum sehr aufgebracht, beklagte sich überall und begann, die „Kistenlüde" mit politischen Mitteln zu bekämpfen[8], wobei er den Kaplan Vathouver[9] von Nikolai mit in die Sache hineinzog. Am 23. April versammelte Rensborch 48 Bürger, die meist aus der Schicht kleiner Handwerker stammten[10], im Dominikanerkloster St. Johannis, um gegen die „Kistenlüde"[11] entschlossen vorzugehen. Da man die letzte Ratsergänzung als ungültig, weil unfrei, ansah, gab man die Parole aus: beim (alten) Rate bleiben! und schickte eine Deputation von 8 Personen zu ihm[12]. Manche Ratsherren sahen die Bemühungen der nach ihrem Versammlungsort „Johannisleute" genannten Bürger nicht ungern, und der sonst patrizisch denkende Bürgermeister Salzborch besuchte die Versammlung und äußerte sich in dem Sinne, daß man etwas gegen die aufsässigen Martinianer unternehmen müsse. Auch

[6] Der Thesenzettel ist nicht mehr erhalten, aber inhaltlich in den Rensborch betreffenden Angaben des Klagezettels von 1528 (J. Moller, Nachrichten A 547, 548) enthalten.

[7] Gemäß Ratsmandat 1526, Art. 1 und 2 (Bolland, Burspraken II Nr. 133, 7—8).

[8] Kempe, Bericht 521; Hamburger Chronik 279/280; Gyseke, Chronik 57/58; Tratziger, Chronik 261.

[9] S. u. Personenverzeichnis Nr. 45. Zum Folgenden vgl. Moller, Nachrichten B 552; Kempe, Bericht 538.

[10] Ihre Führer waren Jürgen van Tzeven, der mit vielen Ratsherren versippt war, Dr. J. Moller und der Flandernfahrer J. Koep. Ein Teil der Namen findet sich bei Gyseke, Chronik 57/58. Die Führer gehörten der „Leichnamsbruderschaft" des Klosters an (Staphorst, Historia II, 1 Vorrede, zu 1524).

[11] Reincke, Nachlaß 71 „1528/1529".

[12] Gyseke, Chronik 57/58; Hamburger Chronik 278/279. Die Versammlung war ungesetzlich, da politische Versammlungen nur mit Zustimmung des Rates erlaubt waren (Rezeß 1483, Art. 66), diese aber nicht eingeholt worden war.

machte er die Prädikanten für die wachsende Unruhe in der Stadt verantwortlich und gab seiner Befürchtung Ausdruck, daß es erst zu einer Revolte und zu Toten kommen müsse[13], bis man ein Einsehen habe[14]. Da man am Sonntag, dem 26. 4. in größerer Zahl[15] wieder zusammenkam, schöpften die Gegner Verdacht[16]. So kam noch am selben Tage das Gerücht auf, daß die „Johannisleute" einen Anschlag auf ihre Gegner planten und dafür schon die 7 Büttel und Bauern der Umgebung angeworben hätten. Man wolle schon in der kommenden Nacht die Stadt an den vier Ecken anzünden und Krawall schlagen, so daß die Leute verwirrt würden. Dann sollten die 26 berittenen Ratsdiener[17] die verstörte Menge niederreiten und derweil die Prädikanten und die vornehmsten lutherisch gesinnten Bürger in ihren Häusern ermordet werden. Auf dieses Gerücht hin, das sich in Windeseile in der Stadt verbreitete, blieben die Bürger die Nacht über auf, beleuchteten die Straßen vor ihren Häusern, nahmen bewaffnete Bootsleute aus den Dörfern vor der Stadt zu ihrer Verteidigung in ihre Häuser auf und hielten Keulen und Spieße bereit[18]. In der Nacht entlud sich zum Glück ein schweres Gewitter über der Stadt, so daß alle in ihren Häusern bleiben mußten. Aber die Aufregung war ungeheuer. Man vermutete den Rat hinter dieser Aktion, an der Spitze Salzborch und seinen Bruder Albert, von dem auch erzählt wurde, daß er die Seile der Feuerglocken in Nikolai hätte hochziehen sollen[19]. Für den nächsten Morgen waren, wenn nicht die

[13] Die Aufruhrstimmung bezeugen die Ratszeugen. J. Wullenwever gab an, daß Priester erklärt hätten, daß auch sie mit Schwert und Spieß kämpfen könnten (Jensen, Domkapitel 347). J. Menningk hat täglich ein Gemurmel unter dem Volk darüber gehört (ebenda 362). H. Blome sagte aus, daß viel „loses volk" in Hamburg gewesen sei, das gerne etwas angerichtet hätte, wenn man es ihm gestattet hätte (331). Ähnliches bezeugen: Steffen Turitze (307), Cordt Knost (314/315), Peter Hesterberch (326) und Jacob Schipphouwer (396). Vgl. Reincke, Nachlaß 71.

[14] Gyseke, Chronik 58.

[15] Kempe, Bericht 521. Gyseke nennt in Chronik 58 die Namen von 51 Bürgern. Wie das „etc." andeutete, waren es mehr als die 48, die für die erste Versammlung bezeugt sind.

[16] Was man dachte, gibt Gyseke, Chronik 58 wieder: Wat se aver gehandelt..., dat scach alle darumme, dat de papen vnd monneke de averhand scolden hebben, vnd dat, de de warheit beleueden, scolden to nichte werden". Ebenso sieht es Kempe, Bericht 521.

[17] Es gab in Hamburg 26 Ratsdiener, die vom jüngsten Bürgermeister und Ratsherren befehligt wurden (Westphalen, Verfassung I 82).

[18] Die Bürger wurden noch 1521 aufgefordert, sich Waffen anzuschaffen (Bolland, Burspraken II Nr. 112, 1.2).

[19] Kempe übergeht im Bericht das Gerücht ausdrücklich (Bericht 521), doch bringen es Gyseke, Chronik 58, die Wendische Chronik 279/280 und die Hamburger Chronik 423/424. Dennoch kann es nicht auf Wahrheit beruhen, weil man es später nicht gegen Salzborch geltend machte (Nirrnheim, Salzborch

Revolte gegen den Rat oder gar offener Bürgerkrieg, so doch Unruhen zu befürchten[20]. Daß jetzt die Endauseinandersetzung mit den „Papisten" gekommen war, lag auf der Hand.

2. *Die Verhandlung über ein Verhör der Prediger*

Am Morgen des nächsten Tages, Montag, dem 27. 4. 1528[1], kam es wie im Mai 1526 zu einem Bürgerauflauf vor dem Rathaus[2], der aus der ungeheuren Erregung zu erklären ist und auch von niemand angezettelt war[3]. Die Kirchengeschworenen der vier Kirchspiele gingen nun vor den Rat[4], der zusammengetreten war[5], während die Erbgesessenen sich auf dem Einbeckschen Hause[6], die Werkmeister der Ämter und anderer Honoratioren sich auf dem „roden tollen"[7], dem Zollzimmer des Rathauses[8], versammelten,

287). Doch wird im langen Rezeß von 1529 ausdrücklich verboten, das Glockenseil hochzuziehen (Art. 127: Lünig, Reichs-Archiv XIII 982). Dasselbe Gerücht findet sich in ähnlichen Situationen 1529 in Lüneburg (Wrede, Einführung 119) und 1530 in Lübeck (Jannasch, Lübeck 315).

[20] Die Aufruhrgefahr bestätigen alle Ratszeugen (s. o. Anm. 13). Turitze gibt dabei an, daß es dazu wegen des Evangeliums gekommen sei (Jensen, Domkapitel 306/307). Dies bestätigt Gyseke, Chronik 58.

[1] Die Terminangaben schwanken wieder: Kempe, Bericht 521: „mandages na Misericordias Domini". Gyseke, Chronik 58: „mandages na Jubilate anno 1528". Tratziger, Chronik 462: „Montag nach dem Sonntag Misericordias Domini". Wendische Chronik 280: „up sunte Philippi unde Jacobi auent", was Donnerstag, der 30. April wäre. (Moller, Nachrichten A 543 und B 551 erwähnen nur den 2. Tag). Die Angaben deuten aber klar auf den 27. 4. 1528.

[2] Kempe, Bericht 522; Gyseke, Chronik 58; Tymmo Lofften zu 9, 14 (Jensen, Domkapitel 191). Dies widersprach dem Art. 33 des Rezesses von 1458.

[3] Kempe, Bericht 522 stellt dies wegen des Rezeßverbotes heraus.

[4] Kempe, Bericht 522. Gyseke, Chronik 58 spricht nur allgemein von den Bürgern schlechthin. Nach den Rezessen und nach der Form der Verhandlungen können es nur die Juraten und andere Bürgervertreter gewesen sein (Westphalen, Verfassung I 203/204, 228—230; Wendische Chronik 280).

[5] So setzt es Kempe, Bericht 522 voraus und so entsprach es den Rezessen. Nach Stadtrecht 1497 M XVI mußte ein Gefahrengerücht bei Strafe dem Rat gemeldet werden. Nach den Rezessen 1458 Art. 66, 1483 Art. 63 war die Meldung von den Unruhen durch die Juraten verpflichtend.

[6] Ratszeuge Hesterberch zu 31,8 (Jensen, Domkapitel 325); Gyseke, Chronik 58. Das Einbecksche Haus diente auch sonst zu Versammlungen der Bürgerschaft (E. Meyer, Das Einbecksche Haus in Hamburg (Hamburg 1868); Reincke, Rathäuser 68/69).

[7] Gyseke, Chronik 58.

[8] 1537 wurde der Gang vor dem Ratssaal, die „Laube", in Zimmer aufgeteilt. Dabei wird ihre Lage als „baven dem roden tollen und der kemrei" angegeben (Reincke, Rathäuser 70—78, hier 78). Da die Kämmerei im Erdgeschoß lag (ebenda 71), muß auch der „rode tollen" sich dort befunden haben. Nach Beckey, Reformation 97 war es ein Raum hinter dem „alten Rathause" der Wasserseite zu. Nach Staphorst, Historia II, 1 S. 128 hieß er auch der Schauenburger Zoll.

wie es nach den Rezessen bei solchen Unruhen vorgesehen war, damit man über die Abstellung der Ursachen der Unruhen beraten konnte[9].

Die Bürgervertreter verhandelten mit dem Rat zuerst über das Mordgerücht und über die „Verschwörung" der „Johannisleute"[10]. Die Bürger argwöhnten, daß der Rat mit den Katholiken im Bunde oder doch im Einverständnis wäre, und verlangten darüber eine klare Auskunft. Aber dem Rat gelang es, glaubwürdig zu machen, daß er mit den „Johannisleuten" nichts zu tun gehabt und von deren Plänen nichts gewußt habe[11], und rettete sich damit vor der drohenden Gefahr einer Absetzung. Rezeßgemäß kamen die Juraten nun auf die tiefere Ursache der Unruhen zu sprechen: die zwiespältige Predigt, die sie mit Recht als Ursache der Auseinandersetzungen betrachteten. Wolle man Frieden in der Stadt haben, dann müßten die Prediger in Eintracht leben[12]. Um nun zu zeigen, wer den Frieden störe, legten die Bürgervertreter die von langer Hand vorbereitete Sammlung von Äußerungen der katholischen Prediger vor[13], die nach Ansicht der Prädikanten gegen das Evangelium und das Ratsmandat verstießen. Das hieß, daß die katholischen Prediger durch ihre angeblich mandatswidrigen Lehren den Anlaß zum Kanzelstreit gegeben hätten, während die Prädikanten um des Seelenheiles der Bürger willen auf den Kanzeln gegen sie streiten müßten; die Katholiken sollten also allein die Mandatsbrecher und Unruhestifter sein. Mit der Vorlage des Verzeichnisses wollten die Bürger erreichen, daß die katholischen Prediger verhört und nach dem Mandat verurteilt würden, denn sie erhoben auf diese Weise formell Klage gegen die auf dem Klagezettel genannten katholischen Prediger wegen Bruch des Mandates und des Stadtfriedens. Der Rat mußte wegen der herrschenden Unruhen und der politischen Übermacht der Reformationspartei, die sich zudem immer mehr mit der Bürgeropposition gegen den Rat deckte[14], nachgeben. Es wurde darum wie im Mai 1526 ausgemacht,

[9] Rezeß 1458 Art. 33; 1483 Art. 66.

[10] Quelle für das Folgende: Kempe, Bericht 522 = Hesterberch zu 31,8 (Jensen, Domkapitel 325); Gyseke, Chronik 58; Tratziger, Chronik 462.

[11] Gyseke, Chronik 58; Tratziger, Chronik 462. Die Sache wurde in den folgenden Monaten eingehend untersucht.

[12] Die von den Bürgern geforderte Einhelligkeit der Predigt hielt man damals allgemein aus religiösen wie aus politischen Gründen für unerläßlich notwendig. (B. Moeller, Reichsstadt und Reformation (Gütersloh 1962) 29/30).

[13] Gemäß Stadtrecht 1497 B XVII. Die Versionen bei Kempe, Bericht 523—525 und J. Moller, Nachrichten A 544—549 weichen leicht von einander ab. Da die von Kempe gebotene Fassung einen überarbeiteten und politisch entschärften Eindruck macht, lege ich die Mollers zugrunde und drucke sie im Textanhang ab.

[14] Die Bürgeropposition setzte kurz darauf sowohl die Annahme der Reforma-

daß der Rat für den nächsten Tag die in den Rezessen vorgesehene Versammlung der Erbgesessenen[15] zur Verhandlung über die Unruhen einberief und alle Prediger der Stadt, also auch die reformatorischen, zur Rechenschaft über ihre Lehre vor Rat und Bürgervertreter lud. Wer seine Lehre dann nicht aus der Schrift beweisen könne, der solle aus der Stadt gewiesen werden, gleichgültig welcher Partei er angehöre[16]. Mit diesem Vergleich hatte der Rat nun nicht nur sich, wenn auch vorläufig, aus der Affäre ziehen, sondern auch erreichen können, daß die katholischen Prediger nicht alleine und nicht von vorne herein die Angeklagten waren. Es stand jedoch fest, daß es nun zur endgültigen Auseinandersetzung darüber kommen mußte, ob die alte oder die neue Lehre in Hamburg anerkannt werden würde. Theoretisch bestand so noch die Chance, daß die Katholiken im letzten Augenblick sich retten konnten, doch waren die Aussichten dafür sehr gering.

Man mochte beim Rat hoffen, durch Einberufung der rezeßgemäßen Unruhenversammlung ein Ventil für die Aufregung der Bürger gefunden zu haben und die befürchteten Ausschreitungen des niederen Volkes verhindern zu können, an denen weder Rat noch Bürger ein Interesse hatten[17]. Auch gewann die Stadtobrigkeit Zeit und Bewegungsfreiheit, wenn auch nicht gewiß war, ob der Rat seine Herrschaft auf die Dauer aufrecht erhalten konnte[18]. Ganz im Rahmen der Hamburger Verfassungsbestimmungen und des Mandates hatten die Bürgervertreter den Rat zur Endauseinandersetzung über die Reformation zwingen können. Ihnen kam dabei sowohl die allgemeine Verbitterung wie das Mordgerücht und der politische Sieg der Reformationsanhänger vom Februar zugute, während Rat und Geistlichkeit jetzt ohne Hilfe dastanden und nachgeben mußten, um Schlimmeres zu verhüten. Nicht durch

tion wie die Verfassungsrevision durch (Sillem, Einführung 115—117, 148/149. S. u. S. 181).

[15] Rezeß 1458 Art. 66; 1483 Art. 63.

[16] Kempe, Bericht 523. Der Ratszeuge Hesterberg gab 1530 zu, daß die Bürger gefordert hatten, daß die Geistlichen ihr Tun aus der Schrift belegen sollten (Jensen, Domkapitel 325), und der Kapitelszeuge Lofften sagte aus, daß der Rat von den Bürgern zur „Disputation" genötigt worden sei, und es für das Beste gehalten habe, dem nachzugeben (ebenda 191). Nach den Rezessen mußte der Rat Beratungen über die Unruhen zulassen und auch der Klage wegen Mandatsbruch stattgeben.

[17] Dies sagten Cl. Rodenborch, C. Knost, H. Hartmann, Cl. van der Hoye, J. Wullenwever und H. Blome aus (Jensen, Domkapitel 315, 329, 331, 347, 370, 411), die als Bürgervertreter oder als Erbgesessene teilgenommen hatten. Sie betonen alle das Interesse des Rates, Unruhen zu vermeiden.

[18] Die Vornehmen stützten den Rat. Aber auch die einfachen Bürger wollten in erster Linie nur die Freiheit des ev. Bekenntnisses und der ev. Predigt (Kempe, Bericht 537/538; Ratszeuge Witteneve: Jensen, Domkapitel 336). Jedoch kam es 1528/1529 noch zu politischen Auseinandersetzungen.

eine akademische Disputation, sondern durch eine Verhandlung über die Unruhen und durch einen Mandatsprozeß sollte die Entscheidung fallen.

Diese Generalabrechnung wurde nötig, nachdem die theologischen Differenzen weiter bestanden, ja sich vertieft hatten[19] und die Bürgeropposition kurz vor ihrem Siege stand, so daß sie der kurz zuvor zusammengebrochenen katholischen Gegenpartei diktieren konnte[20]. Obwohl die katholischen Prediger keine Macht mehr hatten, veranlaßte die noch völlig unklare allgemeine rechtliche Stellung der neuen Lehre[21] die Hamburger Prädikanten, sie in ihrer Stadt theologisch wie juristisch zu sichern. Deswegen mußte die Entscheidung über die Einführung der Reformation wieder durch einen Mandatsprozeß erfolgen, wobei die Prädikanten zu versuchen hatten, die Anschauungen der katholischen Prediger wenigstens in den Augen der Bürgervertreter als unvereinbar mit dem Evangelium darzutun[22]; auch ihr Schriftprinzip ließ ihnen keinen anderen Weg[23].

Der Gedanke zu diesem Vorgehen ist vom Ratsmandat und vom Diskussionserfolg des Vorjahres eingegeben worden, den man wiederholen wollte. Daneben mögen die bekannten reformatorischen Vorbilder, etwa Zürichs oder auch anderer Städte, von Einfluß gewesen sein.

Die Absicht der Prädikanten ergänzte die kirchenpolitischen Ziele der Bürger wirkungsvoll und wurde auch darum von ihnen nachdrücklich unterstützt. Während die katholischen Prediger nichts zu hoffen hatten, konnte der Rat wenigstens noch entscheiden, ob er mit dem alten Klerus untergehen oder durch Annahme der Reformation seine Herrschaft retten wollte. Er wählte das Zweite, wurde dadurch aber zum Erfüllungsgehilfen der Bürger. Offiziell gaben die Reformationsanhänger an, nur die wahre evangeliumsgemäße Predigt wiederherstellen und deswegen ermitteln

[19] Man vgl. die Klageartikel von 1527 und 1528 (Textanhang 2 und 4).

[20] S. o. S. 115/116; 121/122.

[21] Die Reformation war reichsrechtlich durch das Wormser Edikt verboten, jedoch die Evangeliumspredigt, aber nur nach der Auslegung der Kirchenväter, erlaubt (RTA, JR. III 747/748). Auch der Speyrer Reichstag von 1526 hatte die Reformation nicht sanktioniert.

[22] Da die Prädikanten die kirchliche Jurisdiktion als gegnerisch ablehnten, aber auch Reichsbeschlüsse die Lehrfrage ordneten und Ketzerei auch nach dem Stadtrecht bestraft wurde (Stadtrecht von 1497 O XIX; Hennings, Strafrecht 89/90), konnte der Rat die Einhaltung der staatlichen Lehrnorm überprüfen. Er mußte damit aber sowohl die theologische wie die juristische Frage entscheiden, weil ihn sein Mandat und die Reichsgesetzgebung dazu zwangen. Wegen der politischen Lage hatte er aber dabei den Wünschen der Bürger zu folgen.

[23] Vgl. Kempe, Bericht 529.

zu wollen, wer beim Evangelium geblieben sei[24], während sie intern entschlossen waren, nun die Endabrechnung mit der alten Kirche zu halten. Daß man sich so etwas vornehmen konnte, beruhte nicht nur auf dem Hamburger Ratsmandat, sondern vor allem auf den Machtverhältnissen, da die Mehrheit der Erbgesessenen und der Einwohner überhaupt zur Revolte[25] oder Reformation übergegangen war. Vor allem hatten die Prädikanten ihren Hörern beigebracht, daß das Regiment der Bibel der allein richtige Weg des Kirchenregiments wäre[26].

Aber auch 1528 war man in der Wahl der Mittel nicht frei, denn Aufruhr und Klage legten als Verhandlungsgegenstände wieder die Unruhe und ihre Ursachen, als Forum den Rat, als Form die große Unruhenverhandlung mit allen Erbgesessenen und einen Mandatsprozeß samt theologischer Diskussion und ihre Themen fest und damit Teilnehmer, Verfahren, Ort, Zeit und die anderen Umstände[27]. Daß diesmal keine Sachverständigen hinzugezogen werden sollten, lag an der Kürze der Einberufungsfrist und an dem Umstand, daß diese nun meist zu den Angeklagten zählten[28]; nach dem Mandat konnte man ja auch ohne solche verhandeln[29].

Der Zeitpunkt der Vorgänge fällt mit dem Endkampf zwischen Bürgern und Rat um die Macht in der Stadt und mit dem Kapitel um Reformation und Kirchenhoheit zusammen. Nach dem Eindringen der Bürgeropposition in den Rat im Februar konnten die Prädikanten noch entschiedener gegen ihre Kanzelgegner vorgehen, mußten sich die Katholiken noch schärfer wehren. Beides erzeugte

[24] Kempe, Bericht 522/523.

[25] Die Revolte gegen den Rat befürchteten die katholischen Bürger von den „Kistenlüden" (Kempe, Bericht 521), die Reformationsanhänger von den unteren Volksschichten (Kempe, Bericht 539; Ratszeugen zu Art. 31 des Rates: Jensen, Domkapitel 314/315 et passim). Die Zusammenrottung vor dem Rathaus war faktisch schon der Aufstand und wird so auch von den Chroniken bezeichnet.

[26] So klagten schon Bustorp (Brief: Kempe, Bericht 496), Vulgreve (These 1: Kempe, Bericht 524). Das setzt auch der Sprecher der Bürger voraus (Kempe, Bericht 538).

[27] Vgl. Hennings, Strafrecht 100—156.

[28] Auf die Zeitnot beriefen sich auch die Prädikanten (Kempe, Bericht 529). Von den Sachverständigen von 1527 waren nur noch Ellerhof und die Juristen frei, war doch J. Moller einer der Führer der Johannisleute, und Kissenbrügge und Langenbeke hielten sich zurück. In Norddeutschland waren neben B. Moller und Went die folgenden auswärtigen Theologen bedeutend: A. van Getelen OP (Lüneburg), J. Gerhardi OP (Bremen), J. Rostein OP, C. van Sneek OP (Rostock) und van Meppen OP (Lübeck) sowie die Domtheologen Brandis (Bremen) und G. Frille (Lübeck). Wegen der damaligen Verkehrsverhältnisse konnten sie nicht in wenigen Tagen nach Hamburg kommen.

[29] Mandat 1526 Art 2: „... vnder sick efte in jegenwardicheit itliker vorstendiger der schrift" (Bolland, Burspraken II Nr. 113, 8).

dann die Siedehitze, in der ein Gerücht von einer Bartholomäusnacht wie der zündende Funke wirken mußte. Auch befand man sich in der Zeit der jährlichen Osterkommunion, in der die unterschiedlichen Auffassungen über die Kommunion jederman interessierten und zu Kanzelpolemiken führen mußten. Bezeichnend aber ist, daß erst politische Vorgänge die Unruhen und die Verhandlungen auslösten.

3. *Die Hauptverhandlung*

a) Die Organisation

Am nächsten Morgen, Dienstag, dem 28. 4. 1528[1], fieberte die Stadt vor Erregung. Alle Männer waren unterwegs, weswegen man die Bewachung der Stadttore gemieteten Wächtern und den Stadtknechten überließ[2]. Um 7 Uhr versammelten sich die Berechtigten zu den Verhandlungen[3]: Der Rat und die Bürgervertreter (12 Kirchengeschworene, 48 Vorsteher der „Gotteskästen")[4] zusammen mit den Predigern im Ratssaal[5], die Werkmeister der

[1] Die Angaben über den Termin dieser Verhandlung schwanken entsprechend der Fixierung des Vortages: Kempe, Bericht 521: „dingestages na dem Sonntag Misericodias Dn"; Gyseke, Chronik 59: „Dinxtages na Jubilate anno 1528"; Wendische Chronik 280: „up sunte Philippi unde Jacobi auent"; Hamburger Chronik 424: „up Philipps und Jacobs dage". Tratziger, Chronik 462: „folgendes Tages" (nach dem Montag nach dem Sonntag Misericordias Domini); Moller, Nachrichten A 543: „Anno 1528 kort na Paschen, benömentliken am dinxtage na dem sondage Misericordias Domini genömet"; Nachrichten B 551: „Anno 1528 am dinxtetage an dem sondage, Misericordias Domini genömet, dede was de dach Vitalis mertelers, de 28. dach des mantes Aprilis". Diese Angabe ist die genaueste und stimmt auch mit der Kempes überein.

[2] Reincke, Nachlaß 71 „1528/1529".

[3] Die Darstellung Kempe, Bericht 522—539 über den Verlauf bestätigen Moller, Nachrichten A 543—550 und B 551/552, 555/556, die Ratszeugen J. Hennings (Jensen, Domkapitel 115) und J. Wullenwever (345), die Kapitelszeugen M. Vischer (170/171) und Fr. Vulgreve (198) sowie die Hamburger Chronik 280/281, die Wendische Chronik 424/425 und Gyseke, Chronik 58/59, wenn auch bei Einzelfragen Abweichungen vorliegen.

[4] Die Wendische Chronik gibt außer den 48 Vorstehern der „Gotteskästen" noch die Vierundzwanziger an (425). Sie wurden aber erst im Juli 1528 zur Verhandlung mit dem Rat über die Neuordnung des Kirchenwesens und der politischen Verhältnisse gewählt (Sillem, Einführung 115). Die Zahl der Vorsteher stimmt, da die Gotteskastenordnung im Herbst 1527 auch in Petri eingeführt worden war (Beckey, Reformation 83).

[5] Im zweistöckigen Rathause gab es im Erdgeschoß drei Zimmer (Kämmerei und Tresekammer), im Obergeschoß lag der große Ratssaal von 24 mal 10 Metern, in dem das Ratsgestühl an der östlichen Schmalwand im Geviert

Ämter[6] und andere vornehme Bürger[7], wieder im „roden tollen" im Rathaus[8], die übrigen erbgesessenen Bürger auf dem „Neuen Saal", hinter dem Einbeckschen Haus[9] und auf dem Schafferhaus[10]; es sollen etwa 1000 Personen gewesen sein[11]. Von den Prädikanten waren vorgeladen[12]: Fritze, Kempe, Zegenhagen und Konrad Lünsemann, der 1527 im Maria-Magdalenen-Kloster Kempes Nachfolger als Prediger und Lektor geworden war[13]. Die katholischen Prediger waren: Dr. B. Moller, der Dompastor Mag. Matthäus Vischer[14], die Domprediger Mag. Friedrich Vulgreve und Mag. Hinrich Schroder, der Rektor des Heilig-Geist-Spitals Jost Siffridi sowie die Dominikaner Dr. Went, der Subprior Johannes Rensborch und Fabian Hoffmann[15]. Bustorp und Vißbeke hatte man ebensowenig vorgeladen wie den Pastor Friedrich Hennings von

um den „grünen Tisch" stand. Vor der Längsfassade zur Straße befand sich die zweistöckige „Laube", die Zugänge zum Ratssaal hatte. 1410 hatte man die „neue Schreiberei" angebaut, die in Höhe des Ratssaales die Ratsbibliothek barg (Reincke, Rathäuser 70—78).

6 Die „Werkmeister" waren die Aldermänner der Ämter, gehörten zu den „wittigsten" und hatten das Recht, in den Versammlungen der Erbgesessenen zu erscheinen (Westphalen, Verfassung I 3,91).

7 Von den Ratszeugen waren auf dem „roden tollen": J. Wullenwever (Jensen, Domkapitel 347), J. Schipphouwer (396), Cl. Rodenborch (379), D. Ostorp (289), H. Rentzel (237), ebenso Vertreter der Ämter (vgl. Foltze: 338).

8 Siehe die vorige Anmerkung und Kempe, Bericht 522!

9 Kempe, Bericht 522; J. Moller, Nachrichten B 551; M. Vischer: Jensen, Domkapitel 171; Staphorst, Historia II, 1, S. 128.

10 M. Vischer: Jensen, Domkapitel 171.

11 Reincke, Nachlaß 71 „1528/1529".

12 Kempe, Bericht 522/523 zählt sie so auf. Die Wendische Chronik gibt S. 280 an: „... vnde ok de vam Dome vt der kluft, van sunte Johanße vnde des hilligen geistes capellen... ßo synt... auerwunnen twe doctores, alße doctor Bartoldus Moller, theologus in summo, doctor Johan Wendt, theologus in monarchorum trusis to sunte Johanße, vnde soß andere magistri nostri van den predicanten...". Die Hamburger Chronik spricht von allen „vam dome unde ut der kluft, van sunte Johannis und hyllygen geyste" und fügt an: „und alle, de wedder gades Wort predygen" (424/425). J. Moller hat in A und B die drei Prädikanten: in A mit dem Klagezettel und in B mit der Verbanntenliste alle Namen der katholischen Angeklagten und Verurteilten. (J. Moller, Nachrichten A 544—548, B 552—556). Vulgreve nennt in seiner Aussage außer sich Moller und Schroder (Jensen, Domkapitel 198). Tratziger endlich stellt die alten Prediger den Pastoren der Pfarrkirchen gegenüber (Tratziger, Chronik 263), gibt damit aber einen späteren Entwicklungsstand wieder. Lünsemann wird also nur von Kempe, Bericht 523 erwähnt.

13 S. u. Personenverzeichnis Nr. 27.

14 Mattheus, „pastor in Crypta", hatte nach dem Aussagenprotokoll den Familiennamen Vischer (Jensen, Domkapitel 171).

15 Pater Fabian, „van Lubeke" genannt (Kempe, Bericht 524), hieß mit Familiennamen Hoffmann und gehörte dem Lübecker Dominikanerkonvent an, woher er wohl seinen volkstümlichen Beinamen hat (Jannasch, Lübeck 281, Anlage 81).

Petri[16] oder Barthold Vathouver. Demnach sind nicht, wie vereinbart, alle Prediger der Stadt, sondern nur die angeklagten katholischen und die wichtigsten reformatorischen Prediger vor den Rat zitiert worden. Worthaltend war in diesem Jahre der alte Bürgermeister Dirik Housen[17]. Die übrige Öffentlichkeit wußte übrigens nicht, worüber im Rathause verhandelt wurde. Manche versuchten, dies zu erfahren, und gingen deswegen zum Rathause oder zum Einbeckschen Hause, so daß wir uns vor diesen Gebäuden eine Menschenmenge vorzustellen haben[18]. Auf der Straße herrschte große Unruhe und Feindseligkeit gegen die katholische Geistlichkeit[19], und nicht wenige befürchteten, daß es doch noch zu einem Aufstand der unteren Schichten der Bevölkerung kommen würde[20]. Der Kreis der Geladenen und der Ausschluß der Öffentlichkeit von den Verhandlungen[21] bestätigt, daß der Rat sich strikt an die Vereinbarung des Vortages hielt und nur eine Unruhenverhandlung, wie sie die Verfassung vorschrieb, und einen Mandatsprozeß, jedoch keine akademische Disputation geplant hat.

b) Das Ringen um die Durchführung des Verhörs

Zuerst verhandelte man auf dem Rathaus. Der worthaltende Bürgermeister Hohusen[1] eröffnete die Sitzung mit einer kleinen Rede, in der er die Streitigkeiten der Prediger und die daraus erwachsenden Unruhen als Thema der Verhandlung angab und das Ziel aufstellte, den Streit soweit wie möglich zu schlichten[2]. Demnach versuchte er zunächst, eine Vergleichsverhandlung einzuleiten, wie sie nach dem Hamburger Recht erlaubt war[3]. Dann aber erwähnte er die „Artikel", die einige Prediger gepredigt hätten und die dem Rat vorgelegt worden seien. Man möge sie vorlesen[4] und die Betreffenden dazu hören. Es sollte also zugleich mit der gütlichen Verhandlung ein Verhör der angeklagten katholischen Prediger stattfinden. Demnach mußte es doch zu einem Mandatspro-

[16] Der Pfarrer von Petri, Mag. Friedrich Hennings, wollte von allem nur gehört haben (Jensen, Domkapitel 115), sagte aber 1530 als Ratsszeuge aus.

[17] So Vischer: Jensen, Domkapitel 171.

[18] Ratszeuge Joachim Moller: Jensen, Domkapitel 338.

[19] J. by der Linden: Jensen, Domkapitel 182; Kempe, Bericht 523.

[20] Aussage der Ratszeugen zu Art. 32 (Jensen, Domkapitel 314/315 et passim).

[21] Kempe, Bericht 537; Gyseke, Chronik 59.

[1] Vischer: Jensen, Domkapitel 171. Vgl. Lappenberg, Chroniken 586 und unsere Tabelle 1 S. 238.

[2] Kempe, Bericht 523. Auch den Prozeß eröffnete der Vorsitzende (Hennings, Strafrecht 134).

[3] Kodifiziert: Rezeß 1529 Art. 15.

[4] Die Verlesung des Klagezettels war bei schriftlicher Anklage seit Mitte des 15. Jahrhunderts in Hamburg üblich (Hennings, Strafrecht 134).

zeß kommen, in dem die Prädikanten als Kläger und die katholischen Prediger als Beklagte fungierten[5]. Der Gedanke eines Verhörs aller Prediger wurde damit fallengelassen, an dem auch den Bürgervertretern und den Prädikanten nichts lag.
Die Klageartikel lauten[6]:

I. „So hat Doktor Barthold Moller gepredigt:

1. Der Empfang des Sakramentes in einer Gestalt ist ebenso wirksam, als wenn es unter beiden Gestalten empfangen wird, denn der Körper ist nicht ohne Blut.

2. Die Einsetzung des Sakramentes unter der einen Gestalt des Brotes hat das Konstanzer Konzil beschlossen; darum ist das zu halten.

3. Wenn er todkrank würde, wollte er das Sakrament allein unter einer Gestalt empfangen.

4. Ebenso sprach er, daß er glaube, daß eine Gestalt, wie sie im Kristallglas und in der Monstranz sei, recht und wahrhaftig sei, und er wolle dabei bleiben bis an Schwert und Feuer.

5. Der Kanon der Messe hat nichts Schlechtes oder Unnützes an sich, er kann auch vor der Schrift gut bestehen.

6. Der Englische Gruß Mariens ist nicht allein als ein Gruß sondern auch als ein Gebet zu betrachten und dementsprechend zu gebrauchen[7].

7. Die Rute ist schon gebunden, sie soll rasch verfegt werden, denn daran ist schon von nicht geringen Leuten gedacht worden. Darum seht wohl zu.

II. Doktor Heinrich Went, Dominikaner

1. Es ist nötig, viel mehr zu glauben, als in der Heiligen Schrift geschrieben steht, wie die heilige Dreifaltigkeit, davon im Evangelium nichts geschrieben steht, und doch ist es nötig, sie zu glauben.

[5] Auch Beckey, Reformation 98 ist der Ansicht, daß die Katholiken die Angeklagten sind, sieht aber einen Gegensatz zwischen der Vermittlungsrolle des Rates und seiner Stellung als Richter. Er war aber ermächtigt, dem eigentlichen Prozeß drei Vergleichsverhandlungen vorausgehen zu lassen. (Westphalen, Verfassung I 264).

[6] Zu den Artikeln vgl. o. S. 125 Anm. 13 und zu den theologischen Thesen Laemmer, Theologie 73—80, 88—98, 161—171, 248—278, 294—304, 321—325, 329—337 sowie Kempe, Anthworth passim. Text: Moller, Nachrichten A 544/545, 547—549 und in unserem Textanhang B 4.

[7] Für die reformatorische Ansicht vgl. Luther, WA XVII, 2 S. 409; Zwingli, Z I 407—410; Kempe, Anthworth Art. XXI—XXVIII. Vgl. R. Schimmelpfenning, Die Geschichte der Marienverehrung im deutschen Protestantismus (Paderborn 1952) 9—31.

2. Maria ist unser Leben, unsere Hoffnung und unsere Fürsprecherin. Sie hat das Haupt der Schlange zertreten[8].

3. Auf dem Stuhle des Moses sitzen heißt: zur Beichte sitzen und sie hören.

4. Er verweigerte die Absolution jenen, die das Sakrament nach der Einsetzung Christi unter beiden Gestalten empfangen.

III. Matthäus (Vischer), Pastor in der Krypta (des Domes)[9]

1. Das Sakrament des Leibes und Blutes Christi ist ein Opfer für die Sünden der Lebenden und Toten.

2. Die Seelen der Gläubigen werden nach diesem Leben mit Feuer gepeinigt und daraus mit Vigilien, Messen und andern Werken erlöst[10].

3. Die Anrufung der verschiedenen verstorbenen Heiligen lehrt und bewährt die Heilige Schrift.

Diesen Artikel vertritt auch der Subprior Rensborch heftig.

IV. Pater Fabian (Hoffmann) von Lübeck, Dominikaner

1. Diejenigen irren sich, die sagen, daß man dem Wort Gottes nichts zusetzen muß[11].

[8] Dies Zitat ist dem Salve Regina entnommen, das deswegen von Luther 1522 abgelehnt wurde (WA X, 3 S. 321/322). Daraufhin setzten die Nürnberger Pröpste G. Peßler und H. Pörner das Salvesingen ab und verteidigten sich in einer Flugschrift. S. Heid und J. Freyslegen erneuerten 1525 den Streit und schlugen vor, die beliebte Antiphon auf Christus zu beziehen. Zur Verteidigung des Salve Regina schrieben J. Dietenberger (S. o. S. 65 Anm. 9), B. Arnoldi von Usingen im 2. Teil seiner „Invocatio sanctorum" (Würzburg 1526) und A. von Alfeldt OFM: Eyn vorklerunge aus heller Warheit, ob das Salve regina misericordie eyn christlicher lobesang sey oder nicht (Leipzig 1527). Ediert: A. von Alfeld, Erklärung des Salve Regina 1527. Hrsg. von L. Lemmens OFM (Münster 1926) 51—102. (Die Angaben ebd. 53/54) Vgl. H.-U. Delius, Luther und das Salve regina: Forschungen und Fortschritte XXXVIII (1964) 249—251; Falk, Salve Regina 350—354; Kempe, Anthworth 208/209.

[9] Vischer formulierte 1530 die ihm vorgehaltenen Thesen so: „... dan syner person haluen syn duth de artykell gewest, de ohme vorgeholden wurden, de he, de tuch, geprediget hadde, als vam vegefure, item vor de verstoruen selen tho bidden, item van den hilligen tho ehrende, item dat Christus den beyden junghern tho Emaus synen lycham hadde gegeuen, unde dat de tuch geredet hadde, dat de suluigen beyden jungern under eyner gestalt hedden enthfangen den waren lycham unde bloth Christi." (Jensen, Domkapitel 171). Eine These vom Meßopfer hat aber Kempe, Bericht 525. Zur Sache vgl. Kempe, Anthworth Art. XIX — XXI, XXV.

[10] Vgl. Zwingli, Z II 780—783.

[11] Vgl. Zwingli, Z I 134/135. Die Prinzipienfrage war also ebenso klar erkannt (was Polman, Methode 6 entspricht) wie das Interpretationsproblem, zu dem damals schon die Auseinandersetzung zwischen Erasmus und Luther vorlag.

2. Man muß dem Paulus etwas zusetzen, wo er sagt: „Fegt den alten Sauerteig aus." Dort kann Paulus nicht verstanden werden, wir müßten denn alle Bäcker sein. Auch kann das Neue Testament für diese Stelle keine Hilfe geben.

3. Niemand wird selig ohne die Erfüllung der Gebote Gottes.

V. Hinrich Schroder, Prediger im Dom

Die Anbetung Gottes im Geiste und in der Wahrheit geschieht im Tempel, denn dort wohnt Gott[12].

VI. Subprior Johannes Rensborch, Dominikaner

1. Die neuen Prediger hetzen das Blut der Laien gegen die Geistlichen[13].

2. Aus dem letzten Kapitel des Lukas schloß er, daß alleine eine Gestalt des Sakramentes den gläubigen Laien (erlaubt sei) und daß sie von der Einsetzung und dem Empfang des Kelches, der da gänzlich und alle entsühnt, durchaus ausgeschlossen sind[14].

Diesen Artikel haben auch gepredigt in der Krypta Mattheus (Vischer), Fabian (Hoffmann) Rensborch und im Heilig-Geist-Spital der dortige Rektor Jodokus Siffridi.

VII. Mag. Friedrich Vulgreve, Domprediger[15]

1. Es ist nicht nützlich, daß die Christenleute das Evangelium kennen, denn sie könnten darüber in Irrtum fallen und der Teufel könnte sie dadurch verführen. Deswegen hätte Hieronymus es in Kapitel eingeteilt, damit man aus ihm entnehme, was dem Volke zur Seligkeit nützlich sei.

2. Ein Bischof kann wohl eine Frau haben, aber er soll dann kein Bischof sein.

3. Was Paulus 1 Tim 3 sagt, ist von einer geistlichen Frau zu verstehen, das ist von der Braut. Und die Frau, welche die Heilige

[12] Schroder hatte 1530 den ihm vorgehaltenen Artikel vergessen (Jensen, Domkapitel 186). — Dieselbe Ansicht vertrat z. B. auch der Pfarrer J. Lochstetter im 2. Züricher Religionsgespräch im Oktober 1523 (Zwingli, Z II 724).

[13] Dasselbe behauptet Eck, Enchiridion Kap. XXVII.

[14] Diese Stelle, die allein J. Moller überliefert, ist verderbt und schon von Kempe durch andere Anordnung des Stoffes gestrichen worden. Der Text lautet wörtlich: „Ut dem latesten capittel Lucae beschlutet he, dat alleine eine gestalt des sacramentes der christlövigen leyen van der insettinge vnde entfanginge des blodes genßlik buten beslaten, unde van der insettinge dessulven kelkes, de dar deger und alle entsündet" (Moller, Nachrichten A 548).

[15] 1530 sagte Vulgreve aus, daß die Artikel anders gelautet hätten als er sie gepredigt habe (Jensen, Domkapitel 158). Zur Sache vgl. Kempe, Anthworth 198/199.

Kirche ist, und die Kinder sind geistliche Kinder, welche mit guten Beispielen und Bildern aufzuziehen sind.

4. Denn als die Apostel den Heiligen Geist in feurigen Zungen empfangen hatten, haben sie ihre Frauen und Kinder verlassen und danach keine Frauen mehr genommen.

5. Obwohl Paulus schreibt, daß die Bischöfe eine Frau nehmen dürfen, so haben es doch die anderen Apostel nicht geschrieben. Darum sollte man bei den Schriften der ersten Apostel bleiben, denn Paulus wäre erst lange nach ihnen gekommen, nachdem die Apostel den Heiligen Geist in feurigen Zungen empfangen und darum ihre Frauen und Kinder verlassen hätten.

6. Die heiligen Väter haben ihr Blut um ihrer Keuschheit willen vergossen. Aber jetzt täte ein jeder, was er wolle. Wenn die Obrigkeit dies nicht beachte, würde dem ein großes Blutvergießen folgen, denn Hamburg sei oben nicht gewölbt.

Dieser Artikel und viele andere, die sie täglich ohne die Wahrheit der göttlichen Schrift lehren, sind ausgewählt, damit sie diese mit Gottes Wort belegen oder widerrufen und von ihren Predigten lassen."

Nach der Verlesung dieser Klageartikel bat B. Moller, der auch hier als Ranghöchster wieder den Wortführer machte, darum, sich mit den Seinen besprechen zu dürfen[16]. Da dies bei Gerichtsverhandlungen üblich war[17], wurde es ihm gewährt. Als die Angeklagten wieder vor den Rat traten, gab der Domtheologe im Namen aller eine wohlüberlegte Erklärung ab[18]: Sie würden einen Teil der ihnen vorgehaltenen Äußerungen akzeptieren, zum Teil hätten sie diese aber gar nicht oder anders als vorgelesen gepredigt. Deswegen bäten sie darum, daß man ihnen die Artikel übergäbe, damit sie diese lesen könnten. Sie wollten dann jeweils dazu schreiben, wo und was sie gelehrt hätten, und es christlichen Universitäten[19], wo Sachverständige und unverdächtige Richter lebten, die

[16] Kempe, Bericht 525/526.

[17] Hennings, Strafrecht 135.

[18] Quelle: Kempe, Bericht 525/526, die Vulgreve (Jensen, Domkapitel 171) und Moller, Nachrichten B 552 der Sache nach bestätigen.

[19] Kempe erwähnt Bericht 526 statt der Appelation an die Universitäten eine solche an Papst und Kaiser. Dies war in Hamburg nur bei Rechtsverweigerung zulässig. (Hennings, Strafrecht 152). Nach Moller, Nachrichten A 544 und B 552 sowie Gyseke, Chronik 59 ist aber gesichert, daß der Domtheologe von Universitäten gesprochen hat. Der Fehler mag dadurch entstanden sein, daß B. Moller sich am Schluß seiner lateinischen Verteidigungsschrift erboten hatte, seine Lehren vor den Häuptern der Christenheit zu verteidigen (Moller, Nachrichten A 546).

in der Auslegung der Schrift Erfahrung hätten, zur Begutachtung übergeben. Diese könnten dann darüber urteilen, wo sie recht oder unrichtig gelehrt hätten, und sie gegebenenfalls belehren. Auch der Rat solle eine Abschrift ihrer Rechtfertigung erhalten. Daß aber andere darüber urteilen würden, — damit sind die Prädikanten und Bürgervertreter, aber auch der Rat gemeint —, das nähmen sie nicht an. Auch verlangten sie zusätzlich, daß die Prädikanten ihrerseits ihre Lehren schriftlich niederlegten und sie ebenfalls den Universitäten zur Beurteilung vorlegen sollten.

Der Domtheologe hatte damit den Rat und erst recht die Bürger und die Prädikanten als Richter wegen Unzuständigkeit und mangelnder Sachkenntnis abgelehnt und, wie damals möglich, Berufung an einer Universität[20] eingelegt. Dieser Schritt entsprach ganz dem kirchlichen Prozeßrecht, näherhin dem Verfahren per inquisitionem[21]. Dort war vorgesehen, daß der Richter nach Bekanntwerden der Straftat zuerst die Belastungsmomente zusammenstellen, ihre Richtigkeit durch Zeugen und Indizien feststellen und bei positivem Ergebnis das decretum pro constituendo reo und die Vorladung der Inquisiten verfügen mußte. Nach diesem „Informationsprozeß" war der Inquisit vorzuladen, ihm Anklage und Beweise bekanntzugeben und sodann zu verhören. Falls die Anklage von einem promotor fiscalis betrieben wurde, hatte dieser die Anklage in Positionen darzulegen und im Falle der Leugnung die zu beweisenden Tatsachen in Artikel zu fassen, wobei er sich auf das Ergebnis des Informationsprozesses berufen konnte. Diese prozessualen Tatbestände waren nun durch die Anklage der Bürger am Vortage, durch die Abfassung der Artikel, durch die Vorladung der Angeklagten und die Verlesung der Anklageschrift erfüllt. Bei regulärem Prozeßverlauf war der Angeklagte nun darüber zu befragen, was er eingestehe und was er leugne. Offenbar wollte der Bürgermeister so fortfahren.

Der Domtheologe durfte es dazu aber nicht kommen lassen, weil er den Rat als Richter ablehnte. Nach dem kanonischen Recht war

[20] Der Protest war schon deswegen berechtigt, weil in dieser Sache an sich die kirchlichen Instanzen hätten urteilen müssen. Dies hatte Bustorp 1527 in seinem Briefe klar betont (Kempe, Bericht 504). Nach dem Nürnberger Reichstagsabschied von 1523 war jedoch auch ein Urteil von Fachleuten zugelassen (RTA, JR III 748). Der Domtheologe bestritt darum nur, daß die Gegenpartei, der Rat oder die Bürgervertreter diese Fachleute wären, und verlangte die Hinzuziehung wirklicher sachverständiger Gelehrten, wie es in Hamburg auch nach dem Stadtrecht möglich war (Hennings, Strafrecht 144/145).

[21] Zum Folgenden vgl. Hinschius, Kirchenrecht VI 70, Anm. 1; Plöchl, Kirchenrecht II² 359—361. Auch im Hamburg war es erlaubt, Vertagung und schriftliche Verfahren zu beantragen (Hennings, Strafrecht 127, 135).

nämlich vorgeschrieben, daß die Rekusation des Richters vor jeder Einlassung auf die Sache erfolgen mußte[22]. Sie hatte vor dem für die Unruhen zuständigen Richter, dem Rat, zu geschehen. Wie weiter vorgeschrieben, gab Moller Gründe an[23]: nämlich unverdächtige und sachliche Richter zu gewinnen[24]. Nach diesem Einspruch hätte der Rat nach kanonischem Recht alle weiteren Handlungen unterlassen müssen[25], denn da es sich um eine Appellation handelte, hatte die Verhandlungsführung an denjenigen Richter überzugehen, an den appelliert worden war[26]. Auch die übrigen Forderungen: Überlassung der Anklageschrift zur schriftlichen Beantwortung, das Versprechen einer Antwort, die ebenfalls in Artikel zu fassen war und der Fragen an die Zeugen beigefügt werden konnten, entsprach dem kirchlichen Prozeßrecht[27]. Die Forderung an die Prädikanten stützte sich dagegen auf den Beschluß des Vortages[28] wie auf die Überzeugung, daß nur Universitäten in dieser Frage sachgemäß richten könnten[29].

Moller hatte mit seinem Schritt nicht nur Zeit, sondern vor allem ein sachlich richtiges und rechtlich unanfechtbares Urteil gewinnen wollen. Auch hatte er dabei offenbar einkalkuliert, wie solche Universitäten entschieden, hatte er doch 1525 in Rostock selbst ein solches Verfahren gegen den dortigen Prädikanten Slüter zu führen versucht[30].

Die ganze wohlüberlegte Aktion[31] scheiterte aber dadurch, daß Siffridi die Nerven verlor und sich zu entschuldigen und zu rechtfertigen begann: er habe die Evangelien an den Sonntagen nur Wort für Wort erklärt und auch an dem Tage (Ostermontag), an dem das Evangelium von den Jüngern von Emmaus gepredigt

[22] Hinschius, Kirchenrecht VI 89 Anm. 6,7; Plöchl, Kirchenrecht II² 369. Nach römischem Recht war als Prozeßeinrede auch die Unzuständigkeit des Gerichtes für Person oder Sache und die mangelnde Qualifikation oder Legimitation einer Partei erlaubt (M. Kaser, Das römische Zivilprozeßrecht (München 1966) 474).

[23] Hinschius, Kirchenrecht VI 89 Anm 6,7.

[24] J. Moller, Nachrichten B 556. Der Angeklagte war befugt, einen Richter wegen Besorgnis der Befangenheit abzulehnen (Kaser, Zivilprozeßrecht 474; Hinschius, Kirchenrecht VI 89; Plöchl, Kirchenrecht I 369).

[25] Hinschius, Kirchenrecht VI 90, 120. Plöchl, Kirchenrecht II² 356. Natürlich galt das nur, wenn die Ablehnung gerechtfertigt war. Das war hier aber offensichtlich der Fall.

[26] Hinschius, Kirchenrecht VI 120/121.

[27] Plöchl, Kirchenrecht II² 355/356.

[28] Kempe, Bericht 522.

[29] Vgl. Plöchl, Kirchenrecht II² 357, 369.

[30] Schmaltz, Mecklenburg II 16.

[31] So Moller, B 556: „protestatio unde beropinge". Kempe verwendet bezeichnenderweise diese juristischen Termini nicht (vgl. Bericht 526, 527/28).

werde, die ihm vorgeworfene Lehre nicht vertreten. Er wisse es nicht anders. Wenn ihn aber jemand darin tadeln könne, so könne er das vertragen und wolle auch darauf hören[32]. Daraufhin fragte der Bürgermeister auch die anderen, ob sie Korrekturen anzubringen hätten, was sie dann bis auf Moller der Reihe nach taten[33]: Dr. Went kritisierte, daß er es nicht so, wie vorgelesen, gesagt habe. Er habe auch keinen Beichtenden fortgeschickt, sondern er habe einem, der zu ihm nur wegen der Absolution kam und angab, daß er schon Christus seine Sünden gebeichtet habe, gesagt, daß ihn dann auch Christus absolvieren möge[34]. Rensborch erklärte, daß er den ersten, den politischen Artikel so nicht formuliert hätte, die anderen seien wohl so von ihm gepredigt worden[35]. Fabian Hoffmann sagte, daß er der These, daß im letzten Kapitel bei Lukas die Kommunion sub una gelehrt würde, nicht zustimme, sondern daß er allein angeführt habe, was andere darüber lehrten. Den Artikel über die Schriftauslegung habe er so nicht gesagt, sondern allein, daß Paulus schwer zu verstehen sei. Auch den dritten habe er anders gelehrt, nämlich daß jeder, der in die Jahre der Eigenverantwortung komme, die Gebote Gottes halten müsse, wenn er selig werden wolle[36]. Ob Vulgreve[37] und Vischer die Thesen anerkannten oder nicht[38], ist nicht zu klären, dagegen ist bekannt, daß Schroder die ihm vorgehaltene Äußerung heftig abstritt[39].

[32] Kempe, Bericht 526; vgl. Moller, Nachrichten A 548, wo berichtet wird, daß Siffridi schon am Georgstag, dem 23. 4., sich gegen diesen Vorwurf öffentlich gewandt und ihn abgestritten habe mit der in der Verhandlung wiederholten Erklärung. Beckey behauptet Reformation 99, daß es keine These gegen Siffridi gegeben hätte. Dies stimmt nur, wenn man von dem Thesenzettel im Bericht Kempes ausgeht. Bei Moller, Nachrichten A 548 ist Siffridi am Schluß mit aufgeführt als einer, der die Emmausperikope als Beweis für die katholische Kommunionpraxis anführen würde; auch dies spricht für den Text J. Mollers.

[33] Die Bejahwortung der Klage war in Hamburg (Hennings, Strafrecht 134—136) und nach dem Sachsenspiegel I,62 nötig. Beckey, Reformation 100 kennzeichnet diesen Teil der Verhandlungen und die folgende Diskussion richtig als „Verhör und Beweisaufnahme“, wenn er auch für die Beurteilung der Verhandlung daraus keine Konsequenzen zieht.

[34] Kempe, Bericht 526. Also eine rein ironische Bemerkung und keine Absolutionsverweigerung wegen Kommunion unter beiderlei Gestalt.

[35] Kempe, Bericht 526/527.

[36] Kempe, Bericht 528, Sillem, Einführung 101 und Beckey, Reformation 100 verstehen hier Kempe falsch, wenn sie meinen, daß Fabian Hoffmann sich die Emmausinterpretation angeeignet hätte (Sillem) und sich dafür auch auf die Meinung anderer Gelehrter berufen hätte (Beckey).

[37] Vulgreves Lehren eine „auffallende Unklarheit und Befangenheit“ (Sillem, Einführung 101) zu bescheinigen, ist sicher nicht richtig. Sie stellen nur eine ältere Stufe der Theologie dar, als sie Humanismus oder Reformation boten.

[38] 1530 sagte Vischer aus, daß die Artikel anders gelautet hätten, als er sie gepredigt habe, weswegen er sie auch nicht angeben könne. (Jensen, Dom-

Als nun Moller sah, daß seine Mitangeklagten zum Teil die Äußerungen öffentlich eingestanden hatten, wurde er zornig und fragte sie, ob sie ihm nicht aufgetragen hätten, so zu reden, wie er gesprochen habe. Warum sie nun ihre Ansicht geändert hätten. Dies belustigte die Bürger sehr[40], so daß sie Moller auslachten[41]. Der Bürgermeister hatte aber entgegen dem Antrag Mollers so handeln müssen, da der Sachsenspiegel vorschrieb, daß außer bei einem Duell auf eine Anklage sofort durch Eingeständnis oder Leugnung zu antworten sei[42]; der Sachsenspiegel, nicht aber das Corpus juris canonici war in Hamburg vor dem Rat geltendes weltliches Recht[43].

Erst nach der Befragung der Beklagten konnte der Bürgermeister die Appellation behandeln, was er nun tat[44]. Er stellte sich auf die Seite der Katholiken und fand es billig, daß man den Angeklagten die „Artikel" übergebe, damit sie sich darauf bedächten, was sie gesagt hätten. Dies sollten sie dem Rat anzeigen und dann den Richtern vorlegen, die sachverständig seien. Wer solle auch sonst in dieser Sache richten? Er selbst könne es nicht, da es über seine Sachkenntnis gehe[45].

Die Verhandlung ging weiter[46], da die Bürger die Ansicht des

kapitel 198). Kempe, Bericht 527 behauptet allerdings, er hätte alles eingestanden. Die Wahrheit ist hier nicht mehr zu ermitteln.

39 Schroder spricht 1530 von Artikeln im Plural, weiß sie aber nicht mehr (Jensen, Domkapitel 186).

40 Wer diese Bürger waren, ist nicht klar. Anwesend waren sicher die Juraten, wohl auch die Vorsteher der „Gotteskästen". Offenbar hatten auch die Bürger vom „roden tollen" zum Sitzungssaal Zugang erhalten, da Moller, Nachrichten B 556 von vielen hundert Bürgern spricht, eine literarische Übertreibung für eine große Zahl. Auch Sillem, Einführung 103 nimmt an, daß die Bürger vom „roden tollen" Zugang hatten.

41 Kempe, Bericht 527/28. Er spricht aus, daß Moller an sich die Verhöre verhindern wollte und wegen des Mißlingens die Fassung verlor. Man hatte also auf der Gegenseite sein Manöver klar durchschaut.

42 „... um al andere sake, da men den man umme schuldiget, scal he antwarden to hant, bekennen oder versaken." (Sachsenspiegel II, 3). Das war auch in Hamburg üblich (Hennings, Strafrecht 135).

43 Stadtrecht 1497, Einleitung; Rezeß 1483 Art. 15.

44 Kempe, Bericht 528.

45 Der Antrag auf eine Vorbereitungsfrist war nach der Langenbeckschen Glosse (B) zu B II zulässig. Der Wunsch nach schriftlichem Verfahren mußte seit dem Rezeß von 1529 Art. 13 gewährt werden. Der Aktenversand an Universitäten wurde erst im Rezeß von 1605 I 39,4 kodifiziert. Der Rat war für die theologischen Streitfragen weder zuständig noch kompetent (Hennings, Strafrecht 90).

46 Für das Folgende vgl. Kempe, Bericht 528—530. Der Sache nach bestätigt es Moller, Nachrichten A 544, 550; B 552 sowie die Kapitelszeugen Schroder (Jensen, Domkapitel 186) und Vulgreve (191). — Nach Stadtrecht 1497 B VI konnte der Vorsitzende die Appellation nicht von sich aus gewähren, sondern mußte die Beisitzer um Zustimmung fragen.

Bürgermeisters nicht anerkennen wollten. Sie erklärten sich zwar grundsätzlich mit der Ansicht des Bürgermeisters einverstanden, wiesen aber darauf hin, daß durch die Verschiebung der Verhandlungen der Unfriede in der Stadt nur größer würde, denn man könne die versammelte Bürgerschaft nicht ohne Entscheidung wieder nach Hause schicken. Auch hätten die Angeklagten zum Teil gestanden. So könne man über diese Artikel verhandeln und sehen, was richtig und was falsch sei. Die Bürger würden nicht verlangen, daß sie selbst oder der Rat richten sollten, sondern — und hier kamen sie mit ihrem eigentlichen Plan heraus — das Wort Gottes solle Richter sein. Es würde schon anzeigen, wer bei ihm geblieben sei und wer nicht.

Um die Appellation doch noch zu retten, fragte der Bürgermeister nun die Prädikanten, ob man diese Fragen ohne Richter entscheiden könne und ob sie diese Richter sein wollten. Die Prädikanten beriefen sich in ihrer Antwort zuerst auf das Mandat des Rates, das unter anderem die Predigt des reinen und lauteren Gotteswortes angeordnet habe. Wenn jemand sie darin überführen könnte, daß sie es nicht gepredigt hätten, wollten sie ihre Sache verloren geben[47]. Um aber festzustellen, ob die Gegenseite das Mandat eingehalten habe, brauche man keine große Disputation abzuhalten und benötige man keine besonderen Richter[48], die man doch so bald nicht bekommen würde, sondern man schlage die Bibel, in der Gottes Wort niedergeschrieben sei, in Gegenwart des Rates und der Bürger auf. Wenn dann die Gegner zeigen könnten, daß sie Gottes Wort gepredigt hätten, solle es ihnen zugute kommen. Andernfalls könne der Rat ja leicht erkennen, daß die Angeklagten das Wort Gottes nicht gepredigt hätten. Mit dieser Antwort lehnten sie zugleich die Forderung der Katholiken nach schriftlicher Fixierung ihrer Lehre oder nach einem Verhör ihrer Lehre vor dem Rat, wie es an sich am Vortage beschlossen worden war, ab und machten dies von einer besonderen Anklage abhängig, zu der in dieser Situation natürlich kein Katholik in der Lage war.

[47] Kempe, Bericht 529. Auch Beckey bemerkt Reformation 101 zu Recht, daß die Prädikanten sich in feierlicher Form und in rechtlicher Berufung auf das Ratsmandat bezogen hätten.

[48] Die Prädikanten lehnten also ausdrücklich eine formelle akademische Disputation ab. Die Annahme der bisherigen Forschung hat demnach in den Mitteilungen der Beteiligten keine Stütze. Auch waren Disputationen von Kaiser Karl V. am 13. 7. 1524 in einem Mandat von Burgos aus verboten worden. (C. E. Förstemann, Neues Urkundenbuch zur Geschichte der evangelischen Kirchenreformation (Hamburg 1842) Nr. 81 S. 204—206, hier 206). Vgl. Zwingli, Z I 103—111, 340, 364, 366, 371—382, 458, 465, 557—563, 565; Z II 21—26, 71—76. B. Hubmaier: Z II 717. Nach Luther ist die Gemeinde der Richter: (WA XII 408—416).

Auch kann man am Inhalt ihrer Antwort ablesen, daß die Art des Vorgehens offenbar zwischen Bürgervertretern und Prädikanten abgesprochen worden war. — Bürgervertreter und Prädikanten hatten nun in ihren Antworten Argumente angeführt, die geeignet waren, die Appellation der Angeklagten doch noch zurückzuweisen. Denn nach dem Römischen Recht, das in Hamburg subsidiär galt[49], war es nämlich möglich, einer Appellation dann nicht stattzugeben, wenn eine sofortige Bestrafung im Interesse der öffentlichen Sicherheit lag oder der Angeklagte geständig war[50]. Beides war der Fall und wurde auch von den bestens vorbereiteten Bürgervertretern sofort ins Feld geführt; allerdings durfte dann nur über die eingestandenen Punkte der Anklage verhandelt werden[51]. Da auch nach dem Kirchenrecht eine Appellation ausgeschlossen war, wenn der Beklagte gestanden hatte[52], war die Enttäuschung des Domtheologen über das Verhalten seiner Mitangeklagten sehr verständlich, denn offensichtlich kannte er diese Bestimmungen und wollte darum jede Einlassung in die Sache verhindern. Allerdings widersprachen sich die Vorschriften des Kanonischen Rechtes und des Sachsenspiegels und hatten zu dieser Zwangslage geführt, bei der der Bürgermeister entgegen seinen Absichten gezwungen war, die Angeklagten zur Anklage zu verhören und damit den Bürgern den gesuchten Vorwand zu bieten.

Durch die Einwände der Bürger war aber die Frage, wer Richter sein sollte, noch nicht geklärt. Die Proklamation der Bibel als dem Richter entsprach zwar anscheinend dem Ratsmandat[53], aber man mußte dessen Wortlaut dabei dahin pressen, daß allein das expressive Schriftwort vorgeschrieben worden wäre. Die Forderung der Prädikanten und Bürger offenbart wieder eine biblizistische Einstellung, die mehr an Zwingli und an die radikalen Reformationsanhänger erinnert als an Luther, der Schrifttext und Evangelium unterschied[54]. Durch den Einspruch der Kläger war zudem noch die Ermessensfrage zu entscheiden, wie man weiter verfahren wolle. Da wegen der unruhigen Lage der Rat nicht ohne die Bürger han-

[49] Stadtrecht 1497, Einleitung.

[50] Dig XLIX, 1, 16. Hartmann, Appellatio im Criminalprozeß: RE III (1895) 209 s. v. Appellatio; Kaser, Zivilprozeß 403/404, 507.

[51] Nach dem römischen Recht war die Beschränkung der Klage auf ihren begründeten Teil zulässig (Kaser, Zivilprozeßrecht 476). Das Teilgeständnis legitimierte die Klage (ebenda).

[52] Hinschius, Kirchenrecht VI, 130.

[53] Art. 1: „... dat rechte, reine, lutter hillige Gades evangelium mit vtlegginge der schrifte der hilligen apostel vnd ander bewerden schriften ... na der lere der bewerden vnd von der christliken kerken angenamenen boke..." (Bolland, Bursspraken II Nr. 113,8).

[54] Althaus, Theologie 42—47.

deln konnte, beriet er mit ihnen über die Frage zuerst einmal intern[55]. Aber angesichts der Machtverhältnisse konnte das Ergebnis nicht mehr zweifelsfrei sein. Als beide wieder vor die Versammlung traten, erklärte der worthaltende Bürgermeister denn auch, daß man sich geeinigt hätte, doch über die eingestandenen „Artikel" zu verhandeln[56]. Man wolle sehen, ob sie mit Gottes Wort zu vereinbaren seien oder nicht[57]. Der Bürgermeister mußte also vollständig nachgeben.

c) Das Verhör der katholischen Prediger und seine theologische Problematik

(1) Der Verlauf

Die angeklagten katholischen Prediger mußten nun in der Reihenfolge ihres Ranges vortreten[1] und die von ihnen eingestandenen Äußerungen aus der Bibel beweisen[2]. Zuerst sprach *Dr. Moller*. Er holte jetzt seine Stellungnahme zu den ihm vorgehaltenen

[55] Kempe, Bericht 529. Das war auch sonst bei Verhandlungen vor dem Rat üblich. Wir finden dieselbe Sitte auch in Lübeck (Jannasch, Lübeck 289) oder in Lüneburg (Wrede, Einführung 119). Nach Stadtrecht 1497 B VI mußte der worthaltende Bürgermeister vor einer Antwort die Ratmannen um ihre Meinung fragen.

[56] Die Beweisaufnahme durch eine Diskussion war trotz der Teilgeständnisse nötig, weil die Mandatswidrigkeit der eingestandenen Äußerungen von den Angeklagten bestritten wurde und durch die Diskussion bewiesen werden sollte.

[57] Das bestätigen der Kapitelszeuge T. Lofften (Jensen, Domkapitel 191) und J. Moller, Nachrichten B 552, Kempe, Bericht 529, 530. Daß die Forderung der Katholiken abgelehnt wurde, berichtet auch J. Moller für alle (Nachrichten A 550), für B. Moller: Nachrichten A 554 und B 556. Auch Vulgreve gibt mit H. Schroder an, daß die Angeklagten später den Artikelzettel erhalten haben (Jensen, Domkapitel 186, 198). Im Art. 13 des Rezesses von 1529 wurde die Forderung B. Mollers bindend vorgeschrieben.

[1] Die Reihenfolge nach dem Rang hielt man auch bei der zweiten Züricher Disputation ein (Zwingli, Z II 801).

[2] Über das folgende Verhör berichtet nur Kempe (Bericht 530—536) ausführlich, aber auch er faßt schon stark zusammen. Gyseke, Chronik 59 gibt nur kurz die Themen an, Moller, Nachrichten A 544 und B 551, 554—557 machen einige summarische Angaben, während die Chroniken aaO. nur das Faktum berichten. Die Aussagen der beteiligten Zeugen Schroder, Vischer und Vulgreve zu Artikel 9 (Jensen, Domkapitel 171, 186, 198) lassen aber ebenso wie ein Vergleich mit Kempe, Anthworth Art. X, XVIII—XXIII, XXV—XXVII, XXX erkennen, daß er auch hier die Wahrheit sagt, auch wenn er Unliebsames ausläßt und manches auch falsch verstanden hat. Darum legen wir seinen Bericht im Folgenden zugrunde und ergänzen ihn aus den anderen Quellen. Das Verhör nach Artikeln wurde 1560 kodifiziert (D. H. Jacobj, Geschichte des Hamburger Niedergerichts (Hamburg 1866) 19).

Sätzen nach und lehnte dabei besonders die politischen ab[3]. Inhaltlich und wohl auch in den Formulierungen deckt sie sich sicher mit der Stellungnahme, die er bald nach dem Verhör Dr. H. Langenbeke zuschickte. Ihr zufolge hat er vor dem Rat im Verhör erklärt[4]:

1. „Unter der Gestalt des Brotes ist der ganze Christus gegenwärtig, und der Laie empfängt unter der einen Gestalt des Brotes nicht weniger als der opfernde Priester.

2. Früher wurde das Sakrament der Eucharistie unter beiden Gestalten gespendet. Dennoch hat das Konstanzer Konzil aus dringenden Gründen dekretiert und das Basler Konzil es bewahrt, daß unter der einen Gestalt des Brotes (das Sakrament) den Laien gereicht werde; und diesen Konzilien ist zu gehorchen, da sie die orthodoxe Kirche repräsentieren.

3. Wenn der Herr mich mit der letzten Krankheit heimsuchen wird, will ich lieber ohne dieses Sakrament sterben als es ungehorsam unter beiden Gestalten empfangen.

4. Die Hostie, die von einem, der die Gewalt dazu hat, gemäß dem Ritus konsekriert ist, und wie man sagt, in der Monstranz ausgesetzt ist, ist der wahre Leib Christi und durch anerkennendes Lob zu verehren.

5. Die Messe wird mit Unterscheidung einerseits Testament und andererseits Opfer genannt. So habe ich es irgendwo einmal gesagt, obwohl ich diese Äußerung nicht mit Gründen verteidigt habe, da sie über das Verständnis vieler hinausgeht und um dem Befehl des Rates zu gehorchen. Gleichfalls sagte ich zustimmend, daß der Kanon der Messe unverdorben und unversehrt und durch kein Gift des Betruges für einen frommen und intelligenten Beter infiziert ist.

6. Ich habe nicht gesagt, daß der Englische Gruß ein Gebet wäre, sondern daß ihm durch die Autorität der Kirche ein Gebet

[3] Die von Moller, Nachrichten A 544 und B 556 ausdrücklich erwähnte Stellungnahme seines Bruders zu den ihm vorgehaltenen Sätzen kann nur hier erfolgt sein, da er vorher sich nicht in die Sache einlassen wollte. — Daß er den politischen Artikel abgelehnt hat, sagt B. Moller auch selbst (Moller, Nachrichten A 544, 546).

[4] Moller, Nachrichten A 545/546. Zur Sache vgl. Polman, Methode 16—22; Laemmer, Theologie 248—278, 330, 332/333. B. Moller bezieht sich offensichtlich auf die entsprechenden Kampfschriften Luthers: Von beider Gestalt des Sacraments zu nehmen, 1522 (WA X, 2 S 11—41); Vom Anbeten des Sacraments des heiligen Leichnams Christi 1523 (WA XI 431—456); Vom Greuel der Stillmesse 1525 (WA XVIII 22—36). Zum Ave Maria vgl. WA X, 2 S. 407—409.

angefügt worden ist. Aber wenn ich es gesagt hätte — obwohl ich sicher bin, es nicht gesagt zu haben — würde ich den Gläubigen aufzeigen, auf welche Weise es Kraft hat." Für den politischen „Artikel" berief er sich auf seine Predigten, die er in den letzten Jahren gehalten hatte. In ihnen habe er die Hamburger nur vor Eigenmächtigkeiten und vor den Folgen unvorsichtigen Handelns gewarnt.

Nach dieser Erklärung seiner Ansichten diskutierte man kurz über die Kommunionform[5]. Moller berief sich dabei wie im Vorjahr auf den Beschluß des Konstanzer Konzils. Ihn verteidigte er mit der Lehrautorität der Kirche, die er mit 1 Tim 3,15 biblisch begründete[6], und mit der Konkomitanzlehre. Deswegen müsse man der Kirche gehorchen, was er tun wolle. Wer es nicht wolle, der solle machen, was ihm gefalle[7]; dieselbe Begründung wie im Vorjahr! Die Prädikanten entgegneten darauf, daß es jetzt nicht um die Kirche, sondern darum ginge, ob Moller und die Seinen Gottes Wort gepredigt hätten, wie es vom Rat, ja von Gott selbst, befohlen sei. Dem Autoritätsargument hielten sie entgegen, daß sie gut wüßten, was im Namen der Kirche und des Heiligen Geistes alles gedeckt würde, obwohl es die Kirche nicht lehre. Darum wollten sie Schriftbeweise hören. Gottes Wort sollte er aufzeigen, das er hören und reden solle: Joh. 8 [V. 51.47]. Und zu seinem Schriftbeweis meinten sie: Die Kirche heiße nicht deshalb eine Säule und Grundfeste der Wahrheit, damit sie täglich sich etwas Neues ausdenke und festsetze, sondern weil sie Gottes Wort, das Evangelium Christi, empfangen habe, es lehre und predige. Er solle darum das Schriftwort zeigen. Wenn es für ihn spreche, stehe es gut mit ihm. Darüber gehe dieser Handel[8]. Der Domtheologe ließ sich jedoch auf keine weiteren Diskussionen ein, sondern erklärte nur noch, daß er bei der Kirche und ihrer Lehre bleiben werde. Deswegen gingen die Prädikanten nun auf seine Prinzipien ein und antworteten spitz: was diese Kirche und die Lehre dieser Kirche sei, das habe man vor einiger Zeit auf dem Rathaus in der Angelegenheit des

[5] Kempe, Bericht 530/531. Die von B. Moller dabei vorgetragenen Argumente stimmen ganz mit seiner Erklärung bei Moller, Nachrichten 545/546, die von Kempe mit Anthworth 214—221 überein.

[6] Dasselbe taten die Katholiken beim 2. Züricher Religionsgespräch (Z II 745—746).

[7] Dieselbe Argumentation: Eck, Enchiridion Kap 1 und bei anderen katholischen Theologen (Polman, Methode 16—22). B. Moller anerkannte die Prädikanten nicht als gleichartige Partner ebenso wie viele andere kath. Kontroverstheologen auch nicht (vgl. Polman, Methode 26—30).

[8] Dieselbe Argumentation wie 1527! Vgl. für Kempe seine Anthworth 220—223. Mißbrauch der Kirchenautorität wirft auch Luther den Geistlichen vor (WA VI 328; WA XII 218).

Dompredigers Bustorp klar genug festgestellt[9] — eine Anspielung auf die Niederlage des Dompredigers, die durch das Urteil des Domtheologen zustande gekommen war. Sie würden nur eine Kirche, nur einen Schafstall und nur eine Herde kennen. Die in diesem Schafstalle seien, würden die Stimme ihres Hirten hören, und der Hirt kenne sie. Wenn Moller sich in diesem Schafstall befinde, dann solle er doch die Stimme seines Hirten hören lassen[10]. Wenn er aber diesen Hirten nicht habe, dann gehöre er nicht in die Kirche (Christi), sondern in die Kirche des Satans[11]. Der Domtheologe antwortete darauf nicht mehr, da der grundsätzliche Unterschied in den theologischen Prinzipien und die Simplifizierung der Probleme eine weitere Diskussion sinnlos machten. Solange nämlich die Prädikanten explizite Schriftstellen für alle Äußerungen der angeklagten Prediger verlangten, war eine Verständigung unmöglich. Die Prädikanten hielten ihn jedoch für „widerlegt“, weil er keine Schriftstellen zitiert hatte, die seine Äußerungen inhaltlich wiedergaben.

Als nächster war der Inquisitor *Dr. Went* an der Reihe[12]. Mit ihm diskutierten die Prädikanten allein über die Verweigerung der Lossprechung, die er zugegeben hatte. Es beleuchtet schlagartig die Wirkung der reformatorischen Predigt auf das Volk, aber auch die Einschätzung des Ketzermeisters, wenn man von ihm erzählte, daß er bei einer Beichte die Lossprechung nur deshalb verweigert hätte, weil der Betreffende unter beiden Gestalten kommuniziert hätte[13]. Die Berichtigung dieses Vorwurfes ergab, daß der Betreffende gemäß reformatorischen Anschauungen[14] nicht seine Sünden hatte nennen wollen, wie es die Theologie für nötig hielt und es das

9 Die Rechtfertigungslehre Bustorps als Lehre der Kirche auszugeben, ist angesichts der Antworten der 1527 beteiligten Gelehrten und des Urteils von B. Moller unmöglich, stellt aber einen der vielen Belege dar, wie die Reformationsanhänger die Lehre der Kirche oft mit Sondermeinungen bestimmter Theologen oder mit Vulgärtheologien verwechselten, obwohl man ihnen immer wieder das Gegenteil nachwies. Unkenntnis und Mißtrauen sowie ein bald sehr festes Vorurteil spielten hier eine verhängnisvolle Rolle. Vgl. Lortz, Reformation[4] II 137 ff..

10 So auch Luther (WA XII 409), Zwingli (Z I 340) und Leo Jud (Z II 755—756).

11 Auch die Reformatoren bezeichneten die Papstkirche als „Synagoge des Satans“ (Luther: WA VI 328; vgl. WA XII 218; Zwingli: Z II 64; J. Zwick: Z VII 621). Kempe nennt in seiner „Anthworth“ als Lehrer des Prüfers den Satan (Kempe, Anthworth 226).

12 Kempe, Bericht 531/532.

13 Denselben Vorwurf erhob Luther 1522 (WA X,2 S. 25).

14 Luther, Von der Beicht, ob die der Bapst macht habe zu gepieten. 1521 (WA VIII 140—152); Zwingli: Z II 393—405.

Kirchenrecht vorschrieb[15]; aber der Mann hatte bei den Prädikanten gehört, daß ein Bekenntnis der Sünden allein vor Gott genüge. Zu Beginn des Verhörs meinten sie, daß er den Pönitenten doch hätte absolvieren können, da Went doch sage und gemerkt habe, daß der Mann seine Sünden bereut und an die Vergebung durch die Erlösung Christi geglaubt hätte. Solchen Leuten, die sich bekehren würden, vergebe Gott ihre Sünden. Deswegen hätte er billigerweise den Mann nicht wegschicken dürfen[16]. Went erwiderte darauf, daß der Mann doch nicht habe beichten wollen, sondern gesagt habe, er hätte Christus gebeichtet. Deswegen habe er ihm auch geantwortet, daß er gehen und sich auch von Christus absolvieren lassen solle. An diese ursprünglich spöttisch gemeinte Äußerung knüpften nun die Prädikanten an, um die Notwendigkeit des Sündenbekenntnisses zu diskutieren und wenigstens damit den Dominikaner als Mandatsbrecher zu überführen. Sie fragten ihn darum, ob er denn eine andere Lossprechung kenne als von und im Namen Christi und ob er denn in der Heiligen Schrift finde, daß Gott die Vergebung der Sünden von ihrem Bekenntnis abhängig gemacht habe? Oder an welcher Stelle Christus geboten habe, nicht von mehr Sünden loszusprechen, als man gebeichtet habe? Oder ob Went mehr von derjenigen Beichte halte, die der Mann ihm, als die er Christus gegenüber getan habe? Hierzu möge er doch die Gründe und die Wahrheit aus Gottes Wort sagen. — Die Prädikanten standen mit ihren Ansichten auf dem Standpunkt Luthers, denn sie bezweifelten wie er, daß die Vergebung der Sünden an die Aufzählung der einzelnen Sünden gebunden sei und daß nur die gebeichteten Todsünden nachgelassen würden. Luther hatte die Aufzählung aller Sünden für unmöglich gehalten und außerdem das Jurisdiktionelle von der Lossprechung getrennt, die er so nur noch als Zuspruch und Deklaration der schon vorausgegangenen Sündenvergebung ansah, welche aber dann alle, auch die

[15] Es ist übrigens sehr schwer zu entscheiden, ob die Anhänger der Prädikanten vorher hussitisch geprägt waren. Daß man die Lehre der Hussiten auch in Hamburg genau kannte, beweist ihre Zusammenfassung bei A. Krantz, Vandalia, X. Buch, Kap. 2, die Punkte nennt, die 1528 wieder umstritten waren: „Hujus (J. Wiclifs) nunc haeresim Bohemi renovarunt: quorum errores hi fuere potissimi, Papam caeteris esse parem episcopis: purgatorium ignem nullum esse: vanum, orare pro mortuis, et avaritiae sacerdotalis inventum. Dei et sanctorum delendas imagines. Mendicantium religiones malos daemones invenisse: sacerdotes paupertatem servare, solis eleemosynis vivere decere et oportere: auricularum confessionem nugacem esse: sufficere sua quemque Deo in cubiculo cordis confiteri peccata: coemerteriorum inanem usum: sacerdotem quocunque loco Christi sacrum corpus conficere: in canonis horis frustra teri tempora: jejuniis ab ecclesia institutis nihil inesse meriti" (zit.: O. Krabbe, Universität 228/229 Anm. **).

[16] Vgl. Kempe, Anthworth 213/214.

unbewußten und geheimen, umfassen sollte. Indem der Beichte die juristische Form genommen wurde, entfiel damit zugleich auch die Notwendigkeit, alle Sünden aufzuzählen. Vielmehr genügte es jetzt, den ernsten Umkehrwillen und die Reue zu bekunden[17]. Genau das verlangten sie auch von Went, daß er sich damit begnüge. Went antwortete auf die Vorwürfe der Prädikanten nur noch, daß er ja gerne dem Mann die Lossprechung erteilt hätte, wenn jener nur hätte beichten wollen. Er ließ sich also auf keine Debatten über die theologische Berechtigung der Beichte ein, sondern war nur noch bereit, den wahren Verlauf des Vorganges weiter zu klären. Auch versicherte er, daß er dies nicht wegen der Kommunion unter beiden Gestalten getan habe, was hieß: obwohl diese nach der Entscheidung des Konzils von Konstanz als Häresie zu bewerten war[18], war für den Inquisitor die Verweigerung des Sündenbekenntnisses entscheidend, denn darin äußerte sich ihm eine falsche Vorstellung über Buße und Rechtfertigung und entstand die Gefahr einer unwürdigen Kommunion. Außer dem Kampf gegen die neue Lehre bewegten den Dominikaner demnach pastorale Erwägungen zu seinem drastischen Verhalten. Die Prädikanten wollten seine einfache Erklärung nicht gelten lassen und fragten ihn deswegen, ob er doch nicht etwas anderes sagen wolle. Als er aber auf seiner Äußerung bestand, gaben sie nach. Zu den anderen Äußerungen meinten sie: Obwohl er sie nicht eingestehen wolle, wisse man bestimmt, daß er sie gepredigt hätte. Aber da er sie abstreite, müßten sie es geschehen lassen. Nach dem Stadtrecht blieb den Prädikanten auch nichts anderes übrig, denn sie waren verpflichtet, für Behauptungen, die der Angeklagte abstritt, die Zeugen beizubringen, oder sie mußten die Anklage fallenlassen[19]. Nicht Großzügigkeit oder Eingehen auf seine Gesinnungsänderung, sondern der Zwang des Rechtes hinderte sie an weiteren Verhören.

Nun kam der Subprior der Dominikaner, *Johann Rensborch*, an die Reihe[20]. Man mochte gespannt sein, wie der Initiator des Zusammenschlusses der „Johannisleute" sich verteidigen würde. Die Prädikanten schätzten ihn nicht, aber auch Rensborch lehnte seine Gegner ab. Dies erzeugte eine solch gereizte Stimmung, daß sie sich sofort in einem Zusammenstoß entlud. Die Prädikanten eröffneten nämlich das Verhör mit der ironischen Bemerkung: Rensborch habe sich ja gerühmt, das Evangelium gepredigt zu haben[21]. — Die Katholiken hatten also ihre Lehre als Evangelium

[17] Seeberg, Dogmengeschichte IV, 1 S. 167/168.
[18] Konstanzer Konzil, Sessio XIII (Decreta 396).
[19] Stadtrecht 1497 E XIV. Vgl. C II, 1; E XII, 1.3.
[20] Kempe, Bericht 533—535.
[21] Kempe, Bericht 532.

verteidigt. — Darum möge er doch jetzt dem Rat und den Bürgern zeigen, wo seine Thesen in den Evangelien oder sonst in der Schrift stünden. Der Subprior ließ sich aber dadurch nicht beeindrucken und begann sofort zu reden, aber auf lateinisch. Das erregte natürlich unter den Bürgervertretern Unwillen, und sie verlangten, daß er deutsch spreche, damit sie etwas verstünden. Doch Rensborch sprach weiter lateinisch. Als daraufhin die Bürger ihre Forderung heftiger wiederholten, stand der als Freund der Katholiken bekannte und als Mitwisser „der Verschwörung der Johannisleute" verdächtigte Bürgermeister Dr. Salzborch auf und bat die Bürger, daß man Rensborch doch lateinisch reden lasse. Auf die Frage nach dem Grunde entgegnete er, daß die Gesetze verlangten, daß man vor Laien über die „Artikel" des Glaubens nicht in der Landessprache diskutiere[22]. Diese Erklärung beruhigte die Gemüter keinesfalls, im Gegenteil, der Prädikant Zegenhagen griff nun den Bürgermeister an: Geistliche und weltliche Rechte mögen dies zwar verlangen, aber hier gelte mehr als Justinian und Bartholus[23] Paulus, der 1 Kor 14 anordne, die allgemein verständliche Sprache zu benutzen, damit auch die anderen etwas verstünden[24]. Auch wüßten sie genau, daß Salzborch es mit den Gegnern halte. Er solle sich darum doch auf deren Seite stellen und mit ihnen diskutieren, denn sie hätten mit ihm ja ebenso wie mit den katholischen Predigern zu tun[25] — eine Anspielung auf die betont antireformatorische Politik des Bürgermeisters. — Nach dem Stadtrecht hätte Zegenhagen wegen dieser Schmähung eines Bürgermeisters mit der Buße von 12 Schilling bestraft werden müssen, und dieses Bußgeld durfte nicht erlassen werden[26]. Es beleuchtet darum die Situation, daß das nicht geschah. Ja, Salzborch schwieg klugerweise, was Kempe eigens erwähnt und als Zustimmung auffaßte[27]. Die Prädikanten lenkten aber nun doch ein und erklärten, daß sie es Rensborch überlassen wollten, ob er deutsch oder lateinisch rede. Sie hätten ja soviel Latein gelernt, daß sie ihn verstehen und ihm antworten könnten; darum solle die Diskussion nicht an ihnen scheitern. Dieses Einlenken war jedoch weniger ein Akt der Höflichkeit gegenüber dem Subprior, sondern wohl dadurch veranlaßt, daß sie den Boden des formalen Rechts nicht verlassen und die Rechtswirkun-

[22] Ebenso argumentierte das Lübecker Domkapitel 1530 (Jannasch, Lübeck 290).

[23] Zwingli bezeichnet im „Architeles" Bartolus und Baldus neben Thomas von Aquin und Duns Scotus als „Apostel" der Katholiken (Z I 304).

[24] 1 Kor 14, 26—32.

[25] Es ist bei Kempe, Bericht 533 mit „eme" (also Rensborch alleine) und mit „ene" überliefert. Auch Hamelmann, Historia 97v hat den Plural, und Kempe benutzt ihn im Vordersatz: „up erer siden". Folglich muß „ene" richtig sein.

[26] Stadtrecht 1497 A I 2, vgl. M III, 2; IV.

[27] Kempe, Bericht 533.

gen der Diskussion und des Urteils nicht gefährden wollten. Rensborch war jedoch nicht gewillt, sich mit den Prädikanten in eine Sachdebatte einzulassen, sondern versuchte, die Streitfrage juristisch anzufassen, und verband dabei die geforderte biblische Begründung mit einer juristischen Argumentation: 1. Nach Matth 18,17 müsse man der Kirche gehorchen. Nun habe die Kirche die Kommunion unter einer Gestalt angeordnet. Da die Prädikanten dies nicht täten, sei leicht zu erkennen, was von ihnen zu halten sei. 2. Außerdem müsse man nach Röm 13,1 der weltlichen Obrigkeit, die ja von Gott sei, gehorchen. Nun habe der Kaiser als die oberste Obrigkeit in Edikten[28] und der Rat in seinem Mandat geboten, bei den alten Kirchengebräuchen zu bleiben und keine Zeremonien abzuschaffen. 3. Er verweigere weitere Diskussionen mit den Prädikanten, da die Rechte die Diskussion mit Ketzern verböten[29].

Der Subprior versuchte also, eindeutige Prinzipien, Maßstäbe und eine Entscheidungsinstanz dadurch zu gewinnen, daß er die Autorität der geistlichen und weltlichen Obrigkeiten zuerst biblisch begründete, damit sie auch für die Reformationsanhänger verbindlich wurden, um anschließend die juristischen Konsequenzen zu ziehen. Dann leitete er aus den Anordnungen der Obrigkeiten die Alleinberechtigung der katholischen Ordnung ab. Ohne Zweifel sprachen ja die Bestimmungen des Reichsreligionsrechtes eindeutig zugunsten der Katholiken. Allein schon durch die Festlegung der Lehre des Papstes als der Glaubensnorm des Reiches durch das Edikt „de fide catholica“ von 380[30] mußte jeder Zweifel ausgeschlossen sein. Der bemerkenswerte Versuch des Dominikaners, die religiöse Streitfrage statt auf theologischem auf juristischem Wege zu entscheiden, scheiterte jedoch sofort am Widerspruch der Prädikanten, die die Gehorsamspflicht nur dann anerkannten, wenn sich die Obrigkeit im Rahmen der Anordnungen und Gebote Gottes bewege. Aber es war ja gerade umstritten, was die Lehre und die Gebote Gottes seien und wer im Streitfall über die Auslegung zu entscheiden hätte. Im Konfliktsfall zogen sich die Reformationsanhänger also auf ihr Gewissen und ihr persönliches Schriftverständnis zurück und anerkannten nur das so interpretierte

[28] Er denkt wohl an das Wormser Edikt. Der Rat hatte dem entsprechend die Zeremonien in Artikel 5 seines Mandates geschützt. — Das Reichsregiment hatte auch 1522 befohlen, es beim alten Brauch zu lassen, bis ein Konzil oder eine Reichsversammlung etwas anderes beschließe (O. Clemen, Luthers Werke in Auswahl II (Berlin 1967) 317 Anm.).

[29] C. 24 q 1 C. 2. — C. 1. 1. 4. Dieselbe Haltung finden wir auch bei anderen katholischen Reformationsgegnern (Polman, Methode 26—30).

[30] Codex Theodosianus XVI 1.2. (C. Mirbt, Quellen zur Geschichte des Papsttums und des römischen Katholizismus[6] I (Tübingen 1967) 141).

Bibelbuch als Richter und als letzte Autorität in religiösen Fragen. Damit war auch der Rechtsweg als ungangbar erwiesen worden.

Es war nämlich klar, daß die Antwort Rensborchs die Prädikanten in den Harnisch brachte. Fritze wiederholte erst einmal lateinisch Rensborchs Argumente, und Kempe übersetzte sie dann den Bürgern ins Deutsche[31]. Als Rensborch noch weitere Argumente anschließen wollte, schnitten die Prädikanten ihm das Wort ab, da sie erst einmal antworten wollten. Er könne ja später weiterreden. Kempe übernahm die Erwiderung. Er redete lateinisch und deutsch[32] und versuchte, ihn Punkt für Punkt zu widerlegen. Zu 1: Die Katholiken zitierten immer die Kirche, aber die Prädikanten hätten schon in der Antwort an Moller erklärt, daß die Kirche an Gottes Wort gebunden und nur wegen dessen Wahrheit als Autorität anzuerkennen sei[33]. Auch zitiere die Gegenseite Matth 18. Sie wollten aber doch fragen, ob diese Stelle denn bedeute, daß die Kirche von Christus die Macht empfangen hätte, in der Lehre Christi etwas zu ändern? Warum denn geschrieben stehe: die Kirche ist Christus unterworfen wie eine Frau ihrem Manne unterworfen sein solle (Eph 5,23). Diese Aussage müsse man zuerst anerkennen, ehe man vom Gehorsam ihr gegenüber rede. Matth 18 handele auch nicht von der Lehre, sondern von einem Schuldigen, der sich nichts sagen lassen wolle. Man müßte schließlich darauf achten, in welchem Zusammenhang die Stelle dort stehe[34]. Erst der Kontext erkläre den Sinn; darum sei diese Stelle kein Beweis für die These der Katholiken. — Zu 2: Auch sie verträten, daß man der Obrigkeit gehorchen solle. Da sie aber nicht nur Obrigkeit, sondern auch Diener Gottes genannt werde, so könne sie nichts fordern, von dem klar nachgewiesen werden könne, daß es gegen Gott sei[35]. Hier habe dann der Gehorsam ein Ende, wie Petrus Apg 5,29 erkläre. Das sollte die Gegenseite bei der Erwähnung des Gehorsams auch mit gesagt haben. — Und nun dreht Kempe den Spieß um: zu 3: Wenn die Rechte sagen würden, daß man mit keinem Ketzer disputieren solle, dann sollte man es gerechterweise auch nicht mit Rensborch tun. Denn es sei keine Ketzerei, zu lehren und zu predigen, was offensichtliche und eindeutige Bezeugung in der Schrift habe[36]; dies könnten doch die Katholiken nicht weg-

[31] Genauer: Hamelmann, Historia II 98r. Zusammengefaßt: Kempe, Bericht 533—534.

[32] Hamelmann, Historia II 98r ist wieder genauer. Kempe spricht Bericht 533/534 nur von einer Antwort.

[33] Hamelmann, Historia II 98r.

[34] So auch Zwingli, Z II 752.

[35] Zwingli, Z I 222—224, 319; II 320—323.

[36] So lehrte etwa auch Ockham (Seeberg, Dogmengeschichte III 721—724).

deuten oder umstoßen. Sondern diejenigen seien Ketzer, die lehrten und predigten, was in der Schrift eben keine Begründung habe[37], und dies meine ja auch das Wort Ketzer[38]. Dies täten aber die Angeklagten und ihre Genossen. Deswegen seien sie die Ketzer solange, bis sie ihre Lehre aus der Schrift beweisen würden.

Rensborch scheint zunächst nichts geantwortet zu haben, aber nicht aus Taktik oder Grundsatz, vielmehr muß er verwirrt gewesen sein. Denn auf die neue Frage der Prädikanten, wie seine Verteidigung der Heiligenanrufung biblisch begründet werden solle[39], antwortete der Dominikaner, daß er darüber noch nachdenken wolle. Offensichtlich wollte er mit dieser Ausflucht nur Zeit gewinnen und einem Gespräch entgehen. Da er sich aber mit dieser Antwort, statt zu schweigen, doch auf eine Diskussion eingelassen hatte, bereiteten ihm die Prädikanten sofort die volle Niederlage: er habe es gelehrt und wolle sich jetzt erst bedenken? Damit stellten sie den Subprior als Schwätzer hin und gaben ihn dem Gelächter der Anwesenden preis. Zugleich lachte man aber auch über die katholische Lehre, die jetzt als unbegründet und lächerlich erschien[40].

Die Gemüter beruhigten sich sofort wieder, als *Pater Fabian Hoffmann* an die Reihe kam[41]. Er war bei den Prädikanten offenbar angesehen, da er ein bedächtiger Verteidiger der alten Kirche gewesen zu sein scheint, der sich nicht zu überspitzten Thesen hinreißen ließ. Günstig mußte die Prädikanten auch stimmen, daß er sich nicht auf die Autorität der Kirche berief, sondern mit den Reformationsanhängern auf deren eigenem Boden, der Schrift, kämpfte. Die Prädikanten erklärten zwar auch ihm, daß sie nachweisen könnten, daß er die vorgelesenen Äußerungen getan habe, nahmen aber seine Entschuldigung gerne an, daß Paulus schwer zu verstehen sei. — Die Rechtslage ließ ihnen bekanntlich auch bei ihm keine andere Wahl. — Mit seiner These, daß man die Gebote Gottes halten müsse, wenn man das entsprechende Alter erreicht habe, waren sie — ganz im Sinne der Reformatoren[42] — einver-

[37] Vgl. Seeberg, Dogmengeschichte IV, 1 S. 426/427.

[38] Vgl. Lang, Prinzipienlehre 221.

[39] Kempe hält sie überhaupt für nicht in der Schrift begründet (Anthworth 210—213). Auch sähen und hörten die Heiligen nichts (ebenda). Dasselbe lehrt Zwingli (Z I 463—512, 527—534, 539). Vgl. R. Lansemann, Die Heiligentage, besonders die Marien-, Apostel- und Engeltage in der Reformationszeit (Göttingen 1939) 83—107.

[40] An der Echtheit dieser Mitteilung kann ich nicht zweifeln, obwohl sie gar nicht zum sonstigen Verhalten Rensborchs paßt. Die gespannte Atmosphäre erklärt aber solche Fehler.

[41] Kempe, Bericht 535. Beckey läßt Reformation 104 die Prädikanten sofort über die Buße verhandeln. Das ergab sich aber erst zufällig aus der Diskussion.

[42] Seeberg, Dogmengeschichte IV, 1 S 253/254, 443; vgl. Oberman, Spätscholastik 108—114.

standen. Sie bemängelten aber einen Schönheitsfehler, wie sie meinten. Er hätte doch wegen der vielen falschen Meinungen hinzufügen müssen, daß man die Gnade zur Vermeidung von Übertretungen der Gebote durch den Glauben erlange. Der Dominikaner hielt dem sofort entgegen, daß die Sünde auch durch die Buße vergeben werde. Er vertrat damit die alte scholastische Lehre, wonach die poenitentia interior schon die Vergebung der Sünden bewirke, wenn sie aus Liebe zu Gott geschieht und mit dem Willen zur Beichte verbunden ist. Nach dieser Lehre war gerade die innere Bußgesinnung die Voraussetzung der Sündenvergebung und machte zusammen mit dem Sündenbekenntnis und der Genugtuung die „Buße" aus, von der Hoffmann sprach[43]. Daß dabei der Glaube in gleicher Weise, aber nicht allein, Voraussetzung der Vergebung war, galt bei der bisherigen Theologie als selbstverständlich[44]. Die Buße galt schon als ein Werk der göttlichen Gnadenhandlung am Menschen und disponierte ihn zum Empfang der Rechtfertigungsgnade. — Auf die Frage der Prädikanten, wo denn seine Ansicht in der Schrift stünde, nannte Hoffmann die betreffenden loci classici Ezechiel 18 (vermutlich 30 und 31) und Lukas 13 (wohl 1—9 und 34/35)[45]. Doch die Prädikanten anerkannten diese Stellen nicht, weil Hoffmanns These dort nicht expressis verbis stand. Die Stelle würde nur sagen, daß man Buße tun müsse, was billig und nötig sei, denn wer die Vergebung der Sünden erlangen wolle, der dürfe die Sünde nicht lieben. Aber daß die Vergebung der Sünde aufgrund der Buße geschehe, lehre die Stelle nicht[46]. Hoffmann führte daraufhin die weitere klassische Stelle Jeremias 31,19 an. Die Prädikanten wiesen nun daraufhin, daß diese Stelle nur sage, daß die Buße von Gott stamme[47]. Aber das sei ja nicht die These Hoffmanns. Nun sagte dieser nichts mehr. — Obwohl man rein

[43] Poschmann, Buße 80—90; Oberman, Spätscholastik 129, 149—151.

[44] Z. B. Ambrosius, De poenitentia II 9: „... ut veniam tamen tanquam(!) ex fide speramus, non tanquam es debito, aliud est enim mereri, aliud praesumere" (PL XVI 538). Poschmann, Buße 88—90; Oberman, Spätscholastik, 166—174; Seeberg, Dogmengeschichte III 769, 779/780.

[45] Seine Methode war auch bei anderen kath. Theologen üblich, aber ebenso erfolglos (Polman, Methode 22—26). Ähnlich argumentierte Luther im Sermon von Anlaß und Gnad 1518, These 6 (WA I 244).

[46] Die Vulgata übersetzt Ezechiel 18,30 b: Convertemini et agite poenitentiam ab omnibus iniquitatibus vestris et non erit vobis in ruinam iniquitas". Die Prädikanten sahen offenbar nur den ersten Teil des Zitates. — Luk. 13,5: „Sed nisi poenitentiam non egeritis, omnes similiter peribitis". Mit dem Wort „poenitentia" bezeichnete man auch das Bußsakrament, so daß sich kath. Theologen auf Stellen, wie eben zitiert, stützten.

[47] Die Prädikanten übersetzen: „Darna alse du mi bekeret hefft, hebbe ik bote gedan" (Kempe, Bericht 535). Die Vulgata hat: „Postquam enim convertisti me, egi poenitentiam". S. o. Anm. 46.

biblisch argumentiert hatte, war eine Einigung oder Klärung nicht zu erzielen, da beide Seiten die Bibeltexte unterschiedlich auslegten. Spätestens jetzt hätte man über die hermeneutische Frage diskutieren müssen. Aber dazu kam es nicht, da beide Seiten von der Alleingültigkeit ihrer Methoden der Schriftauslegung überzeugt waren. Die Bibel hatte sich damit aber als mehrdeutig erwiesen und konnte darum eigentlich nicht mehr der Richter des Verhörs sein, sondern mußte von solchen erst interpretiert werden[48]. Da aber die Reformationsanhänger in jeder Weise die Situation beherrschten, war praktisch ihr Schriftverständnis alleingültig. Damit waren sie aber doch zugleich Kläger und Richter, wie schon J. Moller bemerkte[49], was allen Rechten widersprach und alle ihre Handlungen nichtig machte[50]. Zugleich wurde immer mehr deutlich, daß der wirkliche Gegensatz der Glaubensparteien nicht so sehr in einzelnen Streitfragen, sondern in ihren Gegensätzen in den theologischen Material- und Formalprinzipien bestand.

Diese wurde für jeden faßbar, als nun der Domprediger *Vulgreve* verhört wurde[51]. Er berief sich für seine Zölibatsthese auf die Paulusbriefe[52]. Aber die Prädikanten wollten das nicht gelten lassen, weil dort nichts davon stünde, daß die Frauen und Kinder geistlicher Natur seien. Denn Paulus spreche, wie es der Kontext bestätige, davon, daß es einem Bischof wohl geziemt, eine richtige Frau und wirkliche Kinder zu haben. Als Vulgreve sich für seine Ansicht auf den mystischen Sinn der Stelle 1 Tim 3,2—5 berief[53], wollten die Prädikanten diese Art der Exegese nicht anerkennen. Für sie war diese Methode der Schriftauslegung wie auch für Luther nur ein „loß dink"[54]. Nachdem der Domprediger mit seiner biblischen Begründung nicht durchdrang, soll er sich auf die Kirche berufen haben. Für die Prädikanten war jedenfalls bewiesen, daß er nicht die „Schrift" gepredigt hatte, da er sich nicht allein auf den expres-

[48] Vgl. D. Erasmus, De libero arbitrio diatribe sive collatio I b 1—10: Erasmus von Rotterdam, Ausgewählte Schriften. Hrsg. von W. Welzig IV (Darmstadt 1969) 21—27. M. Luther, De servo arbitrio. WA XVIII 639—661.

[49] J. Moller, Nachrichten B 552. Verboten nach Sachsenspiegel III 30, 53; vgl. III 88.

[50] Vgl. Sachsenspiegel III, 53; Stadtrecht 1497 B III.

[51] Kempe, Bericht 536.

[52] 1 Tim 3, 1—7. Vgl. 1. Züricher Religionsgespräche, (Z I 519 ff). A. Franzen, Zölibat und Priesterehe in der Auseinandersetzung der Reformationszeit und der katholischen Reform des 16. Jahrhunderts (Münster 1969) 23—41, 67—70.

[53] Z. B. J. Chrysostomos, Homiliae X in Epistolam primam ad Themotheum: PG LXII 547—553, bes. 549/550.

[54] Kempe, Bericht 536. Sie folgten darin Luther, der anfangs ebenfalls die Allegorie verwarf (WA VIII 153/154). Im selben Sinne wie die Prädikanten hatte Luther Stellung genommen (WA VI 440—443; X,2 S. 33—40). Eck wirft aber der reinen Literalexegese Judaismus vor (Enchiridon Kap 3, Zusatz).

sen Wortlaut der Schrift gestützt hatte. Dabei hatte Vulgreve sich nur an die Exegese der Kirchenväter gehalten und war darin eigentlich voll durch das Ratsmandat gedeckt, das ausdrücklich die Auslegung der Schrift an die Bücher der Väter band und sie verbindlich gemacht hatte[55]. So war eben doch nicht die Schrift, sondern die Auslegung der Prädikanten und der Richter der Maßstab, nach dem die katholischen Prediger beurteilt wurden. — Nach dieser Antwort des Dompredigers beschäftigten sich die Prädikanten nicht mehr mit ihm, da sie seine Ansichten alle für töricht hielten[55a].

Der Dompfarrer *Vischer* soll sich nach Kempe für seine Lehren ohne Umschweife auf die Autorität der Kirche berufen haben[56]. Jedoch begründete er 1530 als Kapitelszeuge seine Äußerungen biblisch: die Fegefeuerthese mit Matth 5 und 12,6, sowie mit 3 Makk 12,40; die Heiligenanrufung mit Ps 150; die Kommunion unter einer Gestalt mit Luk 24, 13—25 nach der Auslegung der Kirchenväter Theophilus, Chrysostomus und Augustinus[57]. Es ist aber seiner Aussage nicht zu entnehmen, ob er diese Begründungen auch im Ratsverhör vorgebracht hat. Es scheint aber so, als wollte Kempe durch seine Betonung, daß Vischer sich nur auf die Kirche berufen hätte, dessen Aussage im Verhör abwehren. Auch spricht für eine solche Annahme, daß es sich bei diesen Stellen um die loci classici der bisherigen theologischen Argumentation handelt[58]. Die volle Wahrheit ist jedoch nicht mehr zu ermitteln. Für die Prädikanten war auch eine solche Begründung nicht ausreichend, weil die zitierten Bibelstellen die These des Dompastors nicht im Wortlaut wiedergaben. Sie hielten darum auch ihm entgegen, daß das nicht die wahre Kirche sein könne, die von Gottes Wort abweiche und nichts von ihm wisse. Auch sei das keine sichere, sondern eine verdächtige Lehre, die in der Schrift nicht begründet sei. — Man sieht, daß die Prädikanten sich wiederholten und genau wie ihr Widerpart immer wieder dieselben und schon lange bekannten und

[55] Mandat Art. 1: Das Evangelium soll nach den übrigen Büchern der Schrift und „na der lere der bewerten vnd van der christliken kerken angenamenen boke" gepredigt werden (Bolland, Burspraken II Nr. 113,7). Vulgreve folgte der Mehrheit der katholischen Kontorverstheologen (Polman, Methode 16—22).

[55a] Kempe sagt, daß sie Vulgreve hätten „varen lassen" (Kempe, Bericht 536). Auch hierin folgten sie Luther, der 1522 dazu aufforderte: „Laßt varen die vnsinnigen" (WA X, 2 S. 22). Dies tat auch Zwingli (Z I 111—126), wobei er sich dafür auf Matth. 15, 11 ff. berief.

[56] Kempe, Bericht 536.

[57] Jensen, Domkapitel 171. Bei den Kirchenvätern dachte er an Augustinus, De consensu evangelistarum IV 25 (PL XXXIV 1209); J. Chrysostomos, In Matthaeum Homiliae (PG LVIII 737—746); Theophylact(!), Enarratio in Evangelium Lucae (PG CXXIII 119); Methodisch entspricht das der zeitgenössichen Kontroverse (Polman, Methode 16—22).

[58] Vgl. P. Minges, Über die Väterzitate bei den Scholastikern (Regensburg 1923).

widerlegten Argumente vorbrachten, aber in keiner Weise auf die Anliegen und Ansichten der Gegenseite eingingen. Man drehte sich eben im Kreise. Wenn Kempe sagt, daß Vischer sich immer wieder auf die Kirche berufen habe, so soll das doch heißen: auf die Auslegung der Kirchenväter und auf Konzilsbeschlüsse. Dies war aber für die Neuerer nicht akzeptabel, und darum beendeten sie das Verhör.

Zuletzt wandten sie sich noch an den Domprediger *Schroder*. Sei erklärten ihm, daß sie genau wüßten, daß er die ihm vorgehaltene Äußerung getan habe. Jener bestand aber auf seiner Aussage[59], und so mußten die Prädikanten ihn in dieser Sache unverhört lassen, da sie ihre Zeugen wieder nicht beibrachten[60]. Nachdem nun alle katholischen Prediger verhört waren, endete dieser Teil des Prozesses.

(2) Die Themen

Was hatte die Diskussion ergeben? Ziele und Themen der theologischen Diskussion waren schon durch die Anklageschrift festgelegt, die vielerlei Thesen enthielt: Auslegung, Vollständigkeit und Suffizienz der Bibel sowie Heilsnotwendigkeit der Schriftkenntnis; die Messe als Opfer, Seelenmessen, Kanon, Kommunionform und Sakramentsverehrung; Notwendigkeit der Beichte und der guten Werke; Mariologisches, Heiligenverehrung, Ort der Gottesverehrung; Zölibat; politische Folgen der neuen Lehre[1]. Diese Fragen berühren wohl die Zentralfrage der Reformation, bringen jedoch auch Randfragen. In jedem Falle aber sind es Probleme, die dem religiösen Leben der Laien wichtig sind. Offenbar hat man alles vorgebracht, was man zu kritisieren hatte, und so verwundert es, daß es nicht mehr gewesen ist. Immerhin drehte sich auch in Hamburg die theologische Auseinandersetzung um die wichtigen Fragen. Doch fällt auf, daß man gar nicht über Papsttum und Mönchtum gestritten hat[2] und diesmal den katholischen Predigern keinen Verstoß gegen die Rechtfertigungslehre vorgeworfen wurde. Im Ganzen dominiert die seelsorgliche Einstellung, die die Predi-

[59] 1530 sagte er in seiner Aussage zu Art. 9 dazu nichts. Er hatte auch die Thesen vergessen (Jensen, Domkapitel 186).

[60] Gemäß Stadtrecht 1497 E IX, 1.

[1] Vgl. den Thesenzettel u. S. 225—229. In Magdeburg waren Themen: Meßopfer und Seelenmessen, Heiligenverehrung, Ablaß und gute Werke, Ordensleben und Ordensgelübde und das Tun des Klerus. (Hülsse, Einführung 229). Der Dominikaner Heinrich Rees hatte 1527 in Norden über die Schrift, die geistliche und weltliche Obrigkeit, Gottesdienst, Sakramente, Heiligenverehrung, Ehe, Zölibat und Klosterleben disputiert (Gyseke, Chronik 42).

[2] Bustorp erwähnt jedoch in seinem Brief Strafpredigten gegen den Papst, die Kardinäle und Priester und ihre Beschimpfung als Antichristen (Kempe, Bericht 500).

ger beider Seiten veranlaßte, die für das Seelenheil ihrer Zuhörer wichtigen Fragen aufzugreifen. Sie polemisierten also nicht aus bloßer Streitsucht und Rechthaberei. Der Zeitpunkt, wann die Thesen geäußert wurden, ist meist nicht mit Sicherheit festzustellen. Rensborch hat seine Kommunionthese am Gründonnerstag 1528 geäußert[3], Hoffmann und Vischer die ihre anscheinend ebenfalls im selben Streit[4], also zur Zeit der Osterkommunion. B. Moller sprach seine Hinweise auf den Ernst der Lage Fronleichnam 1525, in der Fastenzeit 1526 beim Amtsantritt und Ostern 1528 aus[5]. Von den anderen Thesen können wir den Termin nur vermuten. Dabei empfiehlt es sich, sie den entsprechenden kirchlichen Anlässen zuzuordnen, da sie wohl dort ihren „Sitz im Leben" haben: die Kommunion- und Beichtfrage der Osterzeit, die Sakramentsverehrung am Fronleichnamstag, die Marienthese Wents an einem Marienfest oder einem Samstag. Die Zölibatsthese könnte anläßlich der Heirat der Prädikanten Fritze und Zegenhagen 1527 vorgetragen worden sein[6]. Für die übrigen Ansichten ist es schwer, einen bestimmten Tag zu nennen. Nur noch der Streit um das Ave Maria läßt sich einordnen: auch in Hamburg war es üblich, vor der Predigt Totenfürbitte zu halten und Glaubensbekenntnis, Vaterunser und Ave Maria zu beten[7]. Hier mußten die Prädikanten einsetzen, da sie wohl die Totenfürbitte und das Ave Maria unterlassen oder abgeändert haben. Und hier war der Ort, wo die Katholiken es zu verteidigen hatten. Der religiöse Alltag mit seinen Festen, Messen und der Heiligenverehrung hatte ja Anlässe genug, um solche Thesen anzugreifen und zu verteidigen, zumal es dabei doch immer auch um die religiöse Praxis der Zuhörer ging.

(3) Diskussionsstil und Methoden

Der Verhörcharakter der Diskussionen verhinderte, daß man ausgiebig und umfassend über alle Streitfragen diskutieren konnte, und der Gesichtspunkt, allein die Mandatsgemäßheit der Anklagepunkte zu überprüfen, brachte zudem die Differenzen zuletzt auch auf die Alternative, ob die Thesen wörtlich in der Schrift enthalten

[3] Kempe, Bericht 520.

[4] So läßt die Formulierung der Anklage bei J. Moller vermuten: „Düssen artikel hebben ok geprediget in der Kluft Mattheus, Fabianus, Rensborch, unde to dem Hilligen Geyst her Jodocus Sifridi, pastor darsulvest" (Moller, Nachrichten A 548).

[5] Das schreibt er selbst in seiner Verteidigungsschrift (J. Moller, Nachrichten A 546).

[6] Sie heirateten im Herbst 1527 (Sillem, Einführung 91).

[7] Staphorst, Historia II, 1 S. 14. Der Dompastor hatte dies ausdrücklich für die Mitglieder der Bruderschaft der Krönung Mariens zu tun (ebenda 6).

seien oder nicht. So wechselte man darüber nur noch kurz die bekannten Argumente und brach das Gespräch ab, wenn sich kein Zitat finden ließ. Es waren aber nicht immer die Prädikanten, die das Gespräch beendeten. Moller und Rensborch ließen sich erst gar nicht auf Diskussionen ein, und Went entwand sich ihnen geschickt. Auch die Atmosphäre war je unterschiedlich: bei Moller ehrerbietig, dagegen bei Rensborch und Vischer gereizt, bei Hoffmann wohlwollend, bei Went mißtrauisch und bei Vulgreve verächtlich. Bemerkenswert ist auch diesmal die theologische Methodik. Während die Prädikanten konsequent nur ihren Biblizismus anwandten, benutzten die Katholiken wieder die unterschiedlichsten Methoden. Am nächsten kam den Prädikanten Hoffmann, da er rein exegetisch argumentierte. Auch Vulgreve ging teilweise diesen Weg, gebrauchte aber die Allegorie, die bei den Prädikanten mißachtet wurde, und benutzte auch Legenden als Argumente. Moller und Vischer hielten sich strikt an die Lehrautorität der Kirche, indes Rensborch seinen originellen Weg beschritt, begründete er doch seine mehr juristische Argumentationsweise biblisch, scheiterte aber an ihren exegetischen Grundlagen, die von den Prädikanten im entgegengesetzten Sinne ausgelegt wurden. Nimmt man Mollers scholastische Verfahren noch hinzu, so zeigt sich, daß die katholischen Priester durchaus die damaligen wissenschaftlichen Methoden zu handhaben wußten, aber dennoch nicht ihr Ziel erreichten, weil die Prädikanten ihre Ansichten auf anderen Methoden aufbauten. Der Disput mit Hoffmann lehrt aber unwiderleglich, daß auch dann, wenn die Katholiken sich ihrerseits nur der biblizistischen Methode bedient hätten, keinesfalls die Entscheidung eindeutig zu fällen gewesen wäre[1]. Die hermeneutische Frage wurde nämlich auf reformatorischer Seite nicht recht gesehen, und nicht erkannt, daß Texte immer noch einer Auslegung bedürfen, die ihrerseits von einem Interpretationsprinzip auch inhaltlicher Art ausgeht[2]. In Hamburg bewirkte 1528 das jeweilige Vorverständnis, daß man aus demselben Text gegensätzliche Antworten herausholte. Hier hätte nun eine Diskussion über die inhaltlichen Interpretationsmaßstäbe einsetzen müssen. Daß die Prädikanten einfach den Bibeltext zitierten, ohne diese Frage zu bedenken[3], bewirkte, daß man sich nur scheinbar widerlegte. In Wirklichkeit war auch die Bibel nur ein Text, der die unterschiedlichsten Auffassungen

[1] Unsere Beobachtungen stimmen mit denen von Polman, Methode 24/25, 37—38 voll überein.

[2] Vgl. Erasmus, De libero arbitrio 21—37 und Luther, De servo arbitrio 639—661 sowie die Auseinandersetzung zwischen Zwingli und J. Fabri über diese Frage auf der ersten Züricher Disputation (Z I 489—499 et passim).

[3] Kempe, Bericht 529.

stützen konnte, ein Buch voller Wörter und Sätze, das ohne authentische Interpretation die verschiedenen Standpunkte eher schuf als überwand. Nur wenn die Katholiken auch die Materialprinzipien ihrer Gegner übernommen hätten, hätte man sich — vielleicht! — einigen können. Deswegen war die Prinzipienfrage besonders bedeutend und dringlich.

(4) Das Scheitern der theologischen Diskussion an den prinzipiellen Unterschieden und seine Folgen

Betrachtet man das Verhör rückblickend, so zeigt sich, daß auch die theologische Diskussion von 1528 Erfolg hatte und gleichzeitig scheiterte. Nach der Ansicht der Prädikanten und von ihrem Standpunkt aus, daß nur das explizite Schriftwort im Aussagesinn des Kontextes und allein nach seinem Literalsinn gelten könne, hatten die kurzen Diskussionen deutlich genug erbracht, daß die katholischen Prediger nicht „die Schrift", d. h. nicht die reformatorische Lehre gepredigt hatten, denn zu klar hoben sich die inhaltlichen und formalen Unterschiede in den Diskussionen heraus[1]. Der „Warhaftige bericht" unterläßt es darum nicht, dies den Lesern eindringlich vor Augen zu führen, und pointiert es noch mit der Methode, die Diskussionen jeweils in der Berufung der Kontrahenten auf die „Kirche" oder die „Schrift" gipfeln zu lassen[2]. Damit will er aber den Anschein erwecken, als hätten die Katholiken sich bloß auf die Kirchenlehre berufen und die beigebrachten Schriftstellen nur vorgewandt, während die Prädikanten mandatsgemäß sich an das wirkliche Schriftwort gehalten hätten. Wenn auch die Prädikanten die Sache offenkundig so angesehen haben, zeigt jedoch die genaue Betrachtung der einzelnen Verhöre, daß die Dinge in Wirklichkeit viel komplizierter lagen und daß das angeblich klare Ergebnis nur die siegreiche Parteimeinung der Prädikanten und darum keineswegs so klar war, wie seine Verfechter es annahmen. Die katholischen Prediger legten ja die von ihnen beigebrachten Bibelstellen nur anders aus als die Prädikanten. Damit erwies sich die Schrift — entgegen der Behauptung der Prädikanten — als alles andere als klar[3] und eindeutig und im Grunde als

[1] Am deutlichsten wieder in der Diskussion über die rechte Kommunionform: Kempe, Bericht 530/531.

[2] B. Moller: „Ick wil bi der hilligen kerken bliuen". Kempe, Bericht 531; Rensborch: „De der kerken nicht höret, de si ein heide und ein tolner" (533); Vulgreve: „Alse he... entliken sick up de kerken bereep, ..." (536); Vischer: „He sprak vmmer van der hilligen kerken" (536). Die Exegese von Hofmann und Rensborch sahen sie als falsch an, die von Vulgreve lehnten sie als „loß dink" ab (Kempe, Bericht 534—536).

[3] Kempe, Bericht 529.

abhängig von den Methoden und den Prinzipien der Interpretatoren. Der Streit war also nicht entschieden, und der Versuch, allein mit dem expliziten Schriftwort zu einer Klärung der Streitfragen zu kommen, gescheitert. Es war den Diskussionspartnern auch bewußt, daß sie sich in ihren Interpretationen nicht einig waren, weswegen sie die gegnerische Auslegung je zurückwiesen[4]. Doch erkannten sie eigentlich alle nicht, daß die wirkliche Schwierigkeit nicht nur in den theologischen Methoden, sondern auch in der prinzipiellen Mehrdeutigkeit des Schrifttextes begründet lag, der eben als Text verschiedene Interpretationen ermöglichte und keineswegs jene „eindeutige“ Aussagekraft besaß, die die Prädikanten ihm zuschrieben. Sobald darum die Prädikanten von ihrem Standpunkt aus konsequent auch die patristische (bei Vischer) und die kirchliche Auslegung (bei Vulgreve) als Entfremdung der Schrift ablehnten, trat endlich der eigentliche Gegensatz hervor: die Rolle des kirchlichen Lehramtes bei der Auslegung der Schrift oder das Verhältnis von Kirche und Schrift. Dies diskutierte man auch diesmal wieder bei der Frage der rechten Kommunionform mit den schon vom Vorjahr her bekannten Argumenten[5]. Dabei war die zentrale Frage, ob die Kirche nur passive Hörerin und Nachpredigerin der Schrift oder doch die vom Hl. Geist geleitete Auslegerin und Fortbildnerin der Offenbarung sei, die in Schrift und Tradition vorliegt. Das ist auch nach dem „Warhaftigen bericht“ der zentrale Punkt, um die sich auch 1528 letztlich die ganze Auseinandersetzung drehte und an dem sie auch diesmal wiederum gescheitert ist[6]. Da man diese Streifrage gegensätzlich und unvereinbar beantwortete, war an sich eine objektive Entscheidung über die theologische Berechtigung der einzelnen Streitfragen nicht möglich und darum die Diskussion eigentlich schon zu Ende, bevor sie begonnen hatte. Denn Prinzip stand hier wieder gegen Prinzip und Methode gegen Methode, die ihrerseits wieder die prinzipielle Seite spiegelten[7]. Darum war der Streit mit Rensborch und Moller um die Methoden zugleich ein Streit um die entsprechenden Prinzipien, was alle Beteiligten auch sofort empfanden. Die zentrale Diskussion war darum gleich die Auseinandersetzung mit dem Domtheologen, der auch diesmal die Grundprobleme klar herausstellte[8]. Aber auch jetzt unterließ man eine weiterführende Diskussion über die Prinzipien, man verteidigte nur wieder die

[4] Dies ist explizit bei Vulgreve (Kempe, Bericht 536) ausgesprochen, aber auch bei Rensborch und Hoffmann spürbar.
[5] Kempe, Bericht 530/531.
[6] Kempe, Bericht 530—536 et passim.
[7] Dies entspricht den Beobachtungen von Polman, Methode 24/25 und 37/38.
[8] Kempe, Bericht 530/531.

eigenen Grundsätze und bekämpfte die gegnerischen, ohne dabei zu einem gemeinsamen Maßstab vorzustoßen. Charakteristischerweise wurde die wichtigste Entscheidung, nämlich welches Prinzip gelten sollte, in einer politischen Verhandlung zwischen Rat und Bürgervertretern ohne theologische Diskussion oder Beiziehung von Theologen gefällt; so lag danach zwar ein klarer Maßstab vor, aber er konnte von den Angeklagten nicht akzeptiert werden. Zugleich wurde diesmal für alle sichtbar und eindringlich erwiesen, daß auch die wissenschaftliche Diskussion kein Weg war, die theologischen Streitfragen objektiv zu entscheiden. Vielmehr traten die Gegensätze nur um so klarer in Erscheinung, denn es fehlten ebenso wie die gemeinsame theologische Basis ein allseits anerkannter Maßstab und ein Schiedsrichter, der verbindlich entscheiden konnte, ob die vorgebrachten Begründungen ausreichten oder nicht. Damit war aber auch die letzte gemeinsame Institution zur sachlichen Streitentscheidung in religiösen Fragen, die akademische Diskussion, funktionsuntüchtig geworden. In Zukunft konnte man sich entweder gütlich einigen, oder man mußte seinen Standpunkt durch Überredung oder Gewalt zur Geltung bringen. Dies ist den Beteiligten aber nicht recht klar geworden, da man anscheinend doch mit Hilfe der „Schrift“ ein „klares“ Ergebnis und Urteil erzielt hatte. Der Widerspruch der katholischen Prediger schon in den Verhandlungen und dann bald vor dem Reichskammergericht und in der Publizistik ließ aber keinen Zweifel daran, daß diese Klarheit nur von den Siegern gesehen wurde. So war die Entscheidung von Rat und Bürgervertretern für die Geltung allein des expliziten Schriftwortes schon die Entscheidung für die Reformation gewesen, was die nachfolgenden Diskussionen auch sofort an den Tag brachten.

Die theologische Aporie mußte in der gespannten Atmosphäre unweigerlich dazu führen, daß das Feld den Politikern und ihren Machtkämpfen überlassen blieb und daß letztlich von ihnen entschieden wurde, was theologisch schriftgemäß sei und was als Glauben und Kirchenordnung in Hamburg in Zukunft zu gelten habe. Diese Entwicklung hatten Moller und Rensborch offensichtlich vorausgesehen und darum versucht, mit formaljuristischem Vorgehen die Entscheidung wenigstens zu vertagen und für die Sachfragen ein wirklich kompetentes, wenn auch ihnen günstiges Gericht zu gewinnen: Kaiser, Papst und katholische Universitäten. Moller wollte auch den Rat von der Entscheidung befreien und ihn davor bewahren, sich jetzt festlegen zu müssen, und Rensborch wollte wenigstens die Beschlüsse der Kirche und des Staates als die Grundlagen der Urteilsfindung sichern, wenn man sich nicht wie Went einfach der Diskussion entzog[9]. Dieser Versuch mußte allerdings an der Situation, die ein schnelles Ergebnis forderte, und an der Übermacht der Bürger, die endlich die Einführung der Reformation verlangten, scheitern. Die Berufung der alten Prediger auf die Entscheidungen der weltlichen Obrigkeit hatte nur zur Folge, daß die Prädikanten die Religionshoheit des Staates nur so weit anerkannten, wie seine Anordnungen nicht ihre Überzeugung verletzte, die sie mit dem Gotteswort gleichsetzten. Im anderen Fall beriefen sie sich, wie die Ketzer vorher, auf das höhere Recht ihres Gewissens[10] und machten dadurch eine juristische Klärung des Streites um die Prinzipien, aber auch um die Einzelfragen unmöglich; damit legten sie aber praktisch auch die staatliche Rechtsprechung im religiösen Bereich lahm[11]. So mußte schließlich die theologische Entscheidung zwangsläufig an Rat und Bürgerschaft, also an die Laien und weltlichen Machthaber, fallen.

d) Die Verhandlung über die Bestrafung der katholischen Prediger[1]

Es fragte sich nun, welche Konsequenzen der Rat und vor allem die Bürgervertreter aus dem Verhör ziehen würden. Die Stellungnahme der Prädikanten war ja trotz ihrer apodiktischen Form keineswegs ein Urteil, sondern doch nur die Meinung der Kläger. Angesichts der schwierigen und politisch folgenreichen Frage, wie die theologische Auseinandersetzung rechtlich zu beurteilen sei, berieten Rat und Bürgervertreter erst einmal je getrennt für sich[2]. Der Rat war dazu nach dem Stadtrecht verpflichtet, weil er nur durch den worthaltenden Bürgermeister antworten durfte und die-

[9] Kempe, Bericht 527/528, 533.

[10] Die Prädikanten zu Rensborch: „... auerst dewile se nicht alleine ouericheit, sonder ok Gades dener genömet werden, mögen se dat nicht fordern, wat men apentlik bewisen kan, dat it wedder Got is. Anders heft de gehorsam dar ein ende, wo Petrus sprikt van der ouericheit Actorum 5“ (Kempe, Bericht 534). Zwingli vertrat denselben Standpunkt: „Ein früntlich Bitt und Ermanung etlicher Priesteren der Eidgenossenschaft“ (Z I 214—248); vgl. O. Farner, Huldrych Zwingli II (Zürich 1954) 292.

[11] Vgl. die Entwicklung im Reich vor dem 30jährigen Krieg.

[1] Quellen: Kempe, Bericht 536—539; J. Moller, Nachrichten A 554, 550; B 552; die Aussagen der Kapitelszeugen zu Artikel 9, besonders von Vischer (Jensen, Domkapitel, 171 bzw. passim).

[2] Kempe, Bericht 536/537. Die dem Rathause 1460 angebaute Neue Schreiberei barg in ihrem Obergeschoß in gleicher Höhe mit dem Ratssaale die Ratsbibliothek. Hierhin pflegte sich der Rat zurückzuziehen, wenn die Bürgervertreter in der großen Halle für sich beraten wollten (Reincke, Rathäuser 76/77). So muß es auch diesmal gewesen sein, da getrennte Beratung überliefert ist (Kempe, Bericht 529).

ser sich zuvor mit den Ratmannen über die Antwort einigen mußte[3]. Bei den Bürgern war das ebenso üblich[4] und ratsam. Als man wieder zusammenkam, stellten die Bürgervertreter einen Antrag, während der Rat anscheinend zunächst nichts verlauten ließ, und forderten die Bestrafung der überführten Prediger nach dem Mandat, da man ja gehört habe, daß sie nicht Gottes Wort gepredigt hätten[5]. Aber sie wären auch damit einverstanden, wenn nur Rensborch und Vathouwer — der gar nicht verklagt und verhört worden war —, die beide die Verschwörung der Johannisleute angezettelt hätten, der Stadt verwiesen würden — also auch aus Gründen, die gar nicht zur Debatte standen —, während die übrigen in der Stadt bleiben könnten, wenn sie widerriefen. Dr. Moller und Fabian Hoffmann dürften auch wieder predigen, falls sie es wünschten, während die anderen schweigen sollten[6]. Das war ein Beweis für die hohe Achtung, die Moller immer noch genoß, und für die Sympathie, die Fabian sich durch seine gut überlegte Verteidigung erhalten oder gar erworben hatte. Den Bürgern kam es offensichtlich nur auf die Durchsetzung der Reformation an, im übrigen suchten sie durch Milde einem drohenden Konflikt mit der Geistlichkeit von vorne herein entgegenzuwirken, indem sie nur die sachlichen Änderungen erwirkten und alles Persönliche aus dem Spiel ließen; genauso hält es Kempe in seinem Bericht! Der Rat war damit einverstanden. Man ließ nun die Angeklagten wieder vor die Versammlung kommen, und Bürgermeister Hohusen teilte ihnen die Forderung der Bürger mit: Widerruf oder Auswanderung aus der Stadt am nächsten Tage[7]. Falls sie dieses Urteil nicht annehmen wollten, würden die Bürger auf dem Einbeckschen Hause noch ein ganz anderes Urteil über sie finden[8]; eine handfeste Drohung, der die Prediger natürlich nichts entgegensetzen konnten. Das Urteil war damit gesprochen und der Mandatsprozeß beendet.

Der nun folgende Schlußteil der Verhandlungen verlief darum wieder in den Bahnen der Verfassung und setzte die Unruhenver-

[3] Stadtrecht 1497 A II, 2.3.

[4] Dies zeigt, daß die Bürgervertreter diesmal nicht als Dingleute fungierten (vgl. Hennings, Strafrecht 109), sondern als Prozeßpartei.

[5] „Ungeschicktheit“ sieht auch Zwingli als Grund für ein Predigtverbot an (Z I 224).

[6] Persönliche Abneigung scheinen sich von den Angeklagten nur Rensborch und Vischer zugezogen haben, wie Kempe, Bericht 532—535 und die Forderung der Erbgesessenen (ebenda 538) zeigen. B. Moller wurde im Oktober 1528 von der Stadt ehrenvoll zur Rückkehr eingeladen (J. Moller, Nachrichten B 559).

[7] Vulgreve (Jensen, Domkapitel 198), Vischer (ebenda 170), Schroder (186). Die Verhandlung über den Sühnevertrag hatte laut Stadtrecht 1497 E XVI vor dem Rat stattzufinden.

[8] Vgl. Vischer: Jensen, Domkapitel 171.

handlung fort. Nachdem die Ursachen der Unruhen geklärt und Rat und Bürgervertreter eine Einigung darüber erzielt hatten, wie sie zu beseitigen seien, mußte dieses Ergebnis noch den Erbgesessenen zur Beratung vorgelegt und ihre Zustimmung eingeholt werden, ohne die der Kompromiß zwischen Rat und Bürgervertretern ungesetzlich war[9]. Darum wechselten die Verhandlungen nun auf das Einbecksche Haus über. Dort waren die erbgesessenen Bürger inzwischen des langen Wartens müde. Als sie von dem Ausgang des Verhörs hörten und erfuhren, daß der Rat noch so lange mit dem Endurteil zögere, verloren sie die Geduld und ließen den Bürgern auf dem „roden tollen" sagen: wenn der Rat kein Ende mit den überwundenen Geistlichen finde, dann würden sie selbst kommen und ein Ende machen; sie dächten nicht daran, jeden Tag sich zu versammeln; es wäre schließlich schon der zweite Verhandlungstag. Man solle die Überwundenen bestrafen, sonst würde es doch nicht besser[10].

Als der Rat von der Unruhe der Bürger und ihrer Drohung erfuhr, schickte er sofort vier reformatorisch gesinnte Ratsherren sowie 8 Bürgervertreter zusammen mit dem beim Volke beliebten Prädikanten Stephan Kempe zu ihnen auf das Einbecksche Haus[11]. Hier war die Stimmung sehr gereizt, und es bedurfte der vereinten Bemühungen aller Mitglieder der Ratsgesandtschaft[12], um die erregten Gemüter wieder zu beruhigen. Als nämlich der älteste Ratsherr sprach und vorschlug, daß die Bürger doch die Sache dem Rat und den verordneten Bürgern überlassen sollten, die es schon zu ihrem Gefallen regeln würden, antwortete ihm der Wortführer entschieden und voll Mißtrauen: die hier versammelten Bürger wollten dem Rat wohl in allen irdischen Sachen gehorchen. Aber sie wollten auch bei der Wahrheit bleiben, und deshalb verlangten sie, daß der Rat alle diejenigen bestrafe, die sie arme Leute mit ihren Lehren über Ablaß und Fegefeuer verführt hätten[13]. Ob damit auf Mattheus Vischer angespielt ist, der diesen Punkt ausdrücklich vertreten hatte? Wenn nämlich die Prädikanten verloren hätten, dann hätten sie sicher in die Säcke oder ins Feuer gemußt; sie

[9] Westphalen, Verfassung I 3, 56.

[10] Kempe, Bericht 537 = Vischer: Jensen, Domkapitel 171; Gyseke, Chronik 59. Moller, Nachrichten B 551 bezeichnet dies als Nötigung. Die Ratszeugen wollen davon nichts gemerkt haben (Jensen, Domkapitel jeweils zu 31,5).

[11] Kempe, Bericht 538; Ratszeuge Witteneve (Jensen, Domkapitel 236).

[12] Zu Ihnen gehörte der Kaufmann Joachim Wullenwever, der vorher auf dem „roden tollen" gewesen war (Jensen, Domkapitel 347).

[13] Kempe, Bericht 537, Witteneve sagte aus, daß die Bürger auf dem Einbeckschen Hause versammelt gewesen wären, um das Wort Gottes zu erlangen (Jensen, Domkapitel 236). Gleiche Behauptungen und Argumentation: Kempe, Anthworth 181; Zwingli: Z II 780—783.

wären ertränkt oder verbrannt worden. Darum sei es billig, daß nun die katholischen Prediger ihre Strafe fänden. Sonst würde doch nur noch mehr nachfolgen. Vergeblich bemühten sich nun die anderen Ratsherren und die Bürgervertreter der Gesandtschaft, die Erbgesessenen von ihrer Meinung abzubringen. Erst als die Ratsherren hinausgegangen waren und Kempe und die 8 Bürger sie baten, sich gemäß den Rezessen und Gewohnheiten nach den vier Kirchspielen getrennt zu versammeln und gesondert zu beraten[14], erreichten sie, daß die Erbgesessenen wenigstens teilweise nachgaben: sie überließen die Sache dem Rat, verlangten aber, daß außer den schon stadtverbannten Rensborch und Vathouwer auch noch Bustorp, weil er nicht widerrufen hatte[15], Vißbeke, weil er wieder zur alten Lehre zurückgekehrt war[16], und der Dompastor Vischer, weil er sehr mit Haß gepredigt hätte und oft zum Aufruhr in seinen Predigten gereizt hätte[17], ebenfalls der Stadt verwiesen würden. Sie sollten am nächsten Tag die Stadt verlassen[18]. Die anderen sollten widerrufen, Moller und Hoffmann auch wieder predigen dürfen — darin ging man also mit den Bürgervertretern einig[19]. Nun zogen die Erbgesessenen zum Rathaus, wo das Verhandlungsergebnis gemäß der Stadtverfassung[20] noch zum gemeinsamen Beschluß erhoben wurde. Inzwischen war es 6 Uhr abends geworden. Da in der Stadt und in der Menge eine große Aufregung herrschte[21], geleiteten die vornehmsten Bürger die Verurteilten zu

[14] Kempe, Bericht 538. Diese Art von Beratung ist seit dem 15. Jahrhundert nachweisbar (Westphalen, Verfassung I 157/158).

[15] Gemäß Stadtrecht 1497 E XVI.

[16] Das bestätigte er 1530 selbst (Jensen, Domkapitel 80).

[17] Das wird von vielen Zeugen zu 9,3, sogar von ihm selbst bestätigt, wobei er sich auf sein Gewissen beruft (Jensen, Domkapitel 135), während Kempe ihm Geldgier vorwirft (Kempe, Bericht 482).

[18] Kempe, Bericht 538. Vischer geht in seiner Aussage darauf nicht ein (Jensen, Domkapitel 171).

[19] Das Urteil bestätigen die betroffenen Kapitelszeugen (Jensen, Domkapitel jeweils zu 9) ebenso Lofften (ebenda 191). Gyseke, Chronik 59 nennt als Verurteilte „Bartelt Vathouver, Her Jacob Kroger, Kerkher vnder der kluft, mester Frederich, Her Heinrich Schroder, her Nicolaus Bustorp und Rensborch", Lofften nur Bustorp, Schroder und Vißbeke (Jensen, Domkapitel 191).

[20] Nach der Gewohnheit war an sich allein die Zustimmung der Kirchspielsvertreter entscheidend (Westphalen, Verfassung I 165). Schroder bezeichnet rechtlich richtig die Verbannung als Gebot nur des Rates (Jensen, Domkapitel 186), ebenso Bustorp (ebenda 80/81).

[21] Der Kapitelzeuge und Geistliche Johann by der Linden berichtet, daß er wegen der Unruhe des Tages sich vor lauter Angst am liebsten in eine Höhle verkrochen hätte (Jensen, Domkapitel 182). Trotzdem wußten viele Einwohner, was beschlossen worden war, nur vom Hörensagen. So D. Meyer (Jensen, Domkapitel 161) und andere Zeugen (zu 9, 12).

je zwei und zwei nach Hause, damit ihnen kein Leid geschehe[22] und um die befürchteten Ausschreitungen zu verhindern, die unter Umständen ein Signal zu schlimmen Dingen sein konnten[23].

4. Die Strukturen und Hintergründe der Verhandlungen

a) Strukturen und Vorgänge im Lichte des Rechts

Die Verhandlungen von 1528 werden fast allgemein als Disputationen beurteilt[1]. Während die Teilnehmer und Ratszeugen ebenso wie Staphorst jede Benennung vermeiden[2], werden sie von den ortsfremden Tratziger und Chytraeus wieder so bezeichnet[3]. Die juristischen termini in den Berichten von Kempe und J. Moller[4] bewirken aber, daß einige spätere Bearbeiter die gerichtliche Qualität der Vorgänge nicht völlig übersahen[5] und auch bemerkten, daß hier Verhandlungen zwischen Rat und Bürgerschaft über die Wahrung des Stadtfriedens und über die Einführung der neuen Lehre stattfanden[6]. Wie schon unsere juristischen Anmerkungen in den vorigen Abschnitten beweisen, haben wir hier auch diesmal verfassungsmäßige Verhandlungen vor uns, in die ein Mandatsprozeß gegen die katholischen Prediger eingebettet ist, in welchem die theologische Diskussion wieder nur als Beweisaufnahme fungiert. Ebenso sind Aufbau und einzelne Schritte der Verhandlungen auch diesmal durch die Rezesse und die in Hamburg geltenden welt-

22 Das Heimgeleit der Verurteilten war bis zum 2. Weltkriege im Südschiff der Katharinenkirche in Hamburg auf einem Fenster vom Jahre 1909 dargestellt (Beckey, Reformation 227, Anm. 9).

23 Ratszeugen jeweils zu 31,8 (Jensen, Domkapitel passim).

1 G. N. Bärmann, Hamburgische Chronik vom Entstehen der Stadt bis auf unsere Tage II (Hamburg 1822) 38, 39; Krabbe, Historia 74; Gallois, Geschichte 268; C. Mönckeberg, Geschichte der Freien und Hansestadt Hamburg (Hamburg 1885) 187; Nehlsen, Geschichte I 330; Sillem, Einführung 98. Beckey, Reformation 96; Th. Knolle, Aus Hamburgs Kirche 1529—1929 (Hamburg 1929) 8; Reincke, Kampf; Ders., Nachlaß 71; Feddersen, Schleswig-Holstein 71; Dauer, Kirchengeschichte 51.

2 Kempe, Bericht 521/522; Moller, Nachrichten A 543; B 551; Vulgreve: Jensen, Domkapitel 198; Vischer: ebenda 170/171; Staphorst, Historia II, 1 S. 137.

3 Tratziger, Chronik 263; Chytraeus, Chronikon 284. Sie folgen dabei Gyseke, Chronik 59: „... quemen de predicanten mit den papen to disputerende ...".

4 Kempe, Bericht 528: „Ik kan in dusser sake kein richter sin, den se is bauen min vorstand". Moller, Nachrichten A: „angeklagt" (542), „sententia" (545), „klegers unde richters" (550); B: „ane rechtes erkanntnisse", „sik to rechte erboden", "vorordeelt". „Men schal nemanden richten ... Düsse prozessus der rechten" (552). „Item min broder ... heft sik vorbaden"... „vor deme ganzen sittenden stole des ersamen rades"... „Düsse protestation unde beropinge" (556).

5 So etwa Beckey, Reformation 99—101.

6 Sillem, Einführung 98, 107, 110; Beckey, Reformation 96, 105—108.

lichen und geistlichen Rechte[7] bedingt. Die Verhandlung am Montag war primär Meldung der Unruhen beim Rat, Beratung über die weiteren Schritte und rezeßgemäße Forderung der Einberufung der erbgesessenen Bürgerschaft für den nächsten Tag[8], zugleich aber auch Vortrag der Klage gegen die katholischen Prediger, die auf Mandatsbruch und Störung des Stadtfriedens durch schriftwidrige Predigt und Hetzreden lautete, durch die Bürgervertreter vor dem Rat als oberster Polizeibehörde[9] unter vorschriftsmäßiger Vorlage des Thesenverzeichnisses als dem Beweisstück[10]. Die Zusammenrottung der Einwohner vor dem Rathause und die eigenmächtige Versammlung der Erbgesessenen auf dem Einbeckschen Hause waren allerdings rezeßwidrig und Aufruhr[11], wenn auch aus der allgemeinen Aufregung[12] zu verstehen.

Die Vereinbarung, alle, nicht nur die angeklagten Prediger vorzuladen und zu verhören[13], war Ergebnis der Unruhenverhandlung, schloß aber die Klage in sich, die somit bestehen blieb[14]. Die Verhandlung am folgenden Tage war die eigentliche, rezeßgemäße Unruhenverhandlung zwischen Rat und erbgesessener Bürgerschaft. Sie lief wie sonstige Verhandlungen zwischen beiden Gremien mittels der gewählten Bürgervertreter ab[15], wodurch die Erbgesessenen von der eigentlichen Verhandlungen ausgeschlossen waren, die, wie in Norddeutschland üblich, hinter verschlossenen Türen stattfand[16]. Es entsprach aber der Verfassung, daß das von Rat und Bürgervertretern ausgehandelte Ergebnis den Erbgesessenen zur Begutachtung und Entscheidung vorgelegt, daß diese dann getrennt nach den vier Kirchspielen berieten und beschlossen und daß das Gesamtergebnis durch feierlichen gemeinsamen Beschluß vor dem Rathaus in Geltung gesetzt wurde[17]. Auch das Urteil ist als Ergebnis der Unruhenverhandlung, nicht des Prozesses, zu werten. Dies wird nicht nur bei der Verbannung von Vathouwer und Rensborch ausdrücklich erwähnt[18], sondern drückt sich auch in der Verbannung

[7] Bekanntlich: Stadtrecht von 1497, Sachsenspiegel, römisches Recht; Rezesse und Burspraken; das kanonische Recht.

[8] Rezeß 1483 Art. 66.

[9] Kempe, Bericht 521/522. Hennings, Strafrecht 6/7, 131/132.

[10] Stadtrecht 1497 B XVII.

[11] Rezeß 1458 Art. 33.

[12] Kempe, Bericht 521/522.

[13] Kempe, Bericht 522; Gyseke, Chronik 58.

[14] Das zeigt das Vorgehen des worthaltenden Bürgermeisters am 2. Verhandlungstage (Kempe, Bericht 523, 526).

[15] Entsprechend Rezeß 1458 Art. 33; 1493 Art. 66.

[16] Kempe, Bericht 522, 537.

[17] Vgl. Rezeß 1493 Art. 66.

[18] Kempe, Bericht 537: „darumb dat se dat spil angerichtet hedden und eres dondes gar nenen beuel edder grunt hedden“.

der abwesenden Geistlichen Vathouwer und Vißbeke aus, die ohne Verfahren zustande kam[19], und die darum als rein politische Beschlüsse zu verstehen sind.

Durch die Klage der Bürgervertreter gegen die katholischen Prediger auf Mandats- und Stadtfriedensbruch[20] war aber auch ein Mandatsprozeß nötig geworden[21]. Nach den Vereinbarungen des ersten Tages sollte er nur einen Teil des Verhöres aller Prediger auf Mandatsgemäßheit ihrer Predigt ausmachen, war dann aber mit diesem Verhör identisch, da nur die verklagten katholischen und nur die führenden reformatorischen Prediger geladen worden waren[22] und sich die Prädikanten dem Verhör unter dem Schutz der Bürger entzogen[23]; indessen, sie waren nicht förmlich angeklagt[24], und so konnte der Rat diese Handlungsweise durchgehen lassen, ohne gegen das formale Recht zu verstoßen[25]. Der Mandatsprozeß wurde für die Beklagten nicht durch diese Weigerung der Prädikanten, sondern dadurch ungünstig, daß 1. eine Appellation in Hamburg damals nur noch bei Rechtsverweigerung zulässig war[26], was nicht in der Absicht des Rates lag[27]; daß 2. eine Appellation nach dem Sachsenspiegel außer bei einem Duell erst nach der inhaltlichen Stellungnahme des Beklagten zur Anklage eingebracht werden durfte[28] und daß 3. nach dem römischen Recht bei Gefahr im Verzuge und bei Teilgeständnis trotz Appellation wenigstens über die zugegebenen Äußerungen verhandelt werden konnte[29]. Demnach begingen die Angeklagten den entscheidenen Fehler, als sie bei der Befragung über die Anklage inhaltliche Angaben machten[30] und dadurch, wie B. Moller sofort erkannt hatte, der Anklage den Weg zur Fortsetzung des Verfahrens selbst freigaben[31]. Der eigentliche Prozeß verlief äußer-

[19] Kempe, Bericht 537, 538/539; Moller, Nachrichten B 552, 554.

[20] Kempe, Bericht 521/522; Gyseke, Chronik 58.

[21] Stadtrecht 1497 O II; Rezeß 1458 Art. 1.

[22] Es fehlten: auf katholischer Seite Pfr. Fr. Hennings von Petri und sein Predigtvikar, zumindest Prior und Lektor der Dominikaner und auch der Domprediger Bustorp, der noch nicht widerrufen hatte — und auf reformatorischer Seite die Predigtvikare der Prädikanten. (Vgl. Kempe, Bericht 522/523).

[23] Moller, Nachrichten B 557; Kempe, Bericht 529.

[24] Moller, Nachrichten B 557; Kempe unterschlägt es Bericht 526.

[25] Hennings, Strafrecht 117, 123.

[26] Privileg Kaiser Sigismunds von 1421: Lünig, Reichs-Archiv XIII 948.

[27] Der worthaltende Bürgermeister wollte die Appellation annehmen und erklärte sich auch für unzuständig (Kempe, Bericht 528).

[28] Sachsenspiegel II, 3; vgl. II, 9.

[29] Hartmann, Appellatio RE III 209/210; Kaser, Zivilprozeßrecht 404/405, 507/508.

[30] Kempe, Bericht 526/527.

[31] Hennings, Strafrecht 136; Kaser, Zivilprozeßrecht 404/405.

lich ganz in den Bahnen des Hamburger Prozeßrechtes, litt aber daran, daß die Prädikanten sich ungesühnt Verbalinjurien erlauben durften[32] und daß ihnen der Beweis für ihre Anklage nicht recht gelang. Man konnte nämlich die Diskussion an sich nur dann als Beweis verwenden, wenn man zugestand, daß allein das explizite Schriftwort in seinem Literal- und Kontext als „Evangelium" zugelassen war und daß die Prädikanten, die die Sachanklage vertraten, zugleich auch die Angeklagten verhören und entscheiden sollten, ob die von den Beklagten beigebrachten Schriftstellen dem Mandat Genüge taten oder nicht. Diese Sachfrage hätte, wie sonst in Hamburg üblich, von neutralen Sachverständigen, die keiner Prozeßpartei angehörten, entschieden werden müssen[33], zumal sich der Rat ausdrücklich als sachlich inkompetent erklärt hatte[34]. Der dem entsprechende Antrag der Angeklagten auf Beiziehung von theologischen Fakultäten als neutralen Sachverständigen und ihre ausdrückliche Ablehnung anderer als Fachrichter[35] war nur auf Druck der Bürgervertreter zurückgewiesen worden[36], obwohl das Hamburger Stadtrecht schon bei weniger schwierigen Sachfragen, wie Körperverletzung mit Todesfolge, Notzucht und Wertschätzungen den Sachverständigenbeweis forderte[37]. Da auch die Beklagten in keinem Punkte zugegeben hatten, daß ihre Äußerungen dem Mandat widersprachen[38], stand zum Schluß weiterhin Meinung gegen Meinung. Die Prädikanten unterließen es auch, die von ihnen immer wieder zitierten Zeugen für die von den Angeklagten abgestrittenen Äußerungen vorzuführen[39], mußten dann aber auch hinnehmen, daß damit ihre Klage verfiel. Die ganze Beweisführung muß darum als nicht erbracht angesehen werden[40].

Wegen des mißlungenen Beweises und der Doppelrolle der Prädikanten als Kläger und Richter hätte kein Urteil gefällt werden

[32] Gegen Rensborch und Salzborch (Kempe, Bericht 532/533, 535). Zu strafen nach Stadtrecht 1497 M IV.

[33] Hennings, Strafrecht 144/145.

[34] Kempe, Bericht 528.

[35] Ebenda 526.

[36] Moller, Nachrichten B 557; Kempe, Bericht 528/529. Das Urteil über die Appellation stand der höheren Instanz zu (Sachsenspiegel III, 52, vgl. II, 12; Kaser, Zivilprozeßrecht 404/405, 507/508; Hartmann, Appellation RE III 209).

[37] Stadtrecht 1497 O IV, XVII.

[38] Sie verhandelten teilweise wie B. Moller, Went und, der Absicht nach, auch Rensborch überhaupt nicht mit den Prädikanten, sondern gaben nur ihre Erklärungen ab (Kempe, Bericht 531/532) und verteidigten alle ihre eingestandenen Äußerungen als richtig.

[39] Kempe, Bericht 532 (Went), 536 (Schroder).

[40] Gemäß Stadtrecht 1497 E XIV.

dürfen und war das gesprochene nicht rechtmäßig[41]. Die Angeklagten hatten darum sofort nach Verkündung des Urteils Einspruch eingelegt[42], was dann die Erbgesessenen zu ihrer scharfen Reaktion veranlaßte[43]. Auch ein rechtmäßiges Urteil hätte als Strafe nur die im Mandat festgesetzte Poen, die Stadtverbannung, nicht den Widerruf, verhängen dürfen[44], wenn auch der Rat das Urteil erschweren und erleichtern durfte[45]. Bemerkenswerterweise bestrafte man mit der Verbannung nur solche katholische Geistliche, deren Verhalten als friedensstörend angesehen wurde, ohne daß es sich dabei um theologische Ansichten handeln mußte[46]. Ungesetzlich war aber die Verurteilung zu Widerruf und das Predigtverbot, da das Mandat diese Strafe nicht für Irrlehre vorsah[47]. Man hat die katholischen Prediger demnach nicht nur wegen Bruch des Mandates und des Stadtfriedens, sondern vor allem wegen Verbreitung von Irrlehren verurteilt. Jedoch war für die Beurteilung theologischer Streitfragen und für die Handhabung der kirchlichen Disziplin, zumal über Kleriker, bisher anerkanntermaßen allein der Domdekan zuständig[48]. Daß der Rat dies alles geschehen ließ und auch trotz Unzuständigkeit in Person und Sache solche Urteile fällte, erklärt sich deswegen allein aus der Situation. Ebenso muß auch die Verbannung von Bustorp, Vathouwer und Vißbeke ohne ein Prozeßverfahren als direkt rezeßwidrig beurteilt werden[49], wenn auch die allgemeine Aufregung in der Stadt[50] und die Drohungen der Bürger mit der Revolte[51] dem Rat keine andere Wahl ließen. Wie die Begründung der Verbannung gegenüber Bustorp[52] und das spätere Verhalten des Rates gegenüber B. Mol-

[41] Stadtrecht 1497 E XIV; Hennings, Strafrecht 150.

[42] Kempe, Bericht 537. In Hamburg mußte die Appellation gegen das Urteil sofort eingelegt werden (Stadtrecht 1497 A XVIII; Langenbecksche Glosse (B) zu A XXII), sonst war das Urteil unanfechtbar (ebenda). Das Urteil von 1528 wurde 1531 vom Reichskammergericht auf Klage des Kapitels aufgehoben (Spitzer, Reformationsstreit 494, 496).

[43] Kempe, Bericht 537.

[44] Stadtrecht 1497 M VIII; Hennings, Strafrecht 87.

[45] Stadtrecht 1497 A XVI.

[46] Vißbeke wurde Gesinnungswandel, Bustorp Unterlassung des Widerrufs (vgl. Sachsenspiegel I 53), Rensborch und Vathouver die Versammlungen in St. Johannis und Vischer Haß und Aufruf zu Aufruhr in seinen Predigten angelastet (Kempe, Bericht 538/539).

[47] Es drohte in Art. 6 nur die Stadtverbannung und dies nur den Haßpredigern an (Bolland, Burspraken II Nr. 113, 12).

[48] Vertrag von 1355: Lünig, Reichs-Archiv XIII 936. Das sagte auch Lofften aus (Jensen, Domkapitel 194).

[49] Rezeß 1458 Art. 33 schrieb Vorladung und Verhör vor.

[50] Kempe, Bericht 522; Ratszeugen zu 31,2 (Jensen, Domkapitel 232 et passim).

[51] Gyseke, Chronik 59.

[52] Jensen, Domkapitel 80/81.

ler, den er 1528 wieder ehrenvoll zur Rückkehr einlud[53], zeigten, hatte der Rat von vornherein vor, nur das Schlimmste zu verhüten[54]. Demnach sind die Vorwürfe von J. Moller und Mag. Tymmo Lofften, daß der Rat aus Furcht und unter dem Druck des „gemeinen Mannes" gehandelt habe[55], berechtigt.

Von hier aus betrachtet wird es auch verständlich, wieso Kempe die Vorgänge und die theologische Diskussion von 1528 in seinem Bericht so ausführlich geschildert hat. Ihm kam es offensichtlich darauf an, die Verhandlungen zu förmlichen theologischen Diskussionen umzustilisieren und die Berechtigung der Entscheidungen durch die ausführliche Mitteilung der theologischen Argumentation und des Verfahrens zu rechtfertigen. Wenn er dabei berichtet, daß man wieder Mann für Mann und je These für These und Argument für Argument[56], also akademisch diskutierte[57], so soll auch das den Eindruck erwecken, als habe es sich 1528 sogar um eine regelrechte akademische Diskussion gehandelt, zumal man den Rat, das Präsidium und die Bürgervertreter als Gemeinde ansehen konnte. Indessen war diesmal das Vorgehen durch das Verhör verursacht, das verlangte, daß man mit jedem Angeklagten einzeln die ihn betreffenden Anklagepunkte besprach[58]. Aber die späteren Tradenten mußten aufgrund der Darstellung unsere Verhandlungen dennoch fast zwangsläufig als akademische evangelische Disputationen mißverstehen, die dann mit ihrem Entscheidungscharakter die Entscheidungen von 1528 rechtfertigen konnten. Allerdings entging ihnen dabei, daß der evangelische Glaubensprozeß: Verhandlung über theologische Streitfragen vor der weltlichen Obrigkeit, mit der evangelischen Disputation strukturgleich war[59]. Sie erkannten aber richtig, daß 1528 die Klärung und verbindliche Entscheidung der religiösen Streitfrage in öffentlich-rechtlichen Formen dringend erforderlich war und daß diese wenigstens in einer echten akademischen Disputation unter Hinzuziehung von neutralen Sachverständigen hätte erfolgen müssen, wenn das Urteil

[53] Moller, Nachrichten B 558/559. Das Konzept befindet sich im Staatsarchiv Hamburg unter Cl. I Lit. O^c No. 6.

[54] Das zeigen die Begründungen der Verbannung (Jensen, Domkapitel 80/81). — Wenn Staphorst Historia II, 1 S. 136 behauptet, sie wären „ex contumacia" verurteilt worden, so übersieht er, daß sie nicht geladen worden und damit straffrei waren (Sachsenspiegel II, 8).

[55] Moller, Nachrichten 551; Lofften: Jensen, Domkapitel 191.

[56] Kempe, Bericht 530—536.

[57] Vgl. Seitz, Text passim.

[58] Die Klagepunkte lauteten unterschiedlich (vgl. Textanhang Nr. 4).

[59] Auch die evangel. Disputation war eine Diskussion aufgrund des Schriftprinzips vor der die Gemeinde repräsentierenden weltlichen Obrigkeit und verordneten Bürgern (Moeller, Disputationen 319).

rechtmäßig und rechtlich unanfechtbar sein sollte[60]. Jedoch führten die Situation und die Machtverhältnisse auf ganz andere Wege.

b) Die entscheidende Bedeutung der Machtverhältnisse für die Gestaltung der Vorgänge

Anders als im Vorjahr waren 1528 die politischen Verhältnisse entscheidend. Schon die Vorgeschichte dokumentiert den ganzen Wandel, der sich in einem Jahre vollzogen hatte. Jetzt besaßen die Bürger die Macht und konnten durch ihre Bundesgenossen im Rat diesen veranlassen, daß er das Mandat diesmal streng gegen die Katholiken und nachsichtig gegen die Neuerer anwandte, das Kempe durch seine Polemiken genau so übertreten hatte wie Rensborch. Die Prädikanten konnten jetzt so wirksam vorgehen, weil sie wieder mit den Bürgern eng zusammenarbeiteten, während die Gegenseite immer noch vereinzelt agierte und eine beträchtliche Nervosität zeigte[1]. Größeren Nachdruck erhielt die reformatorische Partei auch dadurch, daß sie endlich mit der opponierenden Bürgerschaft identisch war[2]. Damit wurden aber vollends die religiösen mit den politischen Problemen verquickt und auch beides wechselseitig zur Unterstützung im Kampf herangezogen[3]. Zugleich waren nun auch die religiösen und sozialen Gruppen fast deckungsgleich geworden, womit die religiösen Auseinandersetzungen zu einem Teil der politischen wurden und nur einen zusätzlichen Streitpunkt mit Rat und Kapitel bildeten[4]. Es ist darum verständlich, daß erst 1528 katholische Bürger ihre Ratstreue entdecken mußten und sich so spät zu Gegenmaßnahmen aufrafften[5]. Allerdings wurde der Kampf damit endgültig politisiert und mußte in politischer Manier ausgetragen werden. Deswegen konnte erst jetzt ein politischer Vorgang als Anlaß dienen[6]. Die Versammlung der „Johannisleute“

[60] Das Urteil wurde 1531 vom Reichskammergericht als ungesetzlich aufgehoben (Spitzer, Reformationsstreit 494, 496).

[1] Man vgl. die Bemühungen des Kapitels um Hilfe, um die Synode, die Ratswahl und die Ereignisse um die Johannisleute.

[2] Vgl. Kempe, Bericht 521; Gyseke, Chronik 57/58 und oben S. 121—126.

[3] Das zeigte sich schon 1527 bei den Verhandlungen mit dem Kapitel, 1528 bei der Ratswahl und jetzt. Zu Problem vgl. H. Baron, Religion und politics in the German imperial cities during the Reformation: The English Historical Revue LII (1937) 405—427, 614—635; Moeller, Reichsstadt 20—22.

[4] Die sozialen Gruppen orientierten sich religiös offensichtlich nach ihrer Stellung zum Klerus und zum gesellschaftlichen System, wobei es Ausnahmen gab, die allerdings — wie die Johannisleute — praktisch nicht ins Gewicht fielen.

[5] Kleine Bürger halten hier gegen die nächste obere Schicht mit dem Rat zusammen (Reincke, Nachlaß 67 c, 71).

[6] Kempe, Bericht 521/522.

war ja schon wegen des Tagungsortes verdächtig, signalisierte die Verquickung und konnte deswegen den bekannten Verdacht erwecken, wenn wohl auch erst die Teilnahme des als energisch bekannten Bürgermeisters Salzborch Anlaß zum Mordgerücht bot. Solche Phantasien traten jedoch auch in Lüneburg[7] und Lübeck[8] an den entsprechenden Entwicklungspunkten des Reformationskampfes auf und sind demnach nur als Anzeichen für das Ausmaß der allgemeinen Erregung und der Einschätzung der Lage durch die Reformationsanhänger zu bewerten. Denn jeder konnte ja sehen, daß diese knapp vor ihrem Siege standen, und mußte auch den Herrschenden zutrauen, daß sie sich jetzt wie bisher mit allen Mitteln wehren würden. Doch wohl erst die allgemeine Abneigung gegen Salzborch[9] verleitete die „Kistenlüde", ihm und seinen Verbündeten Mord und Brandlegung zuzutrauen. Wie später in Lübeck und Lüneburg mußte jetzt auch in Hamburg eine solche Unterstellung das Signal zu Unruhen geben.

Betrachten wir nun den Verlauf! Seine auffälligste Neuerung war die Beteiligung der ganzen Stadt, wenn auch die eigentliche Diskussion wieder hinter verschlossenen Türen stattfand. Anders als im Vorjahr war nun die Öffentlichkeit von den Verhandlungen informiert und entsprechend erregt. Auf den Straßen ging es lebhaft zu, und entschiedene Katholiken durften sich nicht blicken lassen[10]. Deswegen fürchteten Rat und Erbgesessene zu Recht, daß es noch zu einem richtigen Aufstand der unteren Schichten kommen würde[11], wie ihn Stralsund 1525 erlebt hatte. Diese Lage wirkte natürlich ebenso wie die Polarisation der politischen Parteiungen in „Johannisleute" und „Kistenleute" auf die Verhandlung stark ein und macht es verständlich, daß man das Recht wiederholt an den entscheidenden Stellen zugunsten der Interessen der neuen Machthaber beugte. Das Volk wollte eben seinen Willen durchsetzen und mußte seine Opfer haben, wenn schon die bisherige soziale und politische Ordnung der Stadt erhalten bleiben sollte. Daran hatten auch die Katholiken ein Interesse, da sie auf ruhigere Zeiten spekulierten, von denen sie eine Wiederherstellung der alten Zustände erwarteten[12].

Die Politisierung ist auch daran schuld gewesen, daß die theolo-

[7] Wrede, Einführung 119. [8] Jannasch, Lübeck 315.

[9] Vgl. Nirrnheim, Salzborch: 283—285.

[10] Joh. by der Linden zu 9,1 (Jensen, Domkapitel 182).

[11] Das sagen alle Ratszeugen zu 31 aus (Jensen, Domkapitel, z. B. 306/307, 314/15, 325, 331, 347, 362, 396).

[12] So riet das Lübecker Kapitel den Hamburger Kollegen 1527 (Brand, Protokoll 347a). Auch der Rat scheint gehofft zu haben, daß die alten Zustände wiederkämen, denn er ließ Bustorp durch die beiden Ratssekretäre nur sagen: „dat he sick eyne tidt lanck ohrer Stadt entholden mochte, umme twist unde

gische Auseinandersetzung ganz an den Rand geschoben wurde und nur als Verhör noch Raum fand. Außerdem bemühten sich die Prädikanten nicht mehr um eine wirkliche sachliche Klärung. Sie zeigten vielmehr unverhüllt, wie sehr sie von der Alleinberechtigung ihrer Ansichten überzeugt waren[13], rechneten sie doch ihre Gegner unbekümmert der „Satanskirche“[14] zu. Jedoch erst die unkritische Unterstützung durch die Bürgervertreter schob ihnen auch das theologische Richteramt zu, da die Bürger nur ihre Meinungen anerkannten[15], und deren Übermacht alles beherrschte. Deswegen waren auch juristische und taktische Versuche, wie sie Moller und Rensborch unternahmen, schließlich zum Scheitern verurteilt. Ganz konsequent kam darum auch das Urteil auf politische Weise und aufgrund politischer Rücksichten zustande.

c) Die Rollen der Beteiligten

An den Verhandlungen von 1528 waren alle Bewohner Hamburgs in irgendeiner Weise beteiligt und agierten in vielerlei Rollen. Dabei waren die politischen Rollen wieder wichtiger als diejenigen, die Prozeß und Unruhenverhandlung den Einzelnen zuteilten und die sie nach außen auch korrekt ausfüllten. Entsprechend den politischen Machtverhältnissen und der durch die Erregung und das Mordgerücht entstandenen Situation beherrschten die Bürgervertreter und ihre Prädikanten mit Hilfe der hinter ihnen stehenden und jetzt von Abneigung gegen die alte Kirche und den Rat erfüllten Erbgesessenen die Vorgänge. Obwohl die Furcht vor den erregten Massen, die die Straßen füllten, schließlich den Ausschlag gab, weil alle Höhergestellten auf die unteren Schichten Rücksicht nehmen mußten, waren diese dennoch nur ein Druck- und Drohmittel in den Händen der Bürgervertreter, die damit ihre kirchlichen und politischen Interessen durchsetzten. Auch die

upror tho vormidende (Jensen, Domkapitel 81), und Lofften bezeugte, daß der Rat nur aus Angst vor einer Revolte die Vertreibungen zugelassen habe (ebenda, 191).

13 „Alse he (Vulgreve) hir nichtes den loß dink brochte mit sinem mystico sensu und geistliken sinne und entliken sik up de kerken bereep, lete wi en varen“ (Kempe, Bericht 536). Ebenso verhielten sie sich zu den anderen Angeklagten.

14 „Mine schape, sprikt de Here, kennen minen stemmen. Sint gi denne in dussem schapstalle, latet hören den stemmen juwes herden. So gi denne nicht hebben, höre gi dar warlik nicht mede inne, sunder in des Satans kerken“. (Kempe, Bericht 531). — Auch Luther bezeichnet die Papstkirche als „Synagoge des Satans“ (z. Bsp. WA VI 328).

15 Kempe, Bericht 529, 536—538. Damit waren die Prädikanten zugleich Kläger und Richter, was nach allen Rechten verboten war (vgl. Sachsenspiegel III, 53 usw.) und Moller, Nachrichten A 550 mit Recht rügt.

Prädikanten erschienen zwar wieder als Partner der Bürgervertreter und arbeiteten mit ihnen offensichtlich nach Plan und Absprache zusammen, dienten aber letztlich auch nur den Interessen der Erbgesessenen, die die eigentlichen Akteure waren. Wenn der Rat sich sowohl wegen seiner inneren Spaltung wie wegen des allgemeinen Angriffs auf seine Herrschaft und des Verdachts einer Beteiligung an der „Johannisverschwörung“ vorsichtig zurückhalten mußte, kämpfte dennoch der worthaltende Bürgermeister, soweit es eben möglich war, für die Katholiken und nutzte die Rechtsbestimmungen weitgehendst für sie aus. — Die angeklagten Geistlichen verteidigten sich bis auf Siffridi tapfer, teilweise sogar kühn (Rensborch) oder überlegen (Moller, Went) gegen die Übermacht und verbauten sich ihre Rechtsposition nicht. Dies war ihnen aber nicht nur wegen der persönlichen Wertschätzung, die einigen von ihnen entgegengebracht wurde, möglich, sondern auch deswegen, weil jeder wußte, daß die Geistlichkeit vielfältige Verbindungen zu den Ratsstuben benachbarter Städte[1] und den Höfen der umliegenden Fürsten[2] besaß und Hamburg sich mit der Annahme der Reformation außerhalb der Legimität zu bewegen begann[3]. Deswegen schonte die Bürgerschaft die Person der Geistlichen soweit immer möglich und konzentrierte sich ganz auf die Sache. Ihre politische Klugheit ließ darum die Bürgervertreter, ja sogar die Prädikanten einen mittleren Weg verfolgen und gegen die radikalen Forderungen einiger Erbgesessenen ankämpfen. Die Gefahr, daß das „lose Volk“ einen Aufstand gegen den Rat und die Großbürger machen würde, unter dem dann auch die Erbgesessenen hätten leiden müssen[4], war schließlich das Mittel, durch das der politisch nötige Kompromiß ermöglicht wurde. Es hingen darum nicht nur die Angeklagten vom Willen der augenblicklichen Machthaber, Rat und vornehme Bürgerschaft, ab, sondern diese letztlich wieder vom Verhalten der Massen ab, wenn sie es auch

[1] Vgl. W. Jensen, Ein Hilfsgesuch des Hamburger Domkapitels an den Lübecker Rat aus der Reformationszeit (1529): ZLG XL (1960) 92/93; Sillem, Einführung 36—38.

[2] B. Moller war Rat des Herzogs von Mecklenburg (J. Moller, Nachrichten B 557). Das Kapitel hielt Verbindung mit den benachbarten Bischöfen und war durch seine Mitglieder mit zahlreichen anderen Domkapiteln verbunden. Für Bantschow traten 1524 z. B. der Kurfürst von Brandenburg und der Herzog von Mecklenburg ein (Sillem, Einführung 36/37).

[3] Der 2. Nürnberger Reichstag hatte 1524 das Wormer Edikt wieder in Kraft gesetzt (Borth, Luthersache 149—151), der Speyrer von 1526 nur einen vorläufigen Kompromiß beschlossen.

[4] Vgl. die Aussagen der Ratszeugen zu 32 (Jensen, Domkapitel 314/315 et passim).

dank ihrer Erfahrung verstanden, diese Energien in Bahnen zu lenken, die vor dem Schlimmsten bewahrten.

d) Die Funktion der Verhandlungen

Auch 1528 stimmten offizielle und wirkliche Funktion der Diskussion nicht überein. Anstatt die mandatsgemäße Predigt wiederherzustellen, hat man nur die katholische Predigt ausgeschaltet. Wenn auch eine wirklich objektive Entscheidung damals nicht mehr möglich war, verhandelte man dennoch, mußte aber schließlich Politiker und Machtverhältnisse die religiöse Frage entscheiden lassen. So haben die Verhandlungen zwar vordergründig ihren Zweck erfüllt und zur Wiederherstellung der Einheit in der Predigt in der Stadt geführt, aber damit nur den Buchstaben, nicht den ursprünglichen Sinn des Mandates erfüllt. Die Unmöglichkeit einer objektiven Entscheidung bewirkte, daß die Verhandlung und ihre Diskussionen nur ein Instrument in der Hand der Mächtigeren waren, die ihnen die nötige theologische Demonstration[1] und juristische Verbrämung lieferten, weil sie durch ihren Einsatz schon den Grundsätzen der reformatorischen Seite zur Alleingeltung verholfen und damit im voraus entschieden hatten, was erst zu entscheiden war. Auch die Gestaltung der Verhandlungen als Mandatsprozeß konnte nicht die nötige Objektivität liefern, da auch sein Verlauf und sein Ergebnis ganz von der theologischen Diskussion abhängig waren. So mußte der Prozeß den Widerspruch der Unterlegenen und prozessuale Anfechtungen evozieren. Die Verhandlungen waren aber zugleich der Katalysator für die Entscheidung der Machtfrage in Hamburg, da sie deutlich gemacht hatten, wer im Augenblick der Stärkere war. Dies veranlaßte darum Rat und Bürgerschaft, anschließend alle strittigen Fragen zu klären.

5. Die Bedeutung der Verhandlungen von 1528

Mit den Verhandlungen von 1528 erreichte die Entwicklung der Reformationsdiskussionen in Hamburg zugleich den Höhepunkt wie den Endpunkt ihrer Entwicklung. Aus dem kirchlichen war der weltliche Glaubensprozeß geworden und zugleich die theologische

[1] Über den Sinn solcher Disputationen schrieb 1540 M. Bucer in der Vorrede seines Johannes-Kommentars: „... indicta est publica de religione disputatio, non ut ea primum disceretis quae sequeremini, sed ut palam omnibus fieret, quam certa et invicta essent, quae sequi iam coeperatis". (Zitiert bei K. Lindt, Der theologische Gehalt der Berner Disputation: Gedenkschrift zur Vierhundertjahrfeier der bernischen Kirchenreformation I (Bern 1928) 340 Anm. 3).

Diskussion wieder auf ein bloßes Verhör eingeschränkt. Das Verfahren lieferte wieder klare, wenn auch parteiliche theologische und rechtliche Ergebnisse. Zugleich war die Form des Glaubensprozesses geschaffen, die der neuen Lehre entsprach. Aber anders als in Süddeutschland ist in Hamburg die Gemeinde nicht an der theologischen Diskussion oder religiösen Beschlußfassung beteiligt, sondern von den Gesprächen gemäß hansischer Ratstradition ausgeschlossen und nur gemäß der Verfassungsordnung an der Beschlußfassung über die politischen Fragen beteiligt. Disputationen, auch im reformatorischen Sinne, wie sie im Herbst 1523 in Zürich stattfanden, sind die Verhandlungen darum in keinem Augenblick gewesen. Wohl waren sie sowohl als Mandatsprozeß wie als Unruhenverhandlung das Forum und der Ort, wo die Entscheidung über die neue Lehre gefällt wurde. Deswegen bildeten sie auch die Grundlagen der weiteren kirchlichen und politischen Entwicklung Hamburgs und dienten ihr zugleich als theologische, juristische und politische Rechtfertigung, obwohl die Theologie nur eine ganz unbedeutende Rolle gespielt und man eigentlich nur die gegensätzlichen Glaubensüberzeugungen dargestellt hatte.

Wie die Reformationsbewegung 1528 die ganze Stadt erfaßt hatte, so war nun auch die gesamte Bevölkerung an den Verhandlungen, direkt oder indirekt, beteiligt. Damit war die zweite Form des Glaubensprozesses neben der von 1527 entstanden: Mandatsprozeß vor der weltlichen Obrigkeit im Rahmen einer verfassungsmäßigen Versammlung der verfassungsmäßigen Organe des Gemeinwesens. Diese Form wie die des Vorjahres stellten für die Zukunft die Vorbilder bereit, wie man bei künftigen Glaubensstreitigkeiten verfahren konnte. Angesichts der theologischen Aporie war jedoch die theologische Entscheidung zwangsläufig an Rat und Bürger zurückgefallen. Es verwundert uns nicht mehr, daß sie diese auch fällten und daß sie dabei das Urteil und seine Folgen in politischer Weise und in den üblichen politischen Formen aushandelten. Das Ergebnis ist darum auch nicht als objektive Wahrheit, sondern als politischer Kompromiß zu bewerten, wie es schon der „Warhaftige bericht" erkennen läßt. Allerdings hatten sich die Politiker damit, wenn auch gezwungenermaßen, in kirchliche Fragen und Streitigkeiten eingemischt, sie vor ihr Forum gezogen und auf diese Weise praktisch auch das kirchliche Lehramt usurpiert. Auch mußte es folgenreich werden, daß man dabei nicht nach objektiven Formen entschied, sondern jeder nur seiner Überzeugung folgte und dabei noch politische Gesichtspunkte berücksichtigte. Die neue Lehre und die neue Kirchenordnung wurden dadurch eine Folge der politischen Machtverhältnisse und der Überzeugung der Mächtigen und nicht einer objektiven Wahrheitserkenntnis oder -entscheidung. Letztlich hatten die Reformationsanhänger damit die Religion der Politik und die Kirche dem Staat unter- und eingeordnet und sich dabei nicht allein nach religiösen, sondern ein gut Stück weit auch nach politischen Erfordernissen und nach Tagesbedürfnissen gerichtet. Prinzipiell hatten sie aber das bisherige System auf den Kopf gestellt und das Verhältnis der beiden Gewalten verkehrt. Das Versagen der Hierarchie und nun auch der Theologen mußte darum noch weitreichende Folgen für das Verhältnis von Staat und Kirche und für die Rolle der Religion in der Gesellschaft haben. Die Verurteilung aller katholischen Prediger zum Widerruf bedeutete bei den damaligen Machtverhältnissen zugleich, daß die katholische Predigt verboten und auch ein religiöses Leben unmöglich war, das auf katholischen Lehren gründete. Darum bewirkte die Niederlage der alten Prediger zugleich das Ende des Katholizismus in Hamburg und die Einführung der neuen Lehre. So faßten es schon die Zeitgenossen auf, die deswegen auch die Verhandlungen zu einer Disputation uminterpretieren mußten, obwohl man erklärtermaßen keine abgehalten hat. Ein Mandatsprozeß traf ja nur einzelne Personen, während die Disputation auch die unterlegene Sache mit „erledigte". Gleichzeitig mit dem Sieg der Prädikanten errang auch die Bürgeropposition ihren Sieg über den Rat und war nun in der Lage, mit diesem die Macht in der Stadt neu zu verteilen. Auch der Zwang, die Reformation schützen zu müssen, und das Mißtrauen vor der heimlich noch katholischen Ratsmehrheit veranlaßten jetzt die Bürger, ihre dauernde Mitwirkung an der Stadtregierung zu sichern, womit sie den Rat für immer unter ihre Kontrolle bekamen. Die Verhandlungen von 1528 bilden darum die Grenze zweier Epochen Hamburger Geschichte: Bis zu ihnen reichten das katholische Hamburg und die Ratsherrschaft, während anschließend das „evangelische Hamburg" und die Mitregierung der Bürger etabliert wurden.

IX. DIE THEOLOGISCHE DISKUSSION UND DIE SICHERUNG DER REFORMATION IN HAMBURG

1. Die Einführung der Reformation 1528/1529

Anders als 1527 wurde 1528 das Urteil sofort vollstreckt: schon am nächsten Morgen forderten die Ratssekretäre J. Sommerfeldt und J. Wetken[1] die Verbannten zum Verlassen der Stadt auf, worauf diese abzogen[1a]; Vathouwer war abwesend[2]. Während Siffridi schon am 1. Mai widerrief[3], predigten die anderen furchtlos weiter, mußten aber bis Pfingsten ebenfalls nach und nach die Stadt verlassen, da sie nicht widerrufen wollten[4]. Der Domtheologe zog wieder nach Rostock, wo er noch Professor und Stiftsdekan war[5], und brachte Vulgreve und Vischer in Lübeck unter[6], wohin sich auch die Dominikaner Hoffmann, Rensborch und Went sowie Bustorp und Vißbeke wandten[7].

Schon in der Pfingstwoche konnten die Reformationsanhänger den Rat zwingen, nicht nur die katholische Predigt zu unterdrükken, sondern auch die Messe in Kirchen und Häusern zu verbieten und die Pfarrkirchen den Bürgern auszuliefern[8]. Auch wählten die

[1] S. u. Personenverzeichnis Nr. 43 und 51.

[1a] Bustorp: Jensen, Domkapitel 80/81; Vißbeke: ebenda 136; Vischer: 171. Sendenhorst war in Lübeck tätig (Jannasch, Lübeck 278).

[2] Moller, Nachrichten B 552.

[3] Ebenda 556.

[4] Kempe, Bericht 539; Moller, Nachrichten B 554—556.

[5] Moller, Nachrichten B 558. Der Hamburger Rat lud den Domtheologen schon im Okt. 1528 ehrenvoll wieder zur Rückkehr ein, bat aber zugleich um die Überlassung der Doktorei für Bugenhagen (Briefkonzept im Staatsarchiv Hamburg Cl. I Lit. O^c No. 6; vgl. Moller, Nachrichten B 558/559).

[6] Vischer: Moller, Nachrichten B 555; Jensen, Domkapitel 169; Vulgreve: Jensen, Domkapitel 197; Jannasch, Lübeck 245. Nach Moller, Nachrichten B 555 war er zunächst Prediger des Drosten in Pinneberg.

[7] Jannasch, Lübeck 245, 271; Moller, Nachrichten B 554/555.

[8] Gyseke, Chronik 60; Aussage der Kapitelszeugen van der Worth (Jensen, Domkapitel 147), Kotingk (157), by der Linden (183), Schroder (187), Lofften (192) und des Ratszeugen Krummelingk (278), der als Grund des Meßverbots den Kanon angibt. Der Rat gab dies in seinem articuli defensionales 20—40 zu, begründete das Verbot aber mit der Gefahr der Todsünde (Art. 27) und Aufruhrgefahr (Art. 31) (Jensen, Domkapitel 215—218). Die Katholiken rächten sich mit Spottliedern (Texte: Staphorst, Historia II, 1 S. 85—88). Die „deutsche Messe" bezeugen z. B. vam Rhine (Jensen, Domkapitel 74), J. Moller (92), Kissenbrügge (108), van der Worth (147).

Erbgesessenen am 25. 6. je 12 neue Vorsteher für die 4 „Gotteskästen“ und je 24 Verordnete[9], die zusammen mit den am 29. 9. gewählten „Oberalten“ des 5. Gotteskastens[10] die Verhandlungen mit dem Rat über die Durchführung der Reformation und die Klärung der bürgerlichen Streitpunkte in die Hand nahmen[11]. Trotz großer Spannungen zwischen Rat und Bürgerschaft[12] und der allgemeinen Erregung gegen die alte Geistlichkeit und Kirchenordnung[13], aber auch gegen die Reichen[14], konnte der politische Streit bis Februar 1529 bereinigt und ein „langer Rezeß“ zustande gebracht werden. Er sicherte die dauernde Mitregierung und Kontrolle der Bürger und machte in Artikel 59 die zukünftige Kirchenordnung J. Bugenhagens zum Bestandteil des Vertrages[15]. Auf Druck der Reformationsanhänger hatte nämlich der Rat den Wittenberger Reformator zur Neuordnung des Hamburger Kirchenwesens berufen[16]. Dieser weilte seit dem 8. 10. 1528 in Hamburg, trat in Predigten und Vorlesungen für die neue Lehre ein und erarbeitete die neue Kirchenordnung[17], wobei er seiner Braunschweiger Kirchenordnung folgte, aber auch die besonderen Hamburger Verhältnisse berücksichtigte[18]; sie wurde am 8. März 1529 vom Rat und am 15. Mai von den Erbgesessenen angenommen und am 23. Mai offiziell verkündet[19].

[9] Quellen: Staphorst, Historia II, 1 S 156—165.

[10] Text: Staphorst, Historia II, 1 S. 122/123.

[11] Text der Vollmacht: Staphorst, Historia II, 1 S. 156—165. Vgl. Sillem, Einführung 148—150; Reincke, Nachlaß 71.

[12] Das bezeugt etwa Bugenhagen in der Vorrede seiner Kirchenordnung (E. Sechling, Die evangelischen Kirchenordnungen des XVI. Jahrhunderts V (Leipzig 1913) 488).

[13] Quelle: Kurzer Bericht eines Papisten über die Reformation in Hamburg: Lappenberg, Chroniken 568—570, bes. 568/569. Vgl. Bolland, Burspraken II Nr. 115,3; Beckey, Reformation 138.

[14] Vgl. die Aussagen der Ratszeugen zu 31,8 (Jensen, Domkapitel 233 et passim) und Kempe, Bericht 538.

[15] Text des Rezesses: Lünig, Reichs-Archiv XIII 965—988, bes. Art. 59: ebenda S. 978.

[16] Quellen: Brief Luthers vom 8. 7. 1528 an Kurfürst Johann den Beständigen WA Br. IV 494 und die Antwort des Kurfürsten: ebenda 494/495. Zum Wirken Bugenhagens in Hamburg vgl. Sillem, Einführung 121—154; Beckey, Reformation 124—182 und R. Stupperich, Johann Bugenhagen und die Ordnung der Kirche im nordostdeutschen Raum: Kirche im Osten III (Stuttgart 1960) 116—129, hier 120—126.

[17] Kempe, Bericht 540; Moller, Nachrichten B 558—561; 563—566. Kurze Angaben finden sich im lateinischen Tagebuch Bugenhagens in der Berliner Staats-Bibliothek auf Fol. 5 (Beckey, Reformation 137, 235 Anm. 2).

[18] C. Bertheau, Bugenhagens Kirchenordnung für die Stadt Hamburg vom Jahre 1529. Im Auftrage der Bürgermeister Kellinghusen'schen Stiftung (Hamburg 1885) = Seeling, Kirchenordnungen V 488—540.

[19] Sillem, Einführung 146/147, 150/151.

Währenddessen wurden nach und nach der katholische Gottesdienst und die Segnungen verboten[20], der Austritt aus dem Kloster[21] und der Fleischverkauf an Freitagen erlaubt[22] und versucht, die Geistlichen unter Kontrolle zu bekommen, indem die Tresore der Kirchen verschlossen[23], die Kirchengeräte, Urkunden und Register der Meßpfründen beschlagnahmt[24], der Klerus zu Steuern und Wachtgeldern herangezogen[25], eine Schatzung von 8000 Mark Lübisch verlangt[26] und die Auslieferung der Pfründen und Einkünfte der Geistlichen nach dem Tod ihrer derzeitigen Inhaber an die Stadt mit Erfolg betrieben wurden[27]. Auch wurden die Spitäler und Männerklöster zugunsten des Armenkastens eingezogen[28] und im Dominikanerkloster St. Johannis eine städtische Lateinschule eröffnet[29]. Damit hatte die Stadt in ihrem Herrschaftsbereich die neue Ordnung eingeführt, ohne noch einmal zu theologischen Diskussionen zu greifen. Zwar hatte das Nikolaikirchspiel im August 1528 gefordert, daß die Geistlichen ihren Gottesdienst und die Mönche ihr Leben aus der Schrift beweisen oder damit aufhören sollten[30], doch war es bei dieser Forderung geblieben. Offenbar sah man auf reformatorischer Seite die Diskussionen von 1528 als ausreichende Grundlage für die Einführung des neuen Kirchenwesens an, und die Gegenseite mied diesen Schritt, da sie nicht nur ihre theologischen Führer verloren, sondern unter den gegebenen Umständen von solchen Diskussionen nichts Gutes zu erwarten hatte.

[20] Petitio articulata des Kapitels von 1530 (Staatsarchiv Hamburg Cl. I Lit. H No. 15 u. S. 232—236) Art. 5 und 15; Aussagen der Kapitelszeugen zu Art. 10 (Jensen, Domkapitel 48 et passim); Wendische Chronik 281/282; Hamburger Chronik 425.

[21] Wendische Chronik 284/285; Hamburger Chronik 426/427.

[22] Wendische Chronik 282; Hamburger Chronik 425.

[23] Klageartikel 14 des Kapitels und betreffende Aussagen seiner Zeugen (Jensen, Domkapitel 49 et passim).

[24] Klageartikel 12, 13, 15, 32 des Kapitels und betreffende Aussagen seiner Zeugen (Jensen, Domkapitel 49 et passim); Petitio articulata Art. 30.

[25] Petitio articulata Art. 10, 23; Klageartikel 20 des Kapitels und betr. Aussagen seiner Zeugen (Jensen, Domkapitel 50 et passim).

[26] Klageartikel 16 des Kapitels (Jensen, Domkapitel 49).

[27] Moller, Nachrichten B 565-567; Petitio articulata Art. 11—14, 34.

[28] Kempe, Bericht 540/541; Moller, Nachrichten B 264/265; Bericht eines Papisten 568; Wendische Chronik 284/285; Beckey, Reformation 119.

[29] Kempe, Bericht 541/542; Moller, Nachrichten B 565.

[30] Text des Antrages: Staphorst, Historia II, 1 S. 162.

2. *Die Verhandlungen über den Domgottesdienst 1529—1535*

Alle Reformationsmaßnahmen mußten vorerst aber am Immunitätsbezirk des Kapitels und am Dom haltmachen. Hier feierte das Domkapitel weiter seine Gottesdienste und ließ die Sakramente durch den Dompastor Nikolaus Lemke auch an die Stadtbewohner austeilen[1]. Das Kapitel war nämlich nicht gewillt, den Reformationsanhängern nachzugeben, und konnte sich solchen Widerstand aufgrund seiner persönlichen Verbindungen zu den benachbarten Domkapiteln und den katholischen Städten und Fürsten leisten und ging darum auch zum Angriff über. Zuerst veranlaßte es den Erzbischof zu einer Beschwerde und der Forderung nach völliger Restitution beim Rat, die Christoph am 30. 6. 1528 abfaßte[2]. Da diese keinen Eindruck machte, verließen Domdekan Grothe und einige Domherren die Stadt und nahmen die noch vorhandenen Kleinodien und Urkunden mit nach Lübeck[3]. Propst und Dekan reisten anschließend zum Reichskammergericht[4] und erwirkten zwei Mandate Karls V. an die Stadt, die völlige Restitution bei Strafe von 500 Mark lötigen Goldes forderten[5]. Diese trafen um den Jahreswechsel 1528/1529 in Hamburg ein[6], als dort gerade einige Altäre im Dom und im Heilig-Geist-Spital verwüstet oder abgebrochen worden waren[7]. Als aber die Reformationsanhänger angesichts ihres politischen Sieges zu keinen Konzessionen bereit waren, ließ der Dekan im Sommer 1529 den förmlichen Prozeß beim Reichskammergericht eröffnen[8].

Die Stadt mußte nun die Verurteilung und Restitution fürchten. Deswegen versuchte sie in Zukunft, durch direkte außergerichtliche Verhandlungen mit den in Hamburg zurückgebliebenen Domherren und den Kaplänen der Niederlage zu entgehen, verfolgte aber zugleich beharrlich die Absicht, auch den Dom der Reformation zu unterwerfen und auf diese Weise das gesamte Kirchenwesen der Stadt unter Kontrolle zu bekommen, beharrlich weiter. Dabei spiel-

[1] Vgl. Moller, Nachrichten B 561/562; Petitio articulata Art. 5,6.

[2] Brief des Erzbischofs: Staatsarchiv Hamburg Cl. I Lit. O[c] No. 6.

[3] Klageartikel 17 des Kapitels (Jensen, Domkapitel 49/50).

[4] Gyseke, Chronik 91/92. Gemäß Sachsenspiegel II 12.

[5] Spitzer, Reformationsstreit 470. Text des Strafmandates: Jensen, Domkapitel 430—432.

[6] Beckey, Reformation 116.

[7] Bericht eines Papisten 568/569; Klageartikel 24 des Kapitels und betr. Aussagen seiner Zeugen (Jensen, Domkapitel 51 et passim).

[8] Spitzer, Reformationsstreit 471—473. Die erste Reaktion des Hamburger Rates notierte der Kammerbote auf die Rückseite des ihm zurückgegebenen Mandates (Text: Jensen, Domkapitel 433).

ten auch die Auseinandersetzungen über die religiösen Fragen eine Rolle[9].

Die erste Verhandlung wurde anläßlich der Osterkommunion 1529 nötig. Rezeß und Kirchenordnung schrieben nämlich vor, daß die Kommunion nur in den Pfarrkirchen und nur unter beiden Gestalten zu empfangen sei[10]. Da deswegen die Katholiken in den Dom gingen, kam es am 15. März 1529 zu einer Verhandlung zwischen Bürgermeister Salzborch, dem Dompastor Lemke und dem Thesaurar des Domes Sixtus Wolteri in der Ratskapelle des Domes. Wohl auf Beschwerde der Prädikanten mußte der Bürgermeister auch für den Dom Messe und Kommunion verbieten. Anscheinend sprach er dabei auch Drohungen aus, jedoch erreichte er vorläufig nichts, da das Kapitel sich nicht an das Verbot störte[11].

Nachdem aber die Kirchenordnung am 23. Mai 1529 offiziell verkündet worden war, wollte Bugenhagen vor seiner Abreise am 9. Juni die Annahme dieser Ordnung auch durch das Domkapitel auf dem Verhandlungswege erreichen[12]. Am Vormittag des 5. Juni 1529 trafen darum in der Doktorei die Kapitelsvertreter Dr. Henning Kissenbrügge und Magister Johann Garlesstorp mit Bugenhagen, den Bürgermeistern Salzborch und Wetken, zwei Ratsherren und mehreren Bürgern zusammen. Bugenhagen verlangte in seinem und der Stadtvertreter Namen, daß das Kapitel die Suffragien und Feste der Heiligen sowie die Vigilien und Seelenmessen abschaffe und nur das gewöhnliche Chorgebet de tempore halte. Auch sollte die Messe nur dann gefeiert werden, wenn genügend Kommunikanten vorhanden seien, wobei die Kommunion unter beiderlei Gestalten zu reichen sei. Im übrigen sei die neue Kirchenordnung zu befolgen. Der Reformator begründete seine Forderungen damit, daß das Kapitel nicht aus der Schrift beweisen könne, daß es seinen Gottesdienst anders halten dürfe oder gar dazu verpflichtet sei. Damit wollte er entweder die Kapitulation des Kapitels oder noch eine neue Diskussion erreichen. Dr. Kissenbrügge ließ sich aber auf diese gefährliche Alternative gar nicht ein, sondern stellte sich ganz auf den Rechtsstandpunkt, auch um den Prozeß nicht zu gefährden. Er verwies auf das hohe Alter und die Privilegien des Stiftes, das er als Gründung Karls des Großen und als reichsfrei erklärte, sah in

[9] Spitzer, Reformationsstreit 498—523. Spitzer läßt die Verhandlungen erst 1533 beginnen. Unsere nachfolgenden Ausführungen beweisen jedoch, daß man schon seit Eintreffen des Mandates miteinander verhandelt hat.

[10] Rezeß 1529 Art. 50,59; Kirchenordnung Art. 18,21.

[11] Quellen: notarielles Protokoll über die Vorladung von Lemke und Wolteri vor den Rat am 25. 1. 1530: Staatsarchiv Hamburg Cl. I Lit. O^{b} No. 3 Fasc. 1; Petitio articulata Art. 5,6.

[12] Quelle: Moller, Nachrichten B 561—563.

der Stiftung des Kapitels durch Fürsten zum Seelengedächtnis eine bindende Verpflichtung und verwies im übrigen auf den Prozeß sowie auf die Beschlüsse des gerade laufenden Reichstages von Speyer hin. Nur ein Konzil könne in der Gottesdienstfrage etwas beschließen. Auch habe er keine Vollmacht, ohne Kaiser und Dekan etwas abzuändern. Wenn aber die Gegenseite sie besitze, so müßte das Kapitel das dulden. Salzborch antwortete nun für die Stadt. Er ging gar nicht mehr auf die Sache ein, sondern erklärte nur, daß weitere Verhandlungen sinnlos seien, da das Kapitel die Sache dem Rat zuschieben wolle. Dieser habe aber gar nicht so viel Macht, wie Kissenbrügge ihm zutraue. Damit war die Verhandlung beendet. Bugenhagen nahm das zum Anlaß, am nächsten Tage in seiner Abschiedspredigt im Dom die Domherren anzugreifen und lächerlich zu machen[13], konnte aber doch nicht verhindern, daß der Domgottesdienst auch ohne theologische Rechtfertigung fortgesetzt wurde[14].

Nachdem aber die Stadt am 19.6.1529 die Kapläne durch Drohung mit der Verbannung zur Auslieferung der Pfründen und Einkünfte an die Stadt gezwungen hatte[15], ging man an die endgültige Unterdrückung des katholischen Gottesdienstes in Hamburg. So wurde am 7. August zunächst den Kaplänen der Stadtkirchen gedroht, falls sie nicht endlich die Messe unterlassen würden[16]. Am 12. erschien der neue Bürgermeister J. Wetken mit Zeugen vor dem Notar Hesterberch und protestierte förmlich gegen den Domgottesdienst, besonders gegen die Sakramentenverehrung und die Austeilung der Kommunion unter einer Gestalt als Bruch des Ratsmandates sowie gegen die Flucht der Kleinodien und Urkunden des Domes nach Lübeck[17]. Am 14. wurden die Domherren J. Oldensen, J. Garlestorp und H. Kissenbrügge in die Petrikirche geladen, wo man von ihnen verlangte, entweder Chor und Kirche bei den Stiftsgottesdiensten zu schließen oder den Gottesdienst ganz zu unterlassen, wobei man von Ratsseite mit den eben im Franziskanerkloster versammelten Bürgern drohte. Die Domherren gaben nach und versprachen, die Liturgie nur noch bei verschlossenen Türen zu hal-

[13] Moller, Nachrichten B 565. — In den Kampf griff nun auch der neue Pfarrer an Petri, Johann Aepin, ein und verfaßte 1530 ein „Pinacidion de Romanae Ecclesiae imposturis“, das vor einigen Jahren in der kgl. Bibliothek in Kopenhagen wieder aufgefunden wurde (Dauer, Prediger 370, Anm. 30). Auszug: Staatsarchiv Hamburg Cl. I Lit. O[c] No. 8.

[14] Jensen, Domkapitel 81.

[15] Moller, Nachrichten 565—567; Petitio articulata Art. 20.

[16] Petitio articulata Art. 15.

[17] Quelle: notarielles Protokoll vom 12. 8. 1529: Staatsarchiv Hamburg Cl. I Lit. O[b] No. 3 Fasc. 1.

ten[18]. Auch mußten sie die Krypta, also die Stiftspfarrkirche, schließen, nachdem der Dompastor Lemke sein Amt wohl aus Furcht vor Verlust seiner Einkünfte aufgegeben hatte[19]. Aber am folgenden Tage wollten Einwohner, darunter hochgestellte Bürgersfrauen, den Dom zum Maria-Himmelfahrts-Gottesdienst besuchen, doch wurden sie überfallen und mißhandelt: der Rat bestrafte die Übeltäter nicht, schloß aber den Dom[20]. Auf Klage des Kapitels nahm nun Karl V. den Dom am 13. 11. 1529 in seinen Schutz, weswegen die Stadt die Öffnung des Domgottesdienstes auch für die Hamburger Einwohner am 8. 12. genehmigen mußte[21]. Dafür lud der Rat am 25. 1. 1530 die Kapläne Lemke und Wolteri vor sein Forum, um sie wegen der Klage zu befragen. In Gegenwart der Senioren der Kapläne hielt der Rat ihnen sein Mandat über die Kommunion mit der Androhung der Stadtverbannung vor und wollte darüber Auskunft haben, ob sie die Klage veranlaßt hätten. Lemke und Wolteri besprachen sich erst mit ihren Kollegen, berichteten dann kurz über die Verhandlungen vom März, verneinten dabei, daß der Bürgermeister ihnen gedroht hätte, und erklärten die Schließung der Krypta als Vorsichtsmaßnahme gegen Unfug, stritten aber auch eine Anzeige beim Kapitel oder eine Beteiligung an der Klage ab[22].

Dieser Einschüchterungsversuch bewirkte vorerst nichts, zumal die Stadt mit der Durchführung der Reformation in den benachbarten Frauenklöstern Harvestehude und Reinbeck[23] und durch die Verhöre, die der Reichskammergerichtsprozeß mit sich brachte, beschäftigt war[24]. Nachdem aber im Februar 1531 die bürgerlichen Vorkämpfer der Katholiken, der Bürgermeister Salzborch und der Amtmann Hutlen, gestürzt und in den Rat sechs Reformationsanhänger aufgenommen und ein weiterer reformationsgesinnter Bürgermeister gewählt worden waren[25], wandte die Stadt sich sofort wieder dem Domgottesdienst zu. Die Bürger forderten nämlich wieder, daß das Kapitel entweder den Gottesdienst aus der Schrift als rechtmäßig beweise oder ihn unterlasse[26]. Am 9. März 1531 trafen die Bürgermeister mit sechs Domherren und zehn Vikaren in der Sakri-

18 Petitio articulata Art. 16—18.

19 Aussage von Lemke 1530: notarielles Protokoll vom 25. 1. 1530: Staatsarchiv Hamburg Cl. I Lit. O^b No. 3 Fasc. 1.

20 Petitio articulata Art. 19.

21 Beckey, Reformation 185/186.

22 Notarielles Protokoll vom 25. 1. 1530: Staatsarchiv Hamburg Cl. I Lit. O^b No. 3 Fasc. 1.

23 Sillem, Einführung 154—164; Beckey, Reformation 158—160, 186—188.

24 Spitzer, Reformationsstreit 473—490; Jensen, Domkapitel 36—41.

25 Nirrnheim, Salzborch 294—297; Reincke, Nachlaß 71.

26 Gyseke, Chronik 62.

stei der Petrikirche zusammen[27]. Im Auftrage der Stadt verlangten die Stadtvertreter die Unterlassung des feierlichen Chorgesanges wegen des nahenden Karnevals und der allgemeinen Bosheit der Zeit, bis eine „allgemeine Reformation ganz Deutschlands" stattfinde, wobei sie auf das Vorbild des Lübecker Domkapitels hinwiesen, das bald nach der Einführung der Reformation in Lübeck 1530 seinen Chordienst aufgegeben hatte. Auch beurteilten sie den Gottesdienst als Provokation und beschwerten sich im übrigen über den Dekan und seine Anklagen. Dr. Kissenbrügge legte erst Protest ein und wies auf ihre Furcht hin, Schlimmeres zu erleiden, genehmigte dann aber aus den genannten Gründen und nach Lübecker Vorbild die Einstellung des Domgottesdienstes, ohne allerdings ein Präjudiz schaffen oder dem Bischof und den Kapitelsoberen vorgreifen zu wollen. Auch versprach er, an den Dekan wegen der Vergleichsartikel zu schreiben. —

Der Sieg der Reformation in den Nachbarstädten und die wirtschaftliche Not erpreßten dieses Zugeständnis, ohne daß man sich theologisch auseinandergesetzt hätte. An theologische Debatten dachte jetzt schon keine Seite mehr, zumal keine Theologen an der Verhandlung beteiligt waren. Der Dom wurde aber geschlossen. Als dann am 18. 5. 1532 Johann Aepin zum ersten Superintendenten der Stadt erwählt wurde, wies man ihm die 1. Lektur zu und öffnete ihm den Dom zum Predigen[28]. Erst nachdem die Stadt am 7. 7. 1533 rechtskräftig zur völligen Restitution verurteilt und das Urteil von 1528 als rechtswidrig aufgehoben wurde[29], nahm die Stadt die Verhandlungen mit den Hamburger Kapitelsmitgliedern wieder auf, bemühte sich aber gleichzeitig um Aufnahme in den Schmalkaldischen Bund[30]. In den laufenden Verhandlungen mit den Hamburger Kapitularen spielten religiöse Fragen so gut wie keine Rolle mehr, da die Stadt dafür an ein allgemeines Konzil appelliert und sie vom Prozeß über die causa judicata ausgeschlossen hatte. Nur 1535, als die Aufnahme in den Schmalkaldischen Bund noch fraglich war, aber das Urteil erwartet wurde, kam es vom 26. bis 28. September in Hamburg zu einer Generalverhandlung unter Einschluß der Gottesdienstfrage[31]. Diese scheiterte jedoch

[27] Quelle: notarielles Protokoll vom 9. 3. 1531: Staatsarchiv Hamburg Cl. I Lit. O[b] No. 3 Fasc. 1.

[28] Kempe, Bericht 541.

[29] Spitzer, Reformationsstreit 493.

[30] Ebenda 498—523.

[31] Quelle: Das Protokoll des Ratssekretärs Hermann Röver: „Acta in causa capituli Hamburgens.. Contra Civitatem Hamburgensem a tempore Sententiae latae in Judicio Camerae Imperialis, de 1. Jul. 1533 usque 1538 8. Maij" (Staatsarchiv Hamburg Cl. I Lit. O[c] No. 8, hier Fol. 51—83). Vgl. Spitzer, Reformationsstreit 503—511, bes. 506—508.

daran, daß der Dekan seinen Kapitularen nur dann Konzessionen erlaubt hatte, wenn zuvor der katholische Gottesdienst im Dom wiederhergestellt würde. Die Stadt wollte diese Forderung „bis zum Konzil" vertagen und auch die Pfarrkirchen nicht einmal pro forma dem Kapitel wieder ausliefern. In Zukunft wurden aber weitere Sachdebatten mit den Katholiken überflüssig, als die Bürger am 10. 1. 1536 schworen, das „Evangelium" mit Leib und Leben zu verteidigen, und dem Aufnahmeantrag des Rates in den Schmalkaldischen Bund zustimmten, die am 25. 1. 1536 vollzogen wurde[32]. Der Prozeß endete 1561 mit einem Vergleich, der dem Kapitel nur die Selbstverwaltung und Jurisdiktion über die Inhaber kirchlicher Pfründen beließ[33], die Pfarrkirchen endgültig der Stadt auslieferte und von einer Restitution des katholischen Kirchenwesens oder wenigstens des katholischen Domgottesdienstes absah, zumal nun auch die Mehrheit des Kapitels der Reformation anhing.

In keinem Falle sind diese Verhandlungen zwischen Stadt und Kapitel theologische Diskussionen gewesen oder auch nur als solche geplant worden. Auch versuchte man seit 1528 nicht mehr, die religiösen Streitfragen theologisch vorzuklären oder gar zu entscheiden. Aber die Forderung nach einer biblischen Rechtfertigung des katholischen Kirchenwesens schwebte doch als Damoklesschwert über den Köpfen der Katholiken. Trotzdem war die entsprechende Forderung des Nikolaikirchspiels weder in den Rezeß aufgenommen worden, noch veranlaßte sie Stadt oder Kapitel, sich darauf einzulassen. Der Stadt mochte es durch das Urteil von 1533 zweifelhaft geworden sein, ob theologische Diskussionen rechtswirksam waren, und das Kapitel verschanzte sich soweit als möglich hinter seinem Prozeß. Auch nahmen Theologen nur selten an den Verhandlungen teil. Dennoch erwies dich die Forderung Bugenhagens und der Bürger als wirksame Waffe zur Durchsetzung der neuen Ordnung und zur Verhinderung einer Restauration, da sie, ausgesprochen oder nicht, in allen Verhandlungen als Chance und Drohung mit anwesend war. Wenn die theologische Diskussion auch im Laufe der Zeit immer mehr zurücktrat, bildete sie dennoch einen Sperriegel gegen die Wiederherstellung des alten Kirchenwesens, weil die biblische Rechtfertigung nach dem Willen der machthabenden Reformationsanhänger die Vorbedingung jeder Erneuerung des katholischen Gottesdienstes blieb.

[32] Beckey, Reformation 195.

[33] Spitzer, Reformationsstreit 523—547. Text des Vergleichs: ebenda 551—556.

3. Die Nachwirkungen der Hamburger Diskussionen

Die Reformationsdiskussionen von 1522—1528 haben in beschränktem Rahmen auch als Vorbild gedient. Außerhalb wirkten sie 1530 in Lübeck zwiespältig, als die dortigen Prädikanten nach Hamburger Vorbild Disputationen forderten, die Hamburger geistlichen Flüchtlinge aber dem Lübecker Domkapitel abrieten[1]. In Lüneburg regten die Hamburger Diskussionen 1529 zur Vorladung der Geistlichen an, warnten aber auch hier die Katholiken[2]. In Hamburg selbst griff man auf sie zurück, als die innerprotestantischen Lehrstreitigkeiten ausbrachen. Schon seit dem Frühjahr 1529 sah sich der Rat veranlaßt, gegen die Sakramentierer und Rotter ein Mandat zu erlassen und Diskussionen über die Eucharistie zu verbieten[3]. 1530 erneute er sein Predigtmandat von 1526, das reformatorisch umredigiert und um zwei aktuelle Artikel gegen die Sektierer vermehrt wurde. Dabei blieben die Vorschriften interner Diskussionen bestehen[4]. Sie konnten ebenso wie die durch Kempes Bericht weitbekannten und unvergessenen Diskussionen von 1527 und 1528 als Anhaltspunkte dienen, als um 1550 der Streit um die Höllenfahrt Christi erneut ausbrach[5]. Der Superintendent Aepin hatte 1542 die Höllenfahrt Christi als Teil der Passion gedeutet und deswegen scharfen Widerspruch gefunden. Als der Streit durch das Interim eingeschlafen war, wurde er von dem Diakon Epping und Pfarrer Gartze von Jakobi im Oktober 1550 wieder erneuert. Diesmal griff der Rat ein und befahl alle Prediger auf das Rathaus, wo man sie im Beisein von Bürgervertretern über die Streitfrage diskutieren ließ. Da man sich nicht einigen konnte, verbot der Rat die weitere Erörterung dieser Frage auf den Kanzeln und in Versammlungen, um die Autorität des Superintendenten nicht zu gefährden. Doch Gartze und seine Verbündeten gehorchten nicht und mußten deshalb am 26. 4. 1551 ihr Amt und die Stadt verlassen. Der Rat wiederholte damit sein Vorgehen von 1527, brachte das nun reformatorisch interpretierte Mandat von 1526 neu zu wirksamer Anwendung und nutzte den Mandatsprozeß über die Predigt als evangelischen Glaubensprozeß und als Mittel seiner Kirchenhoheit im nun anbrechenden konfessionellen Zeitalter.

[1] Jannasch, Lübeck 289, 291.
[2] Wrede, Einführung 120/121.
[3] Bolland, Burspraken II Nr. 116.
[4] Ebenda Nr. 120.
[5] Die Akten und die zahlreichen Streitschriften sind im Staatsarchiv Hamburg erhalten. Vgl. N. Wilckens, Hamburgischer Ehrentempel ... (Hamburg 1770) 274/275; Dauer, Prediger 64—67.

X. DIE BEDEUTUNG DER HAMBURGER REFORMATIONSDISKUSSIONEN

1. Die Grundprobleme der Hamburger Diskussionen

Wir haben die Hamburger Reformationsdiskussionen einzeln betrachtet. Welche Grundlinien zeichnen sich ab? In den wenigen Jahren von 1522 bis 1528 sind in Hamburg 7 Diskussionen versucht, 1 geplant und davon 5, also zwei Drittel, durchgeführt worden. Der Gedanke einer theologischen Diskussion trat schon in den ersten Anfängen der Reformation in Hamburg auf und begleitete das Ringen um ihre Einführung über ihren Sieg hinaus bis zu ihrer endgültigen Sicherung. Dabei entwickelte sich die Diskussion vom Verhör eines Ketzereiverfahrens über private Gespräche und öffentliche Disputationen oder Kolloquien zu Verhandlungen vor dem Rat im Rahmen eines Mandatsprozesses aufgrund eines Ratsmandates. Hierbei trat die weltliche Obrigkeit an die Stelle der geistlichen, und die Veranstaltung selbst wandelte sich vom reinen Ketzerprozeß über mehr akademische Formen zur Kombination von Prozeß und schriftgemäßer Disputation unter dem Richtschwert der Schrift. Die Idee zu solchem Vorgehen stammte einerseits aus dem Ketzerprozeßrecht, andererseits aus auswärtigen Vorbildern, die durch die Prädikanten übertragen, sowie aus der Reichsreligionspolitik, die durch ein Mandat des Rates übernommen wurden. In allen Fällen war aber die theologische Diskussion ursprünglich durch das Schriftprinzip und die Forderung der Prädikanten nach Widerlegung aus der Schrift statt bloßer Verketzerung bedingt und darum gemeinreformatorisch, auch wenn katholische Geistliche sie zuerst aufgriffen. Die Ursachen dafür, daß jetzt plötzlich solche Diskussionen nötig wurden, waren: daß die alte und die neue Lehre unvereinbar waren und zu unterschiedlicher religiöser Praxis führten; daß die Einheit von Staat und Kirche, bei der die Religion die Grundlage der Gesellschaft bildete und ihr den Maßstab lieferte, beibehalten wurde und verlangte, daß nur eine einzige kirchliche Lehre und Praxis Anerkennung fand; daß die Lehrautorität der Hierarchie von den Reformatoren abgelehnt und sie den Einzelgemeinden zuerkannt wurde. Man griff jetzt zur Disputation der Fachleute, da sie neben dem kirchlichen Lehramt als weitere Schiedsinstanz für religiöse Streitfragen angesehen wurde und sie die Rechtsfolge hatte, daß die unterlegene Sache als nicht mehr vertretbar galt. Die Durchführung von Diskussionen war an bestimmte Voraussetzungen geknüpft: an die Anwesenheit theologisch einigermaßen sachverständiger Diskutanten, an den Willen zur theologischen Klärung statt bloßer gerichtlicher und politischer Entscheidung, an die Übermacht der Initiatoren oder an das Einverständnis beider Seiten. Von der Machtlage hing ab, ob man länger oder nur kurz um solche Veranstaltungen ringen mußte. Die Anlässe waren zwar rein zufällig, hingen aber doch mit der Sache und mit dem Kampf zusammen. Sie bedingten auch weitgehend die Verhandlungsgegenstände, das Forum, die Form, die Teilnehmer und die Umstände der Verhandlungen, sofern man das nicht rein privat organisierte und vereinbarte. Die Verhandlungen selbst waren meistens geschachtelt: eine theologische Diskussion war in einen gerichtlichen oder politischen Vorgang eingebaut, während selbständige Diskussionen seltener waren. Diese Schachtelung war nötig, um der Diskussion eindeutige Rechtsfolgen zu sichern und um die Entscheidung später vollstrecken zu können. Darum nahm die Diskussion jeweils die Funktion eines Verhörs, einer Beweisaufnahme oder nur allgemein die einer sachlichen Klärung ein. Vom Erfolg des theologischen Gespräches hing es ab, ob die Gesamtveranstaltung wirklich die gewünschte Klärung brachte und ob ihre Ergebnisse unanfechtbar waren und von beiden Parteien anerkannt wurden. Die Unvereinbarkeit der theologischen Prinzipien und die Unterschiede in den wissenschaftlichen Methoden ließen jedoch die Diskussionen vollkommen scheitern, da unklar blieb, welches der konkurrierenden theologischen Prinzipien als Maßstab angewandt werden sollte. Da auch eine juristische Klärung dieser Frage anhand des Reichsreligionsrechtes von den Reformationsanhängern abgelehnt wurde, war eine allgemeinverbindliche Entscheidung nicht mehr möglich. Entweder standen die Ansichten völlig unversöhnt gegeneinander, oder man einigte sich nur in Punkten, in denen man zufälligerweise dieselben Ansichten vertrat. Der Zwang zur Entscheidung bewirkte aber, daß nun die Politiker die theologische Entscheidung an sich zogen, wobei eine der Parteien ihr Prinzip aufgrund ihrer Übermacht durchsetzte oder man sich auf einen Kompromiß einigte, der beiden genehm war. Eine Entscheidung war dann zwar wieder möglich, doch blieb die eigentliche Frage ungeklärt, da die Divergenzen in den Einzelfragen nur Folge der unterschiedlichen Prinzipien waren, wenn auch die Einhelligkeit von Lehre und Praxis wieder erreicht wurde. Die Politiker fällten ihr Urteil deswegen aufgrund ihrer Überzeugung, wobei sie Rücksicht auf die durch sie vertretenen Gruppen, aber auch auf die politischen Möglichkeiten nahmen. Dabei handelten sie die Entscheidung auf politische Weise und nach politischen Gesichtspunkten aus, so daß das Endergebnis nicht so sehr Folge einer Sachklärung als der Machtverhältnisse und der ihr entsprechenden Überzeugungskonstellation war; die übermächtige Gruppe setzt sich durch, während bei Gleichheit der Kräfte nur dann ein Ergebnis zu erzielen war, wenn beide Seiten ein Interesse daran hatten. Dementsprechend waren für Verlauf, Ergebnis und Folgen die politische und soziale Lage der Stadt und das Kräfteverhältnis der Gruppen maßgebend, die so indirekt, aber sehr nachhaltig auf die Vorgänge einwirkten. Demgegenüber hatte das geltende Recht nur kanalisierende Funktion und wurde auch nur rein formal, in Verfahrensfragen aber peinlich genau eingehalten, wogegen man sich bei den Grundentscheidungen nach den eigenen Überzeugungen und nach dem politischen Interesse richtete. Während dabei Rat und katholische Geistlichkeit unkoordiniert handelten, herrschte zwischen Prädikanten und Erbgesessenen planvolle Zusammenarbeit. Die Aktionen der Gruppen waren von den jeweiligen Rechtsvorschriften bestimmt, wurden aber je nach den Kräfteverhältnissen ausgenutzt. Die politischen und sozialen Gruppierungen der Stadt, die schon vorher bestanden, wirkten durch die religiösen Parteiungen, die sich in zunehmendem Maße mit diesen Gruppen deckten, auf die Vorgänge ein. Die nicht direkt beteiligten Unterschichten beeinflußten durch ihre drohende Haltung und durch ihre Neigung zu einem Aufstand im entscheidenden Augenblick die Entscheidungen wirkungsvoll, da die Oberschichten auf sie Rücksicht nehmen mußten. Dagegen waren die außenpolitischen Verhältnisse für Verlauf und Entscheidung ohne Bedeutung, da niemand einwirken konnte. Als theologisches Ereignis waren die Diskussionen ohne Gewicht, wenn auch symptomatisch: man behandelte entsprechend den Anlässen Fragen, die die religiöse Praxis der Laien betrafen, wobei die Katholiken gemeinscholastische oder auch populartheologische, die Prädikanten Lehren von Luther, aber auch von Zwingli und der spiritualistisch-biblizistischen Richtung vertraten und beide Seiten sich als Kenner der Kontroverse und der Argumente ihrer Richtung auswiesen. Während die Katholiken dabei die bekannten scholastischen Methoden handhabten, folgten die Prädikanten den humanistischen und reformatorischen, kannten aber auch teilweise die alten. Diskutiert wurde frei oder regelgerecht. In keinem Falle aber hielt man die strenge akademische Form ein. Ebenso war keine der Diskussionen eine wirkliche akademische Disputation gewesen. Die theologischen Aporien veränderten auch die Funktion und Wirkung der Diskussionen. Obwohl die Gespräche als Mittel und Instanz der Entscheidung des religiös-theologischen Streites und als objektive Schiedsinstanz gedacht und in Anspruch genommen wurden, versagten sie in dieser Rolle wegen der Unvereinbarkeit der theologischen Prinzipien und wegen des konfessionellen Charakters des Religionsrechtes. Deswegen degenerierten sie zum bloßen Kampfmittel, doch behielten sie im allgemeinen das Ansehen, Mittel objektiver Sachentscheidung zu sein, so daß man sie gut zur theologischen und juristischen Rechtfertigung und als Mittel zur Propaganda und Agitation weiter verwenden konnte. Sobald jedoch die theologische Prinzipienfrage durch den Sieg der Reformationspartei entschieden war, konnten die Diskussionen in der entwickelten Form des reformatorischen Glaubensprozesses katholischen Restaurationsversuchen wirkungsvoll entgegengestellt oder als Schiedsinstanz bei innerprotestantischen Glaubensstreitigkeiten eingesetzt werden. Die Hamburger Diskussionen haben nach außen nur kurz auf die Vorgänge in Lübeck eingewirkt. Für Hamburg selbst sind sie von größter Bedeutung. Sie begleiteten nämlich nicht nur das Ringen um die neue Lehre, sondern stellten zugleich den Ort und das Instrument dar, wo und womit die Entscheidungen herbeigeführt wurden. Dabei zeigten der Wechsel der Tagungslokale und Instanzen ebenso wie die wachsende Beteiligung der Bevölkerung die Veränderungen und die zunehmende Bedeutung der Diskussionen an. Sie bildeten nämlich nicht nur wichtige Etappen im Kampf um die Reformation, sondern auch in der Verfassungsentwicklung der Hansestadt, wobei die Diskussionen von 1528 die Grenze zwischen der mittelalterlichen und reformatorischen Kirche und zwischen Alleinregierung des Rates und bürgerlicher Mitwirkung in Hamburg markierten.

Obwohl die Vorgänge zahlreich und die Ursachen vielfältig sind, zeigt sich bei näherer Betrachtung, daß einige zentrale Faktoren die gesamten Ereignisse bestimmen. Als solche Hauptursachen heben sich ab:

1. Die Überzeugung von der Erlaubtheit nur einer Kirche, nur einer Kirchenlehre und der ihr gemäßen Kirchenordnung sowie die schwerwiegenden Unterschiede und der Absolutheitsanspruch der alten und der neuen Lehre. Sie machten theologische Auseinandersetzung und Entscheidung in der Kirche erforderlich.

2. Die Einheit von Kirche, Gesellschaft und Staat. Sie ermöglichte nur einem Bekenntnis und der ihm gemäßen Kirchenordnung die öffentliche Geltung und erzwang im Konfliktsfalle ebenfalls die Klärung und Entscheidung der religiösen Streitigkeiten.

3. Die Pflicht der Kirche zur Ketzerverfolgung. Da es nur ein Evangelium gibt, sollte es auch nur eine legitime Auslegung geben.

4. Das Schriftprinzip der Reformation. Dadurch wurde die Entscheidungsgewalt der Hierarchie in Lehrfragen abgelehnt und zur Klärung der Fragen eine wissenschaftliche Diskussion notwendig.

5. Die allgemeinen Rechtsverhältnisse und die wissenschaftlichen Institutionen und Methoden zur verbindlichen Klärung von Sachfragen. Sie bestimmten Formen und Wege der Verhandlungen und Diskussionen.

6. Der Wille der Vorkämpfer zur Diskussion und die jeweiligen Machtverhältnisse. Sie waren für Planung, Durchsetzung, Durchführung und Wirksamkeit der Diskussionen entscheidend.

7. Die Unvereinbarkeit der theologischen Prinzipien der Glaubensparteien. Sie machte eine objektive und von allen anerkannte Entscheidung in den religiösen Fragen unmöglich.

8. Der Widerstand der Reformationsanhänger gegen Rechtssatzungen, die ihren religiösen Überzeugungen widersprachen. Er ließ den Versuch einer rein juristischen Entscheidung scheitern.

9. Der bleibende Zwang zur Entscheidung. Er lieferte die religiöse Frage und Entscheidung an die weltliche Obrigkeit aus und führte zur Politisierung von Methodik, Organisation und Funktion der Entscheidung über die religiöse Frage.

Unter den genannten Hauptfaktoren waren die Überzeugung von der Berechtigung nur einer Kirche und nur einer Kirchenlehre samt der ihr entsprechenden Kirchenordnung, die gravierenden Unterschiede in Lehre und Praxis, das Schriftprinzip, die Einheit von Kirche und Staat und die Unvereinbarkeit der theologischen Prinzipien für Entstehen und Scheitern der Hamburger Reformationsdiskussionen die entscheidenden Ursachen und bewirkten in ihrem Zusammenhang die geschilderten Vorgänge. Alles andere war sekundär und hatte nur auf deren Ausgestaltung Einfluß.

Die Erkenntnis der Hauptursachen läßt auch das Grundproblem der Hamburger Diskussionen zutage treten: es besteht darin, daß auf der einen Seite die Auffassung von der Art der Kirche und Kirchenlehre, die gravierenden Unterschiede und Absolutheitsansprüche der alten und der neuen Lehre ebenso wie das Schriftprinzip und die Einheit von Kirche und Staat zu theologischen Diskussionen zwangen, andererseits aber die Unvereinbarkeit der theologischen Prinzipien der rivalisierenden Glaubensparteien eine allseits anerkannte Sachentscheidung unmöglich machte und darum alle Versuche scheitern ließ, auf wissenschaftlichem Wege den religiösen Streit zu entscheiden. Diese Problematik ließ die Diskussionen entstehen und zugleich scheitern.

Fassen wir das Gesagte zusammen, so können wir folgende These aufstellen: Die Hamburger Reformationsdiskussionen von 1522 bis 1528 stellen den Versuch dar, die dortigen religiösen Streitigkeiten zwischen Kirche und Reformation mit Hilfe von theologischen Diskussionen zu überwinden. Sie entstanden aus dem religiösen Streit und der Überzeugung, daß es nur eine Kirche und Kirchenlehre geben kann, sowie aus dem Absolutheitsanspruch der alten und der neuen Lehre, der Beibehaltung der Einheit von Kirche, Gesellschaft und Staat und aus dem Schriftprinzip der Reformatoren. Schriftprinzip und Wechsel der Machtverhältnisse bewirkten die Entwicklung vom kirchlichen Ketzereiverfahren (und mittelalterlicher Disputation mit Richtern) über private und öffentliche Gespräche zur Verbindung von theologischer Diskussion und gerichtlichen oder verfassungsmäßigen Verfahren zu einem Rechtsinstitut, das ein vollstreckbares Urteil erzielen und helfen sollte, Rechtsfolgen zu sichern. Die Unvereinbarkeit der theologischen Prinzipien der Glaubensparteien machte eine objektive und verbindliche Sachentscheidung unmöglich und zerstörte die letzte gemeinsame Schiedsinstanz in Glaubensfragen. Auch der Versuch einer rein rechtlichen Entscheidung scheiterte, da die Reformationsanhänger diejenigen Bestimmungen des Religionsrechtes ablehnten, die ihrer Überzeugung widersprachen. Damit fiel die Entscheidung über die religiöse Frage an die weltlichen Obrigkeiten zurück, die sie nun in eigener Verantwortung und auf politische Weise aushandelten, fällten und durchsetzten. Dadurch gewannen die politischen Verhältnisse und Gruppierungen Einfluß auf die religiöse Entscheidung und bestimmten die konkrete Gestaltung, das Ergebnis und die Wirkung der Verhandlungen. Die theologischen Diskussionen aber wandelten sich von der wissenschaftlichen Schiedsinstanz zu einem bloßen Mittel der theologischen und juristischen Rechtfertigung und Propaganda.

Mit diesen Ergebnissen haben wir die eingangs gestellte Frage nach Entstehung, Eigenart und Problematik der Hamburger Reformationsdiskussionen beantwortet und dabei sowohl die Angaben J. Mollers und Kempes kritisch gesichert als auch eine Erklärung der Vorgänge gefunden.

Allerdings konnten der Einfluß der sozialen und wirtschaftlichen Verhältnisse und die konkrete Kräfteverteilung in Rat und Bürgerschaft wegen der Quellenlage und des Forschungsstandes oft nur global erfaßt werden. Auch wurden die theologiegeschichtlichen Fragen nur so weit behandelt, wie es zur Beantwortung unserer Fragen notwendig war. Deswegen bleibt z. B. offen, welche Vorlagen Bustorp für seinen Brief benutzte und wie die Thesen von

B. Moller theologiegeschichtlich genauer einzuordnen sind. Die Erforschung solcher Einzelfragen kann aber das hier gezeichnete Bild nicht mehr wesentlich ändern, da die Grundbeziehungen feststehen und die genannten Punkte nur noch Details betreffen. Dies möchte ich auch für die Interpretation der Vorgänge von 1522 in Anspruch nehmen, da Rechtslage und Entwicklungsstand wohl keine andere Deutung zulassen.

Unsere Ergebnisse stehen, außer in der Deutung, in keinem wichtigen Punkte im Widerspruch zur bisherigen, mehr an der Feststellung der Tatsachen interessierten Hamburger Reformationsforschung. Sie ergänzen sie vielmehr sinnvoll, bauen auch auf den vielen und verdienstvollen Arbeiten besonders von Lappenberg, Sillem und Reincke auf und sind ihnen in vielem verpflichtet.

2. *Die Allgemeingültigkeit unseres Ergebnisses*

Die Hauptursachen der Hamburger Reformationsdiskussionen sind bekanntlich überlokaler Natur und zeitlich nicht bloß während der Anfänge der Reformation vorhanden. Gelten unsere Beobachtungen darum auch für die anderen theologischen Diskussionen zwischen den Glaubensparteien, die sogenannten Religionsgespräche? Wie unsere Untersuchungen beweisen, können wir dann und dort mit Religionsgesprächen rechnen, wann und wo 1. die Überzeugung von der Erlaubtheit nur einer irdischen Kirche und nur einer Kirchenlehre und der ihr gemäßen Kirchenordnung herrscht, 2. gravierende Unterschiede in Lehre, Verfassung und Praxis entstehen, 3. das Schriftprinzip vertreten wird und 4. die Einheit von Kirche, Gesellschaft und Staat besteht oder die Einheit der Kirche und des Glaubens als Wille Gottes anerkannt wird und eine theologische Klärung der jeweiligen religiösen Streitfragen erzwingt oder doch als erstrebenswert erscheinen läßt; 5. solche Religionsgespräche müssen aber von vorneherein scheitern, wenn die theologischen Prinzipien der konfrontierten Glaubensparteien sich nicht vereinbaren lassen.

Wo und wann sind diese entscheidenden Faktoren anzutreffen? Was den Zeitraum der theologischen Faktoren (1—3, 5) angeht, so ist die Überzeugung, daß es nur eine Kirche und nur eine Kirchenlehre samt entsprechender Kirchenordnung geben darf, bis zur Aufklärung selbstverständliche Lehre der Großkonfessionen, mit der sich ihr Absolutheitsanspruch verbindet[1]. Während die katholische

[1] Seeberg, Dogmengeschichte IV, 2 S. 535—538; 610/611, 614, 649—651, 657/658; 734—738, 757—760. Congar, Kirche I 139—142; II 1—3, 45—48, 59—63, 68—70 et passim.

Kirche und die morgenländische Orthodoxie diese Lehre, wenn auch in gewandelter Form, bis zur Gegenwart aufrecht erhalten[2], sehen sich die großen Reformationskonfessionen zwar als die evangeliumsgemäße Form von Christentum und Kirche an, geben aber seit der Aufklärung praktisch oft genug dem religiösen Liberalismus Raum, der alle religiöse Erkenntnis und die Konfessionen relativiert[3]. Unverändert halten die Konfessionen bis heute an ihren Prinzipien fest und vertreten auch noch die sich aus ihnen ergebenden Unterschiede in Lehre und Praxis[4], wenn auch indifferentistische Anschauungen auf reformatorischer Seite seit der Aufklärung immer wieder Anhänger fanden[5]. Das für die Entstehung der abendländischen Religionsgespräche wichtige Schriftprinzip ist bis heute voll in Geltung[6]. Auch blieben die Unterschiede in den Prinzipien zwischen Katholizismus und Reformation oder den reformatorischen Großkonfessionen und dem „linken Flügel" der Reformation bis zur Gegenwart bestehen[7], wenn auch darüber Gespräche begonnen haben[8].

Da die Prinzipien und Überzeugungen von der Art der Kirche, der Kirchenlehre und der Kirchenordnung zum jeweiligen Lehrbestand der Konfessionen gehören[9], werden die betreffenden Anschauungen räumlich im gesamten Verbreitungsgebiet der jeweiligen Konfessionen vertreten und im gemeinsamen Gebiet mit ihren Folgen wirksam. Ebenso ist die Einheit von Kirche und Staat zu

[2] II. Vatikanisches Konzil, Dogmatische Konstitution „Lumen gentium", Nr. 8,14. J. Peterfalvy, Orthodoxer Katechismus (München 1968) 37—39.

[3] E. Hirsch, Geschichte der neueren evangelischen Theologie, Bde. III—V (Gütersloh 1951—1954) passim.

[4] Tradition und Traditionen. Bericht der Theologischen Kommission über Tradition und Traditionen an die Vierte Weltkonferenz für Glauben und Kirchenverfassung in Montreal/Kanada (1963) (Zürich 1963) 39—51. J. Feiner — L. Vischer, Neues Glaubensbuch² (Freiburg—Basel—Wien² 1973) 547—643.

[5] Hirsch, Evangelische Theologie III—V passim; K. Barth, Die protestantische Theologie im 19. Jahrhundert² (Zürich 1952); M. Kähler, Geschichte der protestantischen Dogmatik im 19. Jahrhundert (München 1962).

[6] Feiner-Vischer, Glaubensbuch 547—560.

[7] Feiner-Vischer, Glaubensbuch 547—568. Tradition und Traditionen 44—49.

[8] Vgl. Die Dogmatische Konstitution „Dei Verbum" mit Kommentar: Das zweite Vatikanische Konzil. Dokumente und Kommentare II (Freiburg 1967) 504—583; E. Dinkler, Die ökumenische Bewegung und die Hermeneutik: ThLZ XCIV (1969) 481—490; Tradition und Traditionen 48—51; P. Brunner, Unum est necessarium. Eine Besinnung auf den Richtpunkt des zukünftigen Lehrgespräches zwischen der römisch-katholischen und der evangelisch-lutherischen Kirche: Oecumenica III (1968) 133—143; Feiner-Vischer, Glaubensbuch 556—560.

[9] Lumen gentium Nr. 8,14; Dei verbum Nr. 7—10; Peterfalvy, Katechismus 9—15, 36—39 und oben Anm. 1.

Beginn der Reformation in ganz Europa selbstverständliche Tatsache[10], wird aber erstmals im Augsburger Religionsfrieden 1555 eingeschränkt[11] und löst sich seit dem Westfälischen Frieden immer mehr auf[12], um seit dem Rationalismus und besonders seit der Aufklärung dem Toleranzgedanken zu weichen[13], wenn auch Staatskirchen bis heute bestehen blieben. Der Zwang zur theologischen Klärung kirchlicher Streitigkeiten besteht staatsrechtlich also nur bis zum Westfälischen Frieden oder bis zum Erlaß entsprechender Rechtsbestimmungen über die öffentliche Stellung der Konfessionen[14] und wird durch den Toleranzgedanken spätestens seit der Aufklärung für Gesellschaft und Staat überflüssig[15].

Die für die Hamburger Reformationsdiskussionen entscheidenden Faktoren sind also im gesamten gemeinsamen Verbreitungsgebiet von Katholizismus und Reformation vorhanden und wirksam. Zeitlich löst sich zwar der staatliche und gesellschaftliche Zwang zu theologischen Religionsgesprächen seit 1648 immer mehr auf[16], jedoch sind die theologischen Faktoren bis heute in Geltung geblieben, soweit nicht der religiöse Liberalismus herrscht[17]. Wir können darum vor 1648 sicher, nachher außerhalb des Einflusses der Aufklärung mit Wahrscheinlichkeit mit Religionsgesprächen rechnen.

Die für die Hamburger Reformationsdiskussionen entscheidenden Faktoren sind ihrer Art nach alle allgemein, Schriftprinzip und Unvereinbarkeit der Prinzipien sogar von prinzipieller Natur. In

[10] J. Lecler, Geschichte der Toleranz im Zeitalter der Reformation I (Stuttgart 1965) 131—222.

[11] Augsburger Religionsfriede §§ 7—30: K. Zeumer, Quellensammlung zur Geschichte der Deutschen Reichsverfassung in Mittelalter und Neuzeit² (Tübingen 1913) 343—347; vgl. Lecler, Toleranz I 363—368.

[12] Lecler, Toleranz I 369—567, II passim, Instrumentum Pacis Osnabrugense Art. V §§ 1,2,14; Art. VII = Instrumentum Pacis Monasteriense Nr. 47: Zeumer, Quellensammlung 403, 405, 415/416, 437.

[13] H. Bornkamm, Toleranz in der Geschichte des Christentums: RGG³ (Tübingen 1962) 941—946 s. v. Toleranz; R. H. Bainton, The Travail of Religious Liberty (Philadelphia 1951).

[14] Vgl. die Edikte in England 1689, Österreich 1781, die Verfassung der Vereinigten Staaten von Amerika 1776, die Bürger- und Menschenrechte der Französischen Revolution 1789, das Allgemeine preußische Landrecht von 1794 usw.

[15] R. Rouse-Ch. Neill, Geschichte der ökumenischen Bewegung 1517—1948 I² Göttingen (1963) 204—230, 306, 393—399.

[16] Raab, Reunionsbestrebungen 554—570.

[17] Das beweist die ökumenische Bewegung und ihre Geschichte: Rouse-Neill, ökumenische Bewegung I² 210—230 et passim, II (Göttingen 1958) passim; vgl. II. Vatikanisches Konzil, Dekret über den Ökumenismus „Unitatis redintegratio"; G. H. Tavard, Geschichte der Ökumenischen Bewegung (Mainz 1964); N. Godall, Ecumenical Progress. A decade of Change in the Ecumenical Movement 1961—1971 (London 1972).

ihrer Kombination führten die theologischen Faktoren allein und erst recht zusammen mit der Einheit von Kirche, Gesellschaft und Staat oft zu Religionsgesprächen, mußten sie aber auch scheitern lassen. Diese Feststellung erlaubt es uns, nun über die Religionsgespräche der abendländischen Neuzeit, bei derselben Problemlage auch räumlich und zeitlich darüber hinaus, folgende allgemeine und grundsätzliche Aussagen zu machen:

Religionsgespräche unter Christen sind theologische Diskussionen unterschiedlicher Art und Form zwischen Vertretern von Glaubensparteien zur verbindlichen Klärung von religiös-theologischen Streitigkeiten oder zur gütlichen Einigung über sie. Sie haben die Überzeugung zur Voraussetzung, daß Christus nur eine Kirche auf Erden will und daß nur eine evangeliumsgemäße Kirchenlehre und Kirchenordnung anerkannt werden darf und darum Irrlehren und Kirchenspaltungen zu überwinden sind. Bei dieser Überzeugung werden theologische Diskussionen unumgänglich, wenn die Einheit von Kirche und Staat besteht oder die Pflicht zur Wiederherstellung der Einheit von Kirche und Glaube als göttlicher Wille geglaubt wird und die Konfessionen keinen menschlichen Schiedsrichter über sich anerkennen oder einige das Schriftprinzip vertreten. Treten dabei Konfessionen in Verhandlung, deren theologischen Prinzipien unvereinbar sind, so sind theologische Diskussionen zwischen ihnen so lange prinzipiell und von vorne herein zum Scheitern verurteilt, als keine Übereinkunft über die Prinzipien erzielt wird. Bis dahin fehlen ihnen nämlich sowohl die gemeinsame Gesprächsgrundlage wie ein verbindlicher und von allen Partnern anerkannter Maßstab. Wenn man vorher sich trotzdem in Einzelfragen einigt, so vertritt man hier entweder dieselben Ansichten oder löst sich von seinen jeweiligen Prinzipien. Muß dennoch eine Entscheidung über die religiösen Streitfragen trotz prinzipieller Unterschiede herbeigeführt werden, so können sie nur durch Kompromiß und auf politische Weise zustandekommen und sind dann Ausdruck der Machtverhältnisse zwischen den betreffenden Glaubensparteien. Solange dabei die theologische Diskussion noch das Ansehen genießt, die Streitfragen objektiv und verbindlich entscheiden zu können, sind sie auch bei Unvereinbarkeit der theologischen Prinzipien trotzdem wirkungsvoll als Mittel der theologischen Rechtfertigung und Propaganda einsetzbar. —

Hiermit haben wir eine allgemeine und grundsätzliche Antwort auf unsere eingangs gestellten Fragen nach Entstehung, Strukturen und Funktionen der Religionsgespräche der Reformationszeit, ja der abendländischen Neuzeit gefunden. Ob und wie weit sie aber Wirklichkeit wurde, hing — wie auch in Hamburg — vom Entschluß der theologischen Vorkämpfer der Glaubensparteien, von ihren politischen Helfern und von den jeweiligen Machtverhältnissen ab, die alle örtlich und zeitlich verschieden gewesen sind. Die Darstellung der Verwirklichung der Religionsgespräche der Neuzeit wie die ihrer Entwicklung, Verbreitung, vielfältigen Formen und auch ihrer Theologien erfordert jedoch noch eingehende Untersuchungen und sprengt darum den Rahmen dieser Arbeit.

ANHANG

A. Biographisches Verzeichnis der wichtigsten Personen

1. B a n t s c h o w (Baskow, Bantskow), Hinrich

Geboren ca. 1470—80, vielleicht aus Wismarer Ratsfamilie. Besaß viele Pfründen. 1499 Domscholaster in Hamburg, 1516 als Helfer des Nuntius G. A. Arcimboldi bei dessen Ablaßverkündigung päpstl. Akoluth und Protonotar. Seit 1521 Domherr und Propst zu Schwerin, Administrator des Bistums Schwerin für den unmündigen Herzog Magnus von Mecklenburg. Vertrat 1526 und 1527 das Hamburger Kapitel in den Verhandlungen mit dem Lübecker Domkapitel. Besaß in Lübeck Pfründen, weswegen er mit dem Lübecker Kapitel in Streit lebte. Von ihm 1528 wegen seines Benehmens getadelt, war er 1530 doch bereit, für es Geld zu opfern. B., entschiedener Gegner der Reformation, konnte sie jedoch auch nicht in seinem Bistum verhindern, von dessen Administratur er am 17. 9. 1532 abgelöst wurde. Er kehrte später mit Erlaubnis des Hamburger Rates nach Hamburg zurück und starb 1540, wobei er ein beträchtliches Vermögen, zum Teil auch seinem Sohne, hinterließ.

2. B u g e n h a g e n , Johann

Lutherischer Theologe. Geboren am 24. 6. 1485 in Wollin, studierte 1502—1504 in Greifswald, 1503 Magister, 1504 Schulrektor in Treptow, wurde 1509 zum Priester geweiht. 1517 Lektor der Bibel und der Patrologie im Prämonstratenserstift Belbuk. 1520 durch die Lektüre der „Babylonica" lutherisch, 1521 theol. Studien in Wittenberg und Anschluß an Luther, heiratete 1522, 1523 Stadtpfarrer von Wittenberg und gab das NT in Niederdeutsch heraus. 1524 vom Hamburger Nikolaikirchspiel zum Pfarrer gewählt, mußte wegen des Widerstandes des Rates (weil er verheiratet war) verzichten. Nahm Anfang 1528 an der kursächsischen Visitation teil, ordnete anschließend die kirchlichen Verhältnisse in Braunschweig (Mai—Sept. 1528), Hamburg (Okt. 1528 bis zum Juni 1529) und Lübeck (1530/1531). Verfaßte 1534 die Pommersche Kirchenordnung und ordnete 1537—1539 bzw. 1542 die dänische Kirche neu. War 1542 auch in Hildesheim und wieder in Braunschweig tätig, während die Kirchenordnungen für Bremen, Göttingen, Minden,

Osnabrück, Soest nach seinen Kirchenordnungen gestaltet und die Dänische Kirchenordnung 1542 in Schleswig-Holstein eingeführt wurde. 1533 o. Prof. in Wittenberg, 1536 Generalsuperintendent von Kursachsen. Reorganisierte 1548 die Univ. Wittenberg. Starb 1558.

3. Bustorp, Nikolaus

Geboren in Neumünster/Holstein, wurde er 1482 in Rostock immatrikuliert, dort 1484 Bakkalar. Weilte seit ca. 1488 in Hamburg und war bereits 1497 Geistlicher am Dom und Pfarrer an Nikolai. 1508 besaß er die 2. Kaplanei am Altar S. Feliciani im Dom, als welcher er zu den vier Dompredigern zählte, die in der Disputation des Domtheologen zu respondieren hatten. 1518 Domherr. Gab 1522 das „Breviarium Hamburgense sive Cursus de domina secundum Ecclesiam Hamburgensem in laudem deiferae virginis“ bei Ludwig Dietz in Rostock heraus. 1527 in einem Mandatsprozeß der Häresie überführt und zum Widerruf verurteilt. Er blieb in Hamburg, predigte aber nicht mehr. 1528 im Verlauf der Unruhenverhandlung auf Wunsch der Erbgesessenen Bürgerschaft der Stadt verwiesen, sollte er Sonntagsprediger am Lübecker Dom werden, war dann 1530 Gastmeister des Großen Hl.-Geist-Spitals in Lüneburg, 1531 in Altkloster bei Buxtehude, von wo aus er den Rat um Rückkehr bat, was ihm erlaubt wurde, nachdem er den Vergleich der Geistlichen mit dem Rat vom 8. 2. 1533 als Zweiter unterschrieben hatte. Er widerrief seine Thesen am 1. 3. 1534 im Dom, war von 1533—1540 lector secundarius und am 22. 5. 1535 entscheidend für den Rat tätig, am 7. 9. 1539 Struktuarius des Domes. Er starb am 9. 8. 1540.

4. Christoph von Braunschweig

Erzbischof von Bremen. Geboren 1487, Sohn des Herzogs Heinrich von Braunschweig-Wolfenbüttel, Bruder Heinrichs des Jüngeren, Franz', Bischofs von Minden, und seines Nachfolgers Georg. 1503 Koadjutor des EB Joh. Rode von Bremen, seit 11. 6. 1502 auch Bischof von Verden. Ab 1503 Mitregent in Bremen, 1505 in Verden, 1511 in Bremen Vollregent, 1512 belehnt. Priesterweihe 1519; in Verden bis 1517 nur Administrator. Charakterlich unausgeglichen, konnte er sich weder gegen seine Stiftsstände noch gegen die Stadt Bremen durchsetzen. Streng gegen die Reformation eingestellt, berief er im März 1523 eine Provinzialsynode nach Buxtehude, die Heinrich von Zytphen vorlud und verurteilte. Er stemmte sich mit allen Mitteln gegen die Reformation; in Bremen und anderswo ohne Erfolg, mehr erfolgreich in Verden. Der Dominikaner Augustin von Getelen gehörte seit 1530 zu seinen Beratern und war für ihn auch auf dem Augsburger Reichstage tätig. Wegen seiner ungeistlichen Einstellung und seiner politischen Machtlosigkeit waren seine kirchlichen Maßnahmen erfolglos. Er starb am 22. 1. 1558 in Tangermünde, nachdem er sich in viele politische Händel mit seinen Stiftern und den Fürsten eingelassen hatte, ohne Erfolg zu haben. Begraben wurde er in Verden. — Hamburger Geistlichen half er nach 1528 mit Stellen.

5. Ellerhof, Joachim OFM

Geburtsort und -jahr unbekannt. Er war Franziskaner in Hamburg. 25. 2. 1512 Unterlesemeister, 1513—1519 Lektor, Anfang 1520 Custos, 1. 12. 1520 bis zur Auflösung 1528 Guardian. Er stand der Reformation nahe, als er 1527 am 1. Ratsverhör als vom Rat gebetener theologischer Gutachter teilnahm. Er verließ 1528 das Kloster und war später verheiratet. Gestorben ist er am 5. 5. 1536.

6. Engelin (Engelien, Engelyn, Enghelnick) Johann

Dr. theol.; Domtheologe,* Hamburg ca. 1470. In Rostock wurde er am 2. 5. 1486 immatrikuliert, im SS 1490 Bakkalar, im WS 1491/92 Magister. Anfang 16. Jh. rector scholarium in Lüneburg. 1508 usw. als Pfründeninhaber in Hamburg erwähnt. Ende 1519 gegen B. Moller zum Lector primarius am Hamburger Dom gewählt, als Nachfolger des 1517 verstorbenen Albert Krantz, zugleich Pfarrer an Petri. Er starb am 14. 10. 1525. Eine Predigt von ihm ist in Cl. VIII No VI Wc 45 im Staatsarchiv Hamburg erhalten.

7. Fritze, Johann

Magister, Reformator und Pfarrer an Jakobi. Geboren in Lübeck oder Hamburg vor 1480, Kind eines Geistlichen, hatte den Hamburger Bürger Herbold van Hude zum Gönner. Er studierte auf Kosten B. Mollers seit 1505 in Rostock, 1506 Bakkalar, wurde dort 1510 Magister und Kaplan. Ca. 20 Jahre Vikar an Marien in Lübeck, seit 1523 reformatorisch gesinnt, absolvierte ohne vorhergehendes Sündenbekenntnis, legte das Matthäus-Evangelium fortlaufend aus und griff die kath. Geistlichkeit an; deswegen wurde er dort als Lutheranhänger 1525 vertrieben, kam 1526 auf Betreiben Wegedorns, Schuldorps und Ostras zu Michaelis als erster ev. Pfarrer ohne Schwierigkeiten an die Jakobikirche in Hamburg, nachdem er schon 1525 für Nikolai und Petri vorgesehen war. 1527 heiratete er eine Nonne. 1540 ordnete er die kirchlichen Verhältnisse in Rostock auf Bitten des dortigen Rates. Er starb am 29. 9. 1544 in hohem Alter.

8. G a r l e s t o r p , Johann

Magister, Hamburger Domherr. Aus alter Hamburger Ratsherrenfamilie, studierte seit 1506 in Rostock, 1508 Kommendist an Nikolai, 1510 Magister, 1521 auch an der Jakobikirche Kaplan, dazu 1525 Kommendist an Georg. War Domherr und Thesaurar des Hamburger Kapitels und Domherr in Lübeck. Verhandelte wiederholt im Auftrage des Hamburger Kapitels. Konkubinarier, unterschrieb er 1533 den Vertrag mit der Stadt Hamburg und wurde „Präses" aller Kapläne. Starb 1551. Er machte eine Stiftung.

9. G e t e l e n , Augustin von

Dominikaner des Lübecker Konventes. 1514 als Student der Theologie und Lektor im Lübecker Konvent erwähnt, 1515 Magister studentium in Hildesheim, 1516 Mag. stud. secundus in Hamburg, 1517 in Erfurt, 1518 erhielt er die Genehmigung zu artistischen Vorlesungen, 1519 schickte ihn das Provinzialkapitel ins Generalstudium nach Heidelberg zusammen mit Fabian Hoffmann, 1523 ist er in Hamburg lector secundarius unter Wilhelm von Büren, 1524 dort theologischer Lektor im 2. Jahr.

Wohl anschließend war er Ratsprediger in Lüneburg, von wo ihn der Hamburger Rat nach dem Tode Engelins im Oktober 1525 zur Aushilfe erbat. Getelen weilte in Hamburg bis zur Ankunft B. Mollers in der Fastenzeit 1526 und war dann wieder in Lüneburg tätig, in welchem Jahre er auch Sententiar wurde und eine Streitschrift gegen Bugenhagen verfaßte. Am 5. 1. 1528 vom Lüneburger Rat auf Dauer als Sonntagsprediger angestellt, mußte er sich vor dem Lüneburger Propst Koller vom Verdacht des Luthertums reinigen, da er in Predigten Mißstände zugegeben hatte. 1530 mußte er beim Übergang Lüneburgs zur Reformation auf Druck der Bürger die Stadt verlassen und ging zu EB Christoph von Bremen, als dessen theologischer Berater er am Augsburger Reichstag teilnahm und an der Abfassung der „Confutatio" beteiligt war. Anschließend weilte er in verschiedenen Städten Norddeutschlands und berichtete dabei dem Nuntius über Lübeck und andere Städte. Nach der Vertreibung der Dominikaner aus Lübeck 1535 ging er ins Baltikum, wo er 1535—41 Mitglied des Rigaer und des kurländischen Domkapitels war. Er starb dort kurz vor dem 1. 5. 1556.

10. G r o t h e , Klemens

Hamburger Domdekan. Stammte aus Lübeck, in Rostock immatrikuliert am 20. 4. 1499, Bakkalar wahrscheinlich im SS 1501 in Lübeck während des Exils der Universität, Magister WS 1502/03. Inhaber der 5. großen Präbende, als Nachfolger des Eggart Krantz Dekan seit 1517, trat im Kampf um die Reformation in Hamburg zunächst nicht hervor. Er verließ nach dem Ratsverhör 1528 Hamburg, ging nach Lübeck, wohin er auch Urkunden und Kleinodien des Kapitels mitnahm. Von hier aus strengte er den Reichskammergerichtsprozeß gegen Hamburg an. In der Sache unnachgiebig, kam es zu seinen Lebzeiten zu keinem Kompromiß; mit dem Dompropst von Klitzing stand er in scharfem Gegensatz. Als Domherr von Ratzeburg war er jedoch siegreich als Anwalt des Bischofs Berkemeier gegen Herzog Magnus von Lauenburg. Er starb 1542/43.

11. Güstrow, Johann

Geboren in Lüneburg, wurde er in Rostock immatrikuliert am 14. 5. 1519. War Kaplan an St. Georg, dann ab 1526 als Nachfolger Zegenhagens Prädikant und Vikar an der Katharinenkirche, wo er bis 1539 wirkte. Er starb 1539.

12. Hennings, Friedrich

Geboren in Lüneburg, wurde er in Rostock immatrikuliert am 23. 4. 1509, Bakkalar im WS 1511/12, Magister im WS 1513/14 unter seinem Gönner B. Moller. 1526 als Nachfolger J. Engelins Vizepleban an der Petrikirche, nahm er 1527 am ersten Ratsverhör auf katholischer Seite teil. 1528 zog er mit B. Moller nach Rostock, wo er aber durch J. Slüter für die reformatorische Lehre gewonnen wurde. 1528 schon in Lüneburg, vom Rat zur Verteidigung der katholischen Lehre als Pfarrer an die Nikolaikirche berufen, auch als Prediger für Lübeck 1528/29 wiederholt erwogen, schwankte er zwischen den Parteien, predigte aber mit Heinrich Otto lutherisch. Auf Druck der Bürger auch im Gottesdienst lutherisch, respondierte er in der öffentlichen Disputation von 1532 dem U. Rhegius. 1540 wurde er der 4. Superintendent Lüneburgs. Später stritt er in streng lutherischem Sinne gegen verschiedene innerreformatorische Strömungen, wobei er 1549 das Lüneburger Bekenntnis verfaßte. Er starb am 5. 12. 1563.

13. Hennings, Jakob

Geburtsort und -jahr unbekannt. Inhaber von kleinen Präbenden und Canonicus minor sowie 4 Jahre lang Offizial des Dompropstes. Bis 1526 Pfarrer an der Jakobikirche, die er wegen der ausbleibenden Opfergelder ebenso wie Kissenbrügge aufgab. 1525 Domherr, 1537 Kantor, nach 1539 Konrektor der Johannisschule, noch 1544 genannt. In der Reformation trat er nicht hervor. Galt als geldgierig.

14. Hoffmann, Fabian („van Lubeke")

Dominikaner des Lübecker Konventes, deswegen „van Lubeke" genannt. 1519 mit A. v. Getelen ins Generalstudium nach Heidelberg gesandt, 1523 nach Magdeburg. Seit der 2. Jahreshälfte von 1527 (er nahm nicht an der 1. Ratsdiskussion teil) in Hamburg, vielleicht als Ersatz für v. Getelen, nahm er als Prediger einen bedeutenden Platz ein. War Angeklagter bei der 2. Ratsdiskussion. Ohne aber den geforderten Widerruf zu leisten, predigte er noch bis in die Pfingstwoche weiter, mußte dann aber die Stadt verlassen. Er ging zurück nach Lübeck, wo er als magister studentium vorkommt und als Prediger an Marien bezeugt ist. Weitere Schicksale sind nicht bekannt.

15. Hohusen, Dirik

Hamburger Bürgermeister. Geboren in Hamburg als Sohn des Heinrich H., 1482 Jurat an Petri, 1505 Ratmann, 1517 Bürgermeister. Leitete die 2. Ratsdiskussion mit vorsichtigen Hilfen für die Katholiken. 1528 empfing er Bugenhagen. Er starb am Sonntag Lätare 1546.

16. vam Holte, Gerd

Hamburger Bürgermeister. Geboren in Hamburg, in Rostock immatrikuliert 1470, 1486 als „decretorum licentiatus univ. Parisien. canonicus Hamburgensis“ bezeugt. Muß in den Laienstand zurückgetreten sein, da er 1505 Ratmann, 1517 Bürgermeister wurde. Er dankte im Frühjahr 1528 wegen Krankheit ab, begrüßte aber 1528 Bugenhagen zusammen mit Hohusen und Hüge. Er galt als einer der Hauptvorkämpfer der Katholiken; vielleicht trat er auch zurück, weil er mit der Schwenkung der Ratspolitik auf die reformatorische Seite nicht einverstanden war. Gestorben ist er am 2. 2. 1537.

17. Horsten, Lukas van

Dominikaner, dann Prädikant. Ursprünglich Dominikaner in Osnabrück, predigte er dort Anfang der 20er Jahre reformatorisch zusammen mit Dr. theol. Gerhard Hecker, begab sich aber bald nach Hamburg, wo er Vikar an Jakobi wurde. Er überbrachte im Frühjahr 1527 zusammen mit Güstrow den Thesenzettel an Bustorp.

18. Kempe, Stephan

Hamburger Reformator, Geburtsort wohl Kampen bei Zwolle oder Kempen am Niederrhein (?), Franziskaner in Rostock, wo er am 18.4.1521 immatrikuliert wurde. Wurde Magister und Baccal. biblicus als Schüler B. Mollers. Da Luthers Lehre im Rostocker Franziskanerkloster früh Echo gefunden hatte, wurde er davon ergriffen. Kam kurz vor Ostern 1523 nach Hamburg. Allein durch seine Predigten brachte er in den nächsten drei Jahren trotz vieler Kanzelanfeindungen die Mehrheit der erbgesessenen Bürger zur

Annahme der Reformation. Mehr der theologische Kopf unter den Hamburger Reformatoren. 1527 als Nachfolger des wieder katholischen J. Vißbeke zum Pfarrer an Katharinen gewählt, nahm er im Gefolge J. Bugenhagens an der Flensburger Disputation gegen Melchior Hoffmann am 8. 4. 1529 teil. 1530 berief ihn der Lüneburger Rat zur Reformation Lüneburgs, wo er eine Kirchenordnung abfaßte, die aber nicht recht Anklang fand, weswegen er wieder nach Hamburg zurückkehrte, aber mit seinen katholischen Gegnern Streitschriften wechselte. Ebenfalls 1530 heiratete er eine Nonne, die Tochter des angesehenen Bürgers Cortdt Eycke. Er verfaßte 2 Berichte über die Hamburger Reformation und einige theologische Streitschriften. Er starb am 23. 10. 1540.

19. Kissenbrügge, Henning

Domherr, Pfarrer von Nikolai, Dr. decret. Geboren ca. 1470 in Flensburg als Sohn des Arnold K., am 8. 4. 1496 in Rostock immatrikuliert, 1498 Bakkalar, 1500 Magister, ging 1507 nach Bologna zum Rechtsstudium, wo er 1509 Prokurator der Deutschen Nation war. Am 27. 12. 1509 promovierte er zum Doktor Decretorum. Schleswiger Domherr, wurde er 1518 von Herzog Friedrich von Schleswig dem Hamburger Domkapitel als Dekan oder Domtheologe empfohlen, aber nicht gewählt, doch wurde er Hamburger Domherr. Außerdem wurde er Inhaber einer kleinen Präbende. Seit 1523 Pfarrer an Nikolai, reichte er schon 1524 beim Kirchspiel seinen Rücktritt ein wegen der Abnahme der Opfergelder, blieb aber im Amt, nachdem der Rat Bugenhagen die Annahme der Wahl verboten hatte, um endlich Ende 1525 doch zurückzutreten. Er verließ anscheinend ebenfalls 1528 Hamburg, sagte auch im Prozeß für das Kapitel aus, bat aber 1531 zusammen mit Bustorp den Rat um die Erlaubnis zur Rückkehr, die ihm dann durch seine Unterschrift unter den Vergleich der Geistlichen mit dem Rate 1533 möglich wurde. 1539 Dekan des Stiftes Bardowik, erhielt er 1541 die kleine Pinneberger Präbende. Er verstarb 1544 und vermachte dem Kalande eine Rente.

20. Klitzing, Joachim von

Hamburger Dompropst. Geboren in Brandenburg, 1494 Domherr in Magdeburg, Dompropst von Hamburg 1507—1539, war durch die Einflußnahme des Königs von Dänemark und des Hamburger Rates gewählt worden. Gleichzeitig Senior und Kantor von Magdeburg und Dompropst von Brandenburg, hielt er sich in der Reformationszeit meist in Magdeburg auf und blieb für Hamburg ohne Bedeutung. Er stand in scharfem Gegensatz zum Dekan Kl. Grothe. Er starb 1539.

21. K l o t h , Johann

In Rostock immatrikuliert 1499, wurde Magister in Hildensen, 1510 Sekretär, 1528 Protonotar des Hamburger Rates. 1508ff. als Kaplan am Dom und an Katharinen erwähnt. Ratssekretär, nach 1528 Ratsherr und Prokurator des Domes. Nach der Reformation kämpfte er mit dem Rat der Stadt Krempe zäh um seine Kaplanei. Er starb am 17. 1. 1538.

22. K r a n t z , Albert

Domdekan, berühmter Historiograph. Geboren 1448 in Hamburg, begann 1463 das Studium in Rostock, wo er 1480 Professor wurde. 1486—1491 Syndikus der Stadt Lübeck. 1491 Dr. decret. in Mainz und Dr. theol. in Perugia, 1493 Domtheologe und Domherr in Hamburg. Seit 1493 für Hamburg politisch tätig, besonders 1493—1500 als Gesandter und 1502—1516 als Vertreter Hamburgs gegenüber England und Frankreich. 1508 Domdekan. Starb am 7. 12. 1517. Verfaßte mehrere Werke über die norddeutsche Geschichte und Kirchengeschichte sowie theologische Werke.

23. K r a n t z , Eggard

Magister und Hamburger Domdekan. Geboren in Hamburg ca. 1465. In Rostock immatrikuliert 1480, Bakkalar 1483. 1495 Inhaber eines von der Stadt besetzten Almissens. 1499 als Magister Prokurator des Hamburger Rates bei der Kurie, 1510 Syndikus, 1512 Prokurator der Deutschen Nation in Bologna.

In Hamburg besaß er mindestens seit 1508 2 Kaplaneien in Petri und Jakobi. Seit 1518 Dekan, visitierte 1521, starb 1524.

24. L a n g e n b e k e , Hermann

Geboren in Hamburg als Sohn des gleichnamigen Bürgermeisters. Deswegen konnte er wie durch andere Verwandtschaften nicht in den Rat kommen.

Er studierte seit 1498 Jura in Bologna, war 1500 und 1502 Syndikus der Deutschen Nation, im selben Jahre 1502 promovierte er zum doctor legum. Lebte dann in Hamburg als Privatmann und anscheinend als Rechtsanwalt. Hatte Geld von Kaplaneien aufgenommen. 1530 sagte er für das Kapitel aus. Er starb 1532.

25. L a u r e n t i i , Jakob

Vikar an Nikolai seit 1526. Überbrachte mit Güstrow Kempes Beanstandungen an Bustorp. Er starb am 29. 5. 1549.

26. L e m k e (Lemme, Lemeke), Nikolaus

Ort und Termin der Geburt unbekannt. 1508, 1521 und 1525 als Besitzer der 3. Kommende in der Annenkapelle in Petri, 1521 und 1525 der Kaplanei am Hauptaltar des Hl.-Geist-Stiftes und 1525 auch als „confessor in summo“ erwähnt. 1528/29 Dompastor. 1530 warf Dirik Ostorp ihm in seiner Aussage vor, daß er Silbergegenstände der Domkrypta gestohlen hätte. L. wird noch 1537 als Kommendist von Petri usw. erwähnt. Weitere Schicksale sind unbekannt.

27. Lünsemann, Konrad

Franziskaner in Hamburg, wurde 1527 Nachfolger Kempes als Klosterprediger und Lektor. Hatte 1531 schon einen Nachfolger. Weitere Schicksale sind unbekannt.

28. Mere, Johann van dem

Magister und Theologe. Geboren ca. 1490 in Hamburg, wohl aus der Familie des Ratsherrn Otto van dem Mere. Studierte seit 1507 in Rostock, Bakkalar 1509, Magister 1511, 1528 Bakkalar der Theologie und Sententiar.

29. Meyer, Johann

1522—1526 Kaplan an Katharinen. Bei der Visitation von 1525 als „sacellanus“ von Katharinen erwähnt. Ging 1526 als Kaplan nach Pellworm auf Nordstrand. 1529 als „de olde Kaplan“ in Katharinen erwähnt. Behielt die Kommende am Altar des hl. Thomas von Canterbury in Katharinen bei. 1532 Berufung nach Hamburg und Rendsburg: von da ab bis 1561 Pfarrer in Rendsburg.

30. Der „weiße Mönch“

Über ihn wissen wir außer dem bei Gyseke berichteten kurzen Wirken in Hamburg nichts Genaues. Allgemein pflegt man seinen Namen mit Johann Wiedenbrügge anzugeben, da dieser in der einzigen noch erhaltenen Handschrift der Chronik B. Gysekes, die sich in Kopenhagen befindet, steht. Sillem vertritt die Ansicht, daß statt Wiedenbrügge Osenbrügge zu lesen sei. Ein Johann Osenbrügge ist am 3. 3. 1520 in Wittenberg als „Fra(ter) Johannis de stadis, diocesis Bremensis, ordinis praemonstratens (ium)“ inskribiert worden. Daß der „weiße Mönch“ ein Prämonstratenser war, geht aus dieser Bezeichnung klar hervor, da die Prämonstratenser volkstümlich als weiße Mönche bezeichnet wurden; Dominikaner kann er nicht gewesen sein, da diese „schwarze Mönche“ genannt wurden. Auch der Titel Herr läßt nicht nur auf seine Priesterwürde, sondern auch auf seinen Stand als Chorherr schließen, da man Mönche oder Mendikanten als Frater, die Ordensgeistlichen als Pater zu bezeichnen pflegte; damit scheidet auch aus, daß er ein Zisterzienser gewesen ist. Sicherlich war er kein entlaufender Mönch, da er offenbar seinen Habit trug. Er muß demnach mit

Genehmigung seiner Oberen gehandelt haben, was auf Stade zutrifft; auch ein anderes Prämonstratenserstift, Belbuk in Pommern, war schon früh zur Reformation übergegangen. Die Bezeichnung frater in den Wittenberger Matrikeln spricht nicht gegen unsere Annahme, sie läßt nur darauf schließen, daß er noch nicht die Priesterweihe empfangen hatte. Da er später noch lange lebte, muß er damals jung gewesen sein.

Für Johann Osenbrügge als Lesart spricht auch, daß er in Hamburg bei Detlev Schuldorp wohnte; Joh. Osenbrügge war nämlich in Wittenberg mit dessen Vetter Marquard zusammen gewesen. Von Osenbrügge wissen wir, daß er aus Stade stammte und als Wanderprediger tätig war. 1524 tauchte er in Lübeck auf, wurde aber bis 1528 trotz der Fürsprache König Friedrichs von Dänemark, Herzog Christians von Schleswig-Holstein und des Kurfürsten von Sachsen vom Lübecker Rat gefangen gehalten. Er wurde nach seiner Freilassung der Stadt verwiesen und flüchtete nach Livland. 1550 wurde er dann Pfarrer, 1553 der erste Superintendent von Stade.

31. Moller, Barthold

Dr. theol. und Domtheologe. Geboren in Hamburg in den 60er Jahren des 15. Jhs. als Sohn des Lukas Moller (vom Baum) und dessen 2. Ehefrau Catharina, geb. Behrends, war Bruder von Dr. jur. Johann Moller. B. M. wurde Geistlicher und als solcher 1485 in Rostock immatrikuliert, Bakkalar und Magister und schloß sich besonders an Albert Krantz an, von dem er 1506 zwei Werke herausgab. Rektor der Regentie Porta Coeli seit 1499, wurde er zum 1. Male Rektor 1505 als Bacc. theol., welches Amt er ebenso wie das Dekanat der theologischen und der Artistenfakultät öfters inne hatte. Als Mitglied des Rostocker Kollegiatstiftes St. Jakob vertrat er seinen Freund Boyer von 1502 bis 1504 im Dekanat und folgte ihm 1507 oder 1508 in diesem Amte, das er bis zu seinem Tode innehatte. Als solcher war er Rat des Herzogs von Mecklenburg, doch unterschrieb er 1523 das Bündnis der Prälaten und Ritter Mecklenburgs gegen die Teilungswünsche Herzog Albrechts.

Dem Humanismus gegenüber war er aufgeschlossen, gab selbst den Donat und eine Grammatik heraus. Als Ulrich von Hutten 1506 von Greifswald nach Rostock floh, nahm er ihn auf und wurde ebenso wie andere Rostocker Humanisten in einem Tetrastichion gepriesen (Opp. lat. I, 12, ed. Brecking); ebenso lobte ihn Joh. Hadus in seinen Camoenae. Nach dem Vorlesungsverzeichnis von 1520 lehrte Moller die Theologie in humanistischer Weise, indem er allein die Auslegungen der antiken Kirchenväter gelten ließ.

Im kirchlichen Leben trat er anscheinend nicht besonders hervor, doch war er 1516 päpstlicher Ablaßkommissar für Rostock im Auftrage des Nuntius Arcimboldi. In Hamburg 1508 als Kommendist an Katharinen erwähnt, wurde er 1517 in zwiespältiger Wahl zum Domtheologen in Hamburg gewählt. 1525 lehnte er es ab, Pfarrer an Nikolai oder Petri zu werden, nahm aber 1526 die neue Wahl zum Domtheologen an und ging dann in seine Heimatstadt, wo er führend in den Kampf um die Reformation eingriff, da die Prädikanten Kempe und Fritze seine Schüler, Fritze sogar sein Stipendiat gewesen waren. Schon in Rostock hatte er gegen die Reformation Stellung genommen und wollte durch seinen Schüler Antonius Becker gegen den Reformator Joachim Slüter 1525 eine Disputation veranstalten, bei der er den Vorsitz übernehmen wollte. Aber der Rat verbot die Veranstaltung aus Furcht vor Unruhen. In Hamburg hatte er nach seiner Ankunft in der Fastenzeit 1526 eine Unterredung mit seinem Schüler Kempe. 1527 nahm er an der 1. Ratsdiskussion teil. 1528 gehörte er zu den verklagten Geistlichen, wurde aber ebenso wie alle anderen zum Widerruf verurteilt und sollte allein mit Fabian Hoffmann wieder predigen dürfen. Da er nicht widerrufen wollte, verließ er auf Anraten seines Bruders J. Moller Hamburg und kehrte nach Rostock zurück. Den Mitverbannten verhalf er nach Möglichkeit zu einer neuen Stelle. Gegen die Anklagen rechtfertigte er sich in einer offiziösen Stellungnahme an H. Langenbeke. In Rostock wählte man ihn sofort wieder zum Rektor der wegen der Reformation immer mehr verfallenden Universität. Vergeblich versuchte er, wieder durch eine Diskussion gegen Slüter, die der Kaplan W. Sager übernehmen sollte, für die alte Sache zu kämpfen, doch wurde sie anscheinend wieder vom Rat verboten. Er starb schon bald darauf am 12. 3. 1530, noch im Rektorat. Sein Gesinnungsgenosse Mag. Joh. Kruse hielt die Leichenrede, während eine lärmende Volksmenge zusammenlief und den Toten fast verhöhnte.

32. Moller, Johann

Bürger, Dr. jur. Geboren in Hamburg als Sohn des Lukas Moller (vom Baum), Bruder von B. Moller.

1503 in Rostock immatrikuliert, war er zunächst canonicus minor am Hamburger Dom, hatte das Pinneberger Kanonikat inne und war zeitweise Schulmeister der Nikolaischule. Nach dem Tode seines Bruders Ludolf 1509 trat er in den Laienstand zurück, um seine Familie fortzusetzen. Er studierte in Bologna Rechtswissenschaft, wo er 1508 immatrikuliert wurde, 1511 Syndikus und Prokurator der Deutschen Nation war, am 4. 5. 1512 Lizentiat wurde und am 17. 12. 1515 den juristischen Doktorgrad erwarb.

In Hamburg lebte er als Privatmann, nahm 1527 an der 1. Ratsdiskussion als Gutachter teil. Lebhaft an den Kämpfen interessiert, sammelte er in einem Kodex Lieder und Berichte zur Reformation, die er aus persönlicher Kenntnis ergänzte. Da er an der Verschwörung der Johannisleute beteiligt gewesen war, mußte er sich nachher ruhig verhalten. Er sagte 1530 für das Kapitel aus. Er war mit Elsabe van Hoye verheiratet und setzte die Familie fort. Gestorben ist er gegen 1534.

33. Oldendorp, Johann

Als Kommendist an Jokabi erwähnt, soll er der Vikar Zegenhagens gewesen sein, der in der Osterzeit 1527 Messe und Meßpriester schmähte und dadurch einen Zwischenfall in Nikolai auslöste. In Braunschweig taucht nämlich um diese Zeit ein Joh. Oldendorp auf, der um des „Evangeliums" willen aus Hamburg vertrieben sein soll und mit Heinrich Lampe der erste evangelische Prediger an der dortigen Magnuskirche gewesen ist.

34. Ostorp, Dirik

Geboren ca. 1478 in Hamburg. 1510 bis 1512 Vorsteher, 1521—1528 Aldermann der Bruderschaft St. Thomas von Aquin der Kunsthandwerker. Seit 1522 städtischer Münzwardein, 1525 Werkmeister des Goldschmiedeamtes. Starb 1534.

35. Ostra, Friedrich

Geboren ca. 1470 in Hamburg, Sohn eines Wandschneiders. Erwarb 1496 die Wandschneidergerechtigkeit. 1517 Aldermann des Ehrbaren Kaufmanns als Abgeordneter der Schonenfahrer. 1524 Vertreter des Nikolaikirchspiels und 1527 Gotteskastenvorsteher (Diakon) an Nikolai. 1532 Oberalter. Starb 1537. „Fähnleinführer" der Evangelischen.

36. Rensborch, Johann

(nicht Heinrich!), Dominikaner aus Hamburg. Er gehörte dem Hamburger Dominikanerkonvent an. 1516 finden wir ihn im dritten Jahr im Generalstudium des Ordens in Paris. 1519 schickte ihn die Provinz nach Köln, wohin er 1521 ins dritte Jahr geschickt wird. Ab 1523 ist er in Hamburg als „Cursor" für das erste Jahr und gleichzeitig als Subprior, 1525 als Cursor im zweiten Jahre bezeugt.

Er beteiligte sich auch an der Kanzelkontroverse. Ein Predigtverbot durch den Rat 1528 führte zur Verschwörung der Johannisleute, woran er führend beteiligt war, und durch das Gerücht einer Bartholomäusnacht zur 2. Ratsdiskussion, bei der es in der Diskussion zwischen ihm und den Prädikanten zu einer scharfen Auseinandersetzung kam. Aus politischen, nicht wegen der theologischen Gründe forderten Bürgervertreter und erbgesessene Bürgerschaft seine Verbannung. Weitere Schicksale sind unbekannt.

Ein Heinrich Rensborch, mit dem er oft wegen der Angabe bei Kempe verwechselt wird, gehörte dem Lübecker Konvente an, wurde aber schon 1521 jubilarius; J. Moller hat den richtigen Vornamen Johann (Moller, Nachrichten A 548).

37. Rumehert, Johann, de older.

Geboren in Hamburg, in Rostock immatrikuliert am 3. 4. 1490. Bakkalar im WS 1491/92, Magister im WS 1494/95. War Kaplan an Petri und an Jakobi. Gegen die Reformation war er entschieden eingestellt und äußerte seine Ansicht auch in der Öffentlichkeit. 1530 sagte er für das Kapitel aus, war um 1537 dessen Prokurator und wird im selben Jahr als Kaplan und Kommendist von Petri erwähnt. Wahrscheinlich ist er der Verfasser der Vorlage des Berichtes A bei J. Moller, wenn nicht auch von B. Sein Sohn Johann studierte ebenfalls in Rostock und war dann Domvikar.

38. Salzborch, Hinrich

Hamburger Bürgermeister. Dr. jur. Geboren in Hamburg, wahrscheinlich in den 70er Jahren des 15. Jhs. als Sohn des Kaufmanns H. S. (1475 Ratsmann, gest. 1503). 1492 in Rostock immatrikuliert.

1504 als Syndikus der Stadt Kampen in Holland bezeugt, im September 1505 Rat des Herzogs von Geldern, für den er in Vertrauensposten tätig war. 1515 Droste des Landes Kessel im obergeldernschen Quartier, war anschließend noch in wichtigen Gesandtschaften für Herzog Karl tätig.

1523 wegen Bündnisverhandlungen in Hamburg und Lübeck, wurde er anscheinend auf eigenen Wunsch zum Ratsherrn gewählt, obwohl Herzog Karl ihn nicht aus der Lehnpflicht entließ, was für Hamburg ab 1524 große Unannehmlichkeiten brachte. Seit 1524 Bürgermeister, war er in hervorragender Weise an der Beilegung der Königswirren in Dänemark in hansischem Interesse beteiligt, wofür er Ritter wurde, Handelsprivilegien erwarb und die Fortsetzung des Baus des Travekanals sicherte.

Seit 1524 kämpfte er auch entschlossen gegen die Reformation, die er als Revolte einschätzte. Er unterdrückte die ersten Anfänge in Hamburg, brachte auch ein gemeinsames Vorgehen der kath. Hansestädte zustande. Als Bürgermeister nahm er an den beiden Ratsdiskussionen teil. Bei den Bürgern war er in wachsendem Maße unbeliebt, weil sein Streit mit Herzog Karl v. Geldern den Bürgern

Schaden einbrachte und weil er so entschieden gegen die Reformation vorging. Nach dem Sieg der Reformation in Hamburg stellte er sich auf die neue Grundlage ein und versuchte, den katholischen Klerus von dieser Notwendigkeit zu überzeugen, obwohl ihm die Gegenseite das Gegenteil nachsagte. Wenn auch die Bürger wiederholt seine Abdankung forderten, konnte er sich doch bis 1531 auf seinem Posten halten, mußte dann aber wegen Eigenmächtigkeiten und wegen seiner Beziehungen zur aristokratischen Partei Lübecks, wegen Unterstützung der Katholiken und wegen der geldernschen Angelegenheit sich am 11. 4. 1531 aus dem öffentlichen Leben zurückziehen, als die Bürger andernfalls die Zahlung einer Steuer verweigerten. Er zog sich ins Privatleben zurück und starb schon am 17. 3. 1534.

39. Schroder, Hinrich

Geboren in Vechta, studierte er in Rostock, wo er 1494 immatrikuliert wurde, wurde später Magister. Kaplan an Nikolai, wohl auch am Dom, gehörte er zu den vier Dompredigern; 1523 wird er unter den ältesten Kaplänen des Domes genannt. 1528 nahm er an der 2. Ratsdiskussion als Angeklagter teil, wo ihm aber nur eine abstruse These zur Last gelegt wurde, die er abwies. Dennoch wurde auch er zum Widerruf verurteilt, den er aber nicht leisten wollte. Da er vor Aufregung krank wurde, ließ der Rat ihn zweimal hintereinander zum Verlassen der Stadt auffordern. 1530 sagte er für das Kapitel aus und war damals Pfarrer in der zu Lübeck gehörenden Stadt Mölln.

40. Schuldorp, Detlev

Geboren ca. 1489 in Kiel als 2. Sohn eines Bürgers. In Rostock immatrikuliert 1504, Bakkalar 1508. Dann in Hamburg, wo seine Schwester den Hamburger Ratsherrn Matthias van Emersen heiratete, Mitglied der Gesellschaft der Englandfahrer. Erwarb 1521 das Haus in der kleinen Reichenstraße. Gewährte 1525 der Stadt einen Kredit von 2000 Mark für den Bau des Elb-Trave-Kanals. Eifrig in Hamburg und außerhalb für die Ausbreitung der Reformation wirksam. 1534 Oberalter von Petri, kaufte 1535 das Isabenhaus (Spital). Miteigentümer der Dörfer Langenhorn und Klein Borstel sowie des Bachhofes. Starb 1540.

41. Sendenhorst, Hinrich

Geboren ca. 1495. In Rostock 1511 Bakkalar. In Hamburg 1508 als Kommendist an Katharinen, 1521 als Kaplan von Nikolai erwähnt und hier 1525/26 Vizepleban und Pfarrverweser. Gab 1526 den Kampf gegen Zegenhagen auf, blieb aber in Hamburg. Sollte

1529 Vikar an Marien in Lübeck werden, was jedoch aus unbekannten Gründen nicht zustande kam. 1533 unterschrieb er den Vertrag mit der Stadt Hamburg und wird 1537 als Kommendist von Nikolai erwähnt, wurde 1544 Dekan des Kalandes und starb 1558.

42. Siffridi (Sifrid), Jodokus

Geboren in Friesland, war er 1523 Kommendist im Dom. Rektor des Hl.-Geist-Spitals. Bei der 2. Ratsdiskussion zum Widerruf verurteilt, widerrief er als einziger am 1. 5. 1528 und predigte nicht mehr. Nach J. Moller bewog ihn dazu die Liebe zu einer Ehefrau, derentwillen er in Hamburg bleiben wollte, doch kann dies auch eine Verleumdung sein. Er unterschrieb 1533 den Vergleich des Rates. Wird noch 1544 als Mitglied des Kalands erwähnt.

43. Sommerfeldt, Joachim

Geboren ca. 1490 in Hamburg. 1508 als Magister und Kaplan des Hamburger Domes und 1537 als Kaplan von Nicolai erwähnt. War Ratssekretär, später Ratsherr. Starb 1547.

44. Stenmel, Ordo (Otto)

Pfarrer von Katharinen und Lektor sekundarius. Geboren in Halberstadt, studierte 1491 in Rostock, wurde 1503 Kaplan im Dom. In Rostock wurde er im SS 1509 als Priester immatrikuliert, promovierte im SS 1509 zum Bakkalar, im WS 1510/11 zum Magister. Er wurde 1515 als Kaplan an verschiedenen Altären des Domes erwähnt, 1517 lector secundarius und 1521 Pfarrer an Katharinen, wo er als Reformprediger gegen die kirchlichen Mißstände auftrat, weswegen er 1524 wegen der Anfeindungen durch das Kapitel, aber auch wegen Alters resignierte. Er zog nach Kirchsteinbeck, wo er 1528 hochbetagt starb. Kempe rechnet ihn in seinem Bericht zu den ersten reformatorischen Predigern Hamburgs; wohl nicht ganz zu Recht.

45. Vathouwer, Barteld

Geboren in Göttingen, war er Kaplan an Katharinen und Kommendist in Nikolai, 1521 auch für Jakobi bezeugt. Da er am Zustandekommen der Johannisverschwörung maßgeblich beteiligt war, wurde er bei der 2. Ratsdiskussion in Abwesenheit ohne Anklage aus diesem politischen Grund zur Verbannung verurteilt. In einer 1529 an den Rat gesandten Bittschrift nannte er sich „Kaplan des Erzbischofs von Bremen". 1537 wird er wieder als Kaplan von Katharinen erwähnt, von da an aber verliert sich seine Spur.

46. Vißbeke, Joachim

Pfarrer von Katharinen und Magister. Geboren in Dithmarschen, studierte er an einer unbekannten Universität und promovierte zum Magister. 1508 als Kaplan an Katharinen, 1521 auch als Kommendist am Hl.-Geist-Spital erwähnt, war er seit 1515 Priester in Krempe. Dort hatte er sich seit 1520 für Luther erklärt und wurde deswegen von der Katharinengemeinde als Nachfolger Stenmels gewählt. Doch predigte er bald wieder auf die alte Weise, angeblich, weil er durch das Kapitel mit Pfründen bestochen worden war, machte sich aber damit bei der Gemeinde unmöglich. Er mußte 1527 Stephan Kempe weichen und 1528 auf die Forderung der erbgesessenen Bürgerschaft hin die Stadt verlassen, ohne angeklagt oder gehört worden zu sein. 1530 sagte er für das Kapitel aus, wobei er sich Kaplan von Katharinen nennt. Als solcher ist er auch 1537 erwähnt. Er kehrte nicht mehr nach Hamburg zurück.

47. Vischer, Mattheus

(Nicht M. Hale). War Magister. Um 1526 Kaplan an Jakobi, danach Dompfarrer. Nahm als Angeklagter an der 2. Ratsdiskussion teil und wurde auf Verlangen der erbgesessenen Bürgerschaft der Stadt verwiesen, weil er so heftig gepredigt habe. Durch Vermittlung B. Mollers wurde er Vikar in Lübeck an Marien, 1530 dort Kaplan an der Dompfarre. Damals sagte er auch für das Kapitel aus.

48. Vulgreve, Frederik

War Magister und Kaplan im Dom und in Katharinen, gehörte zu den vier Dompredigern. Stand 1523 auf seiten der Bürger im Kampf um die Schule gegen den Domscholaster H. Bantschow und wurde deswegen mit dem Bann bedroht und mit den anderen nach Rom zitiert. 1528 nahm er als Angeklagter an der 2. Ratsdiskussion teil und wurde zum Widerruf verurteilt. Da er nicht widerrufen wollte, ging er zunächst nach Pinneberg als Prediger, war dann Kaplan des Bremer Domkapitels, 1530 in Lübeck Kaplan an Jakobi und sagte damals für das Kapitel aus. 1532 bat er den Hamburger Rat aus dem Kloster Harsefeld um Rückkehr, wobei er sich zugleich auf Augustin von Getelen und auf Urbanus Rhegius als Fürsprecher berief. 1537 ist er als Kommendist von Katharinen und von Nikolai bezeugt.

Wanderprädikant: siehe „weißer Mönch"

49. Wegedorn, Joachim

Geboren in Hamburg. 1518/1519 Jurat von Nikolai. Sorgte für die ersten reformatorischen Prediger. 1526 Sprecher der Bürger im

Kampf um Zegenhagen. 1527 Vorsteher (Diakon) des Gotteskastens an Nikolai. Starb 1527 vor Ausstellung der Vollmacht als Oberalter.

50. Went (Wenth), Hinrich

Dominikaner, Dr. theol., päpstl. Inquisitor. Geboren ca. 1466, war Mitglied des Stralsunder Dominikanerkonvents. Studierte ca. 1490 in Paris, wo er Magister und Bakkalar der Theologie wurde. Anschließend war er ein Jahr Cursor in Lübeck. Er durfte anschließend nach Italien gehen und sich einen Konvent aussuchen. Als Ordensmagister 1501 und 1518 approbiert, gehörte er 1513 zu den Definitoren seiner Provinz Saxonia und war Inquisitor. Damals wird er auch als Leiter des Theologiekurses in Hamburg erwähnt. Auch 1516 wieder Definitor, hielt er sich erneut in Stralsund auf, wo er ebenfalls das Theologiestudium leitete. Zugleich Dr. theol. genannt, war er im benachbarten Greifswald an der Universität tätig, wo er schon vorher gelehrt hatte. 1517 wieder in Hamburg als regens theologiae, 1519 Definitor, war er um 1523 wieder in Stralsund. Die Forderung des Stralsunder Reformators Christian Ketelhot nach einer Disputation nahm er nicht an, zog dann auch nach Hamburg, wohin man ihn als regens theologiae versetzt hatte; doch wurde ihm das als Flucht ausgelegt. Er legte dem Rat 1526 ein Inventar des Klosters vor, war aber nicht Prior (... ich Hinricus Wenth, hilliger Schrift Doctor...) und nahm auch 1527 an der 1. Ratsdiskussion teil. 1528 gehörte er zu den katholischen Angeklagten und wurde zum Widerruf verurteilt. Da er nicht widerrufen wollte, ging er zunächst nach Lübeck, dann nach Greifswald. Er starb um 1530 und wurde im Amtssitz des Stralsunder Oberpfarrers, in Vogtehagen bei Stralsund, begraben.

51. Wetken, Johann

Geboren in Hamburg, ca. 1475. Studierte in Rostock um 1496, Bakkalar 1498, Magister 1501. In Hamburg 1508 Ratssekretär, 1523 Protonotar, 1528 Ratsherr, starb 1529.

52. Wolteri, Sixtus

Ort und Termin der Geburt sind unbekannt. 1508, 1521 und 1525 als Kaplan am Katharinenaltar der Petrikirche und als Kommendist am Hieronymusaltar der Nikolaikirche, deren Patronat die Juraten dieser Kirche innehatten, und 1525 zusätzlich als Kommendist am Dreikönigsaltar des Hl.-Geist-Stiftes erwähnt. War 1529 Thesaurar des Domes. Diderik Krummelink sagte 1530 aus, daß W. die Kinder des Domherrn Johann van Oldensen in dessen Haus getauft habe. Wird 1537 als Kaplan von Petri usw. erwähnt, scheint aber damals gerade gestorben zu sein.

53. Zegenhagen, Johann

Prädikant, Pfarrer von Nikolai. Um 1520 Vikar an der Katharinenkirche in Magdeburg-Altstadt, ging er dort mit einem Kaplan Bode 1524 zur Reformation über. Durch die Vermittlung Wegedorns kam er in der Fastenzeit am 12. 2. 1526 als Prediger an die Katharinenkirche in Hamburg. Auf Gerüchte hin, daß Zegenhagen ein Aufrührer sei, ließ der Magdeburger Rat eine Rechtfertigung Zegenhagens drucken. Im gleichen Jahre am 20. 9. wurde er zum Pfarrer an Nikolai gewählt. Führte im Sommer 1527 die „Gotteskastenordnung" in Nikolai ein. Zegenhagen starb schon am 17. 1. 1531.

B. Texte

1. Mandat des Rates vom Jahre 1526
(J. Bolland, Burspraken II S. 251/252)

Eyn ersame radt beuelet allen predikanten, ßo sick jm ampte der prediker jn disser stadt gebruken willen, dat ße vor erst dat rechte reyne lutter hillige Gades euangelium myt vthlegginge der schriffte der hilligen apostell vnde anderen bewerden schrifften gudich, sachtmodich vnde christlick nach der lere der bewerten vnde van der christliken kercken angenamen boke leren vnde prediken scholen, ßo doch, dat daruth eyn jderman gebetert vnde nicht gheergert werden moghe.

Item de ene prediger schall dem anderen jnt gemene noch jnt besunderen nicht schelden, ketteren vnde vorachten offte vnschickliken lasteren vp den predickstolen vnde vor dem gemenen volcke. Den dar jemant den anderen myt der warheit weeth vth erdome to belerende, de bruke jn dem valle de lere des euangelij Mathei 18, Luce 17 vnde berichten malkander vnder sick offte jn jegenwardicheit jtliker vorstendiger der schrifft, ßo dat derhaluen vor dem gemenen volcke nicht anders den wes erer ßelen salicheit belanget, gepredigеt werde.

Jtem alle materien, de disputerlick vnde alßo vorworen syn, dat de ghemene man daruth ghen vorstant krigen kan, ock susts dem gemenen nicht noeth noch fruchtbar syn to wetende, schall men nicht prediken.

Jtem eyn jder prediker stelle vor sick eyne rechte christlike lere, de denstbar sy to der ßelen salicheit, vnderholdinge geborliken horsames iegen de ouericheit vnde fredesamheit vnder den christenluden malkander na der lere Paulj ad Ro. VIII vnde prime Petri II°, vnde vorfolge de myt der schrifft, ßo dat he dorch syn predikent Gades ere vnde gebot forderen vnde manckt dem volcke leffte vnde christlike eyndracht stifften moghe.

Jtem dar dat stede ghifft, van der auertredinge der mynschen jn allen staten offte stenden to redende, dat ße aldar sunder vorachtinge der stende datgenne straffen, dat wedder Gades wordt is, vnde myt sachtmodicheit den gemenen man beleren, myt gewalt sick iegen de cerimonien der kercken, der hilligen bylde[1] vnde der kercken denst nicht to nodigen, den sick darby fochlick to holden tor tidt, dat Gade van hemmell will geleuen, deme donde syne mathe to geuende.

Wolde sick jenich prediger hir iegen freuelick gebruken, mydt haeth vnde wedderwillen to predigende vnde to vorweckende, de schall darna to dem predigerampte nicht gestedet, den vth disser stadt verwißet werden.

2. *Verzeichnis der Anklagepunkte gegen Nikolaus Bustorp* (Kempe, Bericht 506.)

Infra octauas natiuitatis predigede Nicolaus Bustorp vp den auent im dome und sede vnder andern alsus:

1) Dat de vorlopers des Antichristes dat volk bewegeden dat sacrament vnder beiderley gestalt to nemende, dardorch dat volk menet, it sin twe sacramente, dat doch in sik eins is, dewile Christus eine natur gehat heft, vnd handelen also wedder der kerken insettinge, under dem volke erdom to errögen, darmit dat vngelerde volk menen schal, Christus konne also gedelet werden.

2) Christus hebbe allene genoch gedan mit sinem bitter lidende vor de sunde Adams und siner nakömelinge, vnd darna alleine vor de gedöften und nicht vor de, so to dem vorstande vnde older gekamen sin, darmit wi nicht gedenken, dat wi alle vnsere sunde vp Christum leggen willen, sundern möten ok suluest darvor genoch don.

3) Dat itzundes de lude dat nie testamente in dudescher sprake, darinne vele erdom sint, mit sik in de kerken dregen, dat se jummer

[1] Der hilligen bylde fehlt in der Wiederholung des Mandates in den Interrogatorien des Rates von 1530 zu § 9,8; (Jensen, Domkapitel 62). Dies erklärt sich daraus, daß es in Hamburg nach 1528 zu kleinen Bilderstürmereien gekommen war.

etwes darut lesen mögen, were beter, se höreden de predigen, dewile nemant dat evangelium edder de epistelen der apostele vorstan kan, he hebbe dan den geist Christi.

4) De vorlopers des Antechristi vorkeren vnd vordunkelen de lere Pauli und

5) Tom teken, deme weddergespraken wert: de vorbisterden lude, de lutterischen, wedderspreken Christo.

6) De wyinge und segeninge, so de prestere don, sint nicht vorgeflik, wente se bruken Gades wort darbi. Derhaluen don de ser öuel, de sodane segeninge vorachten vnd vorspotten. Vnd sede ok, dat sodanes ketterie und erdom were.

3. Brief des Domherrn Nikolaus Bustorp an die Prädikanten 1527 (Kempe, Bericht 489—504)

Salutem etc. Misistis ad me, venerande fautor, capellanum vestrum, ut ex eo intellexi, duobus aliis sibi junctis, qui deferens certos articulos, per me, ut dicitur, dominica sub octava nativitatis Christi praedicatos. Et incepit dicere, 'ne aegre ferrem, quia dominus pater Stephanus ordinis minorum, dominus meus, (pastor ecclesiae S. Catherinae)[1], et dominus pastor S. Nicolai et dominus pastor ecclesiae S. Jacobi, miserunt me ad vos, volentes scire, an illos articulos sic proclamastis publice ad populum dominica, quae supra, quia ex ore vestro sic sunt auditi et collecti.'

Quia igitur caritative (ut apparuerit) venerunt, ideo sic illi respondi lectis articulis: ,verum est, sunt quidem a me praedicati, sed non omnes, sed nec sub ista forma verborum; in parte veri sunt, at non in toto.' Pater Stephanus stipulam siccam prosequitur; agat quae religionis suae, dimittat me in iis negotiis meis. Nunquam illi nocui in verbo. Quid igitur molitur malum contra proximum, qui frater est? Faveo illi, ut bene valeat.

Vobis autem pastoribus dico: si tales estis, gaudete; si minus, timete! Felix servus, quem constituit Dominus aut loco Dei praesidens super familiam suam. Oves Christi, quas sanguine suo redemit, pascitis, non vestras! Felicior est, qui quaerit non sua, sed quae Jesu Christi; transit temporale, restat aeternum! Felicissimus est, quem constituet Dominus super omnia bona sua. Si non sunt, qui in ecclesia loco Dei praesident, gratis videtur mihi Dominus respondisse: Date Caesari, quae sunt Caesaris, et quae Dei Deo, decimas,

[1] Bei den in Klammern gesetzten Textstellen handelt es sich offensichtlich um spätere Zusätze.

primitias, oblationes, quae tunc sacerdotes legales praesidendo receperunt. Et Dominus Petro dixit: Accipe didragma et da pro me et te, quasi dicat: Ego sum de hoc mundo iturus ad patrem, in loco meo praesidebis. Si verior et melior est horum verborum intelligentia, patiar libenter; mea nihil sit, transeat illa.

Ad articulos venio: *Primus est de pane benedictionis* in eucharistia sive in sacramento altaris, ubi sic locutus sum: Dominus noster Jesus Christus instituit hoc sacramentum in ultima coena sua speciebus panis et vini et dedit duodecim discipulis suis (quo in loco nomen discipulis stat pro 12 apostolis, nam varie hoc nomen non solum in sacris literis, sed in sancto evangelio ponitur). Non legitur dedisse 72 discipulis sic, sed nec genetrici suae, nec quibusvis aliis. Imo ipse die resurrectionis, cum ibat cum duobus discipulis ex 72, ut praesumitur, in Emahus, accepit panem forte talem, qualis esse debuit, benedixit, porrigebat, dedit illis. Quis dubitat, et dedit illis duobus corpus suum sub specie panis tantum? Si secus est, informate me, et libens patior.

Ubi subjunxi: Hic auditur error contra ecclesiasticam constitutionem. Sciatque omnis Christianus, quia sufficit illi sub una specie, sed panis tantum, non vini, propter multa inconvenientia. Imo sunt duo signa sive duae species, unum autem sacramentum; ubi caro, ibi sanguis et totus Christus, deitas, humanitas; et ubi sanguis, ibi caro et totus Christus. Unum est sacramentum, quod heri, hodie est consecratum atue cras consecretur. Quis dubitat, divinam naturam esse indivisibilem? Nec consistit virtus sacramenti in signis sive speciebus, sed in rebus contenta; quare ergo necesse est, ut vulgus accipiat sic? Verum apostoli post Christi ascensionem, haud dubium non nisi per dispensationem spiritus sancti, dederunt communi populo sub utraque specie. Sed quia fideles viderunt multa pericula et inconvenientia istius facti, per majores ecclesiae statuerunt, ut sumerent omnes fideles sub una specie; et sic servat ecclesia et statuit, cui nos oportet conformari. Extra enim ecclesiam salus non est; vetera observat, novis non indiget, nam illa fructum non inducunt. Quod autem Paulus sic tradidit Corinthiis, ipse videtis, quod abusum illius venerabilis sacramenti Corinthiorum deplorat et de his conqueritur, ubi videtur, quod narrative loquitur; nam narrat factum Christi in coena et nihil praecepit, ut similiter videtis. Sic locutus sum, et haec est mea ad id doctrina, quam puto esse sanam, catholicam, christianam. Spero quod tota ecclesia atque illius doctores omnes christiani sic mecum dicunt; de vobis id ipsum haud dubito.

Si quis autem melius et sanius populum docere poterit, libens informari potero. Sustinete, quaeso, sacerdotes, quod sumunt sub utraque specie, ut sciamus, quod Christi sanguis realiter in benedicta passione sua effusus est, et quod illi hoc populo praedicent, quod est memoriale suae passionis, quae numquam de memoria vestra excidere debet. Si igitur male locutus sum, testimonium perhibeat, quisquis poterit, de me, de malo, sin alias et bene, quid turbatis fratrem? Vivimus sub uno capite, Christo, in quantum homo est. Deus super omnia est, licet indivisibiliter divinitati conjuncta sit humanitas. Omnes ergo membra sumus illius capitis, det Deus, quod viva, non mortua. Cum ergo frater offendit fratrem aut offendere intendit, quid alias facit, nisi quod proprium membrum molestat atque laedit? Sat haec de isto articulo.

Ad secundum articulum sic respondeo: Tametsi omnes vestri articuli insidiosi contra me stent, nihilominus, ut veritatem non tacebo, quod dixi, sic locutus sum et de praesenti loquor: Christus peccata mundi pertulit in corpore suo super lignum Adamae et posteritatis sua amara passione. Et cum posuisset in ecclesia prophetas, apostolos, doctores etc., posuit et septem sacramenta in eadem, in remedium peccatorum nostrorum, ad quae accedimus in fide Christi, quam habemus ab eo, quae etiam statim prorumpit in opera. Sic habemus sacramentum baptismatis in deletionem peccati originalis ad vitam spiritus, sacramentum altaris ad nutrimentum spiritus, poenitentiae contra peccatum actuale etc. Addidit et Dominus divina sua praecepta affirmativa et negativa, sine quorum impletione non est homini salus, evangelio teste, quae etiam praecipit observari sub interminatione poenae Gehennae. Ubi addidi: tu autem cum ad annos discretionis perveneris et peccas voluntarie ex mera voluntate atque malitia spiritus, actualiter, mortaliter, putas quod Dominus pro tali peccato passus sit et ei illud velles imponere? Minime, tu ipse satisfacias pro tali transgressione divini praecepti. Sic dixi, dico de peccatis et hanc doctrinam puto esse sanam, christianam, catholicam. Si non, docete me; audiam vos. Aut supplete, emendate et melius populum informate ex fraterna caritate, et libens audiam, sine scandalo fratris. Aestimo ego, si secus praedicarem et placerem hominibus, Christi servus non essem. Multa adhuc, sed transeant!

Caeteri articuli non sunt alicujus ponderis. Christus dominus, media persona in Trinitate, suscipiens humanitatem, fecit redemptionem humani generis, non nisi missus a patre. Felix et quam felix, qui ab eo mittitur! Nec credo, quod vere praedicabit, nisi mittatur, Paulo teste. Transiens ex hoc mundo ad patrem promisit discipulis suis mittendum spiritum sanctum, tertiam personam in divinitate, qui Deus est. Is rector est ecclesiae catholicae, docens omnem veritatem. Si quis autem se opponit ecclesiae, si hostis ejus est, cogitet. Suscepit autem ecclesia translationem Hieronymi sacrae scripturae, quae sufficit nobis; non fuisset necesse aliam impressisse. Caecior talpa est, qui non videt, quanti defectus sunt in illo, quod novum testamentum nunc vocitant. Centum et centum atque iterum centum sunt in eo incorrectae translationis, ut ipsi cernitis, vitia. Si talia et similia poterint facere fructum salutis in hominibus, videat autor illius, qui de eo reddet rationem.

Memini me bene dixisse alioquin, sed non tunc, quod Christi evangelium est supra nos, virtutes autem debent esse intra nos, et quod tot mysteria in evangelio, quot verba, imo omnia Christi, large loquendo, miracula sunt et continent. Continet autem evangelium externam humilitatem, paupertatem, castitatem, patientiam, caritatem, exilium, persecutiones, crucem, martyrium et similia. Si quis talia potest, glorietur de evangelio; si non, nihil dicat. Addidi etiam bene, quod, sin non habeant secum Deum et spiritum ejus secum gratiae habent, parum aut nihil potest fieri, et hoc credo verum.

Similiter dixi aliquando de Paulinis epistolis, quod nisi habeant secum Paulum aut spiritum Pauli, qui illum legunt, parum possunt aut nihil in Paulo. Luce hoc clarius est in ea, quae est ad Romanos et Ephesios; taceo de reliquis. Melius esset illis bonis hominibus, quod intrarent ecclesiam et suppliciter Dominum exorarent audirentque suos doctores, praedicatores, sacerdotes, pastores, quibus hoc negotium incumbit, ipsi autem secundum hoc facerent, deinde exercerent sua negotia et sic essent contenti. Sic bene dixi. Si male feci, parcat mihi Dominus, si bene, cur quis in pejus interpretatur? Simile forte de benedictionibus? ubi dixi interim, quod, si verba Christi effectum habent in creaturis, habent et tunc in ecclesia.

Quod debeam *Lutherum* nominasse, plane falsum est; nemo probabit. Scio pro certo, quod in tribus annis vix semel nominavi Lutherum: an putatis, me non Lutheranum esse? Sum usque quaque, ubi bene scripsit. Scripsit certa opuscula, puta super praecepta, super orationem dominicam, quae omni caritate amplector; scripsit et quendam parvum libellum de praeparatione ad venerabile sacramentum, quod docet, quod quisquis Christianus debet cogitare, dum accedit: ecce in fide accedo, da, Domine, ut remissionem peccatorum et gratiam tuam consequar. Credo et scio, quod numquam accedo ad altare, quin per hoc sum memor Lutheri, qui si mansisset in limitibus suis, (puto in correptione romanae trufae)certe fuisset maximus doctor totius Germaniae et Alemaniae habitus et tentus; sed qui tetigit sanctum et dedit hoc canibus proiecitque margaritas ante porcos in sua Babylonica captivitate, ideo passus est instantiam, et diffaveo illi, quod hoc fecit.

Quid putat bonus ille M. Johannes Fritze? num quod non novimus nos? Novi illum, dum adhuc pannosus erat ante multos dies et certos annos. Proficiat illi nunc fortuna sua, sitque memor mei fautoris, dum vixit, bonae memoriae Herbordi de Hude, et sui benefactoris oretque pro eo, si vult, diligat pacem atque sanctimoniam, quod evangelium praedicat, sine quo etiam nemo videbit Deum, et dimittat me in viis meis, et bene habeat valeatque!

Personam vertram minime nosco nec vidi nec audivi. Quid igitur vobis est de meis sermonibus carpendum? Nihil mihi de vestris; non tento vos, non observo, nec sisto sub jurisdictione vestra; habeo majores, quibus obedio. Si quid male locutus sum, judicent illi. Habemus in evangelio mandatum de proximo, quod ad vos de me pertinet. Idcirco si quemquam contra excitare volueritis aut dispromovere (imo caritas proximi cogit vos promovere), facite coram illis, quod, nisi feceritis, dicam, quod caritas Christi, quae in evangelio praecipitur, non est in vobis; et si illa non fuerit, nihil est in vobis, nisi mors et perditio.

Scribatur prope calcem scedulae vestrae de praecursoribus Antichristi. Ah Deus! timeo me, unum de illis! Quis ita perfectus, ut non in verbo cespitet, et forte potius loquitur contra Christum, quam pro Christo? Et dum haec fecerit, numquid potius tunc Antichristus dicitur, quam Christi nuncius? Si vultis ita stricte servare proxium, jam, ut audio, saepe contra proximum etiam locuti estis. Numquid non papa, cardinales, ipsi praelati, quique majores, sive sint spirituales vel seculares, sunt proximi vestri? Et illos confundere publice de ambone, quid est, nisi proxium membrum confundere? Peccata, mala opera debemus corrigere, non ita publice personas, nec credo poenam esse capitis in re ita levi agere. Quod si sic agendum esset, tunc jam perdidissetis mille capita, si haberetis.

Videmusne pro dolor! periculosum statum mundi, malitiam, levitatem, pravitatem peccandi mundanorum hominum ex corupta natura, quae prava est ad malum? Igitur sunt hi dirigendi ad bonam unionem et ad caritatem fraternam, et ne quis modo dat eis occasionem peccandi, quod et Dominus prohibet sub poena Gehennae stipendio, ut melius me scitis. Ubi autem adhuc posthac de me non estis contentus de his articulis, subjicio me judicio doctorum Bartoldi Molleri, Henrici Went et quorumcunque similium Lubecae et Luneburgae agentium. Judicent illi; si non recte sapio, possum leniter informari et in viam rectam duci; disputationes autem privatae privatarum personarum ferendae non sunt nec fieri debent. Ubi aliquando fieret publica disputatio doctorum, audiemus noc invicem.

Est fama de vobis (quam ego nedum credo), quod incitatis illos juvenes leves, mundanos homines, ad cantandum psalmos quosdam

Davidicos, translatos in vulgare, non tamen recte (ut dicitur). Si ita est, nescio; desistite, prohibete, ne faciant propter salutem animae vestrae; nihil boni efficiunt, nisi quod turbant divinum cultum. Non dubito, vos ignorare tria prima praecepta decalogi, quae respectum habent ad Deum. Respicit enim primum cor hominis, secundum os sive sermonem, tertium externum opus sive divinum cultum de celebratione Sabbathi. Hunc cultum turbant, hoc efficiunt. Talis modulatio psalmorum ad vulgus commune cantandum non pertinet, sed ad orandum permittitur. Cantus horum pertinet ad clerum. Dum enim David hujusmodi carmina laudis ex instinctu spiritus sancti edidit, non commisit vulgo communi judaico, ut canerent contra arcam foederis, sed solum Levitis, ut ipsi scitis. Igitur nec ecclesia probavit aut admisit. Et quicquid contra obedientiam ecclesiae est, si pro aut contra salutem est, ipsi judicate. Ubi nolueritis, visitet Deus cor verstrum, ut faciatis. Et si illud est contra divinum praeceptum, est simpliciter prohibendum.

In his paucis relatis si erratum est verbo, syllaba aut litera, non imputabitur mihi; non enim valeo bene scribere. Nolite vindictam facere in me, cum venia dico; nihil nocui vobis. (Baruch 4. dicitur: ‚Filii, patienter sustinete iram, quae supervenit vobis: persecutus enim est te inimicus tuus, cito videbis perditionem ipsius'.) Ad Dominum pertinet vindicta! Parcite ineptiis meis.

Adderem ad secundum articulum, si liceret, quod christianum mihi videtur. Quamvis hoc non dixeram, plane fateor, quod Christus Dominus non solum lavit nos a peccatis in suo sanguine, quem pro nobis effudit in cruce, vel unusquisque nostrorum mysterio sacro sanctae passionis illius in baptismo aeque ablutus est, verum etiam quotidie tollit peccata mundi lavatque nos a peccatis nostris in sanguine suo, cum ejusmodi celebrata beatae passionis ad altare memoria replicatur, cum panis et vini creatura in sacramentum carnis et sanguinis ejus ineffabili spiritus sanctificatione transfertur, sed suo modo etc."

4. *Die Anklagesätze gegen die katholischen Prediger 1528*
(Die Version Moller, Nachrichten A 544—549)

I. Item so heft doctor Barteld M o l l e r gepredigет:
De neminge des sacramentes in einer gestalt is so kreftig, alse in twiger gestalt genamen, wente de körper is nicht ane blot.

Item de insettinge des sacramentes under einiger gestaltnisse des brodes heft dat concilium Constantiense beschlaten, darümme is dat to holdende.

Item so he krank worde bet in den doet, wolde he dat sacrament in einer gestalt alleine entfangen.

Item he sprak, dat he gelövede, eine gestalt recht und warhaftig to sinde, alse in der cristal unde monstrantien, unde will darbi bliven bet ant swert und füer.

Item de canon der missen heft nicht quades an, ok nichtes unnütte, welker kan ok na der schrift wol bestan.

Item de englesche grot Marien iß nicht alleine vor ein grot to achtende, men ok vor eine bede, und also to brukende.

Item de rode is al gebuden, se schal drade vorfeget warden, wente dar iß al to gedacht nicht van ringen lüden; darumme seet wol to!

Ad lectorem, dominum doctorem Hermannum Langenbeke, scripta fuit sequens confessio per dominum doctorem Bartoldum Moller, lectorem primarium theologiae ecclesiae Hamburgensis:

Non tedeat d. v. legere hic confessionem meam, quoad articulos sub imperfecto rithmo mihi adscriptos cum sinistreitate et multilatione damnabili. Sic praedicavi et sine palinodia in perpetuum praedicabo:

Sub specie panis est totus Christus, nec minus sumit laicus sub sola specie panis quam sacerdos sacrificans.

Alias sub utraque specie dabatur sacramentum eucharistiae. Tamen ex urgentibus causis decrevit concilium Constantiense, et idem servavit Basileense, quod sub altera specie panis ... laicis daretur, quibus conciliis, repraesentantibus orthodoxam ecclesiam, est parendum.

Si Dominus me aegritudine extrema visitaret, mallem mori sine hoc sacramento, quam sub utraque specie inobedienter suscipere.

Hostia rite consecrata ab habente potestatem consecrandi et posita, ut ajunt, in monstrantia, est verum corpus Christi, suscipienda laude venerandum.

Missa sub discretione, nunc respective testamentum, nunc sacrificium dicitur. Sic quandoquidem praedicando narrabam, quamquam assertionem hanc, quia supra multorum ingeniorum vires est, rationibus non firmabam, obtemperans jussioni senatus.

Conformiter asserendo dixi canonem missae esse integrum et sincerum nulloque mendacii veneno infectum, quoad pium, devotum, et intelligentem precatorem.

Salutationem Mariae non dixi esse orationem: sed tantum orationem auctoritate ecclesiae in ... adjunctam. Verum si dixissem (certus quia non dixi), probe coram fidelibus ostenderem, quomodo vim haberet.

Articuli novissimi commentum extraho hoc ex vernaculo sermone, quo usus sum anno 1525 die corporis Christi et anno 28 die Paschae: Leven fründe, düsse dinge seen wider ut, alse vor ogen iß. Hirumme gi van Hamborch weset nene vorhouwers, dat gi nicht de rode werden.

Addidi die Paschatis ... sinceram admonitionem pro salute civitatis, ne usque huc percelebris et ab universis laudata civitas in sui honoris et bonae famae attritionem malis suasionibus perniciosisque licentiis seduceretur. Dixi non dissimile anno XXVI. in jejunio latine et vernacule sub his verbis: Latet anguis in herba, nihil quaerens nisi gloriam et felicitatem paternae civitatis, cui in multis etiam genitis doctrina astringor; pulchrumque ac decorum putabo pro patria mori, sicut nunc partim civiliter mortuus judicor judicio vulgi. Et suo tempore pro hac mea confessione coram primoribus christianae religionis expecto gladium et ignem, approbando vulgi copulativam pro mea disiunctiva etc.

II. Doctor Hinricus W e n t , ordinis praedicatorum.

It ist van nöden vele mer to lövende, den in der hilligen schrift geschreven steit, also de hillige drevoldicheit, darvan in dem evangelio nicht schreven steit, unde is doch van nöden to lövende.

Item Maria is unse levent, hopene unde vorsprekerinne; se heft ok togrüset dat hövet der schlangen.

Item uppe dem stole Moysis sitten heet bichte sitten und hören.

He weigert de absolution den, de na Christi insettinge bruken dat sacrament under beider gestalt.

III. M a t t h e u s , pastor in crypta.

Dat sacramente des lives und blodes Christi, dat is ein offer vor de sünde der levendigen unde der doden.

De selen der gelövigen werden na düssen levende mit vüre gepiniget unde darut dorch vigilien, missen unde ander werke verlöset.

De anropinge der vorscheden hilligen leret unde beweret de hillige schrift.

Düssen artikel röret ok de subprior Rensborch heftigen.

IV. Pater F a b i a n u s van Lubeke, ordinis praedicatorum.

Se dwelen, dede seggen, dat men dem worde Gades nicht tosetten schal.

Men mot Paulo wes tosetten, dar he segt: Utfeget den olden suerdech; wor aver nicht Paulus kan vorstan werden, wi mosten den alle becker sin. Ok kan dat nige testamente in disser stede nicht behülplik sin.

Item nemant wart salich behalven der fullenbringende der bade Gades.

V. Dominus Hinricus Schröder, praedicator in summa ecclesia.

Got in deme geste und in der warheit anbedende schüt im tempel, wente dar fint man Got.

VI. Subprior D. Johannes Rensborch, ordinis praedicatorum.

De nigen prediger hitten dat blot der leygen jegen de gestliken.

Ut dem latesten capittel Lucae beschlutet he, dat alleine eine gestalt des sacramentes der christlövigen leygen van der entfanginge des blodes genßlik buten beslaten, unde van der insettinge unde entfanginge dessulven kelkes, de dar deger und alle entsündet.

Düssen artikel hebben ok geprediget in der Kluft Mattheus, Fabianus, Rensborch, unde to dem Hilligen Geyst her Jodocus Sifrid, pastor darsülvest, (de sik des vorlecht heft unde sik des entschüldiget van dem prediktstole am dage Georgii, dat he sodane materie nicht geprediget heft, ok uppe de dage, dar dat evangelium van secht und geprediget wert, nümmer geprediget heft; darümme is ome dat avergedichtet, und ut haet öme togeschreven si, so he sik dar apenbar beropen heft van dem predigesstole am dage vorberöret an dem sülvesten jare XXVIII).

VII. Magister Fredericus Vulgreve, domprediger.

Dat ist nicht nütte, dat christenlüde weten dat evangelium, wente se möchten daraver fallen in erdom unde de düvel möchte se dardorch verfören. Welke Jeronimus hadde umme deswillen gedelet in capittele, dat men dar scholde utnemen, dat dem volke nütte were tor salicheit.

Item ein bischop mach wol eine echte frouwen hebben, men desülve schal nein bischop syn.

Item dat Paulus secht am I. Timoth. III. it is to verstande van einer geistliken frouwen, dat ist van der brut, unde de frouwe, welkere is de hillige kerke, unde de kinder sin geystlike kinder, uptoteende in guden exempelen unde bilden.

Went also de apostelen hadden den hilligen geist entfangen in fürigen tungen, do hebben se ere frouwen und kindere verlaten, und na der tit nene frouwe wedder genamen.

Wowol Paulus schrift, dat bischoppe mögen ene frouwen nemen, so hadden doch de anderen apostelen nicht beschreven. Worümme scholde men bliven bi der scriften der ersten apostelen, wente Paulus were lange na der tit gekamen, wente de apostelen hadden den hilligen geist entfangen in fürigen tungen, darumme hadden se vorlaten ere frouwen und kindere.

Item de hilligen vederen hebben ere blot vorstortet ümme ere küschheit willen; men nu dede ein jder, wat he wolde. Were't sake, dat de ouericheit dar nicht do dachte, so worde darna eine grote blotstortinge nafolgen, wente Hamborch were baven nicht gewelvet.

Düsse artikele sin unde vele andere (de se daglikes ane warheit der götliken schrift leren) genamen, welkere se schölen mit Gades worde beweren unde wedderopen, edder van eren predigen laten.

De sententia secretariorum Magistri Johannis Wetken et Joachimi Somervelt cum ceteris complicibus et huic maledictae sectae Martinianae adhaerentibus. Fortassis Deo suffragante suo tempore poenitentia lamentabili ducentur in meliorationem totius rei christianae.

5. Klage einiger Ratsherren und Bürger gegen das Kapitel vom 12. 8. 1529

(Staatsarchiv Hamburg Senat Cl. I Lit O^{b} No. 3 Fasc. 1)

Anno etc. XXIX^{0} am XII dage augusti syn de Ersamen vnnd vorsichtigen Hern Johan wetken Burgermester, pawel grothe albert westede sampt etlicken anderen radeshern, ock etlicke dropelicke erffsetene borgere der Stadt Hamborch jn gegenwerdicheit myner underschreuen apenbaren Notarien vnnd tugen dar szunderges tho geeschet gefordert vnnd gebeden, perszonlich erschenen vnd hebben durch den stemmen des vorgenanthen Burgermesters apentlick vor alszweme beclaget, Dat de rath, karckschwarene vnnd gemene borgere der Stadt Hamborch mothwillich vp forderinge prauest, Dekens vnd Capittels der dhomkarken bynnen Hamborch tho einem pleite gefordert, alse scholden de Spolium edder ander waltsame dath gegen gemelt Capittel tho wercke gestellet hebben, darup Mandata penalia vnnd jnhibicion vam Kaiserlichen Kamergerichte jmpetreret vnd vorkundigen lathen welcker Mandatum ein Erbar rath karckschwarene vnnd gemene borgere tho Hamborch sunderges szouele alse Spolium effte gewalt belanget, mit der dath nhagegan vnd gehorsam gelouet, vnnd sick wedder des wedderparts motwillige clage nicht anders den durch wege des rechten vorbeden vnnd vorbath wijder gedenket tho vorbiddende etc.

Szo laten sick de vorgemelten Capittelhern jn dem nicht szedigen, den tho vorachtinge des rechten dat sze szuluest gefordert vnd tho warcke gestellet hebben etlicke van dem Capittel etlicken van erer presterschup vorheten apenpar im hogen khore thom dhome borgere borgerschen ock borger kynder vnd borger denstknechte vnnd megede dat hillige ware Sacramente des auentmals Christi allene vnder einer gestalt vnnd nicht wohe Cristus(!) unse verloser syn lyff vnnd bloth tho nhemende angesettet brucklick tho geuende, dem durch hern Sixtus wolteri Her Clawes jemeken vnnd ander prester dersuluen karcken am dage petri ad vincula, ock dem Sondage vor vnnd nhafolgende sampt etlicken andern dagen des negest vorgangen Mantes julij vnnd disszes Mantes augusti also mit der daeth nagekamen, vnnd etlicke hundert personen also we vorschreuen freuelick dat Sacramente gedelet jn vorachtinge Cristlicker jnsettinge etc..

Ane dath nehn mijnsche gedengken mach, dat vor tyden des mothwilligen pleites, durch ein Capittel wo vorschreuen, tho warcke gestellet, vor nhenen tyden jenich borgere edder borgersche, ohre kinder edder denste, de nicht szunderges der karcken lithmate effte clerici gewesen, welck doch jn einer verborgen stede de klufft genompt, jn demsuluen Chore edder dhomkarken tho jenigen tyden, dat effte ander sacramente van den dhomhern effte eren jn dersuluen karcken, medeverwanten entfangen, gefordert vnnd erlanget hebben, etc..

Denn dat dussze motwillige Capittelhern vnnd ere adherenten lite pendente tho erweckinge moije vnnd vnlust jn dusszer guden Stadt Hamborch, dar jderman alle tydt by synem parher vnnd Capellanen, de ock sulckent tho dusser tydt by dage vnnd by nacht jn allerley noth vnnd stervendes vhare nhemande gewegert, de des van ehn begerende gewest ist, sulkent freuelicken tho wercke gestellet hebben, etc..

Furder is beclaget, who desuluen deken vnnd Capittelhern hemelick vnnd vorborgen de privilegia Segel vnnd breue etc. szo dem dhom stijffte jn der Stadth Hamborch vnnd nicht eren personen gegeuen, vth dusszer Stadt jn ander ende vnnd orde vorforet, vorbracht, also ock dat durch Ko: majestät tho Dennemargke vnses landesforste, alse ein Hertoch tho Holsten, vnd Stormarn vth der orsake de lantgudere wolde vnnd dike der dat Capittel plach tho gebrukende, vnnd vnszer Stadt jnwhanere dagelickes geneten, den gennen beualen de darvor also raden dat dussze Stadt vnnd ere jnwhaner geistlick vnnd wartlick allenthaluen des hynder vnnd nadeil gedulden, etc..

Darup hefft gemelte her Johan wetken burgermester, protesteret vnnd bedinget dat ein Erbar rath vnnd de gantze gemene Stadt Hamborch sulcke clage der attemptatoren tho verachtinge gotlickes wordes vnnd der ordeninge des rechten, dat jdermhan de Sacramente by syner parkercken vorweseren, vnnd anders nergen, söken vnnd geven schal, Ock des vorbestemmeden spolij den jennen dersulcker Segel breue vnnd privilegia thokumpstich tho genetende hadden, wen de so nicht vorfort tho nadeyl dorch dat Capittel tho wercke gestellet, jn vorgemelten romischen rijkes Camergerichte tho beclagende, vnnd, wo recht is, tho achterfolgende, vnnd dargegen mit nenerleij weldiger dath vorth thofarende.

Beschee auerst durch sulcke vnnd ander vnschiglicheit des Capittels vnnd eren adherenten de ein Erbar rath vnnd de borger tho mhermalen geboden hebben afftostellende, vnnd tho beterende jenigen van der presterschup effte andern eren adherenten jenige gewalt edder vnlust, dat doch ein Erbar rath vnnd de borger mit aller macht gerne vorhijnderen, Dat jnn dem falle ein ersam rath vnnd borger tho der tijdt des vor jdermanne willen entschuldiget sijn, vnnd ere trwue vnnd gude wolmenijnge de den Capittelhern vnnd eren anhengern so mennichfoldigen angesecht, vmme allerleij vnlust vorthokamende der sick vnnd ere nakomlijnge willen geneten, etc..

Actum jn der Capelle de nygelikes an den karcktarn der dhomkarken tho Hamborch gebwuet ist, jnn dem husze des nyen bwuetes darsuluest, dar mhen gemenlich fruntlicke handel vnnd degedinge plecht tho holdende jn gegenwerdicheit der Ersamen Hinrick Salge vnnd Hieronimus vam damme borgere tho brunszwick, Gotfridt van reden borger tho bremen, vnnd Frederick Schomaker borger tho amsteredamme tuge hir szunderges bij geeschet gefordert vnnd gebeden, vnnd szusts veler ander loffwerdiger.

Conradus Hesterberch notarius ad praemissa legitime requisitus manu propria scripsit et subscripsit.

6. Protokoll über das Verhör der Vikare Lemke und Wolteri am 28. 1. 1530

(Staatsarchiv Hamburg Senat Cl. I Lit O^{b} No. 3 Fasc. 1)

Anno etc. XXX, dinxtedaghes die conversionis pauli, Synd Her Sixtus wolteri vnnd Her Nicolaus Lemke jn jegenwardicheyt der Senioren vicarien vth dem dhome vnd der karspelkarckenn vppn Radthusze vor dem sittende Rade dorch Mester johan kloth Secretarium vnnd vicarium im dhome fruntlick beschedenn in egener personen erschenen, vnnd szo ohn vorgeleszen worth de artikell des Mandates darin angetaghen wo densuluen beiden dorch den Radt by vorlusth der Stadt waninghe scholde gebadenn szyn, Sacramente etc. tho gheuen, vnnd gefraghet jfft sulckenth jn der warheyt sick alszo alsze dar geschreuen begeuen, vnnd se sampt edder besundern sulckenth dem dekenn effte Camerrichtern geclageth effte tho clagende beualen.

Dar vp nha besprake de se beide myth denn andern vicarien vpper Schriuerie ghenamen wol bedacht vnnd vnbedwunghen gheantworteth, Dath Her Hinrik Salszborch vnd Her Johan wetken Burghermester myth denn beiden, in des Rades Capelle jm dhome fruntlick gehandelt, Aversth sulcke drouworde alsze dar gheschreuen nicht ghesecht noch van Burghermester gehorth in eniger maneren, den vmme vnnutter boser lichter lude wyllen hebben sze Criptam geslaten vnnd Her Sixtus hebbe dem Capitell des amptes ghantz affgesecht vnnd in gheynen Artikell in dem Mandato perort hebben sze geclageth offte tho clagende gheconsentiert.

Ita est vt ego Nicolaus Lemme manu propria attestor.

Ita est vt supra narratum quod ego Sixtus wolteri protestor manu propria.

In camerae imperialis mandato.

7. *Petitio articulata des Hamburger Domkapitels vom 23. 2. 1530*

(Staatsarchiv Hamburg Senat Cl. I Lit H No. 15)

(Die ersten drei Artikel sind mit dem 1. Blatt verloren. Sie enthielten wahrscheinlich nur die üblichen juristischen Floskeln.)

4. Item so ist gans ane, dat de ehrgedacht prawest dechan vnd capitel to Hamborg Anwalds principalen vpgenannten wedderdeylen wohl se einigen Sprack edder forderinge gegen enen tohebbende vormeint vnd sick angematet hedden ye ordentlickes Rechtens an gebörenden ordenn vorgewesen edder gewygert hebbenn.

5. Item is whar vnd apentlik dat vorgemelte Burgermester Radte Parkercken geswarn vnd gemeinde tho Hamborg auertaldes alles vnangesehen vnd gentzlick vngeacht Ok vnerwegen vor vthgangen kay. penal mandats fridages vor palmarum jungst vorschenen Anno etc. im Negenvndetwintegesten egenngewaldiger freuenlicker dhaet, Hern Sixten Thesaurarien vnd Niclausen lemmen, pastoris Criptae to sick erfordert vnd enen ernstlik angetoget hebben neine missen mher toholden edder na older gewanheydt tho celebrerenn.

6. Jtem, dat se ok henuor in den pasken edder osterliken festen der tidt also baldt tokunfftig nenen minschen mher gewontliker wisze communiciren edder de sacramente reyken vnd mede deylen scholenn by straff vnd peenen vorwysinge der Stadt vnnd vorlesing örer gudere.

7. Jtem ist war vnnd bewiszlick dat se korth darna vp den andern osterdage in allen kerckenn vp den predigstulen heraff vorkundigen vnd verbeden hebben latenn dat nener vth denn Burgern So der

presterscop gulten reyken, de gult afflosen edder de houetsummam den prestern geuen wille, He hebbe dan touor sulckes twen radspersonen dar to verordenth angesecht vnnd mit ören weten gehandelt by peen tweiualdiger betalinge vnnd erleging der houetsumm.

8. Jtem ist war vnd vnlougbar, dat vp denn drudden dage pasce. Ein Burgermester mit namen Hinrick Salszburg mit sampt andern twen radsmännen Otten Bremer vnnd Johann Rodenburg enen geistlicken Barfoten So in der kercken Sunt Magdalenen wol vnd Catholice predigt tho deme vell volkes tohoue kamen vnd genen gehort henfur to predigenn verbaden hebben.

9. Item vnuerneinlick dat de burger darsuluest tho Hamborg Sick den jennen so vnser frauwen tidt vnnd horas singen jn allenn kercken ore tinns gulten vnd vpheuens tho entrichten vnd tobotalen wedder ore der Burger breff vnd segel ok andere genugsam weigern vnd weddersetten als dann velen vth der presterschop bogegneth.

10. Jtem is ok de presterschop darsuluest tho Hamburg dorch de Stadtknecht gedrungen wurden wedder ore presterlike fryheyt wacht gelt togeuende.

11. Jtem hebben ok ein radth vnd Burger darna de vicarien darsuluest tho Hamborg gedrungen dat se der vorstoruenen pfrunden gefelle tinss, prot vnd ander dagelike distribucion in or der Burger kisten hebben legenn moten.

12. Jtem war vnnd an dag dat sulckes boscuth tho affbrok vnnd thorstoringe der pfrundenn ok nadeyle vnd schaden der jennen So kunfftig jn sulken Beneficien jnstituirt vnd danne de vorsehen scholenn werdenn.

13. Jtem Settet vnnd secht Anwald war syn dat paul grote mit otten Bremer den twelfften dage julij des 29ten jars der myndern tall in dem refectori der groten kercken darsuluest to Hamborg der verstoruenen vicarien Namen enen jn scrifften togeuende vnd dersuluen verstoruenen pfrunden gefell jn de gemein kisten toleggenn begert vnnd erfordert hebben.

14. Jtem dat se volgende den Sosteinden dage Julij vpuermeldes jars die prouisores vnd vpheuer der verstoruen gefelle vnd nuttinge der vacuerenden vnd erledigten pfrunden vpberurden kercken berupen alle tinss nuttingen, proth vnd andere dagelike distribucion und gefelle dersuluen kercken, in öre der burger gemeyne kistenn toleggen van enen erfordert hebben.

15. Jtem ist ferrens unvorneinlick dat volgends den Söuenden dag Augusti vorschinen 29ten jars paulus grote Albert westede peter

Sprekelszenn joachim moller, Radthernn, in namen eines gantzen radts, darsuluest tho Hamburg samt tein edder twelff Burgern in dem Refectori der houetkercken de vicarien dersuluen mit velen drouwordenn van den gotliken ampten tho singen affgeschrecket hebbenn.

16. Jtem hebben etlick des rads vnd vt den Burgern jm namen vnd vonwegen eines rads vnd der gemein vp denn vierteinden dage Augusti vnser frauwen Hemelfarth auendt in Sunt peters kercken darsuluest tho Hamborg Hernn Johan Oldensen Hern Johan Garleffstorp vnnd Henriken Kyssenbrugge Canoniken vnd tein vicarios des Hogen Stiffts berupenn vnd enen mit velen drouwingen angeleggen, de gotliken Amachte in dem Hogen Stifft thouorlaten vnd van densuluen gentzlick affthostan edder de kercken vnnd Chor thobeslutenn.

17. Jtem widers ene antöget, wo se dat nicht dedenn So mochten se sick wol gewalds So ene van den twehundert in der kercken Sunt Magdalenen vorsammelt, vnd antwort warden weren besorgenn, welcker vngestumen gewalt se nicht vorhudden edder twingen kunden.

18. Jtem war dat vpgemelte Canoniken vnnd vicarien dorch sulckes erschrecklickes furholdenn vt groter frucht ene bewilligt vnd de gotlik ampte mit versluten dhören des hogenn stiffts celebriert vnnd vulbrengen hebben moten wedder veler beyder geslecht framer andechtiger lude willen vnnd gemoeth.

19. Jtem is vnlougbar das vp gemelthen vnser leuen frouwen dag Himelfart etlickhe Burger mit örenn vnnutten anhangk vnd knechten de wege der framen, andechtigen vnd furnemesten Burger frouwen vnd ock etliker menner So vth der kercken gangen vorstanden vnd vorwundet jne ör sleyr vnd mantel affgeretenn de Houede entblotet, mit fusten geslagen vnd foeten gedredenn hebben Se dardorch van dem kerckgangk afftodriuende.

20. Jtem war dat se dessen alles vnd veler andere gewaldigen handelingen vnersedigt Sunder hefft weyters ein radt to Hamborgk de vicarien prester, des dechands gerichtstwang ordentlick vnderworpen vp dat radthusz citirn vnnd erfordern laten, mit vele drou vnd andern worden darhen beredt vnd vth forcht darmede se sick wyder farligkeit erledigen gedrungen dat se alle tinss, gelt vnnd gefel dero pfrunden darvan de prester vorstoruen vorgangen twe jar jn de gemeyne Burger kisten toleggenn bewilligen hebben moten.

21. Jtem whar dat ok der narichter darsuluest am auende Johannis Baptiste verschinen negenvndetwintigesten jars van den pre-

stern sin gebuer als weren se leyen erfordert dat doch vorhen nie gehorth wordenn is.

22. Jtem vnd so sick ener vth den presteren Solcks wo billig to geuen geweigert, dat de sulue narichter eme tobotalinge, mit Gewald sines gefallens etwas ut dem husz genamen hebbe.

23. Jtem ist vnwedderspreckliek dat ok wolgemelter Radthe der Stadt Hamborg dorch öre dener van den Höuen der Canoniken Schatting erfordert vnd welcker sick der to geuen gespert vnnd wo billig gewidert dem hebben se, wat dar jnne befunden mit gewaldt, für vnd ane stadt enes pandes Henwegk genamen.

24. Jtem vnuorneinlick dat se in kort verschener tidt alle vorlatene haue vnd gudere enis genandt Johan Slutters dorch ore dener vnd kisten gucker beschrijuen vnd jnuentirn laten vnangesehen dat sulcke conscripcion der affgestoruen prester, dem ordentlichen gerichtstwangk enes dechands thogehört.

25. Jtem ist war vnnd bowißlick wo ein prester ane testament vorstorueth dat alle dessuluen verlaten habe vnd guder dem dechandt anfallen, dessuluen He. dechandt vnd sine vorfarn lenger dann menschen gedencken jn Ruwigem gebruck bosesz vel quasi geweszen sindt.

26. Jtem widers so vnderstehen se de wedderdeyl ok de testamenten der Canoniken so dorch den dechandt vth ordentliker gewald bestediget vnd approbirt sindt touernichten vnd tobreken.

27. Jtem is ok whar dat se de wedderdeyl de geistliken testamentarien twingen vnd fur se heskenn toirschinen vnnd thorechtenn.

28. Jtem vorbeden ok den bestendigen vnd bliuenliken vicarien vnd beneficiaten in de se gar neyn jurisdiction vnd gerichtstwangk hebben, dagelik distribucion vnd presentz togeuen Se ok vor se öre weltlike gericht furheischen, vnnd so se nicht erschijnen vulfaren se im rechten als ob se contumaces vnnd vngehorsam werhenn.

29. Jtem war dat se solckes darin Handelen vnde boscuth, wedder vpgerichte, tuschken prauest dechan vnnd capitel or vnnd örer Clerisey Halff vnd der Stadt Hamborg Rezess vnnd vordrege tho groten des dechands darsuluest ordentlicken gerichtstwangks nadele vnnd affbrock.

30. Jtem is apentlik vnd vnwedderspreckliekh dat se de Sulueren Capsell darjnnen de licham vnses Heren Jhesu cristi(!) beth her vorwart vnnd behalden worden vnd ander Suluere getzirde, Monstrantzen Sulueren Euangely bock, crutz Sulueren altars leisten in des hilligen geistes Capellen Hinwegk vnnd to eren handen genamen vnd eren Muntmester auerantwort, munt dar vt tho Smeden vnd den altar darjnne affbreken laten hebbenn.

31. Jtem dat se ok de früchten tinss vnd guderen prebende doctorialis tho der lectur der Hiligen geschrifft vorordent Sampt einer anderen lectur der kercken Hamborgk Arrestiert, sick dero vndertagen vnnd beth jnne beholden hebben.

32. Jtem dat se der wedderdeyl sick sus vol ghewaltig daetlik furnehmen jngrep vnnd handeling so tho Smelering vnnd verdrucking geistlicker auericheit vnd iuriszdiction Ok gades denst vnnd verderuen der Clerisy öuen vnnd gebruken.

33. Jtem de weltlicken Richter tho Hamborg Herr Johann Huge vnnd mester peter Sprekelszen etlik vicarien dorch den deffhencker Szo bütel genandt wijrdt vorheischen latenn vnd so se toirschinen sick geweigert heben gedachte Richter se öres gefallens gestrafft vnd welcker sick de straff to geuen gespert, panndt mit gewaldt vth sinem husz gedragenn.

34. Jtem ist war dat gedachte wedderdheyl vnnd vt enen de vorordenten der kercken Sunt Niclaus vnd Sunt peters, na dessem vtgangen vnd verkundeten key. penal Mandath vp de Acht, dessen vnangesehen nochmals van den distributoren, der beyder kerckenn de Memorien vnd gefell der verstoruenen vicarien vnd prestern hebben forderen laten alles vnd yedes vnbilliger eigenwaldiger wiss auer vnd wedder auertalte Gulden bull key. vnd koniglicken Constitucion Reformacion ordeningen vnd gesatten vnd sunderliken keyser Fredericks des drudden Reformacion vnd gesätte Ok fryheyden begnadungen Schut vnd scherm apen edict Mandaten vnd touorn des Jungst na einander tho Spier ghehebten Richsdage Affscheiden, vor vthgegangen vnd itzigen verkundeten Mandaten. Vnd furnemlick des hiligen rickes Landfredenn vnd ok ören eigen vpgerichten vnd vorsegelden Recessen vnd vordregen dartho gemeynen Rechten to kegenn vnd merklickem örem schaden vnnd nadheyl.

8. Protokoll über die Verhandlung zwischen Rat und Kapitel über die Einstellung des Domgottesdienstes am 9. 3. 1531

(Staatsarchiv Hamburg Senat Cl. I Lit. O^b No. 3 Fasc. 1)

Anno Domini XXXI nona mensis Martii quae erat feria quinta post Reminiscere in armario ecclesiae divi Petri ad vocationem proconsulum comparuerunt ad horam nonam domini Nicolaus Huge, Jacobus Henningi, Henningus Kißenbrugge doctor, Johannes Garleuestorp, Georgius Senckestake et N. Toue qui habet praebendam domini Vincentii Moller insimul capitulum praesentates canonici.

Civibus domini Hinricus Salßborgh doctor miles, Mag. Johannes Wetken, Theodericus Hohusen et Johannes Hulp proconsules civitatis Hamburgensis, praemissa protestatione de non attentando quicque in praeiudicium litis pendentis in Camera Imperiali proposuerunt se esse auguriatos a deputatis civium ac totius universitatis habitantium in civitate Hamburgensi insinuare capitulo quosdam articulos ad effectum quatenus capitulares sibi ipsis ac universo clero providerent ommittentes ea quibus ipsum vulgus contra se quottidie provocarunt et continuavit dominus Hinricus Salßborgh ipsos indubie audisse malum quod erat dispositum contra personas caventes in choro tempore carnisprivii, quod Dominus bene avertit at ne similia ipsis contingant iuxta temporis maliciam suaserunt ut exemplo capituli Lubecensis ab (in MS: ob) omni solemnitate cantus abstinerent donec fieret generalis reformatio per universam Germaniam. Insuper exposuerunt quod acerba temeritate Clemens Grote decanus nomine praepositi, capituli et cleri servatim provisores ecclesiarum ac universitatem totius civitatis, nemine excepto, confictis iniuriosis ac mendosis maculis contra debitum honorem, ius et equitatem producendo scripta in iudicio Camerae omni libello famoso famosiore diffamaverit et canonicis lubecensibus nihil tale cogitantibus quae iniuriae provocarent plebem. Item quod articulaverit et ad probandum se astrinxerit quod ista civitas non sit pars Holzatiae neque principi nostro naturali subiecta sed teneatur ad omnia onera gravamina et exactiones quibus civitates Imperiales gravantur etc.

Ad primum responderunt per dominum doctorem Henningum Kissenbrugge protestando quae ad spem futurae concordiae et pacis isti qui sunt capitulares bene essent moti ad vitandum peiora exemplo Lubecensium ad tempus cessare a cantu se nolle sibi imputari inposterum quasi quilibet ex suo capite et motu proprio absque consensu ordinarii cessassent ab officiis ecclesiae etc., petentes quotiens opus erit ipsis testimonium reddi ad vitandum rumorem populi et iniurias et non alias se alterasse officia ecclesiae. Nos promisimus testificari, tunc (?) repromiserunt recessare a cantu exemplo Lubecensium etc.

Insuper promiserunt nomine capituli scribere Clementi Groten decano ut suspendat litem in spem concordiae. Rogabant ut Senatus eidem scriberet sed hunc articulum simpliciter refutavimus scripturi procuratori nostri. Insuper Johannes Garleuestorp cepit proponere ut deliberaretur de personis qui tractarent concordiam.

Item de articulis concordiae omittendis decano ad Judicium Camerae sed haec frustra proposita sunt, conclusum est omnia in spem futurae concordiae partibus hincinde in bonam partem verti, et discesserunt ad horam prandii.

Et ego Johannes Wetken protestabar specialiter de iniuriis per haec verba. Dan leuen noch lude to Hamborg, de den dekken vnd syne adherenten de jniurien nomine praepositi capituli et cleri scriptlick auergegeuen nicht schencken werden.

C. Tabellen

1. Die Hamburger Bürgermeister 1522—1530

(nach H. Reincke, Nachlaß 67 a)

1522:	B. de Rhine	N. Tode	D. Hohusen	G. vam Holte
1523:	**B. de Rhine**	**N. Tode**	**D. Hohusen**	**G. vam Holte**
1524:	B. de Rhine (resign)	N. Tode	D. Hohusen	H. Salzborch
1525:	D. Hohusen	G. vam Holte	H. Salzborch	J. Hulpe
1526:	D. Hohusen	G. vam Holte	H. Salzborch	J. Hulpe
1527:	D. Hohusen	G. vam Holte	H. Salzborch	J. Hulpe
1528:	D. Hohusen	G. vam Holte	H. Salzborch	J. Hulpe
1529:	D. Hohusen	G. vam Holte	H. Salzborch	J. Hulpe
		(res. 14./20. 2. 1528)		
1530:	D. Hohusen	H. Salzborch		
		(res. 14. 4. 1531)	J. Hulpe	J. Wetken

2. Die Juraten der 4 Kirchspiele 1518—1529

(nach H. Reincke, Nachlaß 67 b)

	Petri	Nikolai	Katharinen	Jakobi
1518:	H. Withel	Hessel	H. Lubling	J. Hoyke
1519:	G. Thode	J. Wegedorn	H. Stael	R. Witeneve
1520:	Vasmer	J. Schipphouwer	H. Warendorp	J. Volkmar
1521:	H. Soltau	Kl. Hartiges (?)	L. Rulle	H. Hartmann
1522:	O. Bremer	J. Meyer	H. Bisserbeke	H. v. Barge
1523:	Kl. v. d. Meden	O. Bremer	H. Snepel	H. Adendorp
		G. Kloth		
1524:	R. Rodenborch	D. v. Bergen	S. Schowenborch	H. Reders
1525:	S. Luchtemaker	H. Dedeling	H. Upperheyn	H. Molenhoff
1526:	H. tho Westen	M. van Bergen	J. v. Tzeven	M. Buningk
1527:	J. Koep	M. Buningk	W. Bodingk	Siemens
1528:	Cl. Rodenborch	A. Salzborch	P. Muhle	v. d. Fecht
1529:	P. Rovers	H. Schroder	D. v. Eitzen	R. Olrichs

QUELLENVERZEICHNIS

1. Repertorien u. ä.

H. Claus, Johann Bugenhagen 1485—1558. Bestandsverzeichnis der Drucke und Handschriften: Veröffentlichungen der Landesbibliothek Gotha (Gotha 1962).

Inventare hansischer Archive des 16. Jahrhunderts. Hrsg. vom Verein für hansische Geschichte, Bd. I bearbeitet von Höhlbaum und Kaussen (Köln 1896).

Katalog der Handschriften der Staats- und Universitätsbibliothek Hamburg. IV. Die Handschriften der S.-Petri-Kirche, Hamburg, beschrieben von Tilo Brandis. Die Handschriften der S.-Jakobi-Kirche Hamburg, beschrieben von Herwig Maehler (Hamburg 1967). V. Die historischen Handschriften der Stadt- und Universitätsbibliothek Hamburg. Cod. 1—100, bearbeitet von Brigitte Lohse (Hamburg 1968).

O. Koser, Repertorium der Akten des Reichskammergerichts. Untrennbarer Bestand (Heppenheim 1933 ff.).

C. Haase — W. Deters, Übersicht über die Bestände des niedersächsischen Staatsarchivs in Hannover: Veröffentlichungen der Niedersächsischen Archivverwaltung XIX (Göttingen 1965).

G. E. Hoffmann — W. Suhr — K. Hector, Übersicht über die Bestände des Schleswig-Holsteinischen Landesarchivs in Schleswig: Bestandsübersichten Schleswig-Holstein I (Schleswig 1953).

E. Weise, Geschichte des niedersächsischen Staatsarchivs in Stade nebst Übersichten: Veröffentlichungen der Niedersächsischen Archivverwaltung XVIII (Göttingen 1964).

2. Ungedruckte Quellen

a) *Staatsarchiv Hamburg*

Senatsakten: Cl. I Lit. GJKL^{d} No 12 Pars I: „Eine von dem sel. Archivar Dr. Lappenberg begonnene Sammlung interessanter Urkunden und Aktenstücke in orig. u. cop. zur Geschichte der Kirchenreformation in Hamburg 1492—1546."

Cl. Lit. GJKL^{d} No 12 Pars II, 4: „Des seehl. Herrn Archivarii Wilkens Sammlung von der Reformation in Hamburg variis Ministerialibus Exercitio Religionis Catholicae et Reformatae."

Cl. Lit. Ld No 10: Akten zum Aepinschen Streit.

Cl. I Lit. Ld No 12: Akten zur Reformation.

Cl. I Lit. H No 14 und 15: „Acta in Sachen Probst, Dechans und Kapitel des Stifts Hamburg c/a Bürgermeister, Rath, Kirchengeschworenen und Gemeinden der Stadt Hamburg."

Cl. I Lit. O^{a} No 14: „Unterschiedliche Consilia, in causa Religionis in Controversia inter Capitulum et Senatum Hamburgensem."

Cl. I Lit. O^{b} Nr. 3, Fasc. 1. 2: „Acta judicialia in Sachen Bürgermeister und Rat und Gemeinden der Stadt Hamburg. Contra das Domkapitel daselbst 1528—1558."

Cl. I Lit. O^{b} Nr. 4: „Acta Cameralia Nicolai Bustorp canonici contra Senatum Hamburgensem 1532."

In Cl. I Lit. Oc No 2: „Acta A° 1526 circa electionem Johannis Zegenhagen in Pastorem ecclesiae ad S. Nicolaum."

Cl. I Lit. Oc No 6: „Domkapitel. Akten betr. die Ausbreitung der Lutherischen Lehre, den Erlaß der Bugenhagenschen Kirchenordnung (mit Vorentwürfen) und die infolge der Reformation erforderlichen Vermögensauseinandersetzungen mit dem Domkapitel bis zum Bremer Vergleich 1521—1561."

In Cl. I Lit. Oc No 8: „Acta in causa Capituli Hamburgens. Contra civitatem Hamburgsensem a tempore Sententiae latae in judicio Camerae Imperialis, de 1. Jul 1533 usque 1538 5. Maij."

Cl. VII Lit. H f. No 1 Vol. 1: Religionsstreitigkeiten.

Cl. VII Lit. La No 1 Vol. 3 b 1: Erbgesessene Bürgerschaft. Rezesse 1410—1603.

Cl. VII Lit. Oc No 7 Bl 61 ff: Bericht J. Aepins über die Reformation in Hamburg.

Wissenschaftliche Nachlässe:

Wissenschaftlicher Nachlaß Nic. Staphorst: Historia ecclesiastica Hamburgensis diplomatica, ungedruckte Fortsetzung Bd. II, 2—4.

Wissenschaftlicher Nachlaß Heinrich Reincke: Mappen 67 a—c und 71.

b) *Schleswig-holsteinisches Landesarchiv Schleswig*

Stift Lübeck Abt. 400. IV. I A 22: „Registrum Alberti Brocker."

Stift Lübeck Abt. 400. VI. I A 50: „Manuale Joh. Tostede notarii a die 14. Nov. 1522 usque ad diem 11. Juli 1532. continuatum."

Stift Lübeck Abt. 268 Nr. 394—399: Johannes Brand, „Actus capitulares".

3. Gedruckte Quellen

Neuer Abdruck der vier Haupt-Grundgesetze der Hamburger Verfassung, mit vorausgeschickter erläuternder Übersicht (Hamburg 1823); 2 Supplementbände (Hamburg 1825).

Alfeld, A. von, Erklärung des Salve regina 1527. Hrsg. von L. Lemmens OFM: CC XI (Münster 1926) 51—102.

Ders., Tractatus de communione sub utraque specie (Leipzig 1520).

Ders., Eyn vorklerunge aus heller warheit, ob das Salve regina misericordie eyn christlich lobesangk sey oder nicht, Leizpig 1527 = Ders., Erklärung (s. o.).

„Anfang der Kisten, so tho Underholdinge der Armen in Sunte Nicolaus Kercken binnen Hamborch gestellet ist": Staphorst, Historia II, 1 S. 112—123.

Ballheimer, R., Die Einführung der Reformation in Hamburg. In Quellenstücken zusammengestellt: Quellenhefte für den Religionsunterricht IX (Göttingen 1917).

Die Bekenntnisschriften der evangelisch-lutherischen Kirche. Hrsg. vom Deutschen Evangelischen Kirchenausschuß (^{4}Göttingen 1959).

Bertholds, Bischof von Chiemsee, Tewtsche Theologey. Neu hrsg. und mit Anmerkungen, einem Wörterbuche und einer Biographie versehen von Dr. W. Reithmeier. Mit einem einleitenden Vorwort von Dr. Fr. Windischmann (München 1852).

Die Bilderhandschrift des hamburgischen Stadtrechts von 1497 im hamburgischen Staatsarchiv. Erläutert von H. Reincke. Hrsg. von der Gesellschaft der Bücherfreunde zu Hamburg (Hamburg 1917). Dass.: Neu hrsg. von J. Bolland: Veröffentlichungen aus dem Staatsarchiv der Freien und Hansestadt Hamburg X (Hamburg 1968).

Dat Bock vom gestliken Scate vam Jahre 1523, 1524, 1525. Anno Dni 1525: Staphorst, Historia I, 3 S. 841-846.

Bolland, J., Hamburgische Burspraken 1346—1594. 2 Bde.: Veröffentlichungen aus dem Staatsarchiv der Freien und Hansestadt Hamburg VI (Hamburg 1960).

Ders., Ein Nachtrag zu den Hamburgischen Burspraken: ZHG LIV (1968) 135—141.
Dr. Johannes Bugenhagens Briefwechsel. Im Auftrage der Gesellschaft für pommersche Geschichte und Alterthumskunde gesammelt und hrsg. von J. Vogt: Baltische Studien III (Stettin 1888).
Ders., An de Erentrike Stadt Hamborch eyn breff Johannes Bugenhagens Pomers, wedder de lögene, dorch eyn schandboeck synem ersten boke dat he an de Hamborger gescreven hadde, upgelecht. In welckem dissem breve wert ok beweret de rechtverdinge des geloven dat ist vorgevinge der sunden dorch Jesum Christum unsen Heren (Wittenberg 1528).
Ders., Bugenhagens Kirchenordnung für die Stadt Hamburg vom Jahre 1529. Im Auftrage der Bürgermeister Kellinghusen'schen Stiftung hrsg. von C. Bertheau (Hamburg 1885).
Ders., Van dem Christen loven vnde rechten guden wercken, wedder den falschen louen vnde erdichtete gude wercke. Dartho wo ma schal anrichten myt guten Predyckeren, daz sülcke lere vnde wercke gepredycket werden. An de ehrentrike Stadt Hamborch. Dörch Johannem Bugenhagen, Pomern (Wittenberg 1526).
Magnum Bullarium Romanum, a beato Leone magno usque ad S. D. N. Benedictum XIII. opus absolutissimum, L. Cherubini ... curas ... Editio novissima I (Luxenburg 1727).
Hamburger Chronik vom Jahre 799 bis 1559: J. M. Lappenberg, Hamburgische Chroniken 377—478.
Davidis Chytraei Chronicon Saxoniae et vicinarum aliquot gentium. Ab Anno Christi 1500 vsque ad M. D. XCIII (Leipzig 1593).
Corpus Iuris Canonici, Editio Lipsiensis secunda post Ae. L. Richteri curas... instruxit Ae. Friedberg, 2 Bde. (Leipzig 1879, 1881).
Corpus iuris Civilis. 3 Bde. ([11] Berlin 1954).
Conciliorum oecumenicorum decreta. Edidit Centro di Documentazione. Istituto per la Scienze religiose — Bologna. Curantibus A. Alberigo — P. P. Joannou — Cl. Leonardi — P. Prodi. Consultante H. Jedin (Basel—Barcelona—Freiburg—Rom—Wien 1962).
Eyn kort vttoch der Wendeschen cronicon van etliken scheften disser lande vnde stede: J. M. Lappenberg, Hamburgische Chroniken 229—299.
Alberti Crantzi Ecclesiastica Historia sive Metropolis (Basel 1568).
Ders., Spirantissimum opusculum in officium missae in optimum ordinem digestum. Ab eximio Magistro Theologie et Iuris canonici doctore Alberto Crantzius pro sancta et suaui institutione Sacerdotum Ecclesiae (Rostock 1507).
Dietenberger, J., Grundt vnnd Vrsach auss der heyligen schrifft, wie vnbillich vnd vnredlich das heylig lobsangk Marie Salve regina, Geweycht saltz vnd wasser, Metten vnd Complet in etlichen stetten wird vnderlassen, verspott vnd abgestellt (o. O. 1526).
Eck, J., Enchiridion locorum communium adversus omnes haereses ([1]Ingolstadt 1525).
Hieronymus Emsers Schriften zur Verteidigung der Messe, hrsg. von Th. Freudenberger: CC XXVIII (Münster 1959).
Erasmus, D., De libero arbitrio ΔΙΑΤΡΙΒΗ sive collatio: Erasmus von Rotterdam, Ausgewählte Schriften. Hrsg. von W. Welzig IV (Darmstadt 1969) 1—195.
Fabricius, J. A., Memoriae Hamburgenses sive Hamburgi et virorum ... Elogia et vitae. 7 Bde. (Hamburg 1710—1730).
Feiner, J. - Vischer, L., Neues Glaubensbuch ([2]Freiburg-Basel-Wien 1973).

Fisher, J., Sacri sacerdotii defensio contra Lutherum: hrsg. von H. Klein: CC IX (Münster 1925).

Förstemann, C. E., Neues Urkundenbuch zur Geschichte der evangelischen Kirchenreformation I (Hamburg 1842).

Bernd Gyseke's Chronik von 810—1542: J. M. Lappenberg, Hamburgische Chroniken 1—192.

Hamelmann, H., Historiae ecclesiasticae renati euangelii per Inferiorem Saxoniam et Westphalicam, 2 Bde. (o. O. 1586, 1587).

Ders., Opera Genealogico-Historica de Westphalia et Saxonia inferiori II (Lemgo 1711).

Hanserezesse III. Abtlg., 1—7 bearbeitet von D. Schäfer, 8 und 9 bearbeitet von D. Schäfer und Fr. Teschen (Leipzig 1881—1913).

Hamburg-Hansische Jahrbücher von 1531—1534: J. M. Lappenberg, Hamburgische Chroniken 300—307.

Jensen, W., Das Hamburger Domkapitel und die Reformation: Arbeiten zur Kirchengeschichte Hamburgs IV (Hamburg 1961).

Ders., Ein Hilfsgesuch des Hamburger Domkapitels an den Lübecker Rat aus der Reformationszeit (1529): ZLG XL (1960) 92/93.

Kämmereirechnungen der Stadt Hamburg, hrsg. vom Verein für hamburgische Geschichte. V. Kämmereirechnungen von 1501—1540. Von K. Koppmann (Hamburg 1883).

Karlstadt, A., Vom geweichten wasser und Salz, widder den unvordienten Quardian Franciscus Seyler (Wittenberg 1520).

Kempe, St., Up des Abbates van Sunte Michael tho Lüneborch und sines Pröue-Esels Pröue-Bock, Anthwort Stephani Kempen 1531: Staphorst, Historia II, 1 S. 172—252.

Ders., Des Stephan Kempe Warhaftiger bericht, wo der papen misse, predige und andere kerkengeprenge alhir to Hamborch geandert und de jegenwardige predige, misse und ceremonien upgekamen und angenamen, wedder de unwarhaftige und velschlike beklaginge der papeschop, dat se mit külen und speten sin anverwunnen: J. M. Lappenberg, Hamburgische Chroniken 479—542.

Koppmann, K., Necrologium Capituli Hamburgensis: ZHG VI (1875) 21—183.

Lappenberg, J. M., Hamburgische Chroniken in niedersächsischer Sprache (Hamburg 1861).

Ders., Hamburgische Rechtsaltertümer. I. Die ältesten Stadt-, Schiff- und Landrechte Hamburgs (Hamburg 1845).

Le Paige, L., Bibliotheca Praemonstratensis ordinis (Paris 1633).

Löscher, V. E., Vollständige Reformations-Acta und Documenta oder umständliche Vorstellung des Evangelischen Reformations-Werks . . ., 3 Bde. (Leipzig 1720—1728).

Löhr, G-M., Die Kapitel der Provinz Saxonia im Zeitalter der Glaubensspaltung 1513—1540: Quellen und Forschungen zur Geschichte des Dominikanerordens in Deutschland XXVI (Vechta—Leipzig 1930).

Lünig, J. Chr., Des Teutschen Reichs-Archivs partis specialis IV. und letzte Continuation (der gesamten Sammlung 13. Band) (Leipzig 1714).

Dr. Martin Luthers sämtliche Werke, Opera latina. (Erlangen—Frankfurt 1829—1884).

Ders., Werke, Kritische Gesamtausgabe (Weimar 1883 ff.).

Ders., Werke, Kritische Gesamtausgabe, Briefwechsel, 14 Bde. (Weimar 1930—1970).

Luthers Werke in Auswahl. Unter Mitwirkung von Albert Leitzmann hrsg. von O. Clemen, 8 Bde., ^{6}I—IV, ^{3}V—VIII (Berlin 1962—1967).

Mansi, J. D., Sacrorum conciliorum nova et amplissima collectio, 54 Bde. ([2]Paris 1901—1913).
Die Matrikel der Universität Rostock. Mit Unterstützung des Mecklenburg-Schwerinschen Ministeriums und der Ritter- und Landschaft hrsg. von A. Hofmeister, 2 Bde. (Rostock 1889, 1891).
Mayer, J. Fr., Evangelisches Hamburg . . . (Hamburg 1694).
Mensing, J., Von dem Testament Christi vnseres Herrn vnd Seligmachers. Vom Opffer Christi yn der Messe (o. O. 1526).
Migne, J. P., Patrologiae cursus completus. Series graeca, 161 Bde. (Paris 1857—1866).
Dass., Series latina, 217 Bde. und 4 Registerbde. (Paris 1878—1890).
Mirbt, C., Quellen zur Geschichte des Papsttums und des römischen Katholizismus. 6. völlig neu bearbeitete Auflage von K. Aland. I. Von den Anfängen bis zum Tridentinum (Tübingen 1967).
Johannis Moller, I.U.D., Nachrichten von der Reformation zu Hamburg: J. M. Lappenberg, Hamburgische Chroniken 543—567.
Johannes Molleri Cimbria literata sive Scriptorum Ducatus utriusque Slesvicenses et Holsatiae . . . Historia literaria tripartita (Kopenhagen 1744).
Nirrnheim, H., Aktenstücke betreffend die Aufnahme Hamburgs in den Schmalkaldischen Bund: MVHG IX (1908) 27—42.
Kurzer Bericht eines Papisten über die Reformation zu Hamburg: J. M. Lappenberg, Hamburgische Chroniken 568—570.
Das Hamburgische Pfund- und Werkzollbuch . . ., bearbeitet von H. Nirrnheim, 2 Bde.: Veröffentlichungen aus dem Staatsarchiv der Freien und Hansestadt Hamburg I, III (Hamburg 1910, 1930).
Des Bürgermeisters Matthias Reders Hamburger Chronik von 1534 bis 1553: J. M. Lappenberg, Hamburgische Chroniken 321—339.
Petervalvy, J., Orthodoxer Katechismus (München 1968).
Prierias, S., Dialogus in praesumptuosas M. Lutheri conclusiones de potestate papae: Dr. M. Luthers Sämtliche Werke opp. lat. var. arg. I (Erlangen—Frankfurt 1829) 144—377.
Quellen zur bremischen Reformationsgeschichte, hrsg. von W. von Bippen: Bremisches Jahrbuch, 2. Serie, I (Bremen 1885).
Neue und vollständige Sammlung der Reichs-Abschiede, welche von den Zeiten Konrads II. bis jetzo, auf den Teutschen Reichs-Tägen abgefasset worden sammt den wichtigsten Reichs-Schlüssen, so auf dem noch fürwährenden Reichs-Tage zur Richtigkeit gekommen sind. In vier Teilen (Frankfurt 1747).
Deutsche Reichstagsakten unter Karl V. = Deutsche Reichstagsakten, Jüngere Reihe, hrsg. von der Historischen Kommission bei der Kgl. (Bayerischen) Akademie der Wissenschaften, 2. Auflage (Göttingen 1962 ff.).
Reincke, H., Dokumente zur Geschichte der hamburgischen Reichsfreiheit. Teil I. Berichte und Urkunden über die Annehmung des Landesherrn: Veröffentlichungen aus dem Staatsarchiv der Freien und Hansestadt Hamburg VII, 1 (Hamburg 1961).
Rolfs, Cl., Urkundenbuch zur Kirchengeschichte Dietmarschens besonders im 16. Jahrhundert: Schriften des Vereins für schleswig-holsteinische Kirchengeschichte I, 12 (Kiel 1922).
Rüdiger, O., Hamburgische Zunftrollen und Brüderschaftsstatuten (Hamburg 1874).
Sachsenspiegel, Landrecht. Hrsg. von K. A. Eckhardt. Zweite, neu bearbeitete Ausgabe: MGH, Fontes iuris germanici antiqui, nova series I, 1 (Göttingen 1955).
Schatzgeyer, K., Scrutinium divinae scripturae pro conciliatione dissidentium dogmatum 1522, hrsg. von U. Schmidt: CC V (Münster 1922).

Sehling, E., Die evangelischen Kirchenordnungen des XVI. Jahrhunderts I—V (Leipzig 1902—1913).

Seitz, O., Der authentische Text der Leipziger Disputation (Berlin 1903).

Staphorst, N., Historia Ecclesiastica Hamburgensis diplomatica, das ist Hamburgische Kirchen-Geschichte aus glaubwürdigen und mehrerenteils noch ungedruckten Urkunden ... I, 1—4; II, 1 (Hamburg 1723—1731).

Doctoris angelici divi Thomae Aquinatis opera omnia, 34 Bde. (Paris 1871—1880).

Tratzigers Chronica der Stadt Hamburg, hrsg. von J. M. Lappenberg (Hamburg 1865).

Ältere Universitätsmatrikel. II Universität Greifswald. Aus der Originalhandschrift unter Mitwirkung von G. Liebe, E. Theuner, H. Granier und H. von Peterdorff, hrsg. von E. Friedländer. I 1456—1645: Publicationen aus den Kgl. Preußischen Staatsarchiven LII (Leipzig 1893).

Hamburgisches Urkundenbuch I, hrsg. von J. M. Lappenberg, II—IV hrsg. vom Staatsarchiv Hamburg (Hamburg 1852; 1910—1967).

Das Visitationsbuch der Hamburger Kirchen 1508—1521—1525. Hrsg. von E. Keyser, bearbeitet von H. M. Kühn: Arbeiten zur Kirchengeschichte Hamburgs X (Hamburg 1970).

Voigt, Fr., Die älteste Abrechnung über die Verwaltung des Gotteskastens zu St. Katharinen 1529 bis 1533: MVHG XXVI (1916/1917) 317—319.

Ziegra, M. Chr., Sammlung von Urkunden, theologischen und juristischen Bedenken als einer Grundlage zur Hamburgischen Kirchenhistorie neuerer Zeit I—IV (Hamburg 1764—1770).

Huldreich Zwingli, Sämtliche Werke. Unter Mitwirkung des Zwingli-Vereins in Zürich hrsg. von E. Egli etc. ([Berlin-Leipzig] Zürich 1905 ff.).

Das zweite Vatikanische Konzil. Dokumente und Kommentare. Hrsg. von H. S. Brechter OSB, B. Häring CSSR, J. Höfer, H. Jedin, J. A. Jungmann S. J., Kl. Mörsdorf, K. Rahner S. J., J. Ratzinger, Kg. Schmidthüs, J. Wagner, 3 Bde. (Freiburg—Basel—Wien 1966—1968).

Zeumer, K., Quellensammlung zur Geschichte der Deutschen Reichsverfassung in Mittelalter und Neuzeit ([2]Tübingen 1913).

LITERATURVERZEICHNIS

1. Bibliographien

Bibliographie der Hamburger Drucke des 16. Jahrhunderts. Hrsg. von W. Keyser und Cl. Dehn: Mitteilungen aus der Hamburger Staats- und Universitätsbibliothek VI (Hamburg 1968).

Niederdeutsche Bibliographie I, hrsg. von C. Borchling und Br. Clausen (Neumünster 1931—1936).

Commission internationale d'histoire écclesiastique comparée, Bibliographie de la Réforme 1450—1648. Ouvrages parus de 1940 à 1955 (Leiden 1958 ff.).

Bibliographie zur Städtegeschichte Deutschlands, unter Mitwirkung zahlreicher Sachkenner hrsg. von E. Keyser: Acta Collegii historiae urbanae societatis historicorum internationalis, A: Bibliographien (Köln-Wien 1969).

Bücherkunde zur Hamburgischen Geschichte. Verzeichnis des Schrifttums der Jahre 1900—1937. Unter Mitwirkung einer Arbeitsgemeinschaft im Auftrage des Vereins für Hamburgische Geschichte zu seinem hundertjährigen Jubiläum hrsg. von K. D. Möller und A. Teck (Hamburg 1939).
II. Teil. Verzeichnis des Schrifttums der Jahre 1938—1954 mit Nachträgen zum ersten Teil. Im Auftrage des Vereins für Hamburgische Geschichte hrsg. von A. Teck (Hamburg 1956).
III. Teil. Verzeichnis des Schrifttums der Jahre 1955—1970. Mit Nachträgen zum gleichen Teil. Im Auftrage des Vereins für Hamburgische Geschichte hrsg. von A. Teck (Hamburg 1971).

Bainton, R. H., Bibliography of the Continental Reformation (Chicago 1935).

Dommer, A. von, Lutherdrucke auf der Hamburger Staatsbibliothek 1516—1523 (Leipzig 1888, Neudruck Nieuwkoop 1962).

Schnabel, Fr., Deutschlands geschichtliche Quellen und Darstellungen in der Neuzeit, 2 Bde. (Leipzig 1931).

Schottenloher, K., Bibliographie zur deutschen Geschichte im Zeitalter der Glaubensspaltung 1517—1585. I—VI ([2]Stuttgart 1956—1958); VII: Das Schrifttum von 1938 bis 1960, bearbeitet von U. Thürauf (Stuttgart 1966).

Wolf, G., Quellenkunde der deutschen Reformationsgeschichte, 2 Bde. (Gotha 1915—1922).

Blätter für deutsche Landesgeschichte, Neue Folge des Korrespondenzblattes (Wiesbaden 1936 ff.).

Theologische Literaturzeitung (Leipzig 1880 ff.).

Revue d'histoire écclesiatique (Löwen 1900 ff.).

Theologische Revue (Münster/W. 1902 ff.).

2. Lexika

Allgemeine deutsche Biographie. Hrsg. durch die Historische Kommission bei der Königlichen Akademie der Wissenschaften (München), 55 Bde. (Leipzig 1875—1910).

Neue deutsche Biographie. Hrsg. von der Historischen Kommission bei der Bayerischen Akademie der Wissenschaften (Berlin 1953 ff.).

Borchling, C., Wörterverzeichnis zu dem hamburgischen Stadtrecht von 1497:

Die Bilderhandschrift des hamburgischen Stadtrechtes von 1497 (Hamburg 1917) Beiheft.
Dictionnaire de Droit Canonique contenant tous les termes du droit canonique..., 7 Bde. (Paris 1935—1957).
Dictionnaire de Théologie Catholique contenant l'exposé des doctrines de la théologie catholique leurs preuves et leurs histoire ([3]Paris 1930 ff.).
Handwörterbuch zur deutschen Rechtsgeschichte. Hrsg. von A. Erler und E. Kaufmann. Mitbegründet von W. Stammler. I (Berlin 1971).
Jöcher, Chr. G., Allgemeines Gelehrten-Lexikon..., 4 Bde. (Leipzig 1750/1751).
Lexikon für Theologie und Kirche. Zweite, neu bearbeitete Auflage des Kirchlichen Handlexikons. Hrsg. von M. Buchberger, 10 Bde. (Freiburg 1930—1938).
Dass., Begründet von Dr. Michael Buchberger. Zweite, völlig neu bearbeitete Auflage, hrsg. von J. Höfer (Rom) und K. Rahner (Innsbruck), 10 Bde., Registerband (Freiburg 1957—1965).
Paulys Realencyclopädie der klassischen Altertumswissenschaft, neue Bearbeitung von G. Wissowa und W. Kroll (mit K. Mittelhaus) (Stuttgart 1893 ff.).
Realencyclopädie für protestantische Theologie und Kirche. Begründet von J. J. Herzog. In dritter, verbesserter und vermehrter Auflage unter Mitwirkung vieler Theologen und anderen Gelehrten hrsg. von D. A. Hauck, 24 Bde. (Leipzig 1896—1913).
Die Religion in Geschichte und Gegenwart. Handwörterbuch für Theologie und Religionswissenschaft. Dritte, völlig neu bearbeitete Auflage..., hrsg. von K. Gallig, 6 Bde. (Tübingen 1957—1962).
Sacramentum Mundi. Theologisches Lexikon für die Praxis. Hrsg. i. A. der Hermann-Herder-Stiftung Basel-Montral u. unter Obhut des Herderschen lexikographischen Institutes von K. Rahner und A. Darlapp, 4 Bde. (Freiburg 1967—1969).
Schröder, H., Lexikon der Hamburgischen Schriftsteller bis zur Gegenwart, 7 Bde. (Hamburg 1851—1879).
Wetzer und Welte's Kirchenlexikon oder Encyclopädie der katholischen Theologie und ihrer Hilfswissenschaften. Zweite Auflage, begonnen von J. Hergenröther, fortgesetzt von Fr. Kaulen, 12 Bde., Registerband (Freiburg 1882—1903).
Biographisches Wörterbuch zur deutschen Geschichte. Von H. Rössler und Fr. Günther unter Mitarbeit von W. Hoppe (München 1952).
Mittelniederdeutsches Wörterbuch, hrsg. von K. Schiller und A. Lübben, 6 Bde. (Bremen 1875—1881).

3. Darstellungen und Untersuchungen

Adam, A., Lehrbuch der Dogmengeschichte (Gütersloh 1965 ff.).
Ahrens, G., Das Botenwesen der Hamburger Kaufmannschaft (1517—1821): Archiv für deutsche Postgeschichte 1962, 28—42.
Allmen, J. J., Die empirische Spaltung und die aufgetragene Einheit: Begegnung der Christen. Studien evangelischer und katholischer Christen. Hrsg. von M. Roesle und O. Cullmann (Stuttgart 1959) 479—496.
Altaner, B. - Stuiber, A., Patrologie, Leben, Schriften und Lehre der Kirchenväter. Siebte völlig neu bearbeitete Auflage (Freiburg-Basel-Wien 1966).
Althaus, P., Die Theologie Martin Luthers (Gütersloh 1962).
Amanieu, A., Appell: DDC I (Paris 1935) 764—807.
Apel, G., Die Dombibliothek und ihr Verkauf im Jahre 1784: HGH XI (1939) 165—172.
Ders., Die Güterverhältnisse des Hamburger Domkapitels (Phil. Diss. Hamburg 1934).

Bärmann, G. N., Hamburgische Chronik von Entstehung der Stadt bis auf unsere Tage. Nach älteren und neueren Quellen abgefaßt, 2 Bde. (Hamburg 1828).
Bailly, A., La Réforme en France jusqu'à l'édit de Nantes (Paris 1960).
Bainton, R. H., The Travail of Religious Liberty (Philadelphia 1951).
Baron, H., Religion and politics in the German imperial cities during the reformation: The English historical Review LII (1937) 405—427, 614—633.
Barth, K., Die protestantische Theologie im 19. Jahrhundert ([2]Zürich 1952).
Bäumer, R., Luthers Ansichten über die Irrtumsfähigkeit des Konzils und ihre theologiegeschichtlichen Grundlagen: Wahrheit und Verkündigung. M. Schmaus zum 70. Geburtstag II (Paderborn 1967) 987—1030.
Ders., Luther und der Papst: KLK XXX (Münster 1970).
Ders., Nachwirkungen des konziliaren Gedankens in der Theologie und Kanonistik des frühen 16. Jahrhunderts: RST C (Münster 1971).
Ders.; Religionsgespräch: LThK[2] VIII (1963) 1186/1187.
Bauerreiss, R., Kirchengeschichte Bayerns VI. Das sechzehnte Jahrhundert. (Augsburg 1965).
Beckey, K., Die Einführung der Reformation in Hamburg (Hamburg 1929).
Behr, H.-J., Stephan Kempe und die erste lutherische Kirchenordnung Lüneburgs: Jahrbuch der Gesellschaft für niedersächsische Kirchengeschichte LXIV (1966) 70—87.
Beisser, Fr., Claritas scripturae bei Martin Luther: Forschungen zur Kirchen- und Dogmengeschichte XVIII (Göttingen 1966).
Benrath, W., Die Universität in der Reformationszeit: ARG LVII (1966) 32—51.
Bertheau, Fr. R., Chronologie zur Geschichte der geistigen Bildung und des Unterrichtswesens in Hamburg von 831—1912 (Hamburg 1912).
Ders., Stephan Kempe: ADB XV (1882) 599—601.
Beumer, J., Die theologische Methode. Unter Mitarbeit von Lodewijk Visschers: Handbuch der Dogmengeschichte I, 6 (Freiburg-Basel-Wien 1972).
Ders., Das Religionsgespräch und die ihm eigene Problematik: ThGl LVI (1964) 322—332.
Ders., Die mündliche Überlieferung als Glaubensquelle: Handbuch der Dogmengeschichte I, 4 (Freiburg-Basel-Wien 1962).
Bihlmeyer, K. - Tüchle, H., Kirchengeschichte, 3 Bde. ([16]Paderborn 1958).
Bippen, W. von, Geschichte der Stadt Bremen II (Halle 1886).
Blaschke, K., Sachsen im Zeitalter der Reformation: SVRG CLXXXV (Gütersloh 1970).
Bolland, J., Die Hamburgische Bürgerschaft in alter und neuer Zeit. Aus Anlaß des 100jährigen Jubiläums der gewählten Bürgerschaft in deren Auftrag verfaßt im Staatsarchiv (Hamburg 1959).
Ders., Zur städtischen „Bursprake“ im hansischen Raum: ZLG VI (1953) 96—118.
Ders., Die Gesellschaft der Flandernfahrer in Hamburg: ZHG XLI (1951) 155—188.
Ders., Senat und Bürgerschaft. Über das Verhältnis zwischen Bürgern und Stadtregiment im alten Hamburg: Verein für Hamburgische Geschichte, Vorträge und Faszetik VII (Hamburg 1954).
Bornkamm, H., Toleranz in der Geschichte des Christentums: RGG[3] VI (1962) 941—9446 s. v. Toleranz.
Borth, W., Die Luthersache (causa Lutheri) 1517—1524: Historische Studien CDXIV (Lübeck-Hamburg 1970).
Brandes, G., Die geistlichen Brüderschaften in Hamburg während des Mittelalters (Phil. Diss. Hamburg 1933). Teildruck: ZHG XXXIV (1934) 75—176; XXXV (1936) 57—98; XXXVI (1937) 65—110.

Brandt, A. von, Hamburg und Lübeck. Beiträge zu einer vergleichenden Geschichtsbetrachtung: ZHG XLI (1951) 20—47.
Brandt, O., Geschichte Schleswig-Holsteins. Ein Grundriß. Fünfte Auflage. Neu bearbeitet und bis zur Gegenwart fortgeführt von Dr. Wilhelm Kliver, mit Beiträgen von Prof. Dr. Herbert Jankuhn (Kiel 1957).
Braun, J., Das christliche Altargerät in seinem Sein und in seiner Entwicklung (München 1932).
Browe, P., Die Pflichtkommunion im Mittelalter (Münster 1940).
Brown, G. K., Italy and the Reformation to 1550 (Oxford 1933).
Brunner, O., Souveränitätsprobleme und Sozialstruktur in den deutschen Reichsstädten der frühen Neuzeit: Vierteljahrschrift für Sozial- und Wirtschaftsgeschichte L (1963) 329—360.
Brunner, P., Unum est necessarium. Eine Besinnung auf den Richtpunkt des zukünftigen Lehrgesprächs zwischen der römisch-katholischen und der evangelisch-lutherischen Kirche: Oecumenica III (1968) 133—143.
Buchla, G., Appellation: HRG I (1971) 196—200.
Buck, G., Die hamburgischen Oberalten (Hamburg 1857).
Cardauns, L., Zur Geschichte der kirchlichen Unions- und Reformbestrebungen von 1538 bis 1542: Bibliothek des kgl. Preuss. Historischen Instituts in Rom V (Rom 1910).
Castellani, G., Politica e Religione alla conferenza di Poissy 1561: La Civiltà Cattolica CI (1950) 261—271; 516—527.
Collijn, J., Det anonyma Hamburg-Tryckeriet 1523: Nordisk Tidskrift för Bok och Bibliotheksväsen XI (1924) 1—21; XII (1925) 162—168.
Congar Y. M. J., Die Lehre von der Kirche. Von Augustinus bis zum Abendländischen Schisma: Handbuch der Dogmengeschichte III, 3c (Freiburg-Basel-Wien 1971). Vom Abendländischen Schisma bis zur Gegenwart: ebd. III, 3d (Freiburg-Basel-Wien 1971).
Conrad, H., Deutsche Rechtsgeschichte, 2 Bde. (^{2}Karlsruhe 1962, 1966).
Daur, G., Von Predigern und Bürgern. Eine hamburgische Kirchengeschichte von der Reformation bis zur Gegenwart (Hamburg 1970).
Delius, H.-U., Luther und das Salve regina: Forschungen und Fortschritte XXXVIII (1964) 249—251.
Dinkler, E., Die ökumenische Bewegung und die Hermeneutik: ThLZ XCIV (1969) 481—490.
Dollinger, Ph., La Hanse (XIIe.-XVIIe siècle): Collection historique (Paris 1964).
Drägert, E., Auf den Spuren der Reformation im hamburgischen Amt Ritzebüttel: Jahrbuch der Männer vom Morgenstern XLVIII (1967) 109—233.
Dreves, L., Geschichte der katholischen Gemeinden zu Hamburg und Altona. Ein Beitrag zur Geschichte der nordischen Missionen. Zweite Auflage (Schaffhausen 1866).
Dubbels, H., Stephan Kempe: Das niederdeutsche Luthertum XXXII (1938) 194—199.
Dublanchy, E., Communion sous les deux espêces: DThC III, 1 (Paris 1938) 552—571 s. v. Communion.
Ebel, W., Bursprake, Echteding und Eddach in den niederdeutschen Stadtrechten: Festschrift für Hans Niedermeyer (Göttingen 1953) 53—76.
Ders., Die Willkür. Eine Studie zu den Druckformen des älteren deutschen Rechts: Rechtswissenschaftliche Studien VI (Göttingen 1953).
Ebeling, G., Luther. Eine Einführung in sein Denken. (Tübingen 1964).
Eisenhofer, L., Handbuch der Liturgik II^{2} (Freiburg 1941).
Elton, G. R., England under the Tudors (^{9}London 1965).
Engelbert, K., Die Anfänge der lutherischen Bewegung in Breslau und in

Schlesien: ASKG XVIII (1960) 121—207; XIX (1961) 165—232; XX (1962) 291—372; XXI (1963) 133—214; XXII (1964) 177—250.
Falk, F., Die Gegner der Antiphon Salve regina im Reformationszeitalter: Der Katholik LXXXIII (1903) 350—354.
Ders., Die deutsche Meß-Auslegung von der Mitte des 15. Jahrhunderts bis zum Jahre 1525: Vereinsschriften der Görres-Gesellschaft 1889, 3 (Köln 1889).
Farner, O., Huldrych Zwingli II. Seine Verkündigung und ihre ersten Früchte 1520—1525 (Zürich 1954).
Feddersen, E., Kirchengeschichte Schleswig-Holsteins II 1517—1721: Schriften des Vereins für schleswig-holsteinische Kirchengeschichte, Reihe 1, Bd. XIX (Kiel 1938).
Federer, K., Zwingli und die Marienverehrung: ZSKG XLV (Fribourg 1951) 13—26.
Feldtmann, E., Geschichte Hamburgs und Altonas (Hamburg 1902).
Feuchtwanger, L., Geschichte der sozialen Politik und des Armenwesens im Zeitalter der Reformation: Jahrbuch für Gesetzgebung, Verwaltung und Volkswirtschaft im Deutschen Reich NF XXXII (1908) 1423—1460; XXXIII (1909) 191—228.
Fischer-Hübner, M., Anfang und Fortgang der Reformation in Lauenburg unter den Herzögen Magnus I. und Franz I. bis 1564: Die Reformation in Lauenburg (Ratzeburg 1933) 1—89.
Flatten, H., Der Häresieverdacht im Codex Juris Canonici: Kanonistische Studien und Texte XXI (Amsterdam 1963).
Forsthoff, H., Rheinische Kirchengeschichte. I. Die Reformation am Niederrhein (Essen 1929).
Fraenkl, P., Einigungsbestrebungen in der Reformationszeit: Institut für Europäische Geschichte, Mainz, Vorträge XLI (Wiesbaden 1965).
Franz, A., Die Messe im deutschen Mittelalter. Beiträge zur Geschichte der Liturgie und des religiösen Volkslebens (Freiburg 1902, Nachdruck Darmstadt 1963).
Franzen, A., Die Kelchbewegung am Niederrhein im 16. Jahrhundert: KLK XIII (Münster 1955).
Ders., Zölibat und Priesterehe in der Auseinandersetzung der Reformationszeit und der katholischen Reform des 16. Jahrhunderts: KLK XXIX (Münster 1969).
Friedland, Kl., Hamburgs Englandfahrer 1512—1557: ZHG XLVI (1960) 1—44.
Fürst, C. G., Denuntiatio evangelica: HRG I (1971) 680/681.
Gaedechens, C. F., Das Hospital St. Elisabeth und das Maria-Magdalenen-Kloster: ZHG VII (1883) 223—268.
Gallois, J. G., Geschichte der Stadt Hamburg. Nach den besten Quellen bearbeitet, 2 Bde. (Hamburg 1853).
Gebhardt, Br., Handbuch der deutschen Geschichte II. Von der Reformation bis zum Ende des Absolutismus. 16. bis 18. Jahrhundert. Hrsg. von H. Grundmann. Achte, völlig neu bearbeitete Auflage, vierter Nachdruck (Stuttgart 1961).
Geffcken, J., Über die sogenannte „Geschichte der katholischen Gemeinden in Hamburg und Altona“: ZHG I (1851) 535—560.
Geschichte der katholischen Gemeinden zu Hamburg und Altona (Schaffhausen 1850).
Gieraths, G., Augustin von Getelen: NDB VI (1964) 351/352.
Godall, N., Ecumenical Progress. A decade of change in the Ecumenical Movement 1961—1971 (London 1972).
Grabmann, M., Die Geschichte der scholastischen Methode. Nach gedruckten und ungedruckten Quellen dargestellt, 2 Bde. (Freiburg 1909, 1911).

Graef, H., Maria. Eine Geschichte der Lehre und Verehrung (Freiburg-Basel-Wien 1964).
Grass, A., Die Abendmahlslehre bei Luther und Zwingli (² Gütersloh 1954).
Grassl, B. Fr., Der Prämonstratenserorden, seine Geschichte und seine Ausbreitung bis zur Gegenwart: Analecta praemonstratensia X (Tongerloo 1934).
Grobecker, M., Studien zur Geschichtsschreibung des Albert Krantz (Phil. Diss. Hamburg 1964).
Grundmann, H., Ketzergeschichte des Mittelalters: Die Kirche in ihrer Geschichte II, G 1 (Göttingen 1963).
Guiraud, J., Histoire de l'inquisition au moyen-âge, 2 Bde. (Paris 1935, 1938).
Haake, Th., Die Säkularisation in den Herzogtümern Bremen und Verden: Rotenburger Schriften XXVIII (1968) 33—59.
Häpke, R., Die Regierung Karls V. und der europäische Norden: Veröffentlichungen zur Geschichte der Freien und Hansestadt Lübeck III (Lübeck 1914).
Hall, B., The colloquies between Catholics and Protestants, 1539—1541; Councils and assemblies. Edited by G. J. Cuming and D. Baker (Cambridge 1971) 235—266.
Halmer, N. M., Der literarische Kampf Luthers und Melanchthons gegen das Opfer der Messe: Divus Thomas XXI (1943) 63—78.
Hamburg einst und jetzt. Mit einem Geleitwort des Regierenden Bürgermeisters C. V. Krogmann. Hrsg. von Prof. Dr. H. Reincke, Dr. W. Hävernick, Dr. G. Schlotterer (Hamburg 1933).
Handbuch der Dogmengeschichte, hrsg. von M. Schmaus, J. J. Geiselmann und H. Rahner (Freiburg-Basel-Wien 1951 ff.).
Handbuch der Kirchengeschichte, hrsg. von H. Jedin (Freiburg 1962 ff.).
Harms, Cl., Johann Bugenhagen (1485—1558) (Bielefeld 1958).
Hartmann, Appellation im Criminalprozeß: RE (1895) 209/210 s. v. Appellatio.
Hassinger, E., Das Werden des neuzeitlichen Europa 1300—1600: Geschichte der Neuzeit, hrsg. von G. Ritter (²Braunschweig 1964).
Hennings, E., Das hamburgische Strafrecht im 15. und 16. Jahrhundert und seine Verwirklichung. Ein Beitrag zur Geschichte des deutschen Strafrechts (Hamburg 1940).
Heraeus, M., Hamburger Studenten auf deutschen und ausländischen Hochschulen in dem Zeitraume von 1290—1650: ZHG IX (1894) 557—632.
Herbst, W., Das Regensburger Religionsgespräch von 1601 (Gütersloh 1928).
Hering, H., Doktor Pomeranus, Johann Bugenhagen. Ein Lebensbild aus der Zeit der Reformation: SVRG XXII (Halle 1888).
Hering, C. W., Geschichte der kirchlichen Reunionsversuche bis auf unsere Zeit, 2 Bde. (Leipzig 1836, 1838).
Hermelink, H., Die theologische Fakultät der Universität Tübingen vor der Reformation (1471—1532) (Tübingen 1906).
Ders., Geschichte der evangelischen Kirche in Württemberg von der Reformation bis zur Gegenwart (Stuttgart-Tübingen 1949).
Heussi, K., Kompendium der Kirchengeschichte (¹³Tübingen 1971).
Heyden, H., Kirchengeschichte Pommerns, 2 Bde.: Osteuropa und der deutsche Osten, Reihe III, Bd. V (²Köln 1957).
Hinschius, P., System des katholischen Kirchenrechts mit besonderer Rücksicht auf Deutschland, 6 Bde. (Berlin 1869—1897, Neudruck Graz 1959).
Hirsch, E., Geschichte der neueren evangelischen Theologie, 5 Bde. (Gütersloh 1951—1954).
Höck, J. H., Bilder aus der Geschichte der hamburgischen Kirche seit der Reformation, hrsg. von der Niedersächsischen Gesellschaft zur Verbreitung christlicher Schriften (Hamburg 1900).
Hödl, L., Quaestio: LThK² VIII (1963) 925—928.

Höß, I., Das Zeitalter des Humanismus und der Reformation: Geschichte Thüringens III. Hrsg. von H. Patze und W. Schlesinger: Mitteldeutsche Forschungen IIL, 3 (Köln-Graz 1967) 20—45.
Friedr. Wilh. Hoffmanns' Geschichte der Stadt Magdeburg. Neu bearbeitet von Dr. G. Hertel und Fr. Hülsse. 2 Bde. (Magdeburg 1885).
Hoffmann, J., Geschichte der Laienkommunion bis zum Tridentinum (Speyer 1891).
Holl, A., Das Religionsgespräch der Gegenwart. Voraussetzungen und Prinzipien (Graz 1965).
Honselmann, Kl., Urfassung und Drucke der Ablaßthesen Martin Luthers und ihre Veröffentlichung (Paderborn 1966).
de Hoop - Scheffer, J. G., Geschichte der Reformation in den Niederlanden von ihrem Beginn bis zum Jahre 1531 (Leipzig 1886).
Horn, E., Die Disputationen und Promotionen an den deutschen Universitäten vornehmlich seit dem 16. Jahrhundert: 11. Beiheft zum Centralblatt für Bibliothekswesen (Leipzig 1893).
Hübbe, H. W. C., Beiträge zur Geschichte der Stadt Hamburg und ihrer Umgebung (Hamburg 1897).
Hülsse, Fr., Die Einführung der Reformation in der Stadt Magdeburg: Geschichts-Blätter für Stadt und Land Magdeburg XVIII (1883) 209—369.
Hurley, M., „Scriptura sola". Wiclif and his critics: Traditio XVI (1960) 275—352.
Iken, Fr., Die erste Epoche der bremischen Reformation 1522—1529: Bremer Jahrbuch VIII (1876) 40—113; IX (1877) 55—59.
Ders., Heinrich von Zytphen: SVRG XII (Halle 1886).
Iserloh, E., Die Eucharistie in der Darstellung des Johannes Eck. Ein Beitrag zur vortridentinischen Kontroverstheologie über das Meßopfer: RST LXXIII/LXXIV (Münster 1950).
Ders., Der Kampf um die Messe in den ersten Jahren der Auseinandersetzung mit Luther: KLK X (Münster 1952).
Ders., Der Wert der Messe in der Diskussion der Theologen vom Mittelalter bis zum 16. Jahrhundert: ZkTh LXXXIII (1961) 44—79.
Jacobj, D. H., Geschichte des Hamburger Niedergerichts (Hamburg 1866).
Jannasch, W., Reformationsgeschichte Lübecks vom Petersablaß bis zum Augsburger Reichstag 1515—1530: Veröffentlichungen zur Geschichte der Hansestadt Lübeck XVI (Lübeck 1958).
Janssen, J., Die Geschichte des deutschen Volkes seit dem Ausgang des Mittelalters, ergänzt und erläutert von L. Pastor. 16. bis 18. Auflage. 8 Bde. (Freiburg 1882 ff.).
Jedin, H., An welchen Gegensätzen sind die vortridentinischen Religionsgespräche zwischen Katholiken und Protestanten gescheitert? ThGl XLVIII (1958) 50—55.
Ders., Geschichte des Konzils von Trient I (Freiburg 1949).
Ders., Wo sah die vortridentinische Kirche die Lehrdifferenzen mit Luther? Catholica XXI (1967) 85—100.
Jensen, W., Die älteste evangelische Gottesdienstordnung der Stadt Hamburg (1528): Musik und Kirche XV (1953) 9—23.
Ders., Die hamburgische Kirche und ihre Geistlichen seit der Reformation (Hamburg 1958).
Ders., Die kirchlichen Zustände des Mittelalters und die Reformation in Stormarn: Stormarn (Hamburg 1938) 225—233.
Das St. Johanniskloster in Hamburg. Grundrisse und Abbildungen mit erläuterndem Text. Hrsg. von der Bürgermeister Kellinghusen'schen Stiftung. Mit Beiträgen von C. F. Gaedechens, M. Gensler, K. Koppmann. (Hamburg 1884).

Jungmann, J. A., Missarum sollemnia. Eine genetische Erklärung der römischen Messe, 2 Bde. ([5]Wien 1962).
Kähler, E., Beobachtungen zum Problem von Schrift und Tradition in der Leipziger Disputation von 1519: Hören und Handeln. Festschrift E. Wolf (München 1962) 214—229.
Kähler, M., Geschichte der protestantischen Dogmatik im 19. Jahrhundert: Theologische Bücherei XVI (München 1962).
Kalkoff, P., Luther und die Entscheidungsjahre der Reformation von den Ablaßthesen bis zum Wormser Edikt (München-Leipzig 1917).
Kall, C., St. Gertrud in Hamburg. Chronik der Kapelle St. Gertrud und ihrer Nachfolgerinnen, der Kirche St. Gertrud und der Stiftung St. Gertrud (Hamburg 1888).
Kalt, H., Hamburg im Kampf um die Reformation 1517—1561: Wissenschaftliche Beilage zum Bericht der Realschule in St. Pauli zu Hamburg 1896/97 und 1897/98.
Kaser, M., Das römische Zivilprozeßrecht: Rechtsgeschichte des Altertums 3. Teil, IV. Bd. = Handbuch der Altertumswissenschaft X. Abtlg., 3. Teil, IV. Bd. (München 1966).
Kaufmann, G., Geschichte der deutschen Universitäten, 2 Bde. (Stuttgart 1888, 1896, Neudruck Graz 1958).
Kayser, R., Die Oberalten. Festschrift zum 400jährigen Gedenken an die Einsetzung des Kollegiums (Hamburg 1928).
Keyser, E., Die künstlerische Ausstattung der Kapellen und Altäre in den Hamburger Kirchen am Anfang des 16. Jahrhunderts: ZHG XLII (1953) 60—80 = Visitationsbuch 53*—76*.
Ders., Die Einkünfte der niederen Geistlichkeit an den Hamburger Kirchen am Anfang des 16. Jahrhunderts: ZHG XLI (1951) 214—226 = Visitationsbuch 26*—38*.
Ders., Gewänder und Geräte in Hamburger Kirchen: ZHG LI (1965) 121—125.
Ders., Preise und Löhne in der ersten Hälfte des 16. Jahrhunderts: ZHG XLIX/L (1964) 77—82 = Visitationsbuch 39*—44*.
Ders., Die Verehrung der Heiligen im späten Mittelalter (in Hamburg): Visitationsbuch 45*—52*.
Kinder, E., Was bedeutet „Wort Gottes“ nach dem Verständnis der Reformation?: Kerygma und Dogma XII, 1 (1966) 14—26.
Die Kirche in ihrer Geschichte. Ein Handbuch. Hrsg. von K. D. Schmidt und E. Wolf (Göttingen 1961 ff.).
Die Kirchen des hamburgischen Landgebietes. Im Auftrage des Kirchenrates hrsg. vom Verein hamburgischer Landprediger (Hamburg 1929).
Klaus, B., Soziale Herkunft und theologische Bildung lutherischer Pfarrer der reformatorischen Frühzeit: ZKG LXXX (1969) 22—49.
Knod, G., Deutsche Studenten in Bologna (1289—1562). Biographischer Index zu den Acta nationis Germanicae universitatis Bononiensis (Berlin 1899).
Knolle, Th., Das lutherische Hamburg. Festschrift zur 20. Haupttagung des lutherischen Einigungswerkes in Hamburg-Altona 1928 (Hamburg 1928).
Ders., Aus Hamburgs Kirche. Festbuch zum Reformations-Jubiläum (Hamburg—Düsseldorf 1929).
Köhler, W., Das Marburger Religionsgespräch: SVRG CXLVIII (Leipzig 1929).
Von Konstanz nach Trient. Beiträge zur Geschichte der Kirche von den Reformkonzilien bis zum Tridentinum. Festgabe für August Franzen. Hrsg. von R. Bäumer (München—Paderborn—Wien 1972).
Koppmann, K., Geschichte der Stadt Rostock I (Rostock 1887).
Ders., Hamburgs Stellung in der Hanse: HGBll. V (1875) 1—20.
Ders., Aus Hamburgs Vergangenheit (Hamburg 1886).

Ders., Die erste Wahl eines lutherischen Predigers in Hamburg: MVHG VI (Hamburg 1888) 137—144.
Krabbe, O., Die Universität Rostock im 15. und 16. Jahrhundert (Rostock 1854).
Ders., Ecclesiae evangelicae Hamburgi instauratae historia (Hamburg 1840).
Krause, Christoph von Braunschweig: ADB IV (1876) 235—239.
Ders., Barthold Moller: ADB XXII (1885) 122/123.
Kropatscheck, Fr., Das Schriftprinzip der lutherischen Kirche I (Leipzig 1904).
Kruse, E., Johann Wetken: Hamburger Kirchenkalender 1962, 33—37.
Laemmer, H., Die vortridentinisch-katholische Theologie des Reformations-Zeitalters. Aus den Quellen dargestellt (Berlin 1858).
Lang, A., Die theologische Prinzipienlehre der mittelalterlichen Scholastik (Freiburg-Basel-Wien 1964).
Ders., Das Verhältnis von Schrift, Tradition und kirchlichem Lehramt nach Heinrich Totting von Oyta: Scholastik XL (1965) 214—234.
Lansemann, R., Die Heiligentage, besonders die Marien-, Apostel- und Engeltage in der Reformationszeit, betrachtet im Zusammenhang der reformatorischen Anschauungen von den Zeremonien, von den Festen, von den Heiligen und von den Engeln: Beiheft zur Monatsschrift für Gottesdienst und kirchliche Kunst (Das Heilige und die Form), Sonderband I (Göttingen 1939).
Lappenberg, J. M., Zur Geschichte der Buchdruckerkunst in Hamburg (Hamburg 1840).
Ders., Programm zur dritten Secularfeyer der bürgerlichen Verfassung Hamburgs am 29.ten September 1828 (Hamburg 1828).
Ders., Von der Ratswahl und Ratsverfassung zu Hamburg vor dem Wahlrecesse vom Jahre 1663: ZHG III (1851) 281—347.
Lau, Fr., Der Bauernkrieg und das angebliche Ende der lutherischen Reformation als spontaner Volksbewegung: Luther-Jahrbuch XXVI (1959) 109—134.
Lau, G. J. Th., Geschichte der Einführung und der Verbreitung der Reformation in den Herzogthümern Schleswig-Holstein bis zum Ende des 16. Jahrhunderts (Hamburg 1867).
Lauffer, O., Hamburg: Stätten der Kultur XXIX (Leipzig 1912).
Lea, H. Ch., A history of the Inquisition of the Middle Ages, 3 Bde. ([2]New York 1956).
Lecler, J., Geschichte der Toleranz im Zeitalter der Reformation, 2 Bde. (Stuttgart 1965).
Lefevre, Ch., Evangélique (dénonciation): DDC V (Paris 1953) 557—569 s. v. dénonciation.
Lehe, E. von, Vom Hamburger Dom und Domkapitel: Hamburger Kirchenkalender 1960, 62—71.
Lentze, H., Die Verfassung des Prämonstratenserordens und die Wandlungen im weltlichen Bereich: ÖAKR X (1959) 81—121.
Limberg, G., Die norddeutschen Kirchenordnungen der Reformationszeit (ev. theol. Diss Münster 1952).
Lindt, K., Der theologische Gehalt der Berner Disputation: Gedenkschrift zur Vierhundertjahrfeier der bernischen Kirchenreformation I (Bern 1928) 301—344.
Linkemeyer, C., Das katholische Hamburg in Vergangenheit und Gegenwart (Hamburg 1931).
Loe, P. von, Statistisches über die Ordensprovinz Saxonia: Quellen und Forschungen zur Geschichte des Dominikanerordens in Deutschland IV (1910).
Löhr, G. M., Die theologischen Disputationen und Promotionen an der Universität Köln im ausgehenden 15. Jahrhundert: Quellen und Forschungen zur Geschichte des Dominikanerordens in Deutschland XXI (Leipzig 1926).
Lohse, B., Luther als Disputator: Luther-Jahrbuch XXXIV (1963) 97—111.

Lortz, J., Geschichte der Kirche in ideengeschichtlicher Betrachtung, 2 Bde. ([21]Münster 1964).
Ders., Die Reformation in Deutschland, 2 Bde. ([4]Freiburg 1962).
Martens, N., Vorpostengefechte der Reformation in Hamburg: Das evangelische Hamburg XXIII, 6 (Hamburg 15. 3. 1929) 82—85.
Mau, R., Zur Frage der Begründung von Heilsgewißheit beim jungen Luther: ThLZ XCII (1967) 741—748.
Mauersberg, H., Wirtschafts- und Sozialgeschichte zentraleuropäischer Städte in neuerer Zeit. Dargestellt an den Beispielen Basel, Frankfurt a. M., Hamburg, Hannover und München (Göttingen 1960).
Menge, G., Versuche zur Wiedervereinigung Deutschlands im Glauben (Steyl 1921).
Merkle, S., Ausgewählte Reden und Aufsätze. Hrsg. von Th. Freudenberger: Quellen und Forschungen zur Geschichte des Bistums und Hochstiftes Würzburg XVII (Würzburg 1965).
Metzler, J., Verzeichnis der heute bekannten Schriften des Johann Eck: Ders., Tres orationes funebres in exequiis Johannis Eckii habitae: CC XVI (Münster 1930) LXVII—CXXXII.
Meyer, E., Geschichte des hamburgischen Schul- und Unterrichtswesens im Mittelalter (Hamburg 1843).
Ders., Das Einbecksche Haus in Hamburg (Hamburg 1868).
Meyer, H., Die Herkunft Stephan Kempes: MVHG XIII (1970) 88—91.
Meyer, J., Kirchengeschichte Niedersachsens (Göttingen 1939).
Minges, P., Über die Väterzitate bei den Scholastikern (Regensburg 1923).
Moeller, B., Zwinglis Disputationen. Studien zu den Anfängen der Kirchenbildung und des Synodalwesens im Protestantismus. I. Teil: ZSavRGkan LVI (1970) 275—324.
Ders., Reichsstadt und Reformation: SVRG CLXXX (Gütersloh 1962).
Ders., Spätmittelalter: Die Kirche in ihrer Geschichte II, H (Göttingen 1966).
Ders., Joh. Zwick und die Reformation in Konstanz: Quellen und Forschungen zur Reformationsgeschichte XXVIII (Gütersloh 1961).
Mönckeberg, C., Der theologische Charakter des Albert Crantz: ZHG III (1851) 395—413.
Ders., Geschichte der Freien und Hansestadt Hamburg (Hamburg 1885).
Möhring, W., Die Wohlfahrtspolitik des Hamburger Rates im Mittelalter: Abhandlungen zur mittleren und neueren Geschichte XLV (Berlin-Leipzig 1913).
Mozley, J. F., William Tyndale (London 1937).
Müller, W., Die Kaplaneistiftung (praebenda sine cura) als spätmittelalterliche Institution: Von Konstanz nach Trient 301—315.
Muralt, L. von, Die Badener Disputation 1526: Quellen und Abhandlungen zur schweizerischen Reformationsgeschichte III (der ganzen Reihe VI) (Leipzig 1926).
Nehlsen, R., Hamburgische Geschichte nach Quellen und Urkunden, 2 Bde. (Hamburg 1896).
Neunhäuser, B., Eucharistie in Mittelalter und Neuzeit: Handbuch der Dogmengeschichte IV, 4 b (Freiburg-Basel-Wien 1963).
Neuser, W. H., Kirche und Staat in der Reformationszeit: Kirche und Staat. Festschrift H. Kunst (Berlin 1967) 50—78.
Nirrnheim, H., Bürgermeister Hinrich Salzborch: ZHG XII (1905) 261—342.
Ders., Die Urkunde über die Vereinigung der hamburgischen Kirchspiele zur Abwehr geistlicher Übergriffe vom 2. September 1522: ZHG XXIV (1921) 186—192.

Nugent, D. G., A Parisian colloquy of 1566: Holy Spirit or Holy Church: Renaissance Quarterly XXIII (1970) 25—36.
Oberman H. A., Spätscholastik und Reformation I: Gabriel Biel und der spätmittelalterliche Nominalismus (Zürich 1965).
Oppermann, H., Die hamburgische Schulordnung Bugenhagens: Vorträge und Aufsätze, hrsg. vom Verein für Hamburgische Geschichte XIV (Hamburg 1966).
Ott, L., Das Weihesakrament: Handbuch der Dogmengeschichte IV, 5 (Freiburg-Basel-Wien 1969).
Pastor, L. von, Die kirchlichen Reunionsbestrebungen während der Regierung Karls V. (Freiburg 1879).
Pauli, R., Die Stahlhofsleute und Luthers Schriften: HGBll. I (1871) 155—162.
Ders., Das Verfahren wider die Stahlhofsleute wegen der Lutherbücher: HGBll. III (1878) 159—172.
Paulsen, Fr., Geschichte des gelehrten Unterrichts auf den deutschen Schulen und Universitäten vom Ausgang des Mittelalters bis zur Gegenwart ([3]Leipzig 1919).
Paulus, N., Die deutschen Dominikaner im Kampf gegen Luther (1518—1563): Erläuterungen und Ergänzungen zu Janssens Geschichte des deutschen Volkes IV (Freiburg 1905).
Ders., Katholische Schriftsteller der Reformationszeit: Der Katholik LXXI (1892) 544—564.
Ders., Cornelius von Sneeck und Augustin van Getelen. Zwei Dominikaner des 16. Jahrhunderts: ZkTh XXV (1901) 401—419.
Pelster, F., Quaestio: LThK[1] VIII (1936) 579/580.
Peri (Pflaum), H., Die scholastische Disputation: Romanica et Occidentalica. A la memoir de Hiram Peri (Pflaum) (Jerusalem 1963) 347—368.
Pesch, O. H., Theologie der Rechtfertigung bei Martin Luther und bei Thomas von Aquin: Walberberger Studien, theologische Reihe IV (Mainz 1967).
Piper, K., Die Beziehungen der Hamburger Islandfahrer zum Dominikanerkloster St. Johannis: Die Heimat LXXVI (1969) 179—183.
Plöchl, W., Geschichte des Kirchenrechts, 5 Bde., I—III ([2]Wien 1960—1970), IV, V ([1]Wien 1966, 1969).
Pohrt, O., Reformationsgeschichte Livlands. Ein Überblick: SVRG CVL (Leipzig 1928).
Polman, P., Die polemische Methode der ersten Gegner der Reformation: KLK IV (Münster 1931).
Porth, H., Die Bibel im Mittelalter (Augsburg 1938).
Poschmann, B., Buße und Letzte Ölung: Handbuch der Dogmengeschichte IV, 3 (Freiburg-Basel-Wien 1951).
Potthoff, H., Der öffentliche Haushalt Hamburgs im 15. und 16. Jahrhundert: ZHG XVI (1911) 1—85.
Prauser, Fr., Christoph von Braunschweig: NDB III (1957) 243/244.
Preuss, H. D., Maria bei Luther (Gütersloh 1954).
Quilliet, H., Controverse: DThC III, 2 (1938) Sp. 1694—1743.
Raab, H., Kirchliche Reunionsbestrebungen: Handbuch der Kirchengeschichte, hrsg. von H. Jedin V (Freiburg-Basel-Wien 1970) 554—570.
Rashdall, H., The universities of Europe in the middle ages. By the late Hastings Rashdall. A new edition in three volumes edited by F. M. Powicke and A. B. Emden ([4]Oxford 1951).
Reformationsgeschichte Deutschlands bis 1555. Von Fr. Lau und E. Bizer: Die Kirche in ihrer Geschichte III, K (Göttingen 1964).
Reichert, Fr. R., Die älteste deutsche Gesamtauslegung der Messe (ca. 1480): CC XXIX (Münster 1967).

Reincke, H., Hamburgs Aufstieg zur Reichsfreiheit: ZHG XLVII (1961) 17—34.

Ders., Hamburgs Bevölkerung: Ders., Forschungen und Skizzen zur Geschichte Hamburgs (Hamburg 1951) 167—200.

Ders., Bevölkerungsprobleme der Hansestädte: HGBll. LXX (1951) 1—33.

Ders., Bremen und Hamburg: Bremer Weihnachtsblätter VI (Bremen 1936).

Ders., Die Entwicklung des hamburgischen Stadtrechts: Die Bilderhandschrift des Hamburgischen Stadtrechts von 1497[2] (Hamburg 1968) 137—145.

Ders., Johann Fritze (vor 1490—1544): NDB V (1961) 634.

Ders., Forschungen und Skizzen zur Hamburgischen Geschichte: Veröffentlichungen aus dem Staatsarchiv der Freien und Hansestadt Hamburg III (Hamburg 1951).

Ders., Zur Geschichte des Hamburger Domarchivs und der Hamburger Fälschungen: Beiträge zur Geschichte des Staatsarchivs der Freien und Hansestadt Hamburg I (1960) 57—78.

Ders., Hamburg. Ein Abriß der Stadtgeschichte von den Anfängen bis zur Gegenwart (Bremen 1925).

Ders., Hamburg im Zeitalter der Reformation: Hamburg einst und jetzt (Hamburg 1933) 29—38.

Ders., Hamburg und die reformatorische Bewegung: Hamburger Nachrichten 18. 5. 1929. 2. Beilage für Literatur, Kunst und Wissenschaft.

Ders., Hamburg am Vorabend der Reformation. Aus dem Nachlaß hrsg. und ergänzt von E. von Lehe: Arbeiten zur Kirchengeschichte Hamburgs VIII (Hamburg 1966).

Ders., Die Herkunft des Hamburgischen Stadtrechts: ZHG XXIX (1928) 214—246.

Ders., Der Kampf um die Reformation in Hamburg: Hamburger Nachrichten 26. 5. 1929. 2. Beilage für Literatur, Kunst und Wissenschaften.

Ders., Albert Krantz als Geschichtsforscher und Geschichtsschreiber: Festschrift der Hamburgischen Universität, Werner von Melle dargebracht (Hamburg 1933) 111—147.

Ders., Hamburger Rathäuser: Ders., Forschungen und Skizzen (Hamburg 1951) 65—84.

Ders., Die Reformation des hamburgischen Landgebietes: Die Kirchen des hamburgischen Landgebietes (Hamburg 1929) 9—26.

Ders., Die ältesten hamburgischen Stadtrechte und ihre Geschichte: Die Bilderhandschrift des hamburgischen Stadtrechts von 1497 ([1]Hamburg 1917) 2—20 = Ders., Die Entwicklung des hamburgischen Stadtrechts (s. o.).

Ders., Frühe Spuren römischen und kanonischen Rechts in Niedersachsen: Festschrift Karl Haff (Innsbruck 1950) 174—184.

Reinecke, W., Geschichte der Stadt Lüneburg, 2 Bde. (Lüneburg 1933).

Reviglio della Veneria, C., L'inquisizione medioevale ed el processo inquisitorio. Secunda edizione reviduto ed ampliata (Turin 1951).

Ritter, G., Die Heidelberger Universität. Ein Stück deutsche Geschichte. Im Auftrage der Heidelberger Akademie. I. Das Mittelalter (1386—1508) (Heidelberg 1936).

Rivière, J., La Messe durant la période de la Réforme et du concile du Trente: DThC X, 1 (1928) 1085—1142 s. v. Messe.

Rodocanachi, R., La Réforme en Italie, 2 Bde. (Paris 1920, 1921).

Ropelius, J. J., Chronik der Geschichte von Hamburg. Im Auszuge bearbeitet (Hamburg 1832).

Rouse, R. - Neill, St. Ch., Geschichte der ökumenischen Bewegung 1517—1948 I (Göttigen [1]1957, [2]1963).

Rückert, H., Die Stellung der Reformation zur mittelalterlichen Universität:

Öffentliche Vorträge der Universität Tübingen SS 1932/33 Heft III (Stuttgart 1933).
Rüdiger, O., Geschichte des Hamburger Unterrichtswesens (Hamburg 1896).
Rupprecht, P., Una eademque hostia — idem offerens. Das Verhältnis von Kreuzes- und Meßopfer nach dem Tridentinum: ThQ CXX (1939) 1—36.
Schäfer, E., Zur Geschichtsschreibung des Albert Krantz: ZHG X (1899) 385—484.
Scheib, O., Die theologischen Diskussionen Huldrych Zwinglis. Zur Entstehung und Struktur der Religionsgespräche des 16. Jahrhunderts: Von Konstanz nach Trient 395—417.
Ders., Die Rolle der theologischen Diskussion bei der Einführung der Reformation in den vorpommerschen Hansestädten Stralsund und Greifswald: Wichmann-Jahrbuch XXI—XXIII (1967—1969) 17—29.
Scheurl, S. Freiherr von, Luthers Doktoreid: ZbayKG XXXII (1963) 46—52.
Schelkle, K. H., Exegese: LThK² III (1959) 1273—1294.
Schildenberger, J., Schriftsinne: LThK² IX (1964) 491—493.
Schildhauer, J., Soziale, politische und religiöse Auseinandersetzungen in den Hansestädten Stralsund, Rostock und Wismar im ersten Drittel des 16. Jahrhunderts: Abhandlungen zur Handels- und Sozialgeschichte II (Weimar 1959).
Schimmelpfennig, R., Die Geschichte der Marienverehrung im deutschen Protestantismus (Paderborn 1952).
Schlichting, M. E., Religiöse und gesellschaftliche Anschauungen in den Hansestädten des späten Mittelalters (Saalfeld/Ostpr. 1935).
Schmaltz, K., Kirchengeschichte Mecklenburgs, 3 Bde. (Schwerin 1935, 1936, 1951).
Schmidt, M., Das Frankenthaler Religionsgespräch 1571 und die Gegenwart: ZRGG XXV (1973) 58—64.
Schöffel, J. S., Hamburg und die Reformation. Eine ideengeschichtliche Untersuchung: Beiträge und Forschungen zur Kirchengeschichte Hamburgs I (Hamburg 1929) 9—35.
Schöffel, J. S. - Timm, M., Auszug der Kirchengeschichte Hamburgs (Göttingen 1955).
Schubert, H. von, Die Beteiligung der dänisch-holsteinischen Landesfürsten am Hamburger Kapitelstreit und die Gutachten Martin Bucers von 1545: Schriften des Vereins für schleswig-holsteinische Kirchengeschichte II, 3 (Kiel 1904) 1—64.
Schultze, A., Stadtgemeinde und Reformation: Recht und Staat in Geschichte und Gegenwart XI (Berlin 1918).
Schultze, K. E., Aus dem Schriftwechsel des Drosten zu Pinneberg (Hans Barner) mit dem Hamburger Rat 1516—1568: Genealogie und Heraldik I (1948/49) 119—120.
Schulze, F., Aus Leipzigs Kulturgeschichte (Leipzig 1956).
Schwarz, R., Vorgeschichte der reformatorischen Bußtheologie: Arbeiten zur Kirchengeschichte XLI (Berlin 1968).
Seeberg, R., Lehrbuch der Dogmengeschichte ⁶I—IV, 1; ⁵IV, 2 (Darmstadt 1959—1965).
Seelig, G., Die geschichtliche Entwicklung der Hamburgischen Bürgerschaft und die Hamburgischen Notabeln (Hamburg 1900).
Ders., Hamburgisches Staatsrecht auf geschichtlicher Grundlage (Hamburg 1902).
Sillem, C. W., Die Einführung der Reformation in Hamburg: SVRG XVI (Halle 1886).
Ders., Hamburger in Greifswald 1456, 1505, 1532, 1602: MVHG X (1890) 42—44.
Ders., Johann Wiedenbrügge und Johann Osenbrügge: Monatsschrift für die evangelisch-lutherische Kirche im Hamburger Staate (1895) 324—330.

Ders., Johann Zegenhagen: ADB XLIV (1898) 764—768.
Smally, B., The study of the Bible in the Middle Ages[2] (Notre Dame, Indiana 1964).
Smend, J., Kelchspendung und Kelchversagen in der abendländischen Kirche (Göttingen 1898).
Spitzer, J., Hamburg im Reformationsstreit mit dem Domkapitel. Ein Beitrag zur Hamburgischen Staats- und Kirchengeschichte der Jahre 1528—1561: ZHG XI (1903) 430—590.
Staber, J., Kirchengeschichte des Bistums Regensburg (Regensburg 1966).
Deutsches Städtebuch. Handbuch städtischer Geschichte . . ., hrsg. von E. Keyser, I. Norddeutschland (Stuttgart—Berlin 1939).
Stakemeier, E., Die Konzilskonstitution über die göttliche Offenbarung. Wesen, Inhalt und theologische Bedeutung. Lateinisch und deutsch: Konfessionskundliche und kontroverstheologische Studien XVIII (Paderborn 1966).
Steffahn, H., Die Hamburger Bürgerschaft im 15. und 16. Jahrhundert (phil. Diss. Hamburg 1958).
Steigelmann, H., Die Religionsgespräche zu Baden-Baden und Emmendingen 1589 und 1590. Begegnungen mit ekklesiologischen Phänomen: Veröffentlichungen des Vereins für Kirchengeschichte in der evangelischen Landeskirche in Baden XXIX (Karlsruhe 1970).
Steinlein, H., Luthers Doktorat (Leipzig 1912).
Stoeter, F., Die ehemalige St.-Marien-Kirche oder der Dom zu Hamburg in Bildern mit erläuterndem Text (Hamburg 1879).
Stoob, H., Geschichte Dietmarschens im Regentenzeitalter (Heide 1959).
Studt, B. - Olsen, H., Hamburg. Die Geschichte einer Stadt. Mit einem historischen Verzeichnis von Straßen- und Ortsnamen und zahlreichen Zeichnungen und Photos (Hamburg 1951).
Stüve, C., Geschichte von Osnabrück II (Jena 1872).
Stupperich, R., Johann Bugenhagen und die Ordnung der Kirche im nordostdeutschen Raum: Kirche im Osten III (Stuttgart 1960) 116—129.
Sucki, A., Christus in Italien (St. Gallen — Leipzig 1936).
Tavard, G. H., Geschichte der ökumenischen Bewegung (Mainz 1964).
Tradition und Traditionen. Bericht der Theologischen Kommission über Tradition und Traditionen an die Vierte Weltkonferenz für Glauben und Kirchenverfassung in Montreal/Kanada (1963) (Zürich 1963).
Trummer, Vorträge über Tortur, Hexenverfolgung, Vehmgericht und andere merkwürdige Erscheinungen in der Hamburgischen Rechtsgeschichte I (Hamburg 1844).
Tüchle, H. u. a., Reformation und Gegenreformation: Geschichte der Kirche, hrsg. von J. Ropai, R. Aubert, M. D. Knowles III (Einsiedeln—Zürich—Köln 1965).
Uhlhorn, G., Urbanus Rhegius: Leben und ausgewählte Schriften der Väter und Begründer der lutherischen Kirche VII (Elberfeld 1861).
Vogt, K. A. T., Johannes Bugenhagen Pomeranus: Leben und ausgewählte Schriften der Väter und Begründer der lutherischen Kirche IV (Elberfeld 1867).
Vonderlage, B., Das hamburgische Domkapitel in seiner persönlichen Zusammensetzung bis zur Reformation (phil. Diss. Hamburg 1924).
Vorberg, A., Die Einführung der Reformation in Rostock: SVRG LVIII (Halle 1877).
Waschinski, E., Der Hamburger Humanist und Syndikus Albert Krantz (1448—1517) als Pädagoge: ZHG IXL (1940) 139—178.
Ders., Währung, Preisentwicklung und Kaufkraft des Geldes in Schleswig-Hol-

stein von 1226—1864, 2 Bde.: Quellen und Forschungen zur Geschichte Schleswig-Holsteins XXVI, 1.2 (Neumünster 1952, 1959).

Weczerka, H., Bevölkerungszahlen der Hansestädte (insbesondere Danzigs) nach H. Samsonoswicz: HGBll LXXXII (1964) 69—80.

Werner, Th. G., Die Familie des niedersächsischen Geschichtsschreibers Albert Krantz, ihre Ahnen und Nachfahren: Zeitschrift der Zentralstelle für niedersächsische Familiengeschichte VIII (Hamburg 1926) 69—79.

Westphalen, N. A., Die Hamburger Verfassung und Verwaltung in ihrer allmählichen Entwicklung bis auf die neueste Zeit, 2 Bde. ([2]Hamburg 1846).

Wilburger, A., Die Konstanzer Bischöfe Hugo von Landenberg, Balthasar Merklin, Johann von Lupfen (1496—1537) und die Glaubensspaltung: RST XXXIV/XXXV (Münster 1917).

Wilckens, N., Hamburgischer Ehrentempel, in welchem eine Menge glaubwürdiger ... Lebensbeschreibungen ... aufgestellt werden, aus den hinterlassenen Schriften aufgerichtet (Hamburg 1770).

Wölfle, K., Hamburger Geschichtsatlas (Hamburg 1926).

Wohltmann, H., Die Geschichte der Stadt Stade an der Niederelbe: Stader Archiv 1942, Beilage.

Wolf, E., Zur wissenschaftsgeschichtlichen Bedeutung der Disputationen an der Wittenberger Universität im 16. Jahrhundert: Ders., Peregrinatio II (München 1965) 38—51.

Ders., Über „Klarheit der hl. Schrift" nach Luthers „De servo arbitrio": ThLZ XCII (1967) 721—730.

Wolfs, P. Fr., Das Groninger „Religionsgespräch" (1523) und seine Hintergründe (Nijmegen 1959).

Wolter, H., Frühreformatorische Religionsgespräche zwischen Georg von Sachsen und Philipp von Hessen: Testimonium veritati. Philosophische und theologische Studien zu kirchlichen Fragen der Gegenwart (Frankfurt/M. 1971) 315—333.

Wolters, Th., Erzbischof Christophs Kampf um das geistliche Fürstentum in den Stiftern Bremen und Verden (phil. Diss. Hamburg 1939).

Wrede, A., Die Einführung der Reformation im Lüneburgischen unter Herzog Ernst dem Bekenner (Göttingen 1887).

Zeeden, E. W., Die Entstehung der Konfessionen. Grundlinien und Formen der Konfessionsbildung im Zeitalter der Glaubenskämpfe (München—Wien 1965).

Zimmermann, Fr. G., Neue Chronik von Hamburg. Vom Entstehen der Stadt bis zum Jahre 1819 (Hamburg 1820).

Zoepfel, Fr., Das Bistum Augsburg und seine Bischöfe im Reformationsjahrhundert: Ders., Geschichte des Bistums Augsburg und seiner Bischöfe II (München—Augsburg 1969).

REGISTER

1. Ortsregister

2. Personenregister